इमरजेंसी
की
इनसाइड स्टोरी

इमरजेंसी
की
इनसाइड स्टोरी

कुलदीप नैयर

प्रकाशक • **प्रभात प्रकाशन प्रा. लि**
4/19 आसफ अली रोड,
नई दिल्ली–110002

संस्करण • 2025
मूल्य • पाँच सौ रुपए
अनुवाद • आनंद कुमार राय
मुद्रक • नरुला प्रिंटर्स, दिल्ली

EMERGENCY KI INSIDE STROY *by* Shri Kuldip Nayar ₹ 500.0
(Hindi Translation of 'Emergency Retold')
Published by Prabhat Prakashan Pvt. Ltd., 4/19 Asaf Ali Road, New Delhi-
e-mail: prabhatbooks@gmail.com ISBN 978-93-5266-356-

उन भारतीयों को समर्पित

जो कुछ करने में सक्षम थे

और उन्होंने किया भी

मेरी बात

वह 25 जून, 1975 की आधी रात थी, जब टेलीफोन की घंटी ने मुझे जगा दिया। फोन करनेवाले ने कहा कि वह भोपाल से बोल रहा है। वहाँ की सड़कों पर पुलिसवाले भरे पड़े हैं। क्या मैं बता सकता हूँ कि ऐसा क्यों है ? उसने मुझसे पूछा। मैंने नींद में ही जवाब दिया कि हाँ बताता हूँ, फिर भी उसने फोन नहीं काटा। लेकिन जैसे ही मैंने फोन रखा, वह फिर से बज उठा। इस बार जालंधर के एक अखबार से फोन आया था और फोन करनेवाले ने कहा कि पुलिस ने प्रेस पर कब्जा कर लिया है और उस दिन के अखबार की सारी कॉपियाँ भी जब्त कर ली हैं। इसके बाद मेरे ऑफिस से फोन आया, 'द इंडियन एक्सप्रेस' से, और बताया गया कि नई दिल्ली के बहादुरशाह जफर मार्ग स्थित तमाम अखबार के दफ्तरों की बिजली काट दी गई है, और अनाधिकारिक सूत्र बता रहे थे कि निकट भविष्य में उसके चालू किए जाने की संभावना नहीं है।

सच कहूँ तो मुझे इन घटनाओं के बीच कोई संबंध नहीं दिखा। मुझे लगा कि नौकरशाह फिर से अपनी हरकतों पर उतर आए थे। कई महीने पहले, दिल्ली के अखबारों के दफ्तरों की बिजली काट दी गई। तब बस ड्राइवर हड़ताल पर थे। इसे दस घंटे बाद फिर से चालू किया गया था। इस बार शायद सरकार नहीं चाहती थी कि अखबारों में 25 जून को हुई जनता पार्टी की रैली की खबर छपे, जिसमें नारायण ने सत्याग्रह का आह्वान किया था।

फिर इरफान खान का फोन आया, जो उस वक्त 'एवरीमैन' नाम के साप्ताहिक में काम करते थे, जिसे जे.पी. ने शुरू किया था। उन्होंने बताया कि उन्हें बड़ी तादाद में नेताओं को गिरफ्तार किए जाने की खबर मिली है। उनमें जे.पी., मोरारजी और चंद्रशेखर शामिल थे। कुछ घंटे बाद इमरजेंसी और सेंसरशिप की घोषणा हुई। एक देश को बाँध दिया गया था और उसका गला घोंट दिया गया था।

एक संवाददाता के लिए इससे ज्यादा निराश करनेवाला और कुछ नहीं हो सकता

कि वह ऐसी खबर जुटाए, जिसे वह जानता है कि छापा नहीं जा सकता। जल्द ही यह साफ हो गया कि इमरजेंसी ऑपरेशन कामयाब हो गया था और लोकतंत्र के लिए एक अंतहीन रात की शुरुआत होती दिख रही थी। लेकिन, उम्मीद की किरण चाहे कितनी ही धुँधली क्यों न हो, लेकिन नोट्स बनाते रहने और किसी दिन एक किताब लिखने की बातें मेरे दिमाग में तब आईं, जब मैं इमरजेंसी के कारणों पर रिसर्च कर रहा था। सूचना जुटाना भी बहुत कठिन था। हालात इतने भयावह थे कि गिने-चुने लोग ही मुँह खोलने को तैयार थे। मुझे कुछ जानकारी मिल गई, लेकिन 26 जुलाई को मुझे गिरफ्तार कर लिया गया। सात हफ्ते बाद अपनी रिहाई के बाद ही मैं फिर से छूटे काम को आगे बढ़ा सका।

18 जनवरी को चुनावों की घोषणा के बाद, इमरजेंसी में कुछ ढील दिए जाने के बाद भी, कुछ लोग ही मुझसे बात करने को राजी हुए। लेकिन चुनाव के बाद हालात बदल गए और मैं संजय गांधी, आर.के. धवन, एच.आर. गोखले, चंद्रजीत यादव, रुक्साना सुल्ताना, श्रीमती फखरुद्दीन अली अहमद और पुलिस तथा अन्य विभागों के प्रमुख अधिकारियों से बातचीत कर सका। ये लोग नहीं चाहते थे कि कुछ भी इनके हवाले से लिखूँ, और मैंने अपना वादा निभाया है। लेकिन उन्होंने बहुत खुलकर बात की और इमरजेंसी की अधिकांश कहानियाँ, जिन्हें मैंने फिर से बुना है, उनके बयानों पर ही आधारित हैं। मैंने कम-से-कम छह बार श्रीमती गांधी का इंटरव्यू लेने के लिए संपर्क किया, लेकिन उन्होंने मेरे आग्रह को स्वीकार नहीं किया।

मैंने इमरजेंसी के दौरान दो बार पूरे देश का भ्रमण किया। एक बार अक्तूबर-नवंबर 1975 में और फिर 1976 के मध्य में। इन दौरों में मैं तमाम लोगों से मिला और बहुत सारी जानकारी इकट्ठा की। मुझे कुछ भूमिगत रूप से प्रकाशित सामग्री भी मिली, जो 19 महीने के आतंक के दौरान सामने आई थी।

मैं यह दावा नहीं करता कि इमरजेंसी की सारी घटनाएँ इस किताब में हैं। एक वजह यह है कि उसकी कहानी इतनी लंबी है कि कुछ हजार शब्दों में उसे समेटना संभव नहीं है। दूसरी यह कि मैं अनेक आरोपों और अफवाहों की पुष्टि नहीं कर सका, जो इमरजेंसी उठाए जाने के बाद की थीं या इमरजेंसी के दौरान किए जानेवाले अत्याचारों का पर्दाफाश करनेवाली थीं। फिर भी जो कुछ भी इस किताब में है, उसकी पुष्टि और फिर से पुष्टि की गई है।

मैं जानता हूँ कि कुछ बातें जो मैंने सामने रखी हैं, वे कुछ लोगों को अच्छी नहीं लगेंगी, और हो सकता है कि वे लोग इनका खंडन भी करें। मैं उनसे वाद-विवाद नहीं करना चाहता। मैंने केवल घटनाओं की सच्ची रिपोर्टिंग की है और अपना काम किया

है। इसमें किसी के प्रति विद्वेष की भावना नहीं है। अपने पूरे सामर्थ्य के अनुसार, मैं निष्पक्ष रहा हूँ।

अपने दौरों और साक्षात्कारों के दौरान मैंने एक बात पर गौर किया है कि चाहे सब कितने ही दब्बू क्यों न रहे हों, कुछ लोगों ने ही निरंकुश शासन को स्वीकार किया था। भय और आज्ञाकारिता थी, लेकिन स्वीकार्यता नहीं थी। आखिर कौन लोग थे, जिन्होंने डराया और सरकार में या और कहीं भी किसी ने भी उसके खिलाफ संघर्ष क्यों नहीं किया? इन प्रश्नों पर एक खुली बहस होनी चाहिए।

मैं एस. प्रकाश राव और वी. अच्युता मेनन का उनके उपयोगी सुझावों के लिए शुक्रगुजार हूँ, जो कभी 'द स्टेट्समैन' में मेरे साथी थे। 'द इंडियन एक्सप्रेस' के केदार नाथ पंडिता का भी धन्यवाद, जिन्होंने प्रूफ को पढ़ा और मेरे सचिव अमर्जीत सूद का भी शुक्रिया, जिन्होंने पांडुलिपि के अनेक मसौदों को धैर्य के साथ टाइप किया और दोबारा टाइप किया।

अनुक्रम

तानाशाही की ओर

प्रधानमंत्री आवास के एक तंग कमरे में दो टेलीप्रिंटर खड़खड़ा रहे थे। खड़खड़ाहट के साथ वे लगातार शब्द उगलते चले जा रहे थे। सुबह की सुस्त कर देनेवाली घड़ी में प्रेस ट्रस्ट ऑफ इंडिया (पी.टी.आई.) और यूनिटेक न्यूज ऑफ इंडिया (यू.एन.आई.) की यह नाइट कॉपी थी, जिसे अंतिम रूप दिया जा रहा था। आमतौर पर, इन मशीनों पर किसी की नजर उतनी नहीं जाती थी, कम-से-कम इतनी सुबह तो कभी नहीं।

मगर 12 जून, 1975 को श्रीमती इंदिरा गांधी के सबसे वरिष्ठ निजी सचिव, नैवुलणे कृष्ण अय्यर शेषन घबराहट के साथ एक मशीन से दूसरे मशीन की ओर भाग रहे थे। उस कमरे में एक भयानक चुप्पी थी, जिसे घड़ी की टिकटिक और टेलीफोन की घंटियाँ भी नहीं तोड़ पा रही थीं।

एक बड़ी खबर सामने आनेवाली थी और शेषन बेचैनी से उसका इंतजार कर रहे थे। यह वही दिन था, जब इलाहाबाद हाई कोर्ट के न्यायाधीश जस्टिस जग मोहन लाल सिन्हा एक याचिका पर अपना फैसला सुनानेवाले थे। यह याचिका राज नारायण ने 1971 के लोकसभा[1] चुनाव में प्रधानमंत्री के निर्वाचन के खिलाफ दाखिल की थी। सुबह के 10 बजने वाले थे। कुछ ही देर पहले आनन-फानन में एक टेलीफोन इलाहाबाद किया गया था, जिससे जानकारी मिली थी कि जज साहब अब तक अपने घर से भी नहीं निकले थे।

यह सिन्हा भी विचित्र इनसान है। शेषन के दिमाग में यह बात चल रही थी। हर इनसान की एक कीमत होती है, लेकिन सिन्हा उनमें से नहीं थे। उन्हें प्रलोभन नहीं दिया जा सकता था और न ही झुकाया जा सकता था।

श्रीमती गांधी के गृह राज्य उत्तर प्रदेश से एक सांसद इलाहाबाद गए थे। उन्होंने अनायास ही सिन्हा से पूछ लिया था कि क्या वे 5 लाख रुपए में मान जाएँगे। सिन्हा ने कोई जवाब नहीं दिया। बाद में, उस बेंच में उनके एक साथी ने बताया कि उन्हें उम्मीद थी कि 'इस फैसले के बाद' उन्हें सुप्रीम कोर्ट का जज बना दिया जाएगा। सिन्हा ने उनकी तरफ नफरत से देखा था।

फैसले को टालने की कोशिशें भी नाकाम हो चुकी थीं। गृह मंत्रालय में संयुक्त सचिव प्रेम प्रकाश नैयर ने देहरादून में उत्तर प्रदेश हाई कोर्ट के चीफ जस्टिस से मुलाकात की थी और उनसे कहा था कि संभव हो तो इस फैसले को टाल दिया जाए। कम-से-कम प्रधानमंत्री के पहले से निर्धारित विदेश दौरे के पूरा होने तक। एक प्रतिकूल निर्णय शर्मसार करनेवाला होगा।

चीफ जस्टिस ने यह अनुरोध सिन्हा तक पहुँचा दिया। जज इस बात से इतने नाराज हुए कि उन्होंने तुरंत कोर्ट के रजिस्ट्रार को फोन घुमाया और कहा कि वह घोषित कर दे कि 12 जून को फैसला सुनाया जाएगा। 8 जून को होने जा रहे गुजरात विधानसभा के इलेक्शन से पहले फैसला न सुनाकर सिन्हा पहले ही सत्ताधारी कांग्रेस पार्टी को एक रियायत दे चुके थे। न तो शेषन और न ही किसी और को फैसले की कोई भनक थी। ऐसा प्रतीत हो रहा था जैसे बस जज सिन्हा और उनके स्टेनोग्राफर को मालूम था कि क्या फैसला आनेवाला है। इंटेलिजेंस ब्यूरो को भी कुछ पता नहीं था। उनके कुछ लोग नई दिल्ली से इलाहाबाद भी आए थे। उन्होंने सिन्हा के स्टेनोग्राफर नेगी राम निगम से राज उगलवाने की कोशिश भी की थी। लेकिन वे भी उसी मिट्टी के बने थे, जिस मिट्टी के जज साहब थे। यहाँ तक कि धमकियाँ भी बेअसर साबित हुईं। और 11 जून की रात के बाद वे और उनकी पत्नी अपने घर से गायब हो गए। उनकी कोई संतान नहीं थी और खुफिया विभाग के लोग जब पहुँचे तो घर सूना पड़ा था।

प्रधानमंत्री सचिवालय को उम्मीद की एक किरण उस साधु की बातों में नजर आ रही थी, जिसे सिन्हा के घर के बाहर यह जानते हुए तैनात किया गया था कि वे धार्मिक प्रवृत्ति के हैं। साधु ने बताया था कि सबकुछ ठीक होगा। कई दिनों तक वह साधु और खुफिया विभाग के अन्य लोग सिन्हा के घर की चारदीवारी के बाहर खड़े रहे। लेकिन उन्हें कुछ पता नहीं था कि सिन्हा ने अपने स्टेनोग्राफर को क्या लिखवाया था। फैसले का ऑपरेटिव हिस्सा 11 जून को ही सिन्हा की मौजूदगी में टाइप किया गया था और स्पष्ट रूप से सिन्हा ने उसी समय अपने स्टेनोग्राफर को कहा होगा कि वह 'गायब' हो जाए।

सिन्हा ने अपने फैसले को पूरी तरह अपने तक ही रखा था। उस केस की सुनवाई के दौरान भी यह पढ़ पाना मुश्किल था कि उनका झुकाव किस ओर है। यदि वे एक पक्ष से दो सवाल पूछते, तो वे इस बात का ख्याल रखते थे कि दूसरे पक्ष से भी उतने सवाल पूछे जाएँ। वह सुनवाई चार साल तक चली थी, और 23 मार्च, 1975 को जब सुनवाई पूरी हुई, तो उसके बाद वे न तो अपने घर से बाहर निकले और न ही किसी फोन का जवाब दिया।

टेलीप्रिंटर की खड़खड़ाहट के साथ इधर-उधर की खबरें लगातार आ रही थीं। इस बीच शेषन ने एक बार फिर अपनी घड़ी पर नजर डाली। 10 बजने में बस 5 मिनट

रह गए थे। समय के पाबंद सिन्हा जरूर हाई कोर्ट पहुँच गए होंगे। हाँ, वे पहुँच चुके थे। दुबले-पतले, 55 साल के जज साहब गाड़ी से सीधे कोर्ट पहुँचे थे। कमरा नंबर 24 में वे जैसे ही अपनी कुरसी पर बैठे, अच्छे कपड़ों में तैयार होकर आए पेशकार (कोर्ट सहायक) ने खचाखच भरे कोर्ट रूम में ऊँची आवाज में कहा, ''महानुभावो, ध्यान से सुनिए, जज साहब जब राज नारायण की चुनाव याचिका पर फैसला सुनाएँगे, तब कोई ताली नहीं बजनी चाहिए।''

अपने सामने 258 पेज के फैसले के साथ मौजूद सिन्हा ने कहा कि मैं इस केस से जुड़े विभिन्न पहलुओं पर केवल अपने निष्कर्षों को पढ़ूँगा।

फिर उन्होंने कहा, ''याचिका स्वीकार की जाती है।'' एक पल के लिए सन्नाटा छा गया और फिर हर्षध्वनि से कोर्ट रूम गूँज उठा। अखबार वाले टेलीफोन की तरफ भागे और खुफिया विभाग के लोग अपने दफ्तरों की तरफ।

और सुबह 10:02 बजे शेषन ने यू.एन.आई. की मशीन पर घंटी की आवाज सुनी और फ्लैश मैसेज को देखा। श्रीमती गांधी अपदस्थ। शेषन ने मशीन से पेज को फाड़कर निकाला और उस कमरे की तरफ भागे, जहाँ प्रधानमंत्री बैठी थीं। कमरे के बाहर उनकी मुलाकात बड़े बेटे राजीव से हुई, जो इंडियन एयरलाइंस में पायलट थे। उन्होंने वह संदेश राजीव को दिया।

''उन्होंने आपको अपदस्थ कर दिया है,'' राजीव ने अपनी माँ से कहा। खबर सुनकर श्रीमती गांधी के चेहरे के भाव ज्यादा नहीं बदले। शायद यह सुकून भी था कि चलो इंतजार खत्म हुआ।

एक दिन पहले वे पूरे दिन सोच में डूबी थीं। इस परेशानी को एक और दुःखद समाचार ने बढ़ा दिया था। करीबी मित्र, दुर्गा प्रसाद धर, जो पहले एक कैबिनेट मंत्री थे और फिर मॉस्को में भारत के राजदूत बने, का निधन हो गया था। लेकिन उस सुबह वे कुछ अधिक प्रसन्न दिख रही थीं।

एक और फ्लैश आया कि उन्हें छह वर्षों के लिए किसी निर्वाचित पद पर बने रहने से भी वंचित कर दिया गया है। इसने उन्हें झकझोर दिया था और ऐसा लगा मानो वे अपनी भावनाओं को छिपाने का प्रयास कर रही हों। सुस्त कदमों से वे बैठक वाले कमरे तक पहुँचीं।

सिन्हा ने उन्हें उस चुनाव में दो भ्रष्ट आचरणों का दोषी ठहराया था। पहला दोष यह कि उन्होंने प्रधानमंत्री सचिवालय में ऑफिसर ऑन स्पेशल ड्यूटी यशपाल कपूर का इस्तेमाल चुनाव में अपनी संभावनाओं को बेहतर बनाने के लिए किया। एक सरकारी अधिकारी होने के नाते उनका इस तरीके से इस्तेमाल नहीं होना चाहिए था। सिन्हा ने कहा कि भले ही कपूर ने श्रीमती गांधी के लिए चुनाव प्रचार 7 जनवरी को शुरू किया

और अपना इस्तीफा 13 जनवरी को दिया, लेकिन वे सरकारी सेवा में 25 जनवरी तक बने हुए थे। जज के अनुसार, श्रीमती गांधी ने उसी दिन अपने आपको एक उम्मीदवार मान लिया था, जब 29 दिसंबर, 1970 को उन्होंने नई दिल्ली में एक प्रेस कॉन्फ्रेंस को संबोधित किया था और चुनाव में उतरने की घोषणा कर दी थी।

दूसरी अनियमितता यह थी कि श्रीमती गांधी ने जिन मंचों से चुनावी रैलियों को संबोधित किया था, उन्हें बनाने के लिए यू.पी. के अधिकारियों की मदद ली थी। उन अधिकारियों ने ही लाउडस्पीकरों और उनके लिए बिजली का बंदोबस्त भी किया था।

राज नारायण 1 लाख से अधिक वोटों के अंतर से हार गए थे। वास्तव में, ये अनियमितताएँ वैसी नहीं थीं, जिनसे हार-जीत का फैसला हुआ हो। ये आरोप एक प्रधानमंत्री को अपदस्थ करने के लिए बेहद मामूली थे। यह वैसा ही था जैसे प्रधानमंत्री को ट्रैफिक नियम तोड़ने के लिए अपदस्थ कर दिया जाए।

लेकिन कानून-तो-कानून था, और यह पूरी तरह स्पष्ट था कि चुनाव में किसी सरकारी सेवक से 'अपनी संभावनाओं को बेहतर बनाने के लिए' किसी भी प्रकार की मदद को भ्रष्ट आचरण माना जाता था। अपने फैसले में सिन्हा ने भी कहा कि उनके पास कोई रास्ता नहीं बचा था। प्रधानमंत्री के लिए कोई विशेष प्रावधान नहीं था और वे इससे अलग कोई फैसला नहीं सुना सकते थे। यहाँ तक कि इस कानून के उल्लंघन की सजा भी निश्चित थी और जज के पास अपनी मर्जी चलाने की कोई गुंजाइश नहीं थी।

अकसर जोश में रहनेवाले पश्चिम बंगाल के मुख्यमंत्री सिद्धार्थ शंकर रे और गोलमटोल से कांग्रेस पार्टी के अध्यक्ष देव कांत बरुआ सबसे पहले प्रधानमंत्री आवास पर पहुँचनेवालों में शामिल थे। उनके चेहरे पर घबराहट साफ नजर आ रही थी, लेकिन श्रीमती गांधी ने जब कहा कि उन्हें इस्तीफा देना होगा, तब दोनों मौन रहे।

यह खबर जैसे ही फैली, बदहवास कैबिनेट मंत्री 1, सफदरजंग रोड पर पहुँचने लगे। बैठकखाना पूरी तरह भर गया था। कांग्रेस पार्टी की महासचिव श्रीमती पूरबी मुखर्जी पहुँचते ही फूट-फूटकर रोने लगीं। वैसे वहाँ जितने भी लोग मौजूद थे, सब मातम मनाते दिख रहे थे, लेकिन पूरबी का रोना-धोना उन्हें भी नाटकीयता की हद पार करता दिखा। श्रीमती गांधी ने थोड़ी खीज के साथ कहा कि वे अपने ऊपर काबू रखें। प्रधानमंत्री के चेहरे का रंग उतरा दिखा, लेकिन वे शांत थीं। वे जानती थीं कि उनके पास इस्तीफा देने के अलावा कोई रास्ता नहीं था।

किसी ने सुझाव दिया कि वे सुप्रीम कोर्ट में अपील कर सकती हैं लेकिन उसमें वक्त लगेगा। इस मुद्दे पर अभी प्रधानमंत्री के सबसे करीब माने जानेवाले सिद्धार्थ रे और कानून मंत्री हरि रामचंद्र गोखले के बीच चर्चा हो ही रही थी कि तभी टिकर पर एक और फ्लैश आया, जिसके मुताबिक सिन्हा ने अपने फैसले पर 20 दिनों की रोक

लगा दी थी। माहौल बदल गया। सबको थोड़ी तसल्ली हुई। गोखले[2] ने पुष्टि करने के लिए इलाहाबाद फोन मिलाया। खबर सही थी। श्रीमती गांधी को तत्काल इस्तीफा नहीं देना पड़ा था।

लेकिन यह फैसला किस्मत से ही आया था। सिन्हा स्टे की याचिका को लगभग खारिज कर चुके थे। वह इस बात से नाराज थे कि एक दिन पहले खुफिया विभाग के लोगों ने उनके स्टेनोग्राफर को बहुत परेशान किया था। लेकिन श्रीमती गांधी के वकील, वी.एन. खरे ने, जिन्हें फैसले से महज 12 घंटे पहले एक विमान से श्रीनगर से इलाहाबाद लाया गया था, ने सिन्हा से कहा कि पुलिस ने जो कुछ किया, उसमें उनकी मुवक्किल का कोई दोष नहीं है। सिन्हा ने उनकी सफाई को स्वीकार कर लिया।

स्टे को लेकर खरे की दलील यह थी कि पार्टी को एक नए नेता का चुनाव करने में वक्त लगेगा और प्रधानमंत्री को तत्काल इस्तीफा देने को कह दिया गया तो पूरे देश का प्रशासन अस्त-व्यस्त हो जाएगा।

अब तक प्रधानमंत्री का घर मंत्रियों, कारोबारियों, आला अफसरों और अन्य लोगों से पूरी तरह भर चुका था। सिन्हा को काफी भला-बुरा कहा जा रहा था। साथ ही इस बात को लेकर सुकून भी था कि उन्होंने अपने फैसले को थोड़ा विराम दे दिया है। अब योजना बनाने और उस बरगद के पेड़ की रक्षा करने का उनके पास समय था, जिसके तले बरसों से उन्हें सहारा मिला था और श्रीमती गांधी से पहले वे उनके पिता की शरण में थे।

संकट की इस घड़ी में राजीव अपनी माँ के पास थे। लेकिन श्रीमती गांधी के दूसरे बेटे संजय अपनी फैक्टरी मारुति[3] लिमिटेड में थे, जिसकी स्थापना जनता की कार के निर्माण के लिए की गई थी। इस अफरा-तफरी में किसी को भी यह नहीं सूझा कि इस संकट की जानकारी उन्हें दी जाए, जबकि अपने भाई के विपरीत वे उन कम्युनिस्टों से अपनी माँ की रक्षा करने के लिए राजनीति में सक्रिय भूमिका निभाने लगे थे, जिनसे वे नफरत करते थे।

दोपहर के समय जब संजय अपनी विदेशी कार को ड्राइव करते हुए घर पहुँचे, तब बाहर उन्हें भारी भीड़ दिखाई पड़ी। वे समझ गए थे कि क्या हुआ होगा और सीधे अपनी माँ के पास पहुँचे। वे खामोश थे, लेकिन उन्हें देख श्रीमती गांधी का चेहरा खिल उठा। संजय तब केवल 28 साल के थे, लेकिन अपने अनुभव से वे जानती थीं कि उनके सुझाव कितने परिपक्व होते थे।

बंद कमरे में वे अपने परिवार के साथ यह तय करने के लिए बैठीं कि उन्हें आगे क्या करना चाहिए। उनके दोनों ही बेटे, राजीव और संजय, उनके इस्तीफा देने के खिलाफ थे। कुछ दिनों के लिए भी नहीं और संजय ज्यादा ही उग्र थे। उन्होंने जो कहा, इंदिरा पहले से ही जानती थीं। विपक्ष से कहीं ज्यादा उन्हें अपनी ही पार्टी के महत्त्वाकांक्षी लोगों से खतरा था।

फिर वे घर के भंडार में चली गईं, जैसा कि वे संकट की घड़ी में अकसर किया करती थीं। यही उनकी शरणस्थली थी। यहाँ उन्हें सोचने का समय और अवसर मिलता था।

उन्हें बहुत कुछ सोचना था। यदि उन्होंने अभी इस्तीफा दिया और सुप्रीम कोर्ट से दोषमुक्त किए जाने के बाद लौटीं, तो उन आलोचकों के मुँह पर ताला लग जाएगा, जो आरोप लगा रहे थे कि वे किसी भी कीमत पर सत्ता में बनी रहना चाहती हैं। लेकिन सुप्रीम कोर्ट ने यदि इलाहाबाद हाई कोर्ट के फैसले को सही ठहराया, तो उन्हें हमेशा के लिए सत्ता से हाथ धोना पड़ेगा। साथ ही, एक और कलंक भी लग जाएगा।

उनकी अर्जी पर कोर्ट का रुख क्या होगा, इस बात को लेकर भी वे पूरी तरह से निश्चित नहीं थीं। अतीत में, अपदस्थ किए गए या अयोग्य ठहराए गए सदस्यों को उच्च न्यायालयों ने सदन में बैठने की अनुमति तो दे दी थी, लेकिन न तो वे वोट दे सकते थे, न बहस में शामिल हो सकते थे, न ही भत्ते ले सकते थे। अगर उन्हें केवल योग्य भर ठहराकर छोड़ दिया गया तो क्या होगा?

उनके सलाहकार संविधान के अनुच्छेद 88 को लेकर कुछ आश्वस्त थे, जिसमें उल्लेख है कि एक मंत्री और अटार्नी जनरल यदि वोट देने के लिए योग्य नहीं हैं तो भी दोनों सदनों में उन्हें बोलने और चर्चा में शामिल होने का अधिकार होगा। स्टे ऑर्डर चाहे जैसा भी हो, कोई भी अदालत एक मंत्री से यह अधिकार नहीं छीन सकती थी।

यदि वे इस्तीफा दे देती हैं तो पूरी दुनिया उनकी प्रशंसा करेगी। एक सच्चे लोकतांत्रिक के रूप में उनकी साख इतनी मजबूत हो जाएगी कि वे 1971 की तरह ही किसी भी चुनाव में भारी बहुमत के साथ सत्ता में वापसी कर लेंगी। लेकिन सुप्रीम कोर्ट ने उन्हें यदि छह साल तक चुनाव लड़ने से रोक दिया, तब क्या करेंगी? इतना समय काफी होता है कि उन्होंने जो कुछ अच्छा किया, उसे लोग भुला दें और जहाँ तक उनकी पार्टी के भीतर या बाहर के मौकापरस्त लोगों की बात है, तो इतना कि उनके खिलाफ गड़े मुर्दे उखाड़ सकें।

अब संजय का ही उन्हें सहारा था। उन्हें भरोसा था कि संकट की इस घड़ी में संजय जरूर उनकी मदद करेगा। 1971 के चुनावों में जीत दिलानेवाले इस नारे का श्रेय संजय को ही जाता है, ''वे कहते हैं इंदिरा हटाओ, लेकिन मैं कहता हूँ गरीबी हटाओ।'' अब उन्हें नारे गढ़ने से भी कुछ बड़ा कर दिखाना था। वे जानते थे कि उनकी माँ इतनी आसानी से हार माननेवालों में से नहीं हैं, लेकिन उस समय वे लगभग उस कगार तक पहुँच चुकी थीं। और ऐसा हरगिज नहीं होना चाहिए था। उन्हें हर हाल में जनसमर्थन जुटाना था, ताकि न केवल अपनी माँ को भरोसा दिला सकें कि देश को उनकी जरूरत है, बल्कि उनके दुश्मन भी सिर न उठा सकें।

दून स्कूल से निकाले जाने और इंग्लैंड में रॉल्स रॉयस में प्रशिक्षु मोटर मेकैनिक बनने से लेकर अब तक संजय ने अपने आपको राजनीति में स्थापित कर लिया था। उन्हें दौलत और सत्ता, दोनों ने ही अपनी ओर खींचा। धीरे-धीरे दोनों ही उनके करीब आ रहे थे।

संजय के प्रमुख सलाहकार थे 35 वर्षीय राजिंदर कुमार धवन, जो प्रधानमंत्री सचिवालय में सहायक निजी सचिव थे, और दस साल पहले तक रेलवे में हर महीने 450 रुपए की तनख्वाह पानेवाले क्लर्क हुआ करते थे। धवन ने जो कुछ पाया, उसके पीछे संजय ही थे। दोनों जिगरी दोस्त थे और साथ मिलकर कई शरारतें भी की थीं। वे श्रीमती गांधी के सेवक थे और कुछ लोग तो यहाँ तक कहते थे कि वे दूसरे एम.ओ. मथाई थे, जो नेहरू के स्टेनोग्राफर थे और उनके दफ्तर के सबसे प्रभावशाली व्यक्ति बन गए थे।

इस मामूली कर्मचारी की मदद से संजय पूरे सरकारी तंत्र को अपनी मर्जी से चलाया करते थे, या फिर मामला शायद ठीक उलटा ही था? धवन इतने ताकतवर थे कि किसी जूनियर मंत्री या सीनियर अधिकार को फटकार लगा सकते थे। वे प्रधानमंत्री का नाम लेकर अपनी चलाया करते थे। एक बार उन्होंने एक मंत्री को सबक सिखाया, जिन्होंने किसी आवश्यक विषय में प्रधानमंत्री के सचिवालय को रिमाइंडर भेज दिया था।

संजय के एक और करीबी दोस्त थे, हालाँकि उनकी उम्र उनसे काफी ज्यादा थी। ये 52 साल के बंसी लाल थे, जो हरियाणा के मुख्यमंत्री थे। उस राज्य पर वह ऐसे शासन चलाते थे, जैसे वह उनकी जागीर हो। वह इतने अनैतिक थे कि किसी भी तरीके से उन्हें अपना काम निकलवाने से मतलब था। एक निठल्ले वकील से वे मुख्यमंत्री की कुरसी तक एक दशक से भी कम समय में पहुँच गए थे और उससे भी आगे जाने की भी चाहत थी। वे ही थे, जिन्होंने संजय को मारुति फैक्टरी के लिए 290 एकड़ का प्लॉट कौड़ियों के भाव दिया और कीमत को छिपाने के लिए सरकारी कर्ज भी दिया था। बदले में संजय ने उन्हें प्रधानमंत्री के सबसे करीबी लोगों में जगह दिला दी थी। माँ और बेटे का उन पर विश्वास था, क्योंकि वे हमेशा उनके लिए हाजिर रहते थे और कोई भी काम, सही या गलत, करने को तैयार रहते थे।

ये तीन लोग थे, जो श्रीमती गांधी की *त्रिमूर्ति* थे, और उनके आसपास रहते थे। वे भी इन पर आँख मूँदकर विश्वास करती थीं। सरकार, पार्टी और सामान्य राजनीति में वे इंदिरा की ओर से काम किया करते थे। वे जानती थीं कि अकसर वे नापाक तरीकों का इस्तेमाल करते थे, लेकिन इसमें कोई शक नहीं था कि वे कारगर थे। श्रीमती गांधी ने उन्हें वह सबकुछ करने दिया, जो वे करना चाहते थे। इससे उनकी स्थिति मजबूत होती थी।

एक और भी शख्स था, जो बड़े काम का था। ये थे कांग्रेस पार्टी के अध्यक्ष 65 वर्षीय देव कांत बरुआ। उन्हें दरबार का मसखरा भी कहा जाता था, जो हमेशा

श्रीमती गांधी की प्रशंसा के गीत गाते रहते थे। वे ही थीं, जिन्होंने बरुआ को असम की राजनीति से बाहर निकाला था, बिहार का राज्यपाल बनाया, फिर एक कैबिनेट मंत्री और आखिरकार कांग्रेस पार्टी का अध्यक्ष बना दिया। वे अब ऐसे व्यक्ति थे, जिन पर वे भरोसा कर सकती थीं।

श्रीमती गांधी का परिचय उनसे अपने दिवंगत पति फिरोज गांधी के एक मित्र के रूप में हुआ था। बरुआ अकसर पति-पत्नी के बीच होनेवाले झगड़ों में बीच-बचाव करनेवाले की भूमिका निभाते थे। कद्दावर शख्सियत की वजह से ही दोनों में टकराव हुआ करता था। बरुआ का दक्षिणपंथी कम्युनिस्टों के साथ अच्छा-खासा मेल-जोल था, जिसके चलते वे एक ऐसी विचारधारा का लबादा ओढ़ लिया करते थे, जो एक पिछड़े देश में फिट बैठता था। संजय को यह अच्छा नहीं लगता था। वे उन्हें कम्युनिस्ट बुलाते थे, लेकिन विपक्ष का खतरा बरुआ और संजय को एकजुट रखता था, कम-से-कम कुछ समय के लिए ही सही।

जल्द ही दोनों पूरी दुनिया को यह दिखाने में जुट गए कि एक चाहे जो कहे, लोगों को यह शक नहीं था कि श्रीमती गांधी उनकी नेता हैं और नेता बनी रहेंगी। उन्होंने पहला कदम भीड़ को जुटाकर उठाया, जिससे कि उनकी लोकप्रियता साबित की जा सके। यह काम दोनों पहले भी कई बार कर चुके थे। ट्रकों का इंतजाम किया गया और फिर गाँवों से लोगों को उनमें भरकर लाने के लिए भेजा गया। उन्हें श्रीमती गांधी के 1, सफदरजंग रोड आवास पर लाकर उनके नेतृत्व के प्रति उनकी आस्था का प्रदर्शन करना था। बिना किराया चुकाए भीड़ जुटाने के लिए सरकारी (दिल्ली परिवहन निगम) बसों का इस्तेमाल किया गया। यह और बात थी कि रैलियों के बाद मुफ्त परिवहन उपलब्ध नहीं थी और लोगों को पैदल ही घर तक लौटना पड़ा था।

प्रधानमंत्री आवास से धवन ने पड़ोसी राज्यों—पंजाब, हरियाणा, यू.पी. और राजस्थान के मुख्यमंत्रियों को फोन किया और रैलियाँ आयोजित करने को कहा। सरकारी तंत्र का इस्तेमाल कर भीड़ जुटाने में उन्हें भी काफी अनुभव और महारत थी। उन्होंने यह सब जुलाई 1969 में भी किया था, जब श्रीमती गांधी ने 14 प्रमुख भारतीय बैंकों के राष्ट्रीयकरण करने का फैसला किया था, ताकि वे अपनी प्रगतिशील छवि पेश कर सकें और कांग्रेस में अपने 74 वर्षीय प्रतिद्वंद्वी मोरारजी देसाई को दक्षिणपंथी करार दे सकें। देसाई बैंकों पर केवल सामाजिक नियंत्रण चाहते थे।

देसाई दो बार प्रधानमंत्री पद हासिल करने का प्रयास कर चुके थे। एक बार 1966 में, जब श्रीमती गांधी के पहले पद सँभाल चुके लाल बहादुर शास्त्री का निधन ताशकंद में हो गया था, और फिर 1967 में जब कांग्रेस पार्टी महज 285 सीटों के साथ किसी तरह सत्ता में वापस आई थी, जबकि लोकसभा में तब 520 सदस्य हुआ करते थे।

जनसमर्थन जुटाने की जिम्मेदारी धवन ने सँभाल ली थी, क्योंकि यशपाल कपूर, जो इन मामलों में ज्यादा अनुभवी थे, इस आलोचना के साथ कठघरे में खड़े थे कि उनकी वजह से ही श्रीमती गांधी चुनाव में धाँधली के आरोप में फँस गई थीं। लेकिन धवन भी कपूर के भानजे थे और उन्होंने अपने मामा से बहुत कुछ सीखा था। यशपाल कपूर सफलता की एक मिसाल थे। वे एक स्टेनोग्राफर से राज्यसभा[4] सदस्य बन गए थे, और उससे भी अहम यह कि श्रीमती गांधी के राजनीतिक सलाहकार और मुखबिर। कपूर छवि बनाने में माहिर थे। जब भी श्रीमती गांधी की लोकप्रियता को बढ़ाना होता, वे कमाल कर दिखाते थे। उन्हें नब्ज पकड़ने में महारत थी। कुछ समय के लिए उन्हें मन मारकर घर पर बैठना पड़ा। उनका नाम इलाहाबाद से आए फैसले में इतनी प्रमुखता से लिया गया था कि उन्हें जनता की नजरों से दूर रहने की हिदायत दे दी गई थी। आगे चलकर उनकी वापसी हुई। उन्होंने ही *देश की नेता इंदिरा गांधी* का नारा दिया था। बरुआ ने इसमें बदलाव किया और कहा, *इंदिरा इज इंडिया*। उन्हें तब अंदाजा नहीं था कि इसके चलते आगे कितनी बड़ी शर्मिंदगी का सामना करना पड़ेगा, क्योंकि यह नाजी युवाओं को दिलाई जानेवाली शपथ : *एडोल्फ हिटलर इज जर्मनी ऐंड जर्मनी इज एडोल्फ हिटलर* (एडोल्फ हिटलर जर्मनी है और जर्मनी एडोल्फ हिटलर है) के जैसा था।

मुख्यमंत्रियों को बसों का इंतजाम करने और उनमें लोगों को भरकर श्रीमती गांधी के घर के बाहर उस ट्रैफिक स्थल तक भेजने में वक्त नहीं लगा, जहाँ इस प्रकार के प्रदर्शनों के लिए बना-बनाया मंच मौजूद था। यह मंच 1969 में वी.वी. गिरि के भारत के राष्ट्रपति चुने जाने के समय ही बना था। उस समय पार्टी के ही उम्मीदवार संजीव रेड्डी का विरोध श्रीमती गांधी ने किया था। यह दिखाने के लिए भीड़ को जुटाया गया था कि वे प्रतिक्रिया और प्रगति के बीच चल रही जंग लड़ रही हैं।

लोगों के सामने राजनीति को साफ तौर पर बताना जरूरी था। विचारधारा, या उसे जाहिर करना भी महत्त्वपूर्ण था। बरसों से कांग्रेस पार्टी लोकतंत्र और समाजवादी सिद्धांतों के प्रति वचनबद्ध थी, जो समाजवादी पार्टी के समाजवाद से थोड़ा अलग था। उस वक्त प्रगतिशील शब्द प्रतिक्रियावादी शब्द के खिलाफ चलन में था। श्रीमती गांधी प्रगतिशील थीं, जबकि समाजवादी राज नारायण प्रतिक्रिया वादी थे। यहाँ तक कि उस जज ने भी प्रतिक्रियावादी कानूनों का सहारा लिया था।

वह फैसला जल्द ही महत्त्वहीन बना दिया गया, और श्रीमती गांधी ने यह जता दिया कि वे कुरसी नहीं छोड़नेवाली हैं, क्योंकि लोगों का उनमें विश्वास है, और वे गरीबी मिटाने तथा नए समाज की स्थापना के लिए काम करती रहेंगी। कांग्रेस पार्टी के छात्र संगठन, भारतीय राष्ट्रीय छात्र संघ (एन.एस.यू.आई.), जिसे आगे चलकर संजय गांधी के प्रभाव वाले यूथ कांग्रेस ने अपने अंदर मिला लिया था, ने कहा, ''श्रीमती गांधी

भारत के उन लाखों दबे-कुचले और शोषित लोगों की नेता हैं, जो न्याय और समानता पर आधारित समाज की स्थापना के लिए समाजवादी परिवर्तन के लिए संघर्षरत हैं।'' उसने उनके खिलाफ आए हाई कोर्ट के फैसले पर एक शब्द भी नहीं कहा।

श्रीमती गांधी के प्रति समर्थन का यह इतना भौंडा प्रदर्शन था कि कुछ कांग्रेस सांसदों ने इन लोक-लुभावन प्रदर्शनों पर आपत्ति जता दी। लेकिन वे बोलीं कि यह स्वत:स्फूर्त है।

श्रीमती गांधी के प्रति देश के सभी पाँच चैंबर ऑफ कॉमर्स तथा शीर्ष उद्योगपतियों ने भी अपना समर्थन जता दिया। वे समाजवादी सोच रखती थीं, फिर भी उनमें वे अपनी संपत्ति और विशेषाधिकारों की रक्षा की एक संभावना देखते थे। उनकी नीतियाँ निश्चित रूप से उन समाजवादी नीतियों से बेहतर थीं, जिनकी हिमायत कई विपक्षी नेता किया करते थे। भारतीय कम्युनिस्ट पार्टी (सी.पी.आई.) भी उनके साथ खड़ी थी, जिसने 13 जून को यह प्रस्ताव पारित किया था, 'दक्षिणपंथी छात्रों की ओर से नैतिक आधार पर प्रधानमंत्री के इस्तीफे की माँग पर मचाई जा रही चीख-पुकार से उनके कुटिल राजनीतिक उद्देश्य छिप नहीं सकते।' सोवियत समर्थक यह पार्टी, इस उम्मीद में कांग्रेस के कंधे पर सवार थी कि एक दिन देश में कम्युनिस्ट शासन स्थापित होगा।

जामिया मिल्लिया इस्लामिया जैसे संस्थानों और भारतीय दलित वर्ग लीग ने बेहिचक श्रीमती गांधी के प्रति अपना विश्वास व्यक्त कर दिया। बरसों से वे और उनके पिता धर्मनिरपेक्ष समाज की स्थापना का प्रयास कर रहे थे। वे उस विपक्ष पर कैसे भरोसा कर सकते थे, जिसमें जन संघ हो, जो उस हिंदू संगठन, राष्ट्रीय स्वयंसेवक संघ का एक संसदीय विंग था, जो हिंदू संस्कृति या उसके संघचालकों के मुताबिक भारतीय संस्कृति पर आधारित अनुशासित समाज की स्थापना करने में विश्वास रखते थे?

इसमें किसी को कोई शक नहीं था कि अपने बेटे की ओर से भाड़े पर बुलाई गई भीड़ के अलावा भी श्रीमती गांधी को व्यापक समर्थन हासिल था। भले ही विपक्ष यह कह रहा था कि असली मुद्दा यह था कि क्या एक दोषी प्रधानमंत्री को कुरसी पर बने रहने का हक है, और वह लोगों को उन लोगों से सचेत कर रहा था जो न्यायिक फैसले को सड़कों पर चुनौती देकर देश के लोकतांत्रिक ढाँचे को तबाह करने पर तुले थे। लेकिन उसकी आवाज श्रीमती गांधी के समर्थन में लग रहे नारों के शोर में लगभग डूब गई थी।

कुछ युवा समाजवादियों ने जवाबी प्रदर्शन करने का भी प्रयास किया। उस समय कुछ लोग प्रधानमंत्री आवास के बाहर पुलिस के घेरे को तोड़ने और 'श्रीमती गांधी इस्तीफा दो' के नारे लगाने में कामयाब हो गए थे। उस दौरान, संजय की एक सहयोगी, अंबिका सोनी, जो लंबी और आकर्षक थीं, ने एक लड़के को तमाचा जड़ दिया। आगे चलकर यूथ कांग्रेस की अध्यक्ष बननेवाली 35 वर्षीय अंबिका ने एक दमदार महिला

के तौर पर अपनी छवि पेश की थी। पुलिस ने उनके इशारे को समझने में देर नहीं की। विरोधियों की जमकर पिटाई हुई और कुछ को गिरफ्तार कर लिया गया।

लेकिन विपक्ष का हौसला इससे पस्त नहीं हुआ। सोवियत समर्थक सी.पी.आई., जो यह मानती थी कि श्रीमती गांधी का झुकाव रूस की तरफ है, के सिवाय विपक्ष की अन्य सभी पार्टियों ने उन्हें प्रधानमंत्री मानने से इनकार कर दिया। हाई कोर्ट के फैसले में दोषी ठहराए जाने के बावजूद सत्ता से चिपके रहने के कारण उन पर हमले किए। कांग्रेस पार्टी के बुजुर्ग नेताओं, हिंदू राष्ट्रवादी जन संघ, किसान समर्थक भारतीय लोक दल, कम्युनिस्ट पार्टी ऑफ इंडिया (मार्क्सवादी), सी.पी.आई. (एम), और समाजवादियों के लिए इलाहाबाद हाई कोर्ट का फैसला किसी वरदान की तरह था। वे कई मुद्दों को लेकर उन पर हमला कर चुके थे, भ्रष्टाचार, लोकतांत्रिक परंपराओं की अनदेखी, तानाशाही की प्रवृत्ति लेकिन कोई भी कारगर साबित नहीं हुआ। वे जिसे बरसों से हासिल नहीं कर सके थे, उसे कोर्ट के फैसले ने कर दिखाया था। उन्होंने उनके इस्तीफे की माँग को लेकर राष्ट्रपति भवन के बाहर धरना दिया, जबकि वे कश्मीर गए हुए थे।

उन्होंने कहा कि वे उनके खिलाफ और भी कानूनी काररवाई करेंगे और राज्य के पार्टी कार्यकर्ताओं को इंदिरा-विरोधी रैलियों और प्रदर्शनों में तेजी लाने का आदेश दिया। पूरे विपक्ष को मिलाकर भी संसद् में 60 सीटें नहीं थीं। लेकिन अब उनके पास मौका था। उन्होंने नैतिकता और सदाचार का मुद्दा उठाया तथा जयप्रकाश नारायण को संदेश भेजा, जो महात्मा गांधी के बाद देश की अंतरात्मा के प्रहरी थे, कि वे उनका नेतृत्व करें।

उनके पास अपने नेतृत्व के लिए जे.पी. से बेहतर विकल्प नहीं था, जो उनके नेता के रूप में जाने जाते थे। भले ही 1974 में उन्होंने एक पार्टी में विलय के उनके सुझाव को न मानकर कांग्रेस के खिलाफ एकजुट होने के सुझाव को ठुकराकर उन्हें निराश किया था। वे एक गांधीवादी होने के साथ ही, अंग्रेजों के खिलाफ चलाए गए 1942 के भारत छोड़ो आंदोलन के हीरो भी थे। उन्होंने सदैव उस मौन आबादी को आवाज दी थी, जिसे सताया और वंचित किया गया था। एक अरसे से उन्हें सार्वजनिक जीवन में शुचिता और निष्ठा के लिए जाना जाने लगा था। अपने गृह राज्य, बिहार में उन्होंने सार्वजनिक जीवन में जड़ें जमा रहे भ्रष्टाचार के खिलाफ जो आंदोलन शुरू किया था, वह कमजोर पड़ गया था। यह राज्य विधानसभा को भंग करने जैसी दुनियावी माँग पर केंद्रित हो गया था और उस उच्चतर आध्यात्मिक लक्ष्य को भूल गया था, जिसकी हिमायत उन्होंने की थी। उनकी माँग थी कि एक वास्तविक लोकतांत्रिक ढाँचा बने, जो लोगों की आवश्यकताओं के प्रति जागरूक हो और अवसरवादी राजनीति को समाप्त करे। किंतु दो साल बाद बिहार आंदोलन रंग लाया।

पहले भी, जे.पी. ने भ्रष्टाचार को बढ़ावा देने और समाजवाद के नाम पर छल

करने को लेकर श्रीमती गांधी का विरोध किया था। इलाहाबाद के फैसले में उन्हें नैतिक पुनरुत्थान के जरिए सार्वजनिक जीवन में एक मानक स्थापित करने का एक अवसर दिखा।

लंबे समय तक उनके और श्रीमती गांधी के बीच चाचा-भतीजी का रिश्ता था और वे उन्हें इंदु कहकर बुलाते थे। लेकिन काफी समय से, खासतौर पर पिछले दो वर्षों से, उनके बीच दूरियाँ बढ़ गई थीं। वे उन्हें भ्रष्टाचार और मौलिक मूल्यों के विनाश का मुख्य स्रोत मानते थे। और इलाहाबाद के फैसले के बाद उन्होंने कहा था कि उन्हें प्रधानमंत्री बने रहने का कोई नैतिक अधिकार नहीं है। उन्हें तुरंत इस्तीफा दे देना चाहिए। कुरसी से चिपके रहना तमाम सार्वजनिक मर्यादा और लोकतांत्रिक मूल्यों के विरुद्ध था।

श्रीमती गांधी जानती थीं कि जे.पी. एक प्रभावशाली हस्ती थे। डी.पी. धर ने दोनों के बीच 1 नवंबर, 1974 को एक बैठक करवाई थी, जिसमें वे इस शर्त पर बिहार विधानसभा भंग करने पर राजी हो गई थीं कि वे और कुछ नहीं माँगेंगे। वे इस पर सहमत नहीं हुए।

17 जून को जे.पी. को एक अत्यावश्यक संदेश मिला। विपक्षी दलों ने उन्हें तुरंत दिल्ली बुलाया था और कहा था कि वे उनकी रैली का नेतृत्व करें। लेकिन उन्होंने इनकार कर दिया। वे इस बात की प्रतीक्षा करने के पक्ष में थे कि सुप्रीम कोर्ट श्रीमती गांधी की अपील पर क्या फैसला सुनाता है। उसके बाद ही वे जंग में कूदना चाहते थे।

जे.पी. को अंदाजा था कि एक एकजुट विपक्ष कितना ताकतवर हो सकता है। गुजरात विधानसभा चुनाव में जनता मोर्चा ने 182 सदस्यों वाले सदन में 87 सीटें जीती थीं और वह इसी का सबूत था। छह निर्दलीयों ने हाथ मिलाकर उसे पूर्ण बहुमत दिला दिया था। कांग्रेस को केवल 74 सीटें मिली थीं, जबकि 1972 के चुनाव में जब विपक्ष एकजुट नहीं था, तब उसे 140 सीटें मिली थीं।

ये चुनाव जे.पी. की ओर से बनाई गई संपूर्ण क्रांति की योजना से ठीक पहले हुए थे। जे.पी. गुजरात पैटर्न को पूरे भारत में शुरू करना चाहते थे। समय भी सही था, लेकिन वे यह देखना चाहते थे कि श्रीमती गांधी की अपील पर सुप्रीम कोर्ट क्या कहता है। उन्हें लग रहा था कि सर्वोच्च न्यायालय सिन्हा के फैसले को सही ठहराएगा।

श्रीमती गांधी भी प्रतीक्षा कर रही थीं, और उन्हें यह उम्मीद थी कि कोर्ट कानून के शब्दों की बजाय भावना को तरजीह देगा। चूँकि गैर-कम्युनिस्ट विपक्षी दलों ने यह घोषित कर दिया था कि वे उन्हें प्रधानमंत्री नहीं मानते हैं, इसलिए उन्हें हालात बिगड़ने का ही अंदेशा था। संसद् का सत्र भी शर्मसार करनेवाला होगा। संसद् में वे केंद्रीय अन्वेषण ब्यूरो (सी.बी.आई.) की एक रिपोर्ट पर घिर गई थीं। सांसद तुलमोहन राम को एक आयात परमिट दिया गया था। वे रेल मंत्री ललित नारायण मिश्रा के करीबी थे। लेकिन इससे पहले कि परमिट जारी करने की जिम्मेदारी तय की जाती, 3 जनवरी, 1975 को रेल मंत्री की हत्या कर दी गई।

एक बार तो मोरारजी ने धमकी दे दी कि अगर विपक्ष की माँग के अनुसार सी.बी.आई. की रिपोर्ट सार्वजनिक नहीं की गई तो वे सदन में सत्याग्रह पर बैठ जाएँगे। श्रीमती गांधी ने स्पीकर गुरदयाल सिंह ढिल्लों से मोरारजी को सदन के बाहर करने को कह दिया था। बाद में, जब स्पीकर ने उन्हें और मोरारजी को अपने चैंबर में मिलने का फरमान दिया तो वे चिढ़ गईं। उन्हें यह अपमान सहना पड़ा, क्योंकि स्पीकर को जब पता चला कि वे उनके फैसले से खुश नहीं हैं तो उन्होंने अपना इस्तीफा दे दिया, और उन्हें पद पर बने रहने के लिए मनाना पड़ा।

इस प्रकार की शरारतपूर्ण अफवाहें चल रही थीं कि मिश्रा को रास्ते से हटाने में उनका हाथ था। यह सच है कि श्रीमती गांधी ने आयात लाइसेंस घोटाले में मिश्रा के शामिल होने की आशंका पर छिड़ी जोरदार बहस के बाद उनका इस्तीफा माँगा था। लेकिन बाद में उन्हें यह पछतावा हुआ और अपराधबोध भी था कि मिश्रा को केवल उनके साथ रहने की कीमत चुकानी पड़ी थी। संजय और धवन ने रेल भवन स्थित मिश्रा के दफ्तर को सील करा दिया था, लेकिन इसकी वजह यह थी कि उन्होंने मारुति से जुड़े कागजात वहाँ से लिये थे, और वे नहीं चाहते थे कि ये किसी और के हाथों में चले जाएँ। वे जान गई थीं, लेकिन उन्होंने पहले भी मारुति के मामलों में दखल नहीं दिया था और उन्हें ऐसा करना जरूरी भी नहीं लगा।

यह विषय भी संसद् में उठेगा। श्रीमती गांधी संसद् के जुलाई-अगस्त सत्र को टालने की बात सोच रही थीं। यदि आयात लाइसेंस घोटाले पर विपक्ष ने सदन में कोई कामकाज नहीं होने दिया था, तो इलाहाबाद के फैसले के बाद तो उनका रवैया और भी बुरा होगा। और यह तो अंदाजा ही नहीं लगाया जा सकता कि एक अस्थायी प्रधानमंत्री इन दबावों पर क्या रुख अपनाएगा!

कुरसी पर बने रहकर कम-से-कम वे घटनाक्रम को प्रभावित कर सकती थीं। वे इस्तीफा देने का जोखिम नहीं उठा सकती थीं। लेकिन वे दूसरों को यह बता भी नहीं सकती थीं। यही बेहतर होगा कि वे कुरसी से किसी तरह चिपके रहने की बजाय यह दिखाएँ कि दूसरे उन्हें इसके लिए मना रहे हैं। संभवतः उत्तर को पहले ही जान लेने के बाद, उन्होंने अपने तीन वरिष्ठ सहयोगियों जगजीवन राम, यशवंत राव चह्वाण और स्वर्ण सिंह से पूछा कि क्या अपनी अपील पर सुप्रीम कोर्ट का फैसला आने तक उनके लिए कुरसी पर बने रहना वाजिब होगा। तीनों ने ही उनसे कहा कि अगर वे इस्तीफा देती हैं तो तबाही मच जाएगी। लेकिन ऐसा कहने के पीछे तीनों के पास अलग-अलग कारण थे।

जगजीवन राम ने कहा कि न्यायिक प्रक्रिया पूरी होने तक उन्हें इंतजार करना चाहिए। लेकिन उन्हें लग रहा था कि सुप्रीम कोर्ट केवल एक सशर्त रोक लगाएगा, क्योंकि ऐसे मामलों में उसने कभी स्पष्ट रोक नहीं लगाई थी। वे सोच रहे थे कि विद्रोह

करने का वही समय होगा। उन दिनों उन्होंने मुझसे कहा था, हम सुप्रीम कोर्ट के फैसले तक इंतजार कर सकते हैं।

बीते कुछ वर्षों में जगजीवन राम के संबंध श्रीमती गांधी से खराब हुए थे। इतना खराब कि कुछ दिनों से उनसे छोटे-छोटे मामलों पर भी बातचीत नहीं की जाती थी, बड़े मुद्दों की तो बात ही छोड़ दीजिए। वे हमेशा से ही जानती थीं कि पार्टी में वे उनके प्रमुख प्रतिद्वंद्वी हैं, और 1969 में उन्होंने जाकिर हुसैन के निधन के बाद उनका नाम कांग्रेस अध्यक्ष पद के लिए यह सोचकर बढ़ाया था कि वे उस पद के लिए ललायित होंगे, जहाँ उन्हें कैबिनेट में शामिल करने की बजाय एक चेहरा भर बनाकर रखना सुरक्षित होगा।

यह सच है कि एक दशक तक इनकम टैक्स अदा करना भूल जाने के लिए उन्हें माफ कर चुकी थीं। लेकिन उन्हें लगता था कि मोरारजी देसाई के विरोध पर श्रीमती गांधी का साथ देकर वे उस कर्ज को अदा कर चुके हैं, जबकि 1963 में कामराज प्लान के तहत कांग्रेस को पुनर्गठन के नाम पर जब उनके पिता नेहरू ने देसाई समेत उन्हें कैबिनेट से बाहर कर दिया था, तब दोनों ही राजनीतिक अज्ञातवास झेल रहे थे। वे एक चालाक, महत्त्वाकांक्षी व्यक्ति थे और श्रीमती गांधी इससे वाकिफ थीं। यदि सुप्रीम कोर्ट ने उनके खिलाफ फैसला सुनाया तो वे विद्रोह की अगुवाई का जोखिम उठाए बिना प्रधानमंत्री का पद हासिल कर लेंगे। निश्चित रूप से वे उस फैसले की प्रतीक्षा कर सकते थे।

चह्वाण[5] के लिए श्रीमती गांधी के बने रहने का मतलब था, खुद उनका बने रहना। वे उनके प्रभावी नंबर दो बनना चाहते थे। 1969 के राष्ट्रपति चुनाव में, पहले उन बुजुर्ग नेताओं के साथ उन्होंने इस समझौते के तहत वोट किया कि उन्हें प्रधानमंत्री बना दिया जाएगा, और जब वे मोल-भाव पर उतर आए तो फिर से श्रीमती गांधी के साथ हो लिये। ऐसे में विपक्ष उन्हें भरोसेमंद नहीं मानता था। जे.पी.[6] ने जब साफ कर दिया था कि वे उनकी बजाय जगजीवन राम को प्रधानमंत्री पद पर देखना चाहेंगे, तो उन्हें श्रीमती गांधी को छोड़ने से कुछ मिलनेवाला नहीं था।

स्वर्ण सिंह की छवि विवादों से परे थी। हालाँकि पी.एम. के एक सहायक से जब उन्होंने यह सुना कि अगर उन्होंने कुछ दिनों के लिए भी गद्दी छोड़ी तो अंतरिम अवधि के लिए उन्हें प्रधानमंत्री चुनेंगी, तब उनकी भी महत्त्वाकांक्षा जाग उठी। उन्हें लगा कि वे अपने आप ही इस्तीफा दे देंगी, और उन्होंने ऐसा न करने का उन्हें सुझाव दिया, फिर भी वह यह जता रहे थे कि अगर वे ऐसा करती भी हैं तो कुछ गलत नहीं होगा।

श्रीमती गांधी के कानूनी सलाहकार, खासतौर पर सिद्धार्थ शंकर रे और गोखले (जिन्होंने इलाहाबाद में उनके केस की छीछालेदर कर दी थी), भी उनके इस्तीफा देने के खिलाफ थे। उनका कहना था कि सुप्रीम कोर्ट लोगों को खुश नहीं करेगा जैसा कि इलाहाबाद के जज ने किया था, और उन्हें उसके फैसले का इंतजार करना चाहिए। दूसरे

लोग, जिन्हें थोड़ी सी भी कानून की समझ थी, उनका कहना था कि जिन अपराधों के लिए उन्हें दोषी ठहराया गया है, वे तकनीकी हैं।

यह दिलासा देनेवाला था। लेकिन देश में कई लोग यह सोच रहे थे कि जन प्रतिनिधित्व कानून यह कहाँ कहता है कि कुछ अपराध तकनीकी हैं और कुछ ठोस। 1951 में दो प्रकार के अपराध हुआ करते थे—बड़े और छोटे। निर्वाचन केवल बड़े अपराधों पर रद्द किए जाते थे। लेकिन 1956 में, जब नेहरू प्रधानमंत्री थे, चुनाव कानूनों का संशोधन और सरलीकरण किया गया था। उन अपराधों की सूची में भारी काट-छाँट की गई थी, जिन्हें भ्रष्ट आचरण माना जाता था। पहले कई राज्यमंत्री और संसद् तथा विधानसभा के सदस्यों को उन आधारों पर अपनी सीट गँवानी पड़ी थी। स्वयं श्रीमती गांधी से आंध्र प्रदेश से आनेवाले अपने कैबिनेट मंत्री चेन्ना रेड्डी को इस्तीफा देने के लिए कहना पड़ा था, जब उन्हें चुनावों में भ्रष्टाचार का दोषी करार दिया गया था।

यदि वे दृष्टांत को अपने ऊपर लागू करतीं तो उन्हें इस्तीफा देना पड़ता। वे अपनी पार्टी के नेताओं से सुझाव लेती रहीं, और इससे उन्हें यह संकेत मिला कि उनके कदम डगमगा रहे हैं। उन्होंने अपनी इच्छा से अपने राज्यों के सांसदों से विचार-विमर्श करना शुरू कर दिया।

सबसे महत्त्वपूर्ण बैठक चंद्रजीत यादव के घर पर हुई थी, जो कम्युनिस्ट विचारधारा वाले एक केंद्रीय मंत्री थे। बैठक की अध्यक्षता बरुआ ने की। केवल कुछ भरोसेमंद कांग्रेस नेताओं को बुलाया गया था। उनमें प्रणब मुखर्जी भी शामिल थे, जो तब सिर्फ एक जूनियर मंत्री थे। उन्होंने इस विषय पर चर्चा की कि यदि श्रीमती गांधी को कुरसी छोड़नी पड़ी, भले ही अस्थायी रूप से, तो उनका उत्तराधिकारी कौन होगा।

चुनाव जगजीवन राम और स्वर्ण सिंह के बीच करना था। अगले को सबसे ज्यादा तरजीह दी जा रही थी, क्योंकि वे सुरक्षित और मनमाफिक मोड़े जाने लायक माने जा रहे थे। लेकिन जगजीवन राम कैबिनेट के सबसे वरिष्ठ सदस्य थे, और उनके दावे को खारिज करने के लिए वे अपने निजी भय को यह कहकर सार्वजनिक कर रहे थे कि अगर श्रीमती गांधी को सुप्रीम कोर्ट ने बरी कर दिया तो भी वे गद्दी नहीं छोड़ेंगे। इसलिए, उन पर भरोसा नहीं किया जा सकता। वे समझ नहीं पा रहे थे कि उन्हें क्या करना चाहिए। इस वक्त जिस प्रकार जगजीवन राम उनके साथ खड़े थे, उससे उन्हें लग रहा था कि वे भी उन पर भरोसा करने में नहीं हिचकिचाएँगी। और दरकिनार करने पर उन्होंने विद्रोह किया तो पार्टी टूट सकती है। बैठक बेनतीजा रही। प्रणब ने मुझसे कहा कि यदि सिद्धार्थ शंकर रे केंद्र में होते[7] तो निश्चित रूप से वे अंतरिम प्रधानमंत्री के रूप में एक विकल्प होते। यहाँ तक कि जगजीवन राम के लिए भी उनके खिलाफ खड़ा होना मुश्किल हो जाता।

लेकिन यह एक अकादमिक चर्चा मात्र थी। श्रीमती गांधी कुरसी पर थीं, और जब तक वे सत्तासीन थीं, तब तक उन्हें वह जबरदस्त समर्थन था, जो हमेशा से उनके साथ रहा था।

कैबिनेट मंत्रियों, मुख्यमंत्रियों और राज्यमंत्रियों से श्रीमती गांधी के नेतृत्व में भरोसा जतानेवाली शपथ पर दस्तखत करने को कहा गया। परमेश्वर नाथ हक्सर[8] मसौदा तैयार करने में महारत रखते थे। इसलिए उन्हें ही उसका लेख तैयार करने को कहा गया। 1969 में जब कांग्रेस पार्टी में विभाजन हुआ, तब दूसरे पक्ष को भेजे जानेवाले तमाम पत्र वे ही तैयार किया करते थे। हक्सर के मसौदे के एक हिस्से में न्यायपालिका की आलोचना भी छिपी थी, जबकि जजों को नाराज करना ठीक नहीं था, क्योंकि सुप्रीम कोर्ट में श्रीमती गांधी की अपील पर सुनवाई होनी थी। लेकिन उनके मसौदे का ऑपरेटिव हिस्सा वैसा ही रहा, ''श्रीमती गांधी प्रधानमंत्री बनी हुई हैं। यह हमारा अटल और सुविचारित विश्वास है कि देश की एकता, स्थिरता और तरक्की के लिए उनका प्रभावी नेतृत्व अत्यंत आवश्यक है।''

इस वक्तव्य पर हस्ताक्षर करने की होड़ लग गई। इसे स्वामिभक्ति का एक दस्तावेज माना गया। संजय अपनी माँ को पल-पल की जानकारी दे रहे थे कि अब तक किस-किसने दस्तखत कर दिए हैं। और यह भी कि किसने नहीं किए हैं। अखबारों में लगातार लंबी होती लिस्ट पर खबर थी।

उड़ीसा की मुख्यमंत्री श्रीमती नंदिनी सत्पथी इस पर दस्तखत करने के लिए भुवनेश्वर से देर शाम नई दिल्ली पहुँचीं और जोर दिया कि अगली सुबह के अखबारों में दस्तखत करनेवालों में उनका नाम शामिल किया जाए। सरकार के सूचना ब्यूरो के अफसरों ने संपादकों को फोन कर कहा कि इसे सुनिश्चित किया जाए। श्रीमती गांधी का वफादार होना महत्त्व रखता था। प्रधानमंत्री आवास से लगातार फोन किए जाने पर भी एक मंत्री ने वक्तव्य में हस्ताक्षर करने में देरी की। ये स्वर्ण सिंह थे। वे अपने दिमाग से यह बात निकाल ही नहीं सके कि यदि वे इस्तीफा देती हैं तो वे ही अंतरिम प्रधानमंत्री बनेंगे। और कुछ महीनों बाद उन्हें इसकी कीमत अदा करनी पड़ी।

इस बीच, महानगरों और छोटे-छोटे शहरों में हजारों की तादाद में लोग सड़कों पर उतरे। राज्य सरकारों और पार्टी ने इन प्रदर्शनों का आयोजन और खर्च-वर्च किया। प्रदर्शनकारियों को यह नारा दिया गया—इलाहाबाद हाई कोर्ट का फैसला नहीं सहेंगे। मतलब यह था कि वे सुप्रीम कोर्ट की ओर से इसे जायज ठहराने को भी नहीं सहेंगे। श्रीमती गांधी और उनके लोग सारी संभावनाओं की तैयारी कर रहे थे। चुनाव में तकनीकी बिंदुओं पर किसी भी कोर्ट का फैसला उनके लिए पुनीत नहीं था, खासतौर पर प्रधानमंत्री को लेकर। साथ ही लोगों का स्पष्ट मत कोर्ट के दायरे से भी बाहर था।

श्रीमती गांधी को एक अप्रत्याशित समर्थन भी मिला। टी. स्वामीनाथन, जो उनके पूर्व कैबिनेट सचिव थे, और जिनके कार्यकाल को उन्होंने पहले बढ़ाया था और फिर उन्हें मुख्य चुनाव आयुक्त बनाया था, ने घोषित किया कि प्रधानमंत्री समेत, किसी भी चुने हुए पद पर बैठे व्यक्ति के खिलाफ उनके पास किसी भी अयोग्यता को समाप्त करने का अधिकार है। नियम ऐसा ही कहते थे, हालाँकि उनके पूर्ववर्ती सेन वर्मा ने 1971 की चुनाव रिपोर्ट में कहा था कि चुनाव आयुक्त के पास इस प्रकार की मनमाने ढंग की शक्तियाँ नहीं होनी चाहिए।

पर्याप्त संकेत दे दिए गए थे कि सुप्रीम कोर्ट के फैसले को अंतिम नहीं माना जाएगा। लेकिन इसकी वजह से वे कोर्ट में अपनी लड़ाई से पीछे नहीं हट रही थीं।

उन्होंने बॉम्बे के शानदार वकील नानी ए. पालखीवाला से सुप्रीम कोर्ट में अपना केस लड़ने के लिए बात की। पालखीवाला को तब एक प्रतिक्रियावादी कहा गया था, जब उन्होंने 14 भारतीय बैंकों के राष्ट्रीयकरण को अदालतों द्वारा भेदभाव के आधार पर खारिज करा दिया था और पूर्व भारतीय शासकों के सालाना भुगतान को बंद किए जाने पर इस आधार के तहत सवाल उठाया था कि वह भुगतान संपत्ति का हिस्सा था, और उसे खत्म नहीं किया जा सकता, क्योंकि संपत्ति संविधान के तहत एक मौलिक अधिकार थी।[9] लेकिन प्रतिक्रियावादियों से भी काम लिया जा सकता था।

पालखीवाला, जो टाटा में एक सीनियर डायरेक्टर भी थे, श्रीमती गांधी के बुलावे पर विमान से दिल्ली पहुँचे। उन्होंने कहा कि वे केस जीत सकती हैं। लेकिन कुरसी पर बने रहने के लोकतांत्रिक उसूल का क्या होगा? हालाँकि उस समय तक उन्हें हर किसी को यह बताना अच्छा नहीं लगता था कि वे कुरसी पर बने रहने का फैसला कर चुकी हैं और कुछ दिनों के लिए भी उसे छोड़नेवाली नहीं हैं।

उन्हें एक फैसला करना था, क्योंकि इस्तीफा देने के लिए उन्हें लगातार मनाया जा रहा था। न केवल विपक्ष से बल्कि खुफिया विभाग ने बताया कि कांग्रेस पार्टी के कुछ सदस्य भी चाहते थे कि इस बादल के हट जाने तक, यानी सुप्रीम कोर्ट से बरी किए जाने तक, वे इस्तीफा दे दें। ऐसे में पूर्व समाजवादियों के समूह को, जिन्हें युवा तुर्क कहा जाता था, मोहरा बनाया गया। वे उनकी ताकत से वाकिफ थीं। मोरारजी देसाई को परास्त करने के लिए वे उनका इस्तेमाल एक बार कर चुकी थीं। चंद्रशेखर नाम के युवा तुर्क को एक सरकारी फाइल उपलब्ध कराई गई, जिसमें मोरारजी के बेटे कांति देसाई की कारगुजारियाँ थीं, जो पहले एक इंश्योरेंस एजेंट था, लेकिन अब एक पैसे वाला व्यापारी बन गया था। इससे मोरारजी की साँठगाँठ को साबित किया गया।

यह बात सब अच्छी तरह जानते थे कि युवा तुर्क बतौर प्रधानमंत्री श्रीमती गांधी के प्रदर्शन से खुश नहीं थे। कुछ समय से वे उन्हें दबाने का प्रयास कर रही थीं। भले

ही वे चंद्रशेखर को कांग्रेस पार्टी वर्किंग कमेटी में चुने जाने से नहीं रोक सकीं, लेकिन राष्ट्रपति से कहकर उन्होंने एक और युवा तुर्क मोहन धारिया को मंत्रिमंडल से बाहर कर दिया, क्योंकि उन्होंने श्रीमती गांधी को जे.पी. से बातचीत शुरू करने की सलाह दी थी।

और अब धारिया ही उनका इस्तीफा माँग रहे थे। उनका कहना था कि सुप्रीम कोर्ट से दोषमुक्त किए जाने तक वे कुरसी छोड़ दें और जगजीवन राम या स्वर्ण सिंह को पी.एम. बनने दें। दूसरे युवा तुर्क उनके साथ थे, और वे डर रही थीं कि यह माँग जोर न पकड़ ले।

इंटेलिजेंस रिपोर्ट ने बताया कि युवा तुर्क लगातार जगजीवन राम के संपर्क में थे, और वे ही विद्रोह को भड़का रहे थे। वे कमोबेश खुले तौर पर कहने लगे थे कि प्रधानमंत्री के खिलाफ न्यायिक फैसले को हलके में नहीं लेना चाहिए।

वे नंबरों का खेल भी कर रहे थे। गिन रहे थे कि अगर वे बगावत करते हैं तो कितने लोग उनके साथ होंगे, लेकिन उन्होंने पाया कि उनका साथ देनेवाले ज्यादा नहीं थे।

श्रीमती गांधी एक अच्छी रणनीतिकार थीं और यह चर्चा शुरू कर दीं कि अगर वे कुरसी छोड़ती हैं तो उन्हें अपना उत्तराधिकारी नियुक्त करने दिया जाएगा। उम्मीद के मुताबिक यह पहल नाकाम रही। जगजीवन राम और चह्वाण, दोनों ने ही इसका विरोध किया।

जगजीवन राम को तब एक कड़वा अनुभव हुआ, जब उन्हें पता चला कि कुछ समय के लिए श्रीमती गांधी की सोच बदल गई थी और उनके दिमाग में कमलापति त्रिपाठी का नाम चल रहा था, जिन्हें यू.पी. से लाकर उन्होंने कैबिनेट में अस्थायी प्रधानमंत्री के तौर पर शामिल किया था।

जगजीवन राम की प्रतिक्रिया थी, "हमें इस शर्त पर त्रिपाठी का समर्थन करना चाहिए कि वे उन्हें वापस न आने दें। हमें बस इतना करना है कि उनके (श्रीमती गांधी) खिलाफ कुछ जाँच शुरू करा दें।"

एक अस्थायी प्रधानमंत्री, जो विश्वासघाती बन सकता था, जाँच की माँग को सहर्ष स्वीकार कर लेगा, जिसे वे अब तक ठुकराती आ रही थीं। जाँच से उनकी छवि पूरी तरह बिगड़ जाएगी। गड़े मुर्दों में से एक उनके बेटे की मारुति कार परियोजना थी।

दूसरी घटना एक विचाराधीन कैदी रुस्तम सोहराब नागरवाला के हार्ट फेल[10] होने की थी। वह एक सेना का रिटायर्ड अधिकारी था, जिसने कथित तौर पर प्रधानमंत्री और उनके सचिव हक्सर के आवाज की नकल कर नई दिल्ली के भारतीय स्टेट बैंक (इसकी अनुमति देनेवाले चीफ कैशियर, वेद प्रकाश थे, जो नौकरी के बाद कांग्रेस पार्टी में शामिल हो गए थे) की तिजोरी से साठ लाख रुपए निकाल लिये थे।

श्रीमती गांधी के पास जगजीवन राम पर भरोसा न करने के पर्याप्त कारण थे।

वैसे भी उन्हें युवा तर्कों से भी निपटना पड़ रहा था। पार्टी के अंदर बढ़ती साजिश के कारण उनके लिए आवश्यक हो गया था कि वे संसद् में अपने भरोसेमंद लोगों की पहचान कर लें। उन्होंने सारे मुख्यमंत्रियों को दिल्ली बुलाया, जिससे कि उनमें से हर एक अपने राज्य के सांसदों को नियंत्रित कर सके। वे चाहती थीं कि कांग्रेस संसदीय दल की बैठक उनसे बातचीत के बाद 18 जून को हो, जिसमें उनका पूर्ण समर्थन किया जाए। इस काम में सिद्धार्थ शंकर रे और वी.बी. राजू आंध्र प्रदेश के राज्यसभा सदस्य को लगाया गया। उनसे कहा गया कि वे जो मसौदा तैयार करें, उसके प्रति जगजीवन राम की पूरी प्रतिबद्धता सुनिश्चित कराएँ।

उन पर भरोसा था कि वे अपने काम को बखूबी अंजाम देंगे। कांग्रेस संसदीय दल के इतने ठोस समर्थन से विपक्ष द्वारा उनके इस्तीफे की माँग को खारिज करना राष्ट्रपति के लिए आसान हो जाएगा। संविधान के मुताबिक, जब तक बहुमतवाले दल का समर्थन उनके साथ था, तब तक वे प्रधानमंत्री बनी रह सकती थीं।

इलाहाबाद का फैसला जब आया, तब राष्ट्रपति फखरुद्दीन अली अहमद श्रीनगर में थे। वे उस दिन ही लौटना चाहते थे, लेकिन श्रीमती गांधी ने उन्हें फोन कर आने से रोक दिया। अगले तीन दिनों तक वे हर दिन उनसे पूछते थे कि लौटें या नहीं, लेकिन वे नहीं चाहती थीं कि वे अपना दौरा बीच में छोड़कर आएँ क्योंकि जनता इसका मतलब निकालने लग जाती और सोचने लगती कि वे उनका इस्तीफा स्वीकार करने के लिए जल्दी लौट आए हैं। नई दिल्ली स्थित राष्ट्रपति के आवास, राष्ट्रपति भवन के बाहर विपक्ष ने उसकी माँग को लेकर ही धरना शुरू कर दिया।

16 जून को उनके दिल्ली पहुँचने के तुरंत बाद श्रीमती गांधी ने उनसे मुलाकात की। वह मुलाकात बहुत छोटी थी, 15 मिनट से भी कम। उन्होंने इलाहाबाद के फैसले को सुप्रीम कोर्ट में चुनौती देनेवाली याचिका की जानकारी दी।

उसी दिन गैर-कम्युनिस्ट विपक्षी नेताओं के साथ राष्ट्रपति की बैठक काफी देर तक चली। उनकी माँग थी कि वे श्रीमती गांधी को कुरसी छोड़ने का आदेश दें। अहमद उनके सुझाव पर विचार करते दिखे। वे किसी का पक्ष लेते नहीं दिखना चाहते थे। उन्हें अब तक श्रीमती गांधी के रबर स्टैंप वाली छवि के साथ रहना पड़ रहा था। उन्होंने पहले कहा कि वे कांग्रेस संसदीय दल की बैठक का इंतजार करें। फिर उन्हें एहसास हुआ कि उन्होंने कुछ गलत कह दिया और उसे एक ऐसा संकेत मान लिया जाएगा, जिसके बारे में वे नहीं सोच रहे थे। उन्होंने अपने आपको तुरंत दुरुस्त किया और कहा कि उनका मतलब यह था कि उन्हें सुप्रीम कोर्ट के फैसले का इंतजार करना चाहिए। उनके प्रेस सचिव ने हैंडआउट जारी किया, ताकि अखबारों में गलत खबर न छप जाए।

राष्ट्रपति से मुलाकात के बाद, विपक्षी सदस्यों ने उनके आवास के बाहर धरना

समाप्त कर दिया। लेकिन उन्होंने श्रीमती गांधी को इस्तीफा देने पर मजबूर करने के लिए आंदोलन तेज़ करने का फैसला किया। उनमें से कई ने कांग्रेस पार्टी के सदस्यों से संपर्क साधने का विचार भी किया। भले ही यह केवल प्रधानमंत्री पद की गरिमा बनाए रखने की दुहाई देने तक सीमित रहनेवाला था। सी.पी.आई. (एम) राष्ट्रपति से मिलनेवालों में शामिल नहीं था, लेकिन उसने गैर-कम्युनिस्ट विपक्ष की उस माँग का समर्थन किया कि श्रीमती गांधी को हर हाल में इस्तीफा देना चाहिए।

विपक्ष का राष्ट्रपति से मिलना और उनके इस्तीफे की माँग करना श्रीमती गांधी को फूटी आँख नहीं सुहाया। आज तक कभी ऐसा नहीं हुआ था। तब भी जब 1962 में चीन के हाथों भारत की हार के बाद उनके पिता की साख पर बट्टा लग गया था। एकजुट विपक्ष ने राष्ट्रपति से मिलकर प्रधानमंत्री के इस्तीफे की माँग नहीं की थी।

वे अब घिरा हुआ महसूस करने लगी थीं। और उनकी सबसे बड़ी चिंता विपक्ष नहीं, बल्कि उनकी अपनी पार्टी थी, जिसमें असंतोष के स्वर फूटने लगे थे। अधिकांश सदस्यों को लगने लगा था कि श्रीमती गांधी के नेतृत्व में वे अगला चुनाव नहीं लड़ सकते, जो 1976 की फरवरी में होनेवाले थे। जगजीवन राम और युवा तुर्क अधिक-से-अधिक सांसदों से संपर्क कर रहे थे। उनसे कह रहे थे कि न्यायिक फैसलों की शुचिता के सम्मान में श्रीमती गांधी को हर हाल में कुरसी छोड़ देनी चाहिए। यह दलील ऐसी थी, जिसे जनता को समझाना मुश्किल था, लेकिन सांसद समझ सकते थे।

उनके ऊपर बढ़ता तनाव दिखने लगा था। अकसर वे अपना आपा खो बैठती थीं। उनके भाषणों में भी गुस्सा झलकता था। अपने समर्थन में आयोजित रैलियों में वे कहती थीं, ''मैं अपने खिलाफ किस्म-किस्म के आरोपों, झूठ और दुष्प्रचार को सहती आ रही हूँ।''

उन्होंने जस्टिस सिन्हा पर भी पलटवार किया। सार्वजनिक तौर पर उन्होंने कहा कि यशपाल कपूर 14 जनवरी को सरकारी नौकरी छोड़ चुके थे और उसी तारीख से वेतन लेना बंद कर दिया था (सिन्हा ने कहा था कि कपूर 25 जनवरी तक एक सरकारी कर्मचारी थे) और प्रधानमंत्री की बैठकों के लिए मंच बनाने का काम उनके पिता के जमाने से ही सरकारी अधिकारी करते आए हैं।

अकसर वे अपने भाषणों में घुमा-फिराकर 1971 में बांग्लादेश युद्ध के दौरान पाकिस्तान पर मिली भारत की जीत का जिक्र ले आती थीं। उस समय उनके सबसे कट्टर विरोधी, जन संघ, ने भी कहा था कि वे कांग्रेस पार्टी की ही नेता नहीं थीं, बल्कि भारत की भी नेता थीं, जो सारे दलों और मतों से ऊपर थीं।

हर भाषण में वे विपक्षी दलों पर हमला करती थीं। पहले की ही तरह सरकार की नीतियों में कुछ भी गड़बड़ होने पर वे उन्हें ही कोसती थीं। वे धोखेबाज थे। वे

कहती थीं कि यह विपक्ष ही है, जो तरक्की का रास्ता रोकता है। अब वे कहने लगी थीं कि स्वार्थी तत्त्वों की ओर से डाले जा रहे अड़ंगों के बावजूद समाजवाद उपलब्धियाँ हासिल करता रहेगा।

यह रवैया विपक्ष को लेकर उनके पिता के रुख से एकदम अलग था। विपक्ष के कई लोग कहा करते थे कि उस जमाने में राष्ट्रहित के मामलों में उनसे विचार-विमर्श किया जाता था और भोजन या राष्ट्रीय एकता से जुड़े कार्यक्रमों को लागू करने के लिए उनका सहयोग माँगा जाता था। अब उन्हें केवल यह सूचना देने के लिए बुलाया जाता था कि कांग्रेस पार्टी ने क्या फैसला किया है। वे जानते थे कि संसद् में उनकी संख्या मुट्ठी भर ही थी। लेकिन नेहरू के समय में भी ऐसा ही था। फिर भी उनकी बातों को कहा-सुना जाता था। उन्होंने उन्हें कभी यह महसूस होने नहीं दिया कि उन पर या उनकी सरकार पर सवाल उठाने का कोई अधिकार नहीं है। वे असहमति को बढ़ावा देते थे और संसदीय लोकतंत्र में विपक्ष की निश्चित की गई भूमिका की सराहना करते थे।

श्रीमती गांधी के लिए विपक्ष सिर्फ एक मुसीबत था। उन्होंने आरोप लगाया कि विपक्ष राजनीतिक फायदे के लिए देश को पंगु बना रहा है और 1974 के रेलवे हड़ताल का उदाहरण दिया। 1.35 लाख नियमित कर्मचारियों और 3.5 दिहाड़ी मजदूरों में से लगभग 65 प्रतिशत हड़ताल में शामिल हुए थे, फिर भी सरकार ने कठोरतम उपायों से उसे कुचल दिया। बड़े पैमाने पर बरखास्तगी, धर-पकड़, हड़ताली कर्मचारियों के परिवारों को रेलवे क्वार्टर से निकाल बाहर करना, रेलवे की उचित दर की दुकानों पर आपूर्ति बंद करना तथा श्रमिकों की कॉलोनियों में पानी-बिजली ठप करना जैसे कदम उठाए गए।

वे बढ़ती अराजकता और राजनीतिक छल-कपट पर खूब बोलती थीं। निश्चित रूप से, कुछ विश्वविद्यालयों में पढ़ाई प्रभावित हुई और फैक्टरियों में कामकाज का भारी नुकसान हुआ था।

विपक्ष की नजर में वे एक महत्त्वाकांक्षी तानाशाह थीं, जिन्हें बेदखल किया जाना था। जे.पी. के हमले तीखे हो चले थे और वे केंद्र सरकार को एक महिला वाली सरकार कहने लगे थे, जिसे लोकतंत्र का मुखौटा पहनाकर तानाशाही में बदल दिया गया था। दबे स्वर में यही सुर श्रीमती गांधी के कार्यकर्ताओं के बीच भी सुने जा रहे थे।

अव्वल तो यह कि कानूनी राय भी उम्मीद जगानेवाली नहीं थी। बेहतरीन जानकार भी उनसे कह चुके थे कि सुप्रीम कोर्ट से सिर्फ सशर्त रोक ही लग सकती है, भले ही वे सोचते थे कि अंतिम फैसले में वे दोषमुक्त कर दी जाएँगी। क्या एक बिगड़ी हुई छवि के साथ वे सशर्त रोक के बाद शासन कर पाएँगी?

'राजनीतिक प्रबंधन' पहले से कहीं मुश्किल हो गया था। ऐसा उन्होंने एक संपादक से कहा था। बाहरी विपक्ष का दवाब बढ़ता जा रहा था। जे.पी. की सभाओं में हजारों

लोग उनकी बातों को सुनने के लिए जुटने लगे थे। इधर, पार्टी में बगावत की सुगबुगाहट का उन्हें पूर्वाभास हो चला था।

इस फैसले पर बनती अखबारों की सुर्खियों और खबरों ने तथा उसके बाद की स्थिति ने इसे और बढ़ा दिया। वे सोचने लगी थीं कि प्रेस कभी उनकी कठिनाइयों या उपलब्धियों की चर्चा नहीं करता। नई दिल्ली का एक दैनिक इस हद तक चला गया कि उनके विरोधियों की हत्या से उन्हें और उनके परिवार को जोड़ दिया। वे मान चुकी थीं कि अखबार पक्षपात कर रहे हैं। एक बार उन्होंने संपादकों से कहा था कि वे अखबार नहीं पढ़तीं, क्योंकि जानती हैं कि कौन क्या लिखेगा।

पत्रकारों को लेकर उनकी राय अच्छी नहीं थी। वे जानती थीं कि उन्हें खरीदा जा सकता है। उन्होंने ललित नारायण मिश्रा से यह सुना था कि कैसे व्हिस्की, नकद और सूट के कपड़ों के दम पर उन्होंने अनेक पत्रकारों, खासतौर पर जो दिल्ली में हैं, को अपने साथ मिलाकर रखा था। उनके सचिवालय ने भी उनके इशारे पर अकसर आलोचकों पर हमले के लिए प्रगतिशील पत्रकारों का इस्तेमाल किया था। वे जानती थीं कि केवल पत्रकार ही नहीं, अखबारों के मालिकों को भी खरीदा जा सकता था। किंतु अब सब उनके खिलाफ एकजुट होते दिख रहे थे।

वे कगार पर खड़ी थीं और लग रहा था कि दुश्मनों ने उन्हें घेर लिया है। हर कोई उन्हें नीचे गिराने पर तुला दिख रहा था, सिवाय उनके बेटे संजय और धवन समेत उनके ग्रुप को छोड़कर।

आंदोलन बढ़ते जा रहे थे। गरीबी मिटाने के उनके नारे ने लोगों की हालत को बेहतर नहीं बनाया था। 1950–51 और 1965–66 के बीच कीमतों में 3 प्रतिशत से कुछ अधिक की वृद्धि हुई थी। लेकिन उनके शासनकाल में यह बढ़ोतरी औसतन 15 प्रतिशत हो गई थी। उनका सामना अब तक के सबसे मुखर विपक्ष से हो रहा था।

वे महसूस करने लगी थीं कि परिस्थिति जिस ओर जा रही है, वह उनके लिए खतरनाक हो सकती है। यही समय था, जब उन्होंने कांग्रेस के भीतर और बाहर मौजूद अपने आलोचकों का मुँह बंद करने के लिए कुछ कठोर कदमों को उठाने पर विचार किया। विपक्ष जनता की राय अपनी ओर मोड़ सकता था। व्यावहारिक रूप से सारे राजनीतिक दल एकजुट थे और कांग्रेस पार्टी को अंदर से ही खतरा था।

उन्हें उस विपक्ष का कुछ–न–कुछ करना होगा, जो संसद् में उनकी पार्टी का छठा हिस्सा भी नहीं था। उन्हें इस बात का भरोसा था कि एक बार उन्होंने काररवाई करने का फैसला कर लिया तो वे बहुत तेजी से ऐसा कर सकती थीं, क्योंकि उन्होंने सत्ता को प्रधानमंत्री सचिवालय में केंद्रित कर लिया था।

यह प्रक्रिया उनके पूर्ववर्ती लाल बहादुर शास्त्री के समय ही शुरू हो गई थी। उनके

सचिव एल.के. झा हर फैसले में शामिल रहते थे और उन्हें सुपर सेक्रेटरी कहा जाने लगा था। उनके सिविल सर्विस सेक्रेटरी पी.एन. हक्सर तो झा से भी आगे निकल गए और व्यवस्था का गठन इस तरह कर दिया कि सबकुछ प्रधानमंत्री के सचिवालय के चारों ओर घूमने लगा। यहाँ तक कि एक उपसचिव की भी नियुक्ति बिना उनकी सहमति के नहीं हो सकती थी। उन्होंने एक मिनी सरकार स्थापित कर लिया था। सचिवालय का एक अधिकारी एक विषय से जुड़ी लगभग सभी बातों पर विशेष रूप से जुड़ा रहता था, चाहे वह विषय आर्थिक हो, विदेश मामलों का या वैज्ञानिक। सारे मंत्री उसी से आदेश लिया करते थे। लेकिन हक्सर का प्रमुख योगदान यह था कि उन्होंने इस व्यवस्था का राजनीतीकरण इस लिहाज से कर दिया कि आजादी के बाद के इतिहास में पहली बार सरकारी मशीनरी का इस्तेमाल राजनीतिक उद्देश्यों के लिए और जरूरत पड़ी तो कांग्रेस पार्टी के लिए भी किया जाने लगा। कुछ वर्षों बाद उन्होंने जो किया था, उस पर पछताना पड़ा था।

श्रीमती गांधी ने इस तंत्र को वह शक्ति दी थी, जिससे उन लोगों को नियंत्रित किया जा सके, जो सुरक्षा दे सकते थे। केंद्र में उनके पास लगभग 7 लाख पुलिसकर्मी थे, जो सीमा सुरक्षा बल (बी.एस.एफ.), केंद्रीय रिजर्व पुलिस बल (सी.आर.पी.एफ.), केंद्रीय औद्योगिक सुरक्षा बल (सी.आई.एस.एफ.) और होम गार्ड के जवान थे। ये इकाइयाँ विभिन्न राज्यों की पुलिस (बताया जाता है कि उनकी संख्या करीब 80,000 थी) से और उन सशस्त्र बलों से स्वतंत्र थीं, जिनकी कुल संख्या दस लाख थी।

उन्हें लगा कि विपक्ष किसी भी हद तक जाने के लिए तैयार था। पार्टी के अंदर बाहर के उनके शत्रु वह करने का प्रयास कर रहे थे, जिसे वे राजनीतिक लड़ाई में नहीं कर सके थे। एक बिगड़ैल जज के फैसले का इस्तेमाल उन्हें गद्दी से उतारने के लिए कर रहे थे। यदि आवश्यक हुआ तो वे भी किसी हद तक जा सकती थीं।

संजय को भी इस लिहाज से कोई शक नहीं था और वे उनसे बता चुके थे। वे उनके प्रमुख सलाहकार थे। खासतौर से उस उलझन के बाद, जिसमें वह हाई कोर्ट के फैसले के बाद सत्ता और शुचिता के बीच बुरी तरह फँस चुकी थीं। और वे ही थे, जिन्होंने उनके सामने साबित कर दिखाया था कि देश और उसकी जनता को उनकी जरूरत थी।

संजय उनके दिमाग में यह बात बिठाते चले गए कि वे अपने विरोधियों को लेकर बहुत कृपालु और उन पर काररवाई करने में कुछ ज्यादा ही दब्बू हैं। यही बात आड़े वक्त में काम आनेवाले उनके मित्र बंसी लाल भी कहते थे, जिन्होंने हरियाणा में विपक्ष का मुँह पुलिस के हाथों पिटाई करवाकर, हिरासत में डलवाकर या परेशान कर बंद कर दिया था। उन्होंने श्रीमती गांधी से कहा था, ''मैं तो उन सभी को जेल में ठूँस देता। बहनजी, आप उन्हें मुझ पर छोड़ दो और देखो मैं कैसे ठीक करता हूँ उन्हें। आप बड़ी

लोकतांत्रिक और दयालु हैं।'' लोग उनके जैसे ताकतवर का सम्मान करते थे, जो काम कर दिखाए, जैसा कि उन्होंने अपने राज्य में कर दिखाया था।

लगभग सारे मुख्यमंत्रियों ने उन्हें चेतावनी दी थी कि अगर वे हालात को काबू करना चाहती हैं तो उन्हें कुछ-न-कुछ करना होगा। उन्होंने इस मामले को संजय के हवाले कर दिया, जो इस दबाव में किसी चट्टान की तरह उनके साथ खड़े थे और जब सबसे भरोसेमंद समर्थक भी डगमगाने लगे थे, तब कह दिया था कि उन्हें इस्तीफा देने की कोई जरूरत नहीं।

जून की 15 तारीख थी, जब संजय ने सबकुछ ठीक कर देने की योजना पर काम करना शुरू किया था। उन्होंने एक दोस्त से ऐसा ही कुछ कहा था। वे सरकार का राजनीतिक और आधिकारिक स्तर पर पुनर्गठन करना चाहते थे। काम करने का लोकतांत्रिक तरीका उन्हें पसंद नहीं था। न ही उनके अंदर प्रक्रियाओं की बेसिर-पैर की बातों को झेलने का धैर्य था। उन्हें वक्त चाहिए था, लेकिन वह मुट्ठी से रेत की तरह फिसलता जा रहा था।

उन्होंने पहला काम यह किया कि अपने कमरे में दो सेक्रोफोन लगाने का आदेश दिया। केवल मंत्रियों और आला अफसरों को इसका अधिकार था, लेकिन हर कोई जानता था कि वे प्रधानमंत्री के लिए काम कर रहे हैं और यह काम तुरंत कर दिया गया। इस तरह वे अब किसी को फोन घुमा सकते थे और उनके सचिवों के जरिए जानने का जोखिम भी नहीं था।

उनके मन में कहीं कोई शक-शुबहा नहीं था कि वे क्या कर रहे थे। लेकिन उन्हें लगता था कि विपक्ष में किसी को भी या तो खरीदा जा सकता है या झुकाया जा सकता है। किसी को भी कोई मलाल नहीं होना चाहिए। उन्हें तानाशाही पसंद थी, लेकिन हिटलर जैसी नहीं, जैसा कि उन्होंने पश्चिमी जर्मनी के एक अखबार से कहा था। एक बार लोगों के मन में डर बैठ गया, तो वे या तो पालन करना सीख लेंगे या कम-से-कम जुबान नहीं खोलेंगे। संजय को वफादारी चाहिए थी और उसे हासिल करने के लिए कोई भी हथकंडा बुरा नहीं था।

शुरुआती योजना केवल प्रेस पर लगाम लगाने और कुछ नेताओं तथा विपक्ष के कुछ नेताओं को चुप कराना था। इससे अनुशासन सुनिश्चित किया जा सकता था। सब कायदे में आ जाएँगे। अखबार वह नहीं छाप सकेंगे, जो सरकार को पसंद न आए और विपक्ष वह नहीं कहेगा, जो अवांछित हो।

प्रेस का गला घोंटना जरूरी था। जैसा कि श्रीमती गांधी और संजय, दोनों ही परिवार के साथ बैठकर नाश्ता करने के दौरान अकसर कहा करते थे—अखबारों ने ही विपक्ष को शेर बना दिया और वे ही सरकार के खिलाफ अविश्वास का माहौल बनाने

के लिए जिम्मेदार हैं। लेकिन वे कागजी शेर थे, जिनकी नकेल कसी जा सकती थी।

संजय प्रेस से उस समय से ही खुश नहीं थे, जब उन्होंने अपनी मारुति फैक्टरी लगाने की कोशिश शुरू की थी। अखबारों ने फैक्टरी और उन्हें लेकर काफी कुछ छापा था, इतना कुछ जो उन्हें पसंद नहीं आया था, जबकि उन्होंने ही संपादकों को कारखाने का दौरा कराने का इंतजाम किया था।

उन्होंने ज्यादा दोष सूचना मंत्री इंद्र कुमार गुजराल पर मढ़ा। उनके मुताबिक, गुजराल के पत्रकारों से दोस्ताना संबंध थे, लेकिन वे उनसे कभी सरकार के हक में कुछ भी नहीं लिखवा सके थे। इस लिहाज से उनका काम ठीक नहीं था। गुजराल ही थे, जिन्होंने 1969 से ही श्रीमती गांधी की छवि का महिमा मंडन कराया था, जब 14 बैंकों का राष्ट्रीयकरण किया गया था और उन्होंने सरकार के स्वामित्व वाले रेडियो और टी.वी. तथा प्रकाशनों का इस्तेमाल उनकी स्थिति को मजबूत करने के लिए किया था। उन्होंने अखबारों और खासतौर पर छोटे और कमजोर दशा वाले अखबारों को भी विज्ञापन देकर प्रभावित किया था, क्योंकि देश का इकलौता सबसे बड़ा विज्ञापनदाता होने के कारण सरकार के पास उनका सरपरस्त बनकर देने को बहुत कुछ था। हालाँकि, इलाहाबाद हाई कोर्ट का फैसला आने के बाद गुजराल के अंदर वैसा ही जोश नहीं रह गया था।

संजय के सहयोगी धवन और बंसी लाल भी गुजराल या प्रेस को लेकर अपशब्द ही निकाला करते थे। धवन का कहना था कि गुजराल ने पत्रकारों को माथे पर चढ़ा रखा है और उन्हें उनकी हैसियत बताने की जरूरत है। बंसी लाल ने उन्हें बताया था कि कैसे चंडीगढ़ में उन्होंने 'द ट्रिब्यून' को सरकारी विज्ञापन न देकर और हरियाणा में घुसनेवाली या उससे गुजरनेवाली उन गाड़ियों पर जुर्माना लगाकर सीधा कर दिया था, जो अखबार लेकर आती थीं।

मगर जो एक छोटे राज्य में एक अखबार के साथ किया गया, क्या वही पूरे देश की प्रेस को काबू में करने के लिए किया जा सकता था? दिल्ली में नया-नया कारोबार शुरू करनेवाले, संजय के मित्र, कुलदीप नारंग ने उन्हें सेंसरशिप के नियमों की एक कॉपी और उन्हें लागू करने के लिए फिलीपींस में स्थापित तंत्र की जानकारी दी। उन्होंने यह सब नई दिल्ली स्थिति अमेरिकी दूतावास में तैनात अपने एक मित्र से हासिल किया था।

जे.पी. तथा अन्य के खिलाफ लंबे समय से, लगभग जनवरी से ही, काररवाई की योजना बन रही थी। मुझे इसकी जानकारी प्रधानमंत्री सचिवालय के एक सदस्य से मिली थी। उसने बताया कि कैसे कब्जा करना है, इसके कुछ कदम सोच लिये गए थे। उसे कुछ इधर-उधर की बातें पता थीं, लेकिन पूरी जानकारी न होने के बावजूद, उसे यह मालूम था कि जे.पी. की गिरफ्तारी होगी और आर.एस.एस. पर प्रतिबंध लगा दिया जाएगा।

उस समय मैं डेस्ककर्मी था, न कि संवाददाता इसलिए मैंने जन संघ के दैनिक,

'मदरलैंड' और 'द इंडियन एक्सप्रेस' को वह सूचना दे दी। मदरलैंड में छपी खबर इस तरह थी—

नई दिल्ली, जन. 30, भारत सरकार ने राष्ट्रीय स्वयंसेवक संघ[12] (आर.एस.एस.) को प्रतिबंधित करने का फैसला किया है। उसने श्री जय प्रकाश नारायण को भी गिरफ्तार करने का फैसला किया है।

आर.एस.एस. पर 2-3 फरवरी की रात को बैन लगने की आशंका है और जय प्रकाश नारायण की गिरफ्तारी 3 फरवरी को पटना पहुँचते ही की जा सकती है।

श्री गफूर (बिहार के मुख्यमंत्री) ने जब यह कहा तो वे केवल पी.एम. का फैसला सुना रहे थे, "मैं किसी भी हद तक जाऊँगा।"

दोनों फैसले इसी हफ्ते राजनीतिक मामलों की कैबिनेट कमेटी के द्वारा लिये गए थे।

1969 में आधी रात को जारी किए जानेवाले पी.एम. के संदेश लिखनेवाले, पश्चिम बंगाल के मुख्यमंत्री, श्री एस.एस. रे ने भी अध्यादेश का मसौदा तैयार करने में सहायता दी।

यह अध्यादेश बार-बार बोले जानेवाले झूठ को दोहराता है कि आर.एस.एस. एक गुप्त संगठन है, जो अहिंसा में विश्वास नहीं करता है। और इसने श्री एल.एन. मिश्रा की हत्या के लिए हिंसा के माहौल को जिम्मेदार ठहराया जो आर.एस.एस. और जे.पी. आंदोलन की वजह से बना...

'द इंडियन एक्सप्रेस' ने जे.पी. की गिरफ्तारी पर कुछ नहीं लिखा सिवाय उसकी संभावना जताने के, लेकिन बाकी सबकुछ छाप दिया।

नई दिल्ली, जनवरी 30, राजनीतिक गलियारों में यह संभावना जताई जा रही है कि राष्ट्रीय स्वयंसेवक संघ को बैन करनेवाला एक अध्यादेश आने ही वाला है।

इस मुद्दे पर अटकल की शुरुआत बिहार के मुख्यमंत्री श्री अब्दुल गफूर द्वारा बुधवार को प्रेस कॉन्फ्रेंस के दौरान दिए गए बयान से हुई। उन्होंने कहा था कि बिहार में श्री जयप्रकाश नारायण के आंदोलन को रोकने के लिए कठोर कदम उठाए जानेवाले हैं।

यह याद रखा जाना चाहिए कि श्री गफूर ने श्री नारायण की गिरफ्तारी से इनकार नहीं किया था। सर्वोदय नेता की गिरफ्तारी इस सप्ताह के अंत तक या अगले सप्ताह की शुरुआत में संभव है।

आर.एस.एस. पर बैन लगने के बाद संघ के कुछ प्रमुख नेताओं की गिरफ्तारी भी होगी। गिरफ्तार किए जानेवालों की लिस्ट बहुत लंबी हो सकती है।

जन संघ को लेकर श्रीमती गांधी की नफरत से सभी वाकिफ थे। उन्होंने जब 1974 के मार्च में दिल्ली में प्रदर्शनों के आयोजन की योजना बनाई थी, तब उन्होंने स्वयं दिल्ली के पुलिस आई.जी. को उन नेताओं की सूची दी थी, जिन्हें वे गिरफ्तार करवाना चाहती थीं। अधिकारियों को लगा कि इस प्रकार की काररवाई की आवश्यकता नहीं,

लेकिन क्या करते उनका आदेश जो था। धीरे-धीरे उन्होंने दिल्ली में प्रशासन के शीर्ष स्तर पर बदलाव कर दिया। यही समय था जब संजय और धवन ने उन अधिकारियों को दिल्ली में अहम पदों पर बिठाया, जो उनके वफादार थे।

संजय जनवरी में चीजों को नियंत्रित करने के जो प्रयास कर रहे थे, उनका फायदा अब मिल रहा था। श्रीमती गांधी, जिनसे हर कदम पर पूछा जा रहा था, वे जे.पी. और मोरारजी की गिरफ्तारी शुरुआत में करने के पक्ष में नहीं थीं। लेकिन बाद में उन्हें यह बात मुनासिब लगी कि उनके जैसे नेताओं को समस्या खड़ी करते रहने के लिए खुला छोड़ना खतरनाक था।

इन तैयारियों में 55 वर्षीय ओम मेहता ने भी हाथ बँटाया, जो राज्यमंत्री थे। गृह मंत्रालय में वे नंबर दो थे, लेकिन असली अधिकार उनके पास ही थे, क्योंकि उन्हें प्रधानमंत्री का करीबी माना जाता था। अकसर उन्हें होम मेहता कहा जाता था। संजय उनका इस्तेमाल संविधान से परे का कोई भी काम कराने के लिए करते थे।

धवन मेहता को पसंद नहीं करते थे, क्योंकि उनकी पहुँच सीधे संजय तक थी। लेकिन यह समय निजी पसंद और नापसंद का नहीं था। सब मिलकर काम कर रहे थे। धवन एक अहम हस्ती थे, क्योंकि श्रीमती गांधी अधिकारियों और यहाँ तक कि मंत्रियों को भी उन्हीं के जरिए निर्देश दिया करती थीं। वे जो कुछ चाहती थीं, उसे पूरा करना उनकी पहचान बन गई थी।

बंसी लाल, जो श्रीमती गांधी के लगातार संपर्क में थे, से कहा गया कि 18 जून को एक बैठक के लिए दिल्ली में जुट रहे राज्यों के मुख्यमंत्रियों के खिलाफ कड़ी कारवाई हो सकती है। बंसी लाल ने सिद्धार्थ शंकर रे और नंदिनी सत्पथी से बात करने से इनकार कर दिया, जिन्हें वे कम्युनिस्ट मानते थे। संजय और बंसी लाल उन्हें पसंद नहीं करते थे, और इस वजह से श्रीमती गांधी ने कहा कि वे स्वयं उन्हें सूचित कर देंगी।

बेशक, उन्हें तय की गई कारवाई के बारे में विस्तार से नहीं बताया जाना था। लेकिन हर राज्य की नौकरशाही में विश्वसनीय लोगों को यह बताया जा रहा था कि उन्हें क्या करना है। दिल्ली में, जहाँ सर्वाधिक विपक्षी नेता थे, यह काम किशन चंद को सौंपा गया था। वे भारतीय सिविल सेवा के एक सेवानिवृत्त सदस्य थे, और अज्ञातवास से बाहर निकाले जाने पर संजय के प्रति कृतज्ञ थे। संजय का उनसे और दून स्कूल के एक सहपाठी रह चुके नवीन चावला से सीधा संपर्क था, जो लेफ्टिनेंट गवर्नर के विशेष सहायक थे।

अब तक इमरजेंसी की कोई बात नहीं थी। प्रेस और विपक्ष के खिलाफ कुछ कारवाई भर की ही बात हो रही थी। किसी ने भी यह नहीं कहा था कि वह कारवाई क्या होगी। कानूनी और संवैधानिक प्रभाव का अंदाजा लगाया जाना अभी बाकी था, लेकिन दृढसंकल्प था। संकट से बाहर निकलने के रास्ते की तलाश की जानी थी।

कारवाई की तारीख भी तय की जानी थी। हालाँकि, श्रीमती गांधी ने तय कर लिया था कि यह कारवाई इलाहाबाद फैसले पर सुप्रीम कोर्ट में उनकी याचिका पर फैसला आने के बाद होगी। उनके वकील वैकेशन जज जस्टिस वी.आर. कृष्ण अय्यर[13] के समक्ष दायर की जानेवाली अपील तैयार कर रहे थे, जिन्हें वह मानती थीं कि वैचारिक रूप से उनके साथ थे।

उनका बेटा और उनसे जुड़ा ग्रुप जहाँ लड़ाई की योजना तैयार कर रहा था, वहीं वे पार्टी से अपने लिए पूर्ण समर्थन जुटाने की मुहिम में लगी रहीं। और वे कामयाब होती दिख रही थीं। सिद्धार्थ शंकर रे और राजू समर्थन के प्रस्ताव को जगजीवन राम के पास लेकर पहुँचे और कहा कि वे इसे पेश करें। उस प्रस्ताव ने श्रीमती गांधी में पार्टी का संपूर्ण विश्वास और भरोसा व्यक्त किया तथा यह आस्था जताई कि प्रधानमंत्री के रूप में उनका निरंतर नेतृत्व देश के लिए अपरिहार्य है। जगजीवन राम ने इस मसौदे में शायद ही कोई परिवर्तन किया। वास्तव में उन्होंने राजू को बधाई दी और कहा कि उन्होंने कांग्रेस को बचा लिया।

श्रीमती गांधी ने जगजीवन राम को यह संदेश भी भिजवाया कि वे सुनिश्चित करें कि युवा तुर्क भी इस प्रस्ताव के खिलाफ कुछ न कहें। उन्होंने उनसे कहा कि वे इस प्रस्ताव का समर्थन करने को तैयार हैं, बशर्ते उस आखिरी वाक्य को हटा दिया जाए, जो कहता है कि प्रधानमंत्री के रूप में उनका निरंतर नेतृत्व देश के लिए अपरिहार्य है। उन्होंने उस हिस्से का विरोध नहीं किया जो कहता था कि श्रीमती गांधी उभरते भारत और लोगों की आकांक्षाओं की प्रतीक हैं। अब पहले से भी कहीं अधिक कांग्रेस और इस देश को उनके नेतृत्व और मार्गदर्शन की जरूरत है। लेकिन वे इस ऊटपटाँग विचार से सहमत नहीं थे कि वे अपरिहार्य थीं।

जगजीवन राम उन सभी के मन को तो परिवर्तित नहीं कर सके, लेकिन उन्हें बैठक में न आने के लिए राजी कर लिया, जिससे कि उस असहज स्थिति को टाला जा सके, जो उनकी ओर से इस मुद्दे को उठाने से पैदा हो सकती थी। युवा तुर्कों की गैर-मौजूदगी पर कुछ संदेह और खुसफुसाहट हुई थी, लेकिन उससे 516 सदस्यों वाले संसदीय दल के रवैए में कोई फर्क नहीं पड़ा। उसने एकमत से श्रीमती गांधी का समर्थन किया। किनारे बैठे तमाम मुख्यमंत्रियों ने भी इसका स्वागत किया, जिनकी नजर अपने राज्यों के सांसदों पर गड़ी थी। जगजीवन राम ने प्रस्ताव पेश किया, लेकिन श्रीमती गांधी के गुणों से कहीं ज्यादा कार्यपालिका और न्यायपालिका के बीच सौहार्द पर बोलते रहे। चह्वाण, जिन्होंने प्रस्ताव का समर्थन किया, ने इसकी भरपाई कर दी। उन्होंने न केवल 1971 युद्ध में देश को जीत दिलाने के लिए, बल्कि उसके बाद के आर्थिक संकट से भी देश को निकालने के लिए श्रीमती गांधी के नेतृत्व की प्रशंसा की।

तैयारी के मुताबिक, श्रीमती गांधी पार्टी की बैठक में किसी महारानी के समान पहुँचीं, जो गार्ड ऑफ ऑनर का निरीक्षण करती हो, और कुछ ही देर तक रुकीं। अपने छोटे से भाषण में उन्होंने जो कहा वह पहले भी कह चुकी थीं कि मौजूदा संकट कुछ समय से चल रहा था और वह उनके और कांग्रेस के खिलाफ एकजुट हुई ताकतों का परिणाम है, और देश की जनता से उन्हें ताकत मिलती है।

वह प्रस्ताव जब एकमत से पारित हो गया, तब बैठक की अध्यक्षता कर रहे बरुआ ने सुझाव दिया कि वे सब मिलकर श्रीमती गांधी के कक्ष में चलें, जो संसद् के उस सेंट्रल हॉल से ज्यादा दूर नहीं था, जहाँ कांग्रेस संसदीय दल की बैठक हो रही थी। जगजीवन राम ने यह कहकर इसे खारिज कर दिया कि वे अपने घर के लिए निकल चुकी हैं। उन्होंने हद से ज्यादा समझौता किया था। बेशक उससे भी ज्यादा जितना उन्हें करना चाहिए था, और अब चापलूसी का प्रदर्शन नहीं करना चाहते थे।

इस प्रस्ताव के पारित हो जाने के बाद, यह प्रश्न प्रासंगिक नहीं रह गया कि सुप्रीम कोर्ट की ओर से सशर्त या फिर पूर्ण रोक का फैसला आएगा। माहौल ऐसा बन गया था कि चाहे जो हो जाए, उन्हें टिके रहना चाहिए। क्या होगा अगर सुप्रीम कोर्ट ने उन्हें वोट करने या संसदीय चर्चाओं में शामिल होने के लिए अयोग्य ठहरा दिया? वे तब भी प्रधानमंत्री बनी रहेंगी।

श्रीमती गांधी के आला कानूनी और राजनीतिक सलाहकार इस पर विचार कर रहे थे कि अगर जरूरत पड़ी तो वे उस फैसले का तोड़ निकाल लेंगे, जो उन्हें किसी निर्वाचित पद पर बने रहने से छह वर्षों के लिए अयोग्य ठहराने को सही करार दे। वे एक ऐसे कानून पर विचार कर रहे थे, जो एक निश्चित तारीख तक, जैसे 1 जुलाई, 1975 तक, अयोग्य ठहराए गए सभी सदस्यों से प्रतिबंध को समाप्त कर दे। इससे पहले यह उपाय तब चर्चा में आया था, जब मध्य प्रदेश के डी.पी. मिश्रा और आंध्र प्रदेश के चेन्ना रेड्डी की कुरसी पर खतरा मँडराया था, लेकिन इस कदम को नहीं उठाया गया।

यह भी प्रस्ताव था कि उनके चुनाव को खारिज करनेवाले इलाहाबाद के फैसले का सम्मान करने के लिए वे जरूरत पड़ने पर राय बरेली सीट से फिर से चुनाव लड़ सकती हैं।

लेकिन श्रीमती गांधी को जब भी ऐसे सुझाव दिए जाते थे, वे इनमें थोड़ी भी दिलचस्पी नहीं दिखाती थीं, जो थोड़ा विचित्र था। वे बहुत व्यस्त दिखती थीं। कुछ हद तक वे सुप्रीम कोर्ट में अपनी अपील की तैयारी को लेकर व्यस्त थीं, लेकिन अधिकांशतया उनके दिमाग में संजय और उसका ग्रुप जो योजना तैयार कर रहे थे, उसकी बातें चल रही होती थीं।

गैर-कम्युनिस्ट विपक्ष ने उनके इस्तीफे माँग को तेज करने का निर्णय लिया। उन्होंने जनता मोर्चा के घटक दलों के कार्यपालकों की एक साझा बैठक के लिए 21 और 22 जून की तारीख तय की तथा श्रीमती गांधी को गद्दी से उतारने के लिए देशव्यापी आंदोलन की योजना बनाई। जे.पी. ने यह संदेश दिया कि वे मोर्चा की चर्चाओं और रैली में हिस्सा लेंगे। राज नारायण ने उन्हें इस बात के लिए राजी कर लिया था कि उन्हें काररवाई की शुरुआत करने के लिए सुप्रीम कोर्ट के फैसले का इंतजार नहीं करना चाहिए।

विपक्ष ने संसद् का मानसून (मध्य जुलाई) सत्र बुलाने पर जोर दिया, और उस माँग को स्पीकर के सामने रखा। हालाँकि, कांग्रेस पार्टी के नेता पहले ही इसके खिलाफ हो चुके थे, क्योंकि सत्र से उनकी फजीहत हो सकती थी। उनकी दलील थी कि संविधान इससे ज्यादा और कुछ नहीं कहता कि दो सत्रों के बीच छह महीने से अधिक का अंतराल नहीं होना चाहिए। स्पीकर इस बात से अवगत थे कि श्रीमती गांधी के मन में क्या है और इस कारण संसद् सत्र पर सहमत नहीं हुए।

यदि संजय और उनके ग्रुप से पूछा जाता, तो वे संसद् का सत्र कभी बुलाते ही नहीं, क्योंकि वे इसे समय की बरबादी मानते थे। उदाहरण के लिए, पिछले सत्र में सिर्फ तुलमोहन राम केस की चर्चा हुई थी। और फिर, जब साल का ज्यादातर समय संसद् के सवालों के जवाब तैयार करने में निकल जाएगा तो सरकार काम क्या करेगी ? वे इस फिजूल की गतिविधि पर रोक लगाने का विचार कर रहे थे।

ऐसे ही विचार एक बार सी.पी.आई.-समर्थक कांग्रेस मंत्री, चंद्रजीत यादव ने भी व्यक्त किए थे। इसी तरह का बयान नई दिल्ली से सी.पी.आई. समर्थक कांग्रेस सदस्य शशि भूषण ने भी दिया था। उनका कहना था कि वे सीमित तानाशाही के पक्ष में हैं। बहुत बाद में, जब उन्हें उस बयान की याद दिलाई गई, तब उनका कहना था, लेकिन मैंने लिमिटेड शब्द का इस्तेमाल किया था, प्राइवेट लिमिटेड का नहीं।

अब तक श्रीमती गांधी में एक बदलाव आ चुका था। इलाहाबाद के फैसले के बाद मन में पैदा हुआ संशय समाप्त हो गया था। वास्तव में, वे अब इस बात को मान चुकी थीं कि वह फैसला उन्हें कुरसी से उतारने की एक व्यापक साजिश का हिस्सा था। किसी ने उन्हें बताया था कि जस्टिस सिन्हा जन संघ समर्थक हैं।

संजय और उनका ग्रुप आत्मविश्वास से लबरेज था। न केवल उनकी छोटी-से-छोटी बात में श्रीमती गांधी उनके साथ थीं, बल्कि सबकुछ अमल में लाए जाने के लिए तैयार थीं। प्रत्येक राज्य में गिरफ्तार किए जानेवाले विपक्षी सदस्यों की लिस्ट तैयार की जा रही थी, और फिलीपींस की तर्ज पर सेंसरशिप प्रणाली को शब्दशः बता दिया गया था।

कारवाई का समय भी निश्चित था। यह सुप्रीम कोर्ट के फैसले का अगला दिन था। तैयारियाँ जोरों पर थीं। आदेशों को लागू करनेवाले तंत्र को चुस्त-दुरुस्त कर दिया

गया था। अधिकांश अधिकारियों को प्रमुख पदों पर बिठाया जा रहा था, जिन पर वे पूरी तरह से भरोसा कर सकते थे।

गृह सचिव निर्मल के. मुखर्जी को हटाने का फैसला किया गया, क्योंकि वे कुछ ज्यादा ही कानून के रास्ते से चलनेवाले व्यक्ति थे। उनके उत्तराधिकारी के तौर पर राजस्थान के मुख्य सचिव सरदारी लाल खुराना को चुना गया, जिनका रुख थोड़ा लचीला था। धवन, जो अब के बाद एकल नियुक्ति बोर्ड की तरह काम करनेवाले थे, को यह शिकायत रहा करती थी कि प्रशासन में दक्षिण भारतीय भरे पड़े हैं। वे उत्तर भारतीयों, खासतौर पर पंजाबियों, को कमान सौंपना चाहते थे।

इंटेलिजेंस ब्यूरो चीफ ये जयराम को हटा दिया गया। उनकी जगह पंजाब के इंस्पेक्टर जनरल, सुरिंदर नाथ माथुर को चुना गया। पहले उन्हें अतिरिक्त निदेशक बनाया गया और फिर निदेशक बना दिया गया। वैसे भी जब इलाहाबाद में फैसला सुनाया जानेवाला था, तब जयराम फैसला आने से पहले उन्हें थोड़ी सी भी भनक देने में नाकाम रहे थे।

बंसी लाल ने ज्यादातर मुख्यमंत्रियों से बात कर ली थी और वे विपक्ष तथा प्रेस के खिलाफ काररवाई के लिए आतुर थे। सिद्धार्थ रे और नंदिनी सत्पथी से श्रीमती गांधी ने स्वयं बातचीत की थी। रे, जो एक सफल वकील भी थे, ने पूछा कि दोनों कदम किस कानून के तहत उठाए जाएँगे। वे उन कदमों के साथ थे, लेकिन नहीं चाहते थे कि वे कानून से भटकें। बेशक, वे भी चाहती थीं कि संविधान के दायरे में ही रहें और इस कारण उनसे तौर-तरीकों पर विचार करने और कलकत्ता से फोन करने को कहा।

इंटेलिजेंस ब्यूरो ने खबर दी कि विपक्ष एक आंदोलन की तैयारी कर रहा है। हजारों की तादाद में उनके घर तक मार्च करने और उनका घेराव करने जा रहा है। वे रेलवे ट्रैक पर धरना देंगे और ट्रेनों की आवाजाही ठप कर देंगे। अदालतों को चलने नहीं दिया जाएगा, सरकारी दफ्तरों में काम-काज नहीं होगा। सबकुछ ठप कर देने की तैयारी थी।

यह स्पष्ट था, और अगर सबूत चाहिए, तो संजय का यह दावा सही था कि विपक्ष का एक ही मकसद है—उन्हें कुरसी से हटाना। वे अब पूरी तरह से उन पर और उनकी योजनाओं पर निर्भर हो चुकी थीं। उन्हें विश्वास था कि वे कुछ ऐसा करेंगे, जो उन्हें मुश्किल से निकाल देगा। देख रही थीं कि वे हर दिन 18 घंटे काम कर रहे थे।

सरकारी इंतजाम पर आयोजित 20 जून की नई दिल्ली में हुई एकजुटता रैली में उन्होंने कहा कि वे अपनी अंतिम साँस तक जनता की सेवा करती रहेंगी, चाहे वे किसी भी पद पर हों। उन्होंने कहा कि सेवा करना ही उनके परिवार की परंपरा रही है।

पहली बार उन्होंने किसी सार्वजनिक सभा में अपने परिवार की चर्चा की। उनका परिवार भी उस मंच पर मौजूद था—संजय, राजीव और उनकी इतालवी पत्नी सोनिया।

श्रीमती गांधी ने कहा कि बड़ी ताकतें न केवल उन्हें सत्ता से बेदखल करने पर

तुली हैं, बल्कि उनका जीवन भी समाप्त कर देना चाहती हैं। अपने इरादे को अंजाम देने के लिए उन्होंने एक बड़ा जाल फैला रखा है।

बरुआ इंदिरा पंथ का निर्माण करने के अपने पुराने काम में जुटे थे। उन्होंने उर्दू के एक दोहे को नए सिरे से गढ़ा—*इंदिरा तेरे सुबह की जय, तेरे शाम की जय, तेरे नाम की जय।*

रैली कामयाब रही। जैसा कि श्रीमती गांधी ने कहा, ''यह विश्व की सबसे बड़ी रैली थी।'' लेकिन इसका प्रसारण टेलीविजन पर नहीं किया गया था, महज इस वजह से क्योंकि यह सरकारी नहीं, पार्टी की रैली थी। और इसकी कीमत गुजराल ने अपनी कुरसी गँवाकर चुकाई। गुजराल के साथ संजय की बहस हो गई थी, जिन्होंने उन्हें कह दिया था कि वे उनकी माँ के मंत्री हैं, उनके नहीं।

उसी जनसभा से कुल 13 मुख्यमंत्री राष्ट्रपति भवन पहुँच गए और श्रीमती गांधी में अपनी आस्था जताई। एक पेज के मेमोरैंडम में उन्होंने कहा कि श्रीमती गांधी के इस्तीफे से न केवल राष्ट्रीय स्तर पर, बल्कि विभिन्न राज्यों में भी अस्थिरता पैदा हो जाएगी।

अगले सोमवार, 23 जून को उनमें से कुछ सुप्रीम कोर्ट में मौजूद थे, जब जस्टिस कृष्ण अय्यर ने श्रीमती गांधी की अपील पर सुनवाई की। उनकी याचिका में श्रीमती गांधी द्वारा सँभाले जा रहे पद को देखते हुए पूर्ण और बिना शर्त स्टे लगाए जाने की अपील की गई थी। यह दलील दी गई कि यह विशेष रूप से राष्ट्र हित में है कि इस अपील पर सुनवाई होने तक यथास्थिति को बने रहने दिया जाए।

अय्यर ने दो दिनों तक दोनों पक्षों की दलील सुनी और इस नतीजे पर पहुँचे कि श्रीमती गांधी को किसी गंभीर चुनावी अपराध का दोषी नहीं ठहराया गया है। उन्होंने कहा कि जब तक इलाहाबाद हाई कोर्ट के फैसले के विरुद्ध की गई उनकी अपील का निपटारा सुप्रीम कोर्ट नहीं कर देता, तब तक उन्हें लोकसभा में वोट देने का अधिकार नहीं होगा।

यह स्टे सशर्त था। लेकिन संसद् में होनेवाली चर्चा में उनके हिस्सा लेने पर कोई रोक नहीं थी। हालाँकि, अय्यर ने संसद् का ध्यान यह कहते हुए खींचा था कि कठोर कानून अदालत में कानून नहीं रह जाते, ऐसा नहीं है, लेकिन इससे जाग्रत् और त्वरित काररवाई करनेवाली विधायिका को चौकन्ना हो जाना चाहिए।

सरकार ने न्यूज एजेंसियों, और बेशक, रेडियो तथा टी.वी. के माध्यम से इस फैसले के सकारात्मक पहलुओं के प्रचार का इंतजाम किया। उन सबका कहना यही था कि श्रीमती गांधी के प्रधानमंत्री बने रहने पर कोई रोक नहीं थी।

विपक्ष के नेता सुप्रीप कोर्ट से झगड़ा नहीं मोल लेना चाहते थे। इस समय तक जे.पी. नई दिल्ली पहुँच चुके थे। विपक्ष ने फैसले का स्वागत किया, लेकिन एक वक्तव्य में कहा, ''उनकी (श्रीमती गांधी की) विश्वसनीयता समाप्त हो गई है, उनकी सदस्यता

प्रतिबंधित है, उनके वोट देने का अधिकार निलंबित है। इन परिस्थितियों में वे किस प्रकार की प्रधानमंत्री होंगी?'' श्रीमती गांधी को इस्तीफा देने पर मजबूर करने के लिए उन्होंने फिर से देशव्यापी आंदोलन छेड़ने का इरादा जता दिया।

इस समय तक सी.पी.आई. (एम) गैर-कम्युनिस्ट विपक्ष में शामिल नहीं हुआ था, लेकिन उसकी प्रतिक्रिया भी कमोबेश ऐसी ही थी। श्रीमती गांधी को अब इस्तीफा दे देना चाहिए, जिन्हें इलाहाबाद हाई कोर्ट ने झूठा साबित कर दिया है।

सी.पी.आई. अब भी श्रीमती गांधी का समर्थन कर रही थी। पार्टी के केंद्रीय सचिवालय ने कहा कि उन्हें दक्षिणपंथी प्रतिक्रिया के ब्लैकमेल के आगे सरेंडर करने की बजाय प्रधानमंत्री बने रहना चाहिए।

अय्यर के फैसले ने जगजीवन राम की योजना को ध्वस्त कर दिया। वे सशर्त स्टे की उम्मीद लगाए बैठे थे, न कि स्पष्ट न्यायिक आदेश का कि वे प्रधानमंत्री बनी रह सकती हैं। किसी भी सूरत में उन्हें हरकत में आने में देरी हो चुकी थी और बरुआ तथा अन्य ने मिलकर नैतिक मामले को राजनीतिक बना दिया था तथा वह स्टे अब प्रासंगिक नहीं रह गया था।

अब जगजीवन राम केंद्रीय मंत्रियों, मुख्यमंत्रियों तथा अन्य के सुर-में-सुर मिला रहे थे। एक बयान और एक प्रस्ताव में उन सभी ने कहा कि श्रीमती गांधी के बतौर प्रधानमंत्री काम करने के रास्ते में कोई अड़चन नहीं थी। जगजीवन राम एक कदम और आगे बढ़ गए। उन्होंने कहा, ''यह केवल एक कानूनी प्रश्न है और नैतिक तथा राजनीतिक मुद्दे इसमें शामिल नहीं हैं।'' नैतिकता अब श्रीमती गांधी के साथ थी।

पार्टी के संसदीय बोर्ड की भी बैठक हुई, जिसने देश को चेतावनी दी कि कुछ समूह और तत्त्व जनता को गुमराह करने और अपने फायदे के लिए इस परिस्थिति का लाभ उठाने का प्रयास जारी रखेंगे।

पार्टी के कार्यकर्ताओं के इस जोश में जो लोग शामिल नहीं थे, उनमें युवा तुर्क भी थे। चंद्रशेखर, मोहन धारिया, राम धन, कृष्णकांत और श्रीमती लक्ष्मी कानथम्मा समेत कुछ और लोगों ने अपनी ताकत का अंदाजा लगाने के लिए अलग से एक बैठक की। उनकी संख्या ज्यादा नहीं थी। वे अपने समर्थकों को उँगलियों पर गिन सकते थे।

''उनकी संख्या 30 से ज्यादा नहीं थी,'' चंद्रशेखर और कृष्णकांत, दोनों ने ही मुझसे कहा था। लेकिन कई थे जिन्होंने मुझसे कहा था कि जरूरत पड़ेगी तो साथ आ जाएँगे।

युवा तुर्क इस बात से खासे नाराज थे कि इलाहाबाद के फैसले के बाद कांग्रेस नेताओं ने इंदिरा समर्थक मुहिम चलाने के दौरान लोकतांत्रिक मूल्यों को बिना लाग-लपेट धता बता दिया था। उन्हें सबसे अधिक निराशा जगजीवन राम से हुई थी, जिन्होंने यह कहने के बाद कि वे उनके साथ हैं, पीछे हट गए थे।

श्रीमती गांधी की प्रतिक्रिया क्या होगी, इसकी परवाह उन्हें नहीं थी, क्योंकि वे पार्टी की ओर से होनेवाली अनुशासनात्मक काररवाई के लिए तैयार थे। उन्होंने जे.पी. को लेकर अपना प्रेम अकसर खुलकर जाहिर किया था। चंद्रशेखर ने कई बार श्रीमती गांधी से कहा था कि वे उनसे मिलें और राजनीति के कीचड़ को साफ करने के लिए उनका सहयोग लें। 24 जून को चंद्रशेखर ने जे.पी. के लिए डिनर का आयोजन किया। इंटेलिजेंस ब्यूरो ने खबर दी थी कि अस्सी सांसद युवा तुर्कों की राय से सहमत थे। लेकिन केवल 20 ही डिनर में पहुँचे।

संजय और उनके ग्रुप से इसका कोई लेना-देना नहीं था कि युवा तुर्कों के बीच क्या चल रहा था, या कहें तो कांग्रेस पार्टी के अंदर क्या हो रहा था। वे अब अपनी योजना को अमल में लाने की बारीकियों को दुरुस्त कर रहे थे। सिद्धार्थ ने उनकी रूपरेखा तैयार कर दी थी।

पहले दिन उन्होंने कलकत्ता से श्रीमती गांधी को फोन किया था और कहा था कि कुछ करना है तो उसका एक ही तरीका है कि आंतरिक इमरजेंसी का ऐलान कर दिया जाए। ('बाहरी' इमरजेंसी दिसंबर 1971 से ही लागू थी, जब बांग्लादेश युद्ध शुरू हुआ था)। उन्होंने कहा कि अनुच्छेद 352 राष्ट्रपति को यह अधिकार देता है कि आंतरिक उथल-पुथल की स्थिति में वे इमरजेंसी लगा दें। इससे सरकार के पास व्यापक अधिकार आ जाएँगे।

श्रीमती गांधी ने उनसे तत्काल दिल्ली आने को कह दिया। उनके लिए कलकत्ता से अचानक चल देने को लेकर कोई समस्या नहीं थी। एक मजाक उस वक्त जोर-शोर से चल रहा था कि उनके लिए एक सूटकेस और दिल्ली के लिए विमान का टिकट हमेशा तैयार रहता था। वे जब से केंद्रीय कैबिनेट से निकलकर मुख्यमंत्री बने थे, तब से प्रधानमंत्री के साथ चर्चा के लिए हर हफ्ते लगभग दो बार दिल्ली आया करते थे।

नई दिल्ली में 24 जून को हुई बातचीत के दौरान भी सिद्धार्थ ने अपने विचार को आगे बढ़ाया। प्रधानमंत्री आवास से तत्काल किसी को संसद् की लाइब्रेरी से संविधान की एक कॉपी लाने के लिए भेजा गया। प्रेस और श्रीमती गांधी के विरोधियों का मुँह बंद करने के लिए कुछ किए जाने की एक अस्पष्ट योजना न केवल ठोस रूप ले चुकी थी, बल्कि उसे संवैधानिक स्वीकृति भी मिल चुकी थी। एक वकील ने आंतरिक आपातकाल के उस लबादे को ढूँढ़ निकाला, जिसकी आड़ में तानाशाही के मंसूबों को अमली जामा पहनाया जाना था।

प्रधानमंत्री के सचिवालय ने इमरजेंसी लगाने के लिए एक नोट पहले ही तैयार कर लिया था। वह उन आकस्मिक योजनाओं में से एक था, जो हमेशा तैयार रहते थे। आपातकालीन शक्तियों के अंतर्गत केंद्र किसी भी राज्य को कोई भी निर्देश दे सकता था,

संविधान के अनुच्छेद 1914 को या सारे मौलिक अधिकारों को निलंबित कर सकता था। अदालतों को यह आदेश दिया जा सकता था कि वे इन अधिकारों को लागू करने संबंधी किसी भी अपील को स्वीकार न करें। अंतहीन शक्तियाँ मिल जाती थीं।

श्रीमती गांधी, जिनके लिए अकसर बुनियादी बातों से अधिक महत्त्व दिखावे का होता था, पूरी तरह इत्मीनान में थीं। वे इमरजेंसी लागू करती हैं तो भी उनका कदम संविधान के अंतर्गत ही होगा।

उनकी सोच नेहरू से कितनी अलग थी। अक्तूबर 1962 में, जब पूरा देश इस कारण उनके खिलाफ था, क्योंकि चीन के खिलाफ हार का सामना करना पड़ा था, तत्कालीन रक्षा मंत्री कृष्ण मेनन ने आंतरिक आपातकाल लागू करने का सुझाव दिया था। नेहरू ने उसे यह कहते हुए खारिज कर दिया था कि इससे लोकतांत्रिक परंपराओं को ठेस पहुँचेगी।

इमरजेंसी लगाने का फैसला अब ले लिया गया था। इसे कानूनी रूप देने के लिए गोखले को बुलाया गया। लेकिन उन्हें भी इसे लागू किए जाने की तारीख मालूम नहीं थी।

कारवाई का समय तय हो चुका था, जो 25 जून की आधी रात का वक्त था। तब तक यह माना गया था कि सुप्रीम कोर्ट का फैसला आ जाएगा।

गोपनीयता पर खास ध्यान रखा गया था। आनेवाली घटना की जानकारी सिर्फ श्रीमती गांधी, धवन, बंसी लाल, ओम मेहता, किशन चंद और अब सिद्धार्थ को थी, हालाँकि उन सैकड़ों अधिकारियों को आदेश जारी किए जा रहे थे, जिनकी जिम्मेदारी तय कर दी गई थी, जो अधिकांशतया गिरफ्तारियाँ करने को लेकर थी।

बरुआ को भनक लग गई थी कि कुछ पक रहा है। उन्हें इमरजेंसी के बारे में 24 जून को बताया गया था। वे चाहते थे कि कुछ प्रगतिशील उपाय किए जाएँ, जिससे कि उसका असर थोड़ा कम हो और उन्होंने चीनी और कपड़ा उद्योग के राष्ट्रीयकरण का सुझाव दिया। उनकी दलील थी कि 1969 में बैंकों के राष्ट्रीयकरण से उन्हें कांग्रेस पार्टी के आधिकारिक उम्मीदवार को राष्ट्रपति चुनाव में हराने में मदद मिली थी। लेकिन निजी उद्यम में दृढविश्वास रखनेवाले संजय ने इस प्रस्ताव को खारिज कर दिया।

बरुआ ने एक और सुझाव पेश किया कि बेरोजगारों को कुछ दिया जाए। संजय ने इसे भी इस आधार पर ठुकरा दिया कि इस पर बहुत भयानक खर्च आएगा। बताया जा रहा था कि 2 करोड़ से अधिक लोग बेरोजगार थे।

रेड्डी को केवल 25 जून को ही विश्वास में लिया गया। लेकिन उन्हें भी यह नहीं बताया गया था कि किन लोगों को गिरफ्तार किया जाएगा, न ही वे जानना चाहते थे। कुछ समय तक, सुरक्षा की खातिर, उन्होंने गृह मंत्रालय में दूसरे नंबर की भूमिका निभाना सीख लिया था।

विपक्ष को अंदाजा नहीं था कि उस पर क्या बीतनेवाली है। एक संपन्न मार्क्सवादी ज्योतिर्मय बसु इसका अंदाजा बहुत हद तक लगा चुके थे, जब उन्होंने सार्वजनिक तौर पर कहा कि श्रीमती गांधी संविधान को समाप्त करना चाहती हैं, पी.एम. के ही किसी करीबी ने उन्हें जबरदस्त कारवाई का संकेत दिया था। उन्होंने अपने घर की खिड़कियों में लोहे की सलाखें लगवा ली थीं। उड़ीसा के पूर्व मुख्यमंत्री और बी.जे.डी. नेता बीजू पटनायक को लग रहा था कि कोई योजना तैयार हो चुकी है, और उन्होंने अपना डर जाहिर किया। लेकिन विपक्ष का कोई नेता उन पर यकीन नहीं कर रहा था। उनकी बातें इतनी काल्पनिक थीं कि किसी को भरोसा नहीं हो रहा था।

वैसे भी, विपक्षी नेता 25 जून की रैली की तैयारियों में व्यस्त थे। जे.पी., जिन्हें अब 'लोकनायक' पुकारा जाने लगा था, के दिल्ली आने में देरी के चलते, रैली को एक दिन के लिए टाल दिया गया।

यह दिल्ली में अब तक की सबसे बड़ी रैली थी, लेकिन उतनी बड़ी नहीं जितनी कि श्रीमती गांधी की रैली थी, और उनके समर्थकों ने इसका पूरा श्रेय लिया। लेकिन जिन लोगों ने जे.पी. की रैली में हिस्सा लिया, वे अपने आप आए थे। उन्हें सरकार की ओर से किराए पर लिये गए ट्रकों में भरकर नहीं लाया गया था। वह भाड़े की भीड़ नहीं थी। एक के बाद एक, विपक्षी नेता प्रधानमंत्री पर सत्ता से चिपके रहने को लेकर हमले कर रहे थे। कुछ कहने लगे थे कि वे तानाशाह बन चुकी हैं। उन्होंने साफ कर दिया कि वे उन्हें काम करने नहीं देंगे।

जे.पी. ने पाँच सदस्यीय लोक संघर्ष समिति के गठन का ऐलान किया, जिसके अध्यक्ष मोरारजी थे। जन संघ के आला नेता नानाजी देशमुख उसके सचिव थे। यह समिति देश भर में 29 को आंदोलन करेगी, जिससे कि श्रीमती गांधी को इस्तीफा देने पर मजबूर किया जाए। आंदोलन के तहत अहिंसक हड़ताल, सत्याग्रह और प्रदर्शन किए जाने थे।

जे.पी. ने वहाँ मौजूद लोगों से कहा कि वे अपने हाथ उठाकर बताएँ कि क्या जरूरत पड़ी तो वे देश में नैतिक मूल्यों की फिर से स्थापना के लिए जेल जाएँगे। सभी ने अपने हाथ उठा दिए। आश्चर्य की बात है, 24 घंटे बाद उनमें से कई ने तो विरोध तक नहीं किया। जब विरोध प्रदर्शन का आह्वान किया गया, तो जेल जानेवाले और कम हो गए। जे.पी. ने पुलिस और सेना से भी अपील की कि वे किसी भी अवैध आदेश का पालन न करें, जैसा कि उनका मैनुअल भी कहता है।

विडंबना यह है कि 1930 के दशक में ठीक ऐसी ही अपील कांग्रेस पार्टी ने भी की थी। श्रीमती गांधी के दादा मोतीलाल नेहरू ने पार्टी को उस प्रस्ताव को पारित करने के लिए राजी किया था, जिसमें पुलिस से कहा गया था कि वह अवैध आदेशों का पालन न करे। उस समय इलाहाबाद हाई कोर्ट ने उस प्रस्ताव को फिर से प्रिंट करवाकर

उसके परचे बाँटनेवालों की ओर से की गई अपील को स्वीकार कर लिया था। अंग्रेजी राज के जजों ने कहा था कि पुलिस से अवैध आदेशों का पालन न करने की अपील करने में कुछ भी गलत नहीं है।

हालाँकि श्रीमती गांधी, संजय और उनके समर्थकों के लिए पुलिस और सेना से की गई जे.पी. की अपील प्रचार का सबसे बड़ा मुद्‍दा था, जो उनके हाथ लग गया था। वे अब कह सकते थे कि वे सैन्य बलों के बीच असंतोष भड़का रहे हैं। उनके मुताबिक यह राष्ट्रद्रोह के जैसा था।

लेकिन यह सिर्फ एक बहाना था। उससे बहुत पहले ही संजय गांधी और उनके भरोसेमंद लोग हमला करने की तैयारी कर चुके थे। जैसे ही आधी रात का वक्त हुआ, प्रधानमंत्री आवास पर जबरदस्त हलचल हुई। राज्यों को आदेश जारी कर दिए गए थे, और उनमें से कई यह जानना चाहते थे कि क्या उन्हें प्रेस की आजादी छीनने के अलावा श्रीमती गांधी के विरोधियों को गिरफ्तार भी करना है। जिन नेताओं को दिल्ली तथा अन्य जगहों पर हिरासत में लिया जाना था, उनकी सूची तैयार थी और श्रीमती गांधी को दिखा दी गई। इन सूचियों को तैयार करने में जिस एक खुफिया विभाग ने खासा योगदान दिया, वह था—रिसर्च ऐंड एनालिसिस विंग (रॉ)।

रॉ का गठन 1962 में चीनियों के साथ युद्ध के अंतिम चरण में हुआ था, जिसका मकसद विदेश में भारत की खुफिया जानकारी में सुधार करना था, क्योंकि चीन के साथ युद्ध के दौरान खुफिया सूचना को लेकर भारी विफलता सामने आई थी। बीजू पटनायक ने शुरुआत में सहायता दी थी, क्योंकि उन्हें शत्रु के मोर्चे के पीछे काम करने की ख्याति प्राप्त थी। बरसों पहले जब इंडोनेशिया पर डच शासन कायम था, तब इंडोनेशिया के राष्ट्रीय आंदोलन के दौरान, उसके नेता सुकर्णो को बचाने के लिए वे स्वयं एक विमान उड़ाकर जकार्ता पहुँचे थे।

रॉ सीधे प्रधानमंत्री सचिवालय के अंतर्गत था। श्रीमती गांधी पहली प्रधानमंत्री थीं, जिन्होंने इसका इस्तेमाल देश के भीतर राजनीतिक खुफियागिरी के लिए किया था। इसकी खूबी इसकी गोपनीयता और उसके कर्मचारी थे, जिन्हें या तो उनके शानदार अकादमिक रिकॉर्ड के आधार पर या किसी भरोसेमंद आला सिविल या पुलिस अधिकारी से घनिष्ठ संबंध के आधार पर चुना गया था। रॉ ने सरकार के विरोधियों, कांग्रेस पार्टी के भीतर आलोचकों, कारोबारियों और पत्रकारों पर डोजियर तैयार किया था। विरोधियों की लिस्ट तैयार करना मुश्किल नहीं था, रॉ ने सबकुछ अपनी फाइलों में तैयार कर रखा था।

आंतरिक सुरक्षा व्यवस्था अधिनियम (मीसा) में सिर्फ एक साल पहले संशोधन किया गया था, जिससे सरकार को कोर्ट के समक्ष आरोपों को पेश किए बिना ही व्यक्तियों को हिरासत में लेने या गिरफ्तार करने का अधिकार मिल गया था। हालाँकि जब इस

कानून को पास किया गया, तब सरकार ने संसद् में विपक्ष को भरोसा दिलाया था कि मीसा का इस्तेमाल राजनीतिक विरोधियों को पकड़ने के लिए नहीं किया जाएगा।

बंसी लाल चाहते थे कि दिल्ली में पकड़े गए नेताओं को हरियाणा में रखा जाए। उन्होंने श्रीमती गांधी से कहा था, ''मैंने रोहतक में एक बड़ी और आधुनिक जेल बनवाई है।''

श्रीमती गांधी ने सेना प्रमुख जनरल रैना को दौरे से वापस बुला लिया। यह बस एक एहतियाती कदम था।

इस समय तक दिल्ली पुलिस के आला अफसर भी जान चुके थे कि जे.पी., मोरारजी, कांग्रेस (ओ) अध्यक्ष अशोक मेहता तथा जन संघ के दो नेताओं अटल बिहारी वाजपेयी और लाल कृष्ण आडवाणी को भी गिरफ्तार किया जाना है।

लेकिन किस कानून के तहत? यह सवाल इस कारण उठा, क्योंकि तब तक उन्हें इमरजेंसी के बारे में मालूम नहीं था। वे यह पता लगा रहे थे कि उन्हें कैसे गिरफ्तार किया जा सकता है। उन्हें बताया गया कि आई.पी.सी. की धारा 107 के तहत। लेकिन वह तो आवारा लोगों पर लागू होती है। जे.पी. और मोरारजी को उस धारा के तहत कैसे गिरफ्तार किया जा सकता था?

किशन चंद की मदद से दिल्ली के नामों की लिस्ट को अंतिम रूप दिया जा रहा था। पुलिस ने जब गिरफ्तारी के लिए वारंट की माँग की, तो दिल्ली के डिप्टी कमिश्नर सुशील कुमार ने पहले नामों को जान लेने पर जोर दिया। धवन को यह इसकी जानकारी दी गई, तो वे गुस्से से लाल हो गए और इतनी जोर से चीखे कि वे दुबक गए। फिर सुशील ने सादे वारंट पर दस्तखत कर दिए। एक भरोसेमंद पुलिस अधिकारी पी.एस. भिंडर को हरियाणा से लाकर स्पेशल (इंटेलिजेंस) ब्रांच में तैनात किया गया था। उन्होंने हर वारंट पर नामों को भरा या जब जरूरत पड़ती, तब भर लिया करते थे।

राज्यों में, जहाँ के मुख्यमंत्री जानते थे कि क्या होनेवाला है, अपने-अपने पुलिस के आई.जी. और मुख्य सचिव के साथ बैठे तथा गिरफ्तार किए जानेवालों की लिस्ट को अंतिम रूप दिया। हालाँकि इसकी शुरुआती तैयारी 20 जून को दिल्ली से मुख्यमंत्रियों की वापसी के साथ ही शुरू हो गई थी, तब तक थोड़ा संदेह था। यह माना गया था कि कुछ एक को कुछ समय के लिए उठाया जाएगा और हिरासत में रखा जाएगा, ताकि उनका मुँह बंद किया जा सके।

मुख्यमंत्रियों के मन में जब भी सवाल उठते, वे प्रधानमंत्री आवास में फोन करते, जिसे घर या महल कहा जाता था। दूसरे छोर पर धवन हुआ करते थे, जो उनके सारे सवालों के जवाब देते थे। कुछ मुख्यमंत्री अब भी समझ नहीं पा रहे थे कि जब पुरानी इमरजेंसी लागू थी तो नए की जरूरत क्या थी। धवन ने उन्हें दोनों के बीच अंतर समझाया।

यू.पी. में, एफ.आई.आर. (प्राथमिकी) का एक नमूना लखनऊ में पुलिस हेडक्वार्टर की ओर से तैयार किया गया और सारे पुलिस थानों को भेज दिया गया ताकि उनकी फाइल में वह मौजूद रहे। यह एक एहतियात था, जबकि सब जानते थे कि कारण बताए बिना भी मीसा के तहत बंदी बनाया जा सकता है।

सिद्धार्थ अकेले मुख्यमंत्री थे, जो दिल्ली में टिके थे और कलकत्ता में बैठे अफसरों को फोन पर निर्देश दे रहे थे। श्रीमती गांधी ने उनसे रुकने को कहा था, ताकि जब वे राष्ट्रपति के पास इमरजेंसी लागू करने के आदेश पर दस्तखत करने को कहें तब सिद्धार्थ उनके साथ हों।

डेडलाइन से लगभग चार घंटे पहले वे और श्रीमती गांधी राष्ट्रपति भवन के लिए रवाना हुए। सिद्धार्थ ने यह समझाने के लिए करीब 45 मिनट का वक्त लिया कि इमरजेंसी का मतलब क्या कुछ होगा। राष्ट्रपति को उसके परिणामों को समझने में देर नहीं लगी। वे भी कभी वकालत कर चुके थे। इसके साथ ही उन्हें अपने एक सहायक, के.एल. धवन से, जो पी.एम. हाउस में तैनात धवन के भाई थे, संकेत मिल चुका था कि क्या कुछ होनेवाला है।

उन्हें विरोध करने का खयाल भी नहीं आया। देश के सर्वोच्च पद पर बिठाए जाने के लिए वे श्रीमती गांधी के ऋणी थे। दोनों गहरे दोस्त थे, खासतौर से उस समय से जब जगजीवन राम के साथ मिलकर उन्होंने तत्कालीन कांग्रेस पार्टी अध्यक्ष एस. निजलिंगप्पा को चिट्ठी लिखकर अपना विरोध जताया था कि उन्होंने जन संघ और दक्षिणपंथी स्वतंत्र दलों से कांग्रेस पार्टी के आधिकारिक राष्ट्रपति पद के उम्मीदवार संजीव रेड्डी के लिए समर्थन क्यों माँगा। अहमद को याद था कि कैसे श्रीमती गांधी के नेतृत्व में उन्होंने रेड्डी[15] को हराकर कांग्रेस के शीर्ष नेताओं के सिंडिकेट को धूल चटाई थी।

इमरजेंसी लागू करने की घोषणा पर राष्ट्रपति ने 25 जून की रात 11:45 बजे दस्तखत किए, यानी तय समय से 15 मिनट पहले। धवन उसका मसौदा पी.एम. हाउस से लेकर आए थे। उस दिन राष्ट्रपति भवन का कोई भी अधिकारी सुबह 7 बजे से पहले घर नहीं गया। घोषणा में कहा गया कि एक गंभीर आपातकालीन स्थिति है, जिसमें भारत की सुरक्षा को आंतरिक उपद्रव से खतरा है। इसने सरकार को प्रेस की आजादी समाप्त करने, नागरिक अधिकारों को लागू करने के संबंध में चलनेवाली अदालती कारवाइयों पर रोक लगाने समेत कई अधिकार दिए।

यह बहुत कुछ वैसा ही था जैसा बरसों पहले जर्मनी में हुआ था। हिटलर को राष्ट्रपति हिंडेनबर्ग को यह समझाने में कामयाबी मिली थी कि लोगों और देश की सुरक्षा के लिए वे उस आदेश पर दस्तखत कर दें, जिससे संविधान की उन धाराओं को निरस्त कर दिया जाए, जिससे व्यक्तिगत और नागरिक स्वतंत्रताओं का अधिकार मिलता था।

अब श्रीमती गांधी के पास उस विपक्ष और प्रेस से निपटने की पूरी शक्ति थी, जो उनकी वैधता पर सवाल उठा रहे थे, मनमर्जी से कानून बनाने के पूरे अधिकार थे, नियमों और परंपराओं को बदलने की भी पूरी ताकत थी। एक देश, जो अगस्त 1947 में मिली आजादी के बाद से ही लोकतंत्र के रास्ते पर किसी तरह चलता चला आ रहा था, जबकि पश्चिमी देश इस पर नुक्ता-चीनी कर रहे थे कि क्या यह व्यवस्था भारतीय बुद्धि के अनुरूप है, वहाँ अब अर्ध-तानाशाही व्यवस्था कायम हो गई थी।

श्रीमती गांधी ने एक बार कहा था कि वे इतिहास में एक ताकतवर हस्ती के रूप में याद किया जाना पसंद करेंगी, कुछ हद तक नेपोलियन या हिटलर की तरह, जिन्हें हमेशा याद किया जाएगा।

करीब 40 साल पहले उनके पिता ने जो बात अपने लिए लिखी[16] थी, वह उन पर भी सच होती दिख रही थी, ''एक छोटा सा बदलाव और जवाहरलाल एक तानाशाह बन सकता था, धीमी चाल चलनेवाले लोकतंत्र के तामझाम को ताक पर रख देता। वह अब भी लोकतंत्र और समाजवाद की भाषा और नारे का इस्तेमाल करता, लेकिन हम सब जानते हैं कि कैसे इस भाषा के सहारे फासीवाद प्रबल हुआ है और फिर उसे कबाड़ की तरह फेंक देता है।''

चीजों को कराने की उसकी प्रबल इच्छा, जिसे वह पसंद नहीं करता उसे मिटा देने और नए के निर्माण की इच्छा के आगे, वह लोकतंत्र की धीमी प्रक्रिया को शायद ही बरदाश्त करेगा। वह उसके आवरण को ओढ़े रख सकता है, लेकिन यह सुनिश्चित करेगा कि वह उसकी मर्जी का गुलाम हो। सामान्य हालातों में वह बस एक कुशल और सफल शासक होगा, लेकिन इस क्रांतिकारी युग में, निरंकुशता हमेशा करीब खड़ी रहती है, और क्या यह संभव नहीं कि जवाहरलाल अपने आपको निरंकुश बनाने की कल्पना कर लें?

नेहरू को जो भी जानता था, उसे मालूम था कि नेहरू ऐसा नहीं करेंगे। जो उनकी बेटी को जानता था वह कह सकता था कि वे उस भूमिका में अपने आपको ढालने की कल्पना से कहीं अधिक कर सकती थीं। उस रात उनके बेटे ने उन्हें उकसाया था।

उस रात पी.एम. आवास पर कोई नहीं सोया था। राष्ट्रपति भवन से लौटने के बाद श्रीमती गांधी ने सुबह 6 बजे कैबिनेट की बैठक बुलाने का फैसला किया। अब तक वे जान चुकी थीं कि जे.पी., मोरारजी और सैकड़ों अन्य की गिरफ्तारी योजना के मुताबिक की जा रही थी।

काररवाई अचानक, तेज और निर्ममता से की गई थी और उसमें किसी तख्तापलट के सारे तत्त्व मौजूद थे।

दिल्ली में विपक्ष के नेताओं को तड़के 2:30 से 3 बजे के बीच नींद से जगाया

गया और उन्हें गिरफ्तारी का आदेश दिखाया गया। उन्हें एक पुलिस थाने ले जाया गया, जो विडंबनात्मक रूप से संसद् भवन से ज्यादा दूर नहीं था। उन्हें मीसा के उसी कानून के तहत गिरफ्तार किया गया था, जिसके तहत स्मगलरों को गिरफ्तार किया जाता था।

उन गिरफ्तारियों की चपेट में सारे दल आए थे, जन संघ जैसे दक्षिणपंथी से लेकर सी.पी.आई. (एम) जैसे वापमंथी तक। केवल एक विपक्षी दल को छोड़ दिया गया था, जो मॉस्को समर्थक कम्युनिस्ट पार्टी था, जो कांग्रेस का सहयोगी था।

जब जे.पी. को गिरफ्तार किया गया, तब उनके मुँह से संस्कृत का श्लोक निकला··· *विनाशकाले विपरीत बुद्धि* (जब व्यक्ति का विनाश होनेवाला होता है तब उसकी मति मारी जाती है)। दो दिन पहले मोरारजी ने इटली के एक पत्रकार की बात को खारिज कर दिया था कि उन्हें गिरफ्तार किया जा सकता है। उन्होंने कहा था, वह ऐसा कभी नहीं करेगी। वह पहले खुदकुशी कर लेगी। उन्हें और जे.पी. को दिल्ली के एकदम करीब, सोना डाक बँगले में रखा गया था। लेकिन दोनों को अलग-अलग कमरे दिए गए थे और उनका आपस में कोई संपर्क नहीं था।

दिल्ली के अधिकांश अखबार अगली सुबह नहीं निकले, क्योंकि आधी रात से पहले ही उनकी बिजली काट दी गई थी। अधिकारियों ने सफाई दी थी कि पावर हाउस में गड़बड़ी आ गई है। नई दिल्ली में *द स्टेट्समैन* और *द हिंदुस्तान टाइम्स* छप गए, क्योंकि उन्हें नई दिल्ली नगरपालिका से बिजली सप्लाई की जाती थी, न कि दिल्ली नगर निगम से, और केवल उसे ही प्रेस की बिजली काटने के आदेश दिए गए थे। पंजाब और मध्य प्रदेश में भी प्रेस को बिजली नहीं दी गई थी। लेकिन दूसरे शहरों में अखबार निकले थे। 26 जून की सुबह आंतरिक स्थिति पर लिखे जानेवाले प्रेस के सभी लेखों पर सेंसरशिप लागू कर दी गई। सारे संदेशों को सरकार की जाँच के लिए सौंपना पड़ता था।

जब तक सारे मंत्री कैबिनेट की बैठक के लिए 1, सफदरजंग रोड पहुँचते, तब तक उनमें से अधिकांश हिरासत में लिये जा चुके थे, जिनके नाम लिस्ट में मौजूद थे। प्रेस को आधिकारिक रूप से 676 लोगों को हिरासत में लिये जाने की जानकारी दी गई। कैबिनेट को तो यह भी नहीं बताया गया था। इमरजेंसी लागू कर दी गई थी, जबकि प्रस्ताव उनके अनुमोदन के लिए बाद में रखा गया था। सब खामोश थे। जगजीवन राम और चह्वाण बस अपने सामने की दीवार को देख रहे थे। माहौल तनावपूर्ण था।

कुछ देर बाद स्वर्ण सिंह बोले। उन्होंने सवाल उठाया कि क्या इमरजेंसी जरूरी थी। वे इस पर ज्यादा नहीं बोले, न ही श्रीमती गांधी ने कुछ कहा। केवल इस बारे में संक्षिप्त चर्चा हुई कि संवैधानिक अर्थों में इमरजेंसी का क्या मतलब था।

वैसे भी कैबिनट बैठक महज एक औपचारिकता थी। बैठक समाप्त होते ही श्रीमती गांधी ने अपने भाषण पर काम करना शुरू किया, जिसका प्रसारण किया जाना था।

उसका मसौदा सुबह 4 बजे ही तैयार कर लिया गया था। कुछ अंग्रेजी शब्दों के लिए हिंदी शब्दों को ढूँढ़ने के कारण उसे अंतिम रूप दिए जाने में देरी हुई थी।

'हिंदुस्तान टाइम्स' और 'द स्टेट्समैन' ने अगली सुबह सप्लिमेंट छापने की योजना बना ली। सुबह 11 बजे तक 'हिंदुस्तान टाइम्स' छपकर सड़क पर आ चुका था और 'द स्टेट्समैन' की रोटरी मशीन चलने ही वाली थी कि टिकर पर फ्लैश संदेश आया, जिसने घोषित किया कि गिरफ्तारियों व आंतरिक स्थिति से जुड़ी सारी खबरों और टिप्पणियों पर प्री-सेंसरशिप लगाई जा चुकी है। रोटरी को तुरंत रोका गया। 'द स्टेट्समैन' ने अपने सप्लिमेंट पेज-प्रूफ को इजाजत के लिए शास्त्री भवन स्थित प्रेस इनफॉरमेशन ब्यूरो (पी.आई.बी.) के दफ्तर भेजा। लेकिन जब तक वह लौटकर आया, उसमें से गिरफ्तार नेताओं के नाम मिटाए जा चुके थे और उनकी तसवीरें हटाई जा चुकी थीं, तब तक उसके ऑफिस की बिजली भी काट दी गई थी। सप्लिमेंट छप नहीं सका। वह पेज-प्रूफ एक ऐतिहासिक दस्तावेज बन गया।

और जब तक यह खबर फैली कि 'हिंदुस्तान टाइम्स' की प्रतियाँ बेची जा रही हैं, तब तक हॉकर्स को आनन-फानन में बची हुई प्रतियाँ लौटाने का आदेश दिया गया, नहीं तो उन पर कानूनी काररवाई हो सकती थी।

जन संघ का अखबार, 'मदरलैंड', एकमात्र अखबार था, जो सप्लिमेंट के साथ छपा। बाद में उसके प्रेस को सील कर दिया गया।

उस सुबह राष्ट्रव्यापी संबोधन में श्रीमती गांधी ने कहा कि सरकार को काररवाई के लिए मजबूर होना पड़ा, क्योंकि जब से मैंने लोकतंत्र की खातिर आम पुरुषों और सामान्य महिलाओं के लिए प्रगतिशील उपायों को लागू करना शुरू किया तभी से मेरे खिलाफ एक गहरी और व्यापक साजिश की जाने लगी थी। उन्होंने कहा कि रणनीति यह थी कि लोकतंत्र को चलने न दिया जाए। चुनी हुई सरकारों को चलने नहीं दिया गया, जबकि कुछ मामलों में विधिवत् रूप से चुनी गई विधानसभाओं को भंग करने के लिए सदस्यों को जबरन इस्तीफा देने पर मजबूर किया गया। उन्होंने ललित नारायण मिश्रा की हत्या का जिक्र किया और विपक्ष का हाथ होने का आक्षेप लगाया।

हौसला बाँधनेवाले इन शब्दों से वे अपने आपको दिलासा नहीं दे सकीं। जैसा कि कुछ समय बाद उन्होंने किसी से कहा था, ''मैं नहीं जानती थी कि लोगों की प्रतिक्रिया क्या होगी!''

लोग नींद में थे। उन्हें पता भी नहीं था कि इमरजेंसी, जो उनका फरमान था, वह क्या बला थी! धीरे-धीरे उन्हें समझ आया कि वह लोकतांत्रिक व्यवस्था जो 25 वर्षों से अधिक समय से चली आ रही थी, उस पर ग्रहण लग गया है। क्या यह हमेशा के लिए है, अब यह सोचकर वे हैरान हो रहे थे।

अब हमें पूरे देश में कानून व्यवस्था को चुनौती देनेवाली नई योजनाओं का पता चल रहा है, जिससे कि सामान्य कामकाज को ठप किया जा सके। आखिर कोई भी सरकार देश की स्थिरता पर आए संकट को चुपचाप देखती रहती और उसकी इजाजत देती? आकाशवाणी और टी.वी. श्रीमती गांधी के इन शब्दों का प्रसारण बार-बार कर रहे थे।

इमरजेंसी का एक फायदा यह हुआ कि आवश्यक वस्तुओं की कीमतें स्थिर हो गईं। स्कूलों, दुकानों, ट्रेनों तथा बसों पर अनुशासन का प्रभाव दिखा। यहाँ तक कि दिल्ली की सड़कों से गायें और भिखारी भी गायब हो गए।

लेकिन श्रीमती गांधी ने यह नहीं बताया कि काररवाई इलाहाबाद के फैसले के बाद ही क्यों हुई? क्यों सामान्य कानून से फैक्टरियों और कैंपसों में अनुशासनहीनता कम नहीं हुई, और क्यों इन कानूनों से देश की तमाम खामियाँ दूर नहीं हो सकीं?

इन बातों पर सफाई देना मुश्किल था। संभवत: वे सोच रही थीं कि इनका कोई फायदा नहीं। वे जानती थीं कि उनकी विश्वसनीयता कम हुई है। ललित नारायण मिश्रा की मृत्यु के बाद हुई एक शोकसभा में उन्होंने कहा था, "अगर मेरी भी हत्या हो जाए तो वे कहेंगे कि मैंने ही अपने आपको मरवाया है।"

कारण जो भी हो, उन्होंने जो कुछ भी किया, वह अभूतपूर्व था। यह लगभग उतना ही कठोर था, जितना कि सैनिक शासन लगाना, यह 'पुलिस शासन' था। ऐसा लग रहा था जैसे देश सन्न और सदमे में है। किसी को भी इतने कठोर कदम की उम्मीद नहीं थी, किसी ने भी इसके नतीजों को नहीं समझा था। यह 'गुरुवार का नरसंहार' था। पहली प्रतिक्रिया यह थी कि श्रीमती गांधी इससे बच नहीं सकेंगी।

उनकी पार्टी के भी कार्यकर्ता उतने ही हैरान थे, जितने कि दूसरे कार्यकर्ता। और सबसे ज्यादा सहमे हुए भी वे ही थे। 1966 में सत्ता में आने के बाद से उन्होंने सत्ता का जो पिरामिड बना रखा था, उसके अंदर वे न जाने कब से डरे-सहमे रहते थे। अब उनके शब्द ही कानून थे और किसी को भी कोई शक नहीं था। कैबिनेट मंत्रियों और मुख्यमंत्रियों से लेकर सबसे छोटे स्तर पर कार्यपालक पार्षद तक, हर किसी की कुरसी उनकी मर्जी पर ही निर्भर थी। वे उन सभी को हटा चुकी थीं, जिन्होंने बगावत का हलका सा भी संकेत दिया था। जो बचे थे, उनमें से अधिकांश का राजनीतिक अस्तित्व उनकी कृपा पर निर्भर था। उनके अंदर विरोध करने की हिम्मत नहीं थी।

केवल दो लोग थे जो श्रीमती गांधी को चुनौती दे सके थे। वे थे चह्वाण और जगजीवन राम। लेकिन वे साथ नहीं आ सकते थे, क्योंकि दोनों ही प्रधानमंत्री बनना चाहते थे। और उनके खिलाफ खड़े होकर दोनों ही अपनी स्थिति को जोखिम में तब तक नहीं डालना चाहते थे, जब तक कि वे कामयाब होने को लेकर निश्चित न हों। और तब उन्हें दूर-दूर तक इसकी कोई संभावना नहीं दिख रही थी।

श्रीमती गांधी जानती थीं कि उन्हें किन पर नजर रखनी है। और वे यह काम बखूबी कर रही थीं।

26 जून को जब मैं चह्वाण और जगजीवन राम से बारी-बारी उनके घर मिलने गया, तो मैंने पाया कि खुफिया विभाग के लोग कारों के नंबर और उन लोगों के नाम नोट कर रहे थे, जो उनसे मिलने आ रहे थे। चह्वाण तो मुझसे मिलने से भी डर रहे थे और जगजीवन राम, जो बस एक मिनट के लिए मुझसे मिलने के लिए राजी हुए, घबराए से दिख रहे थे। जगजीवन राम ने मुझसे बस इतना कहा कि उन्हें अपनी गिरफ्तारी की आशंका है। यह बात उन्होंने अपने कमरे के टेलीफोन का रिसीवर अच्छी तरह रखने के बाद कहा। वे जानते थे कि फोन टेप किए जाते थे और सोच रहे थे कि थोड़ा आगे बढ़कर उसमें माइक्रोफोन भी लगाया जा सकता है, ताकि रिसीवर क्रैडल पर हो तो भी बातचीत को सुना जा सके।

इसमें कोई शक नहीं कि 26 जून की रात प्रधानमंत्री आवास पर जीत का माहौल था। पूरी काररवाई बिना कष्ट उठाए हो गई थी, इस पर संतोष जताया गया। किसी भी तरह का कोई विरोध नहीं हुआ। घटनाएँ एकाध ही हुईं और उनसे भी तुरंत निपट लिया गया। मजदूर नेता जॉर्ज फर्नांडिस, नानाजी देशमुख और सुब्रह्मण्यम स्वामी जैसे जन संघ के सदस्यों, तथा भूमिगत हो चुके कुछ अन्य लोगों के सिवाय, सभी महत्त्वपूर्ण लोगों को गिरफ्तार कर लिया गया था (नानाजी को जब किसी ने फोन पर बताया कि पुलिस उन्हें गिरफ्तार करने आ रही है तब वे बच निकले)।

''मैंने आपसे कहा था न कि कुछ नहीं होगा,'' संजय ने अपनी माँ से कहा। बंसी लाल ने कहा कि जैसी कि उन्हें उम्मीद थी, एक कुत्ता भी नहीं भौंका। इलाहाबाद तक संदेश भेज दिया गया था कि जस्टिस सिन्हा को दुरुस्त किया जाए। पुलिस अब उनका साये की तरह पीछा कर रही थी तथा उनके बीते कार्यकाल को पूरी तरह से खँगाला गया और उनके रिश्तेदारों और दोस्तों को परेशान किया जाने लगा।

विद्याचरण शुक्ला ने गुजराल का पद सँभाल लिया था, जिन्हें 28 जून को योजना आयोग में भेज दिया गया था। शुक्ला ने बताया कि सेंसरशिप मशीनरी तेजी से अमल में आ रही थी। धवन इस बात से खुश थे कि दिल्ली में सेंसरशिप का कोई मतलब नहीं था। उन्होंने एक बार बिजली सप्लाई को बंद करने का आदेश देकर अखबारों को ठप कर दिया था और हिदायत दी थी कि सप्लाई तब तक दोबारा शुरू न की जाए जब तक उनका आदेश नहीं मिलता।

श्रीमती गांधी घबराई हुई थीं। उन्हें लग रहा था कि यह कहना जल्दबाजी होगी कि सबकुछ ठीक है, लेकिन हर मुख्यमंत्री ने खबर दी कि हालात नियंत्रण में हैं।

दिल्ली की सड़कों पर भय का माहौल था। जन संघ के स्वयंसेवकों ने समूहों

में गिरफ्तारी दी, और कुछ घटनाएँ भी हुई थीं। लेकिन बाहर जनजीवन सामान्य था। 'द स्टेट्समैन' ने प्रतिभावान फोटोग्राफर रघु राय की एक तसवीर छापी, जिसने सबकुछ कह दिया। इसमें दिखाया गया था कि एक आदमी साइकिल को धक्का दे रहा था, जिस पर दो बच्चे सवार थे और एक महिला उनके पीछे चल रही थी। उन सभी को सैकड़ों पुलिसवालों ने घेर रखा था। कैप्शन में लिखा था कि चाँदनी चौक में जनजीवन सामान्य है (एक सीधे-सादे सेंसर ने इसे पास कर दिया था, अगले दिन उसका तबादला कर दिया गया)।

मीसा आदेश की साइक्लोस्टाइल की गई प्रतियाँ यू.पी. के अनेक जिला मजिस्ट्रेटों के काफी काम आईं। उन्होंने सादे फॉर्म पर अपने दस्तखत किए और बाकी का काम पुलिस पर छोड़ दिया। पुराने खुफिया दस्तावेजों के आधार पर पहले से ही तैयार की जा चुकी लिस्ट के मुताबिक गिरफ्तारियाँ की गईं। इसमें तब कोई आश्चर्य नहीं हुआ, जब पुलिस ने आगरा में एक ऐसे व्यक्ति की गिरफ्तारी के लिए रेड डाली, जो 1968 में मर चुका था।

प्रेस को कुचल दिया गया था। साप्ताहिक 'पाञ्चजन्य', दैनिक 'तरुण भारत', और हिंदी मासिक पत्रिका 'राष्ट्रधर्म', जो जन संघ समूह के हिंदी प्रकाशन का हिस्सा थे, को बंद कर दिया गया। बिना किसी सर्च वारंट या किसी सक्षम अधिकारी के आदेश के एक पुलिस पार्टी इन अखबारों के परिसर में दाखिल हुई, प्रेस के कर्मचारियों को धक्के मारकर बाहर निकाला और सारी पत्रिकाओं का प्रकाशन बंद करने के लिए प्रेस पर ताला लगा दिया। इन अखबारों के प्रकाशक, राष्ट्रधर्म प्रकाशन को लखनऊ में वकील मिलना मुश्किल हो गया। वकील डरे हुए थे। जो तैयार होता, उसे भारत के रक्षा नियम के तहत गिरफ्तार कर लिया जाता था।

शुरुआत में, पंजाब में अकालियों पर कोई काररवाई नहीं हुई। उम्मीद थी कि वे जन संघ के खिलाफ सरकार के पक्ष में आ जाएँगे, क्योंकि हिंदू-सिख के मुद्दे पर दोनों अलग-अलग थे। लेकिन सरकार यह भूल गई थी कि उनके बीच जो भी मदभेद थे, वे पिछले कुछ बरसों में भुला दिए गए थे। जे.पी. जब लुधियाना आए थे, तब अकालियों ने अभूतपूर्व ढंग से पाँच लाख लोगों को इकट्ठा किया, जिससे कि वे विपक्ष के करीब आ गए थे। किसी भी सूरत में, जन संघ से चिढ़ के मुकाबले सरकार की तानाशाही का खतरा कहीं ज्यादा था।

पंजाब में अखबारों पर पुलिस का हमला जालंधर तक सीमित रहा, लेकिन वह बेहद कठोर था। ट्रेनों की सुविधाजनक टाइमिंग के कारण अधिकांश उर्दू और पंजाबी अखबार आधी रात तक छप जाते थे। पुलिस ने देर रात के संस्करण समेत सारे संस्करणों की प्रतियों को तबाह कर दिया। पंजाब पुलिस को केंद्र शासित प्रदेश चंडीगढ़ स्थित

'द ट्रिब्यून' के दफ्तर भेजा गया। बेशक इसके लिए नई दिल्ली से आदेश आया था, क्योंकि किसी केंद्र शासित प्रदेश में घुसने के लिए केंद्र की अनुमति आवश्यक थी। चीफ कमिश्नर ने इसका विरोध किया। बाद में धवन ने इस मुद्दे को सुलझाया।

हरियाणा में शासकों के लिए किसी को भी मीसा और डी.आई.आर. के तहत गिरफ्तार करना एक खेल बन गया था। किसी को भी हिरासत में रखने के लिए किसी बहाने की जरूरत नहीं थी, चाहे वह छोटा हो या बड़ा, दुश्मन हो या दोस्त। इमरजेंसी लागू होते ही विपक्षी नेताओं और कार्यकर्ताओं पर सामान्य काररवाई के अलावा, किसी-न-किसी बहाने एक हजार से भी अधिक लोगों को पकड़ा गया था। उनकी हिरासत के दौरान, राजनीतिक कैदियों के साथ अपराधियों जैसा सलूक किया जाता था।

महाराष्ट्र हाई कोर्ट बार एसोसिएशन ने सबसे पहले श्रीमती गांधी के निरंकुश शासन की निंदा की। ऑल इंडिया बार एसोसिएशन के अध्यक्ष राम जेठमलानी ने उनकी तुलना मुसोलिनी और हिटलर से की, जबकि वे यह दलील दे रहे थे कि चूँकि सुप्रीम कोर्ट ने उन्हें स्टे दिया है, जिसका सम्मान किया जाना चाहिए।

अन्य कई राज्यों के बार एसोसिएशन ने भी ऐसा ही किया, लेकिन किसी कारणवश, पश्चिम बंगाल बार एसोसिएशन चुप था।

गुजरात इमरजेंसी के कोप से बच गया, क्योंकि वहाँ यूनाइटेड फ्रंट की सरकार थी। मुख्यमंत्री बाबूभाई पटेल रेडियो पर बोलना चाहते थे। केंद्र ने उन्हें इसकी इजाजत नहीं दी। इमरजेंसी को लेकर वह पहला टकराव था। केंद्र ने राज्यों को निर्देश दिए कि जन संघ तथा अन्य राजनीतिक दल के नेताओं को पकड़ा जाए। बाबूभाई ने यह आदेश नहीं माना, और जब उन्होंने उन नेताओं को गिरफ्तार किया तो डी.आई.आर. के तहत जो किसी गिरफ्तार किए गए व्यक्ति को जमानत पर रिहा होने की इजाजत देता था, यह रियायत मीसा के कैदियों को नहीं मिलती थी।

बाबूभाई ने एक इंटरव्यू में कहा था कि वे सुनिश्चित करेंगे कि नागरिक स्वतंत्रता निर्बाध बनी रहे और वे बैठकों तथा जुलूसों पर प्रतिबंध नहीं लगाएँगे।

पूरे राज्य में, खासतौर पर बड़े शहरों में प्रदर्शन हुए। नागरिकों को काले बैज पहनने, घरों पर काले झंडे फहराने तथा दरवाजे पर भारतीय संविधान की प्रस्तावना चिपकाने के लिए उत्साहित किया गया, जिनमें मानवाधिकारों पर जोर था।

लोगों के प्रदर्शनों में मौन जुलूस, छात्रों के जुलूस, भूख हड़ताल तथा सार्वजनिक स्थलों पर धरना शामिल थे। यह राज्य धीरे-धीरे पूरे भारत से आनेवाले श्रीमती गांधी के आलोचकों का आश्रय बन गया।

नवनिर्माण छात्र नेताओं को संभवत: खामियाजा भुगतना पड़ता, अगर उन्हें बचाने के लिए विपक्ष की सरकार नहीं होती। उन्होंने ही 1974 में चिमनभाई पटेल की सरकार

गिराई थी, जब उन्होंने गुजरात यूनिवर्सिटी में कुलपति के पद पर अपने उम्मीदवार ईश्वरभाई पटेल को बिठा दिया था। उन्होंने शिक्षकों के प्रतिनिधि को हरा दिया था, जो उस समय गुजरात में नवनिर्माण आंदोलन की आत्मा थे।

वहाँ की सरकार ने सेंसरशिप का विरोध किया, और अन्य राज्यों के उलट, सूचना के राज्य निदेशक को प्रमुख सेंसर नियुक्त नहीं किया। लेकिन अहमदाबाद में कॉलेज के शिक्षकों का प्रदर्शन हुआ और विधानसभा में इस विषय पर पूरे दिन चर्चा हुई। यह स्पष्ट नहीं था कि सूचना निदेशक सरकार की सलाह पर काम कर रहा था या नहीं, लेकिन उसने मीडियाकर्मियों से कहा कि वे सदन में उस दिन चली काररवाई की रिपोर्टिंग न करें।

कुछ दिनों बाद, केंद्र सरकार ने स्थानीय प्रेस सूचना आयोग (पी.आई.बी.) के प्रमुख को चीफ सेंसर नियुक्त किया, और उसने अखबारों में उन खबरों को छपने से नहीं रोका, जो राज्य सरकार के लिए अपमानजनक थीं। हालाँकि वह इमरजेंसी या केंद्र सरकार से जुड़ी खबरों को पूरी तत्परता से दबा देता था।

तमिलनाडु ने प्रेस सेंसरशिप का विरोध किया। हालाँकि, एम. करुणानिधि के नेतृत्व वाली द्रविड़ मुनेत्र कड़गम (डी.एम.के.) सरकार ने उस नीति का खुलकर विरोध नहीं किया और कहा कि वह दिल्ली के उन निर्देशों का पालन करेगी, जो हमें स्वीकार्य हों। अनधिकारिक तौर पर डी.एम.के. इमरजेंसी के खिलाफ थी।

पश्चिम बंगाल में, मंत्रियों से लेकर सिपाहियों तक, सभी को निजी या राजनीतिक दुश्मनी निकालने के लिए इमरजेंसी की शक्तियाँ उपयोगी लगीं। आनंद बाजार पत्रिका के दो पत्रकार, गौरीकिशोर घोषण और बरुण सेनगुप्ता, को गिरफ्तार कर लिया गया, क्योंकि वे मुख्यमंत्री की आलोचना किया करते थे। घोष ने एक बंगाली बुकलेट, कालीकाता में मुख्यमंत्री की आलोचना राजनीतिक आधारों पर की थी, लेकिन सेनगुप्ता का हमला निजी स्तर पर था। मीसा के अंतर्गत उनकी गिरफ्तारी के आदेश जारी किए गए। घोष को आसानी से गिरफ्तार कर लिया गया, लेकिन सेनगुप्ता पश्चिम बंगाल से भागकर दिल्ली चले आए और काफी समय तक संजय के संरक्षण में दिल्ली में रहे। यह श्रीमती गांधी के बेटे और मुख्यमंत्री के बीच तनावपूर्ण संबंधों का संकेत था। लेकिन पुलिस ने उन्हें आखिरकार गिरफ्तार कर लिया और जेल में उनके साथ दुर्व्यवहार किया, जिसका प्रमुख कारण उनके निजी हमले को लेकर मुख्यमंत्री का गुस्सा था।

प्रजा सोशलिस्ट पार्टी के नेता अशोक दासगुप्ता को हथकड़ियों में ही चार घंटे के पेरोल पर उनकी बीमार माँ से मिलवाने ले जाया गया था। उनके इस विरोध का पुलिस पर कोई असर नहीं हुआ, जब उन्होंने कहा कि वे एक राजनीतिक कैदी हैं और अपने बेटे को हथकड़ियों में देखकर एक माँ को दुःख होगा। ऐसा लग रहा था कि उच्च्च स्तर से इमरजेंसी के कैदियों से सख्ती से निपटने के संकेत थे। जब भी उन्हें बाहर ले जाया

जाए तो उन्हें बेड़ियों में रखने के निर्देश थे। तमाम विरोध प्रदर्शनों के बाद राजनीतिक कैदियों को मिली रियायतें इमरजेंसी के दौरान समाप्त कर दी गई थीं।

कांग्रेस (ओ) नेता राज कृष्ण को जिला प्रशासन की ओर से निजी बस मालिकों को अधिक किराया वसूलने की इजाजत देने का विरोध करने के लिए गिरफ्तार किया गया था। ऊर्जा और सिंचाई मंत्री ए.बी.ए. गनी खान चौधरी को उनके मालदा जिला में मीसा मंत्री के नाम से जाना जाता था। वे जिसे भी पसंद नहीं करते, उसे मीसा के तहत गिरफ्तार करने की धमकी दे दिया करते थे।

प्रेस सेंसरशिप का इस्तेमाल पार्टी और निजी हितों के लिए किया गया। ऐसी अनगिनत खबरें थीं कि कांग्रेस नेताओं के बयान महज इस कारण नहीं छापे जा रहे थे, क्योंकि वे सूचना मंत्री सुब्रत मुखर्जी के अनुकूल नहीं थे। सेंसरों को साफ तौर पर बता दिया गया था कि मंत्रीजी के ग्रुप के खिलाफ कोई रिपोर्ट नहीं छपनी चाहिए।

बिहार में इमरजेंसी के युग में अनेक क्षत्रपों का उदय हुआ। वे जो कहते थे वही कानून हुआ करता था। कुछ क्षत्रप गैंगस्टर की तरह रहते थे। कुछ के लिए सर्किट हाउस और डाक बँगला के कमरे आरक्षित रहते थे, जहाँ वे रँगरेलियाँ मनाते थे। जिलों में वे जिला मजिस्ट्रेटों से भी अधिक शक्तिशाली थे। उनका फरमान जैसे मुख्यमंत्री का फरमान था, और अधिकारियों के सामने कानून के मुताबिक चलने की कोई गुंजाइश नहीं थी।

प्रत्येक नियम शासन में बैठे समूहों या क्षत्रपों के निजी हितों के मुताबिक तोड़-मरोड़ दिए जाते थे। जमींदारों को केवल तभी भूमि सुधारों का शिकार बनाया जाता था, जब उनमें विपक्षी दलों की ओर झुकाव देखा जाता था या कांग्रेस को लेकर विरोध नजर आता था।

पूरा सरकारी तंत्र मुख्यमंत्री की छवि बनाने में जोर-शोर से जुटा था। सेंसर की पैनी नजर थी कि कुछ भी उनके खिलाफ न छपे। सेंसरशिप का मतलब था, ऐसी किसी भी घटना की खबर दबा देना, जिससे सरकार या सत्ताधारी कांग्रेस पार्टी की फजीहत हो। बिहार के पूर्णिया और मुंगेर समेत कुछ अन्य जगहों पर हुए दंगे की खबर नहीं छपी। भागलपुर जेल में बंद कैदियों पर फायरिंग की खबर भी दब गई। वे जेल मैनुअल के अनुसार बुनियादी सुविधाओं की माँग कर रहे थे। गोलियाँ चलाने का बहाना ढूँढ़ रहे पुलिसवालों और वार्डन की ओर से की गई फायरिंग में 12 से भी ज्यादा लोगों की मौत हो गई।

जे.पी. ने इस राज्य को चुना था, जहाँ से वे जमीनी स्तर पर एक ऐसे आंदोलन का सूत्रपात करना चाहते थे, जो पूरे भारत में भ्रष्ट और अलोकतांत्रिक प्रशासन से जंग लड़े। वह जिस संपूर्ण क्रांति का प्रचार कर रहे थे, वह युवाओं और जनता की शक्ति पर आधारित था, जिसमें छात्र संघर्ष समिति और जन संघर्ष समितियों के साथ जनता सरकार

(लोगों की सरकार) की स्थापना प्रशासन के प्रत्येक स्तर पर की जानी थी, जिसकी शुरुआत गाँव के स्तर से की गई थी। इन इकाइयों को राष्ट्रीय प्रशासन के समानांतर स्थापित करने की मंशा नहीं थी, बल्कि वे सरकारी तंत्र पर नजर रखने का काम करते।

चाहे बिहार हो, गुजरात या दिल्ली, पूरे भारत में तौर-तरीका एक जैसा ही था। ताकत का क्रूरता से इस्तेमाल और विरोध की एक चिनगारी का भी कठोरता से दमन किया जा रहा था। हर जगह पुलिस ने विरोधियों को मीसा या डी.आई.आर. (आडवाणी को गिरफ्तारी के आठ घंटे बाद आदेश की प्रति दी गई) के अंतर्गत उठाया, चाहे वारंट हो या नहीं।

बड़े पैमाने पर गिरफ्तारियों से लेकर प्रेस को कुचलने तक की जो भी योजना बनाई गई थी, उसे कुशलता और तेजी के साथ लागू किया गया था। यह तख्तापलट रक्तहीन था। पूरे भारत में लोगों को धड़ल्ले से गिरफ्तार किया जा रहा था। गिरफ्तारी वारंट में बस इतना ही लिखा जाता था कि फलाँ-फलाँ को सार्वजनिक हित में गिरफ्तार किया जा रहा है। उन्हें न तो किसी कानून के तहत किए गए किसी अपराध का आरोपी बताया जाता था, न ही कोर्ट में उनकी पेशी की जाती थी। अधिकांश राज्यों में, एक आदर्श प्राथमिकी (एफ.आई.आर.), वह दस्तावेज जिसके आधार पर गिरफ्तारी की जाती थी, को साइक्लोस्टाइल कर जिले के पुलिस थानों में भेज दिया जाता था, ताकि जहाँ जरूरत पड़े उन्हें भर लिया जाए।

इसी प्रकार विदेशी पत्रकारों के निष्कासन का आदेश भी टाइप कर तैयार कर लिया गया था। बांग्लादेश संकट के दौरान पाकिस्तानी शासन के अत्याचारों को उजागर करनेवाले 'लंदन टाइम्स' के पीटर हेजलहर्स्ट, 'न्यूजवीक' के लोरेन जेनकिंस और लंदन डेली टेलीग्राफ के पीटर गिल, उनमें शामिल थे, जिन्हें गृह मंत्रालय के संयुक्त सचिव एस.एस. सिद्धू के दस्तखत वाले आदेश मिले थे। उनमें लिखा था, राष्ट्रपति का आदेश है कि वे भारत में नहीं रह सकते हैं, उन्हें 24 घंटे के भीतर देश से निकाल दिया जाएगा, जिसके बाद वे भारत में दाखिल नहीं होंगे। जेनकिंस ने लिखा था, फ्रांको के स्पेन से लेकर माओ के चीन तक 10 वर्षों की अवधि में खबरें देने के दौरान मैंने कभी इतने कठोर और व्यापक सेंसरशिप के कदमों को नहीं देखा है। निकाले जाने का तरीका एक जैसा था। दरवाजे पर पुलिस दस्तक देती थी, आदेश थमाए जाते थे, उनके कागजातों की छानबीन होती थी और एक घंटे के भीतर पुलिस चली जाती थी।

बाहरी देशों के लोग पत्रकारों के निष्कासन पर दंग थे। हालाँकि, कई लोगों ने यह कहकर इसे सही ठहराया कि भारत कभी एक लोकतंत्र नहीं रहा है और ब्रिटिश संसदीय व्यवस्था भारतीयों की सोच के मुताबिक नहीं है। यह सोच सरपरस्तों वाली थी, लेकिन बिना मुकदमा चलाए लोगों को कैद में रखने तथा प्रेस को अभूतपूर्व ढंग से कुचले जाने को लेकर सचमुच एक चिंता जाहिर की जा रही थी।

यदि देश में सबकुछ उम्मीद के मुताबिक चल रहा था, तो बाहरी देशों में उसकी प्रतिक्रिया भी उम्मीद के अनुसार ही थी। जैसा कि माना जा रहा था, पश्चिमी देश इस बात से भौचक्के थे कि श्रीमती गांधी ने यह क्या कर दिया। बेटी ने उसकी हत्या कर दी थी, जिसे उनके पिता ने जन्म दिया था।

लेकिन किसी विदेशी सरकार ने आधिकारिक रूप से कुछ भी नहीं कहा। वे कहते थे कि यह एक आंतरिक मामला है। नई दिल्ली इसकी काफी सराहना करता था, हालाँकि पश्चिमी प्रेस और अनेक निजी नागरिकों और समूहों की कड़ी आलोचना पर आक्रोश भरी प्रतिक्रिया देता था।

अमेरिकी राष्ट्रपति फोर्ड ने अपने भारत दौरे को अनिश्चित काल के लिए टाल दिया। बेशक इसका दबाव हमारे देश के अंदर से ही था। वॉशिंगटन में नई दिल्ली के राजदूत त्रिलोकी नाथ कौल ने बताया कि फोर्ड का कार्यक्रम बहुत व्यस्त है। लेकिन अमेरिकी अधिकारियों ने यह मानते हुए कि कार्यक्रम व्यस्त है, यह भी कहा कि भारत में राजनीतिक अनिश्चितता के कारण यह तय किया गया है कि दौरा अभी नहीं होगा।

कुछ दिन बाद फोर्ड ने कहा, ''मुझे लगता है यह बेहद दुःखद है कि 60 करोड़ लोगों ने वह खो दिया है, जो उनके पास 1940 के दशक के मध्य से था। मैं उम्मीद करता हूँ कि लोकतांत्रिक प्रक्रियाएँ फिर से स्थापित होंगी, जिस रूप में हम यहाँ अमेरिका में देखते हैं। यह टिप्पणी चीन के उनके दौरे से पहले की गई थी। ऐसे में सरकार को कटाक्ष करने का अवसर मिल गया। अशिष्ट और तानाशाह रवैए वाले मोहम्मद यूनुस को प्रधानमंत्री का विशेष दूत नियुक्त किया गया था। उन्होंने विदेशी पत्रकारों से कहा कि यह बड़ा दिलचस्प है कि फोर्ड ने यह टिप्पणी एक कम्युनिस्ट देश के दौरे से पहले की है।

वॉशिंगटन में *इंडियंस फॉर डेमोक्रेसी* नाम का एक संघ बनाया गया और 30 जून को भारतीय दूतावास के बाहर एक प्रदर्शन किया गया। कार्यकारी राजदूत गोंजालविस ने 1200 भारतीयों के दस्तखत वाले आवेदन को लेने से इनकार कर दिया। इसकी बजाय उन्होंने प्रदर्शनकारियों को पाकिस्तानी और चीनी एजेंट करार दिया।

अमेरिकी मजदूर संगठनों, ए.एफ.एल.-सी.आई.ओ. ने कहा, ''भारत एक पुलिस राज्य बन गया है, जहाँ लोकतंत्र को कुचल दिया गया है।'' उसने अमेरिकी सरकार से कहा कि भारत में लोकतंत्र की बहाली तक सारी मदद और सहयोग रोक दी जाए।

भारत के साथ भावनात्मक संबंध रखनेवाला इंग्लैंड भयभीत था। वैसे भी, भारत ने ब्रिटिश संसदीय व्यवस्था को ही अपनाया था। प्रेस की आजादी को समाप्त कर दिए जाने का दुःख और भी ज्यादा था। लंदन ने विरोध जताने के लिए प्रिंस चार्ल्स का भारत दौरा रद्द कर दिया। बी.बी.सी., जिसका दफ्तर नई दिल्ली में पहले भी एक बार बंद कर दिया गया था, उसने अपना कवरेज बढ़ा दिया। बी.बी.सी. के माध्यम से ही भारत

के अधिकांश लोगों को, यहाँ तक कि जो जेल में बंद थे उन्हें भी, पूरे इमरजेंसी के दौरान अपने देश की खबरें मिला करती थीं। बाद में, उसके जाने-माने और सबके साथ घुलने-मिलनेवाले संवाददाता, मार्क टुली को नई दिल्ली के इस दबाव पर देश छोड़ना पड़ा कि बी.बी.सी. को भारत में खबरों पर सेंसरशिप को स्वीकार करना चाहिए।

हालाँकि सोवियत संघ और पूर्वी यूरोप के देशों का रुख इंदिरा गांधी को लेकर अनुकूल था। *प्रवदा* ने देखा कि इमरजेंसी के सकारात्मक नतीजे मिले हैं। अखबार ने कहा, ''लोकतांत्रिक शक्तियाँ सरकार की ओर से दक्षिणपंथी नेताओं को गिरफ्तार किए जाने को सही ठहराती हैं। सेंसरशिप लागू करने से एकाधिकार रखनेवाले प्रेस को सरकार-विरोधी मुहिम चलाने और भड़काने से रोका जा सकेगा।''

हमेशा की तरह चीन आलोचना कर रहा था, लेकिन वह इमरजेंसी के खिलाफ बोलने की बजाय नई दिल्ली को नीचा दिखाने पर तुला था।

जुल्फिकार अली भुट्टो ने चुनाव में भ्रष्टाचार पर श्रीमती गांधी को दोषी ठहराए जाने पर संतोष जताया था। बाद में, उन्होंने एक अखबार से कहा था कि इस उपमहाद्वीप के दूसरे हिस्सों में हाल की घटनाओं से लगता है कि उथल-पुथल भरे इस क्षेत्र में पाकिस्तान एक स्थिर देश है।

गुटनिरपेक्ष देशों ने इमरजेंसी की व्याख्या एक आंदोलन के रूप में की, जो अनिवार्य रूप से लोकतांत्रिक व्यवस्था से एक बदले हुए कमांड सिस्टम में तब्दील हो गया। यह इस बात का एक और प्रमाण था कि लोकतांत्रिक विकास के मॉडल तथाकथित विकासशील देशों के लिए अनुपयुक्त हैं।

श्रीमती गांधी ने सीधे तौर पर पश्चिमी देशों के खिलाफ कुछ भी नहीं कहा, लेकिन उनका गुस्सा स्पष्ट था। वे बोलीं कि उनका रवैया भारत के खिलाफ पक्षपातपूर्ण है। किसी देश का नाम लिये बिना उन्होंने पश्चिमी ताकतों और पश्चिमी प्रेस पर तीखा हमला बोला और कहा कि वे अलोकतांत्रिक सरकारों को बढ़ावा देते हैं और हमें लोकतंत्र का पाठ पढ़ाने की कोशिश कर रहे हैं। उन्होंने अप्रत्यक्ष रूप से अमेरिका पर लोकतंत्र के गुणगान का ढोंग करने का आरोप लगाया, जबकि वह लैटिन अमेरिका तथा अन्यत्र लगातार विभिन्न प्रकार की तानाशाही का समर्थन कर रहा है। श्रीमती गांधी ने पश्चिम की सरकारों और पश्चिमी प्रेस को एक साथ जोड़ दिया, मानो वे एक ही हों और आरोप लगाया कि विदेशी ताकतें भारत के भूमिगतों को बढ़ावा दे रही हैं।

वे बार-बार कहा करती थीं कि जो देश भारत की आलोचना कर रहे हैं, वे वही हैं जिन्होंने पाकिस्तान में जनरल याहया खान के सैन्य शासन और बांग्लादेश में उनकी ओर से किए जानेवाले दमन का समर्थन किया था। वे ही देश चीन के करीब आने के लिए एक-दूसरे से होड़ लगा रहे हैं। ''हमें उपदेश देने की बजाय ये देश अपने आपको देखें।''

प्रतिकूल खबरें छापनेवाले विदेशी अखबारों के प्रवेश पर रोक लगा दी गई। शुक्ला के अधीन सेंसरशिप को देश में और सख्त कर दिया गया।

प्रेस के लिए दिशानिर्देश[17] जारी कर दिए गए थे और अफवाहों, किसी भी भारतीय या विदेशी अखबार में छपी आपत्तिजनक खबर को छापने तथा ऐसे किसी भी लेख को छापने की सख्त मनाही थी, जो सरकार के खिलाफ विपक्ष को भड़का सकता था। ऐसे सभी कार्टूनों, तसवीरों और विज्ञापनों को पहले सेंसरशिप के लिए सौंपना पड़ता था, जो सेंसरशिप के दायरे में आते थे।

अधिकारियों को न्यूज एजेंसियों के दफ्तरों में तैनात कर दिया गया था, ताकि वे आपत्तिजनक खबरों को उनके स्रोत पर ही दबा दें। विदेशी न्यूज एजेंसियों की आनेवाली कॉपी की जाँच की जाती थी और सोवियत संघ जैसे दोस्ताना देशों के प्रतिकूल कुछ मिलता तो उसे रोक दिया जाता था। जे.पी. का *एवरीमैन* और *प्रजानीति*, जॉर्ज फर्नांडिस के *प्रतिपक्ष* और पीलू मोदी के *मार्च ऑफ इंडिया* को प्रकाशन रोकना पड़ा। जन संघ के *मदरलैंड* और *ऑर्गनाइजर* पर पाबंदी लगा दी गई, उनके दफ्तरों पर ताला लगा दिया गया।

शुक्ला ने संजय को भरोसा दिया था कि वे पत्रकारों को ठीक कर देंगे, गुजराल की तरह नहीं, जो ऐसा करने में नाकाम रहे थे। उन्होंने दिल्ली के संपादकों की एक बैठक बुलाई और उन्हें कड़े शब्दों में कह दिया कि सरकार कभी बकवास बरदाश्त नहीं करेगी। यह सरकार रहेगी और राज करेगी।

उन्होंने मुझसे कहा कि किसी संपादकीय, लेख या कहीं और खाली जगह को भी (यह तरीका अंग्रेजी राज में सेंसरशिप का विरोध करने के लिए भारतीय अखबार आमतौर पर अपनाते थे) विरोध माना जाएगा। उनमें से अधिकांश भयभीत थे, लेकिन किसी ने विरोध नहीं किया। इससे भी भयंकर बात यह थी कि उनमें से कुछ लोग थे, जिन्होंने सेंसरशिप का समर्थन किया और सरकार की तारीफ इस हद तक की कि शुक्ला की जगह कोई भी होता तो झेंप गया होता।

प्रेस को बस डराया-धमकाया गया, पुचकारने की जरूरत नहीं समझी गई। और यह तय करने के लिए कि सबकुछ अच्छी तरह से लागू किया जाए, शुक्ला भारतीय पुलिस सेवा (आई.पी.एस.) के के.एन. प्रसाद को अपना दाहिना हाथ या कहें कि चाबुक बनाकर अपने मंत्रालय में लेकर आए। उन्होंने फोन पर सेंसरों को आदेश देने का नया तरीका निकाला। सेंसर उनके आदेश के बाद अखबारों को फोन घुमा देते थे।

लेकिन 29 जून को लगभग सौ पत्रकार, जिनमें कुछ संपादक भी शामिल थे, प्रेस क्लब ऑफ इंडिया में मिले और सेंसरशिप लागू करने का विरोध किया व सरकार से उसे हटाने की अपील की। उन्होंने जालंधर में हिंद समाचार के जगत् नारा और दिल्ली में मदरलैंड के एम.आर. मलकानी को रिहा किए जाने की अपील की, जिन्हें

गिरफ्तार कर लिया गया था। मैंने प्रस्ताव[18] की प्रतियाँ राष्ट्रपति, प्रधानमंत्री और सूचना मंत्री को भेज दीं।

बेशक, विदेशी संवाददाताओं को उनकी खबरों के लिए गिरफ्तार नहीं किया जा सकता था, लेकिन उन्हें देश से निकाला जा सकता था। सबसे पहले निकाले जानेवालों में 'द वॉशिंगटन पोस्ट' के लेविस एम. सिमंस शामिल थे, जिन्होंने 'संजय गांधी ऐंड हिज मदर' नाम से एक लेख लिखा था। उन्होंने लिखा था, "प्रधानमंत्री इंदिरा गांधी, जो भारत के लिए बेहद गंभीर संकट के समय में अपने सबसे करीबी कैबिनेट के सहयोगियों पर भी भरोसा नहीं कर रही थीं, ने बड़े राजनीतिक फैसलों के लिए अपने विवादास्पद छोटे बेटे का रुख किया।" कई महीने पहले एक परिवार के दोस्त ने संजय और श्रीमती गांधी के साथ डिनर किया था। उसने बताया कि बेटे को उनकी माँ के चेहरे पर छह तमाचे जड़ते देखा था और वे कुछ भी नहीं कर सकीं। उस दोस्त ने कहा, "वे बस वहाँ खड़ी रहीं और उसे सह लिया। वे उससे बहुत ज्यादा डरती थीं।"

संजय उनके सारे फैसले किया करते थे। पार्टी या सरकार में उनके पास कोई पद नहीं था, लेकिन वे दोनों में ही बॉस थे। देश का सारा प्रशासनिक ताम-झाम उनकी मर्जी से चलता था। पी.एम. हाउस से काम करते हुए, वे कैबिनेट मंत्रियों, मुख्यमंत्रियों और आला नौकरशाहों को आदेश देते थे, और वे भी उनका पालन करते थे। कई बार जब वे श्रीमती गांधी से कोई चर्चा करना चाहते थे तो वे भी उन्हें कह देती थीं, संजय से बात कर लो। और वे अपनी मर्जी से उन्हें निर्देश दिया करते थे।

लेकिन संजय उन्हें लगभग हमेशा बता दिया करते थे कि वे क्या कर रहे हैं और उन्होंने क्या आदेश दिए हैं। इमरजेंसी के शुरुआती दिनों में हर रात संजय और उनके लोग बंसी लाल, ओम मेहता, शुक्ला और धवन प्रधानमंत्री आवास पर हालात का जायजा लेने के लिए मिलते थे। तब तक उनके साथ एक और शख्स आ गया था—यूनुस[19]। पहले दिन वह इस समूह से अलग घर के चारों ओर घूमता रहा। कुछ समय के लिए उसे अंदरूनी परिषद् से बाहर रखा गया। वे लंबे समय से नेहरू परिवार से जुड़े थे और नेहरू ने उन्हें राजदूत बनाया था। उनका मानना था कि श्रीमती गांधी की सारी समस्याओं की जड़ में हक्सर थे।

इस इमरजेंसी काउंसिल की बैठक में, जिसमें श्रीमती गांधी भी शामिल रहती थीं, खुफिया ब्यूरो की रिपोर्ट, रॉ की समीक्षा, धवन की ओर से फोन पर मुख्यमंत्रियों से जुटाई गई जानकारी, और उस समूह के सदस्यों की ओर से जुटाई गई खबरों पर चर्चा हुआ करती थी। उनके सामने विदेशी संवाददातों द्वारा भेजे जानेवाले डिस्पैच की कॉपियाँ भी होती थीं, जिन्हें संचार सेवा के जरिए भेजा जाता था।

यहाँ यह तय किया गया था कि किस मंत्रालय या राज्य को और किस अधिकारी को

आदेश भेजे जाने हैं। यह काफी हद तक युद्ध के दौरान बननेवाले ऑपरेशन रूम की तरह था, और श्रीमती गांधी भले ही वहाँ मौजूद रहती थीं, चीफ ऑफ ऑपरेशंस संजय ही थे।

धवन और ओम मेहता के बीच संबंध अकसर तनावपूर्ण ही रहते थे, क्योंकि प्रधानमंत्री के निजी सचिव मेहता के गृह मंत्रालय में दखलअंदाजी करते रहते थे। कभी-कभी धवन अपनी मर्जी से दिल्ली के उपराज्यपाल किशन चंद और दिल्ली के डी.आई.जी. भीम, जिन्हें ओम मेहता और गृह सचिव खुराना के विरोध के बावजूद आउट ऑफ टर्न प्रमोशन दिया गया था, के जरिए काम किया करते थे। दोनों गुटों के बीच तलवारें खिंची रहती थीं, खासतौर पर दिल्ली में काररवाई को लेकर। दोनों के मतभेदों को संजय ही दूर किया करते थे, उन्हें अलग-अलग काम देते थे।

श्रीमती गांधी को अपने बेटे और उसके लोगों पर पूरा भरोसा था। वे उनमें एक ऐसे आदमी को देखती थीं, जिसने उस वक्त काररवाई कर उन्हें बचाया, जब वे डगमगाने लगी थीं। अपने नाना के विपरीत, संजय उद्धारक नहीं थे। वे अपने भाग्य को लेकर निश्चित थे। वे अपनी तकदीर खुद बनानेवाले व्यक्ति थे। वे उन्हें कुछ ज्यादा ही फैसले लेने का मौका देती थीं और ऐसा केवल बड़े मामलों में ही नहीं होता था। यहाँ तक कि अफसरों की नियुक्ति और तबादले, स्वामिभक्तों को प्रमोशन, और जो नहीं थे उन्हें सजा यह सब संजय ही तय किया करते थे। कभी-कभी किसी महत्त्वपूर्ण पद पर तैनाती से पहले वे उस अफसर का इंटरव्यू लिया करते थे। उनके अंदर उन लोगों को लेकर एक अविश्वास था, जो लंबे समय से उनकी माँ की सेवा करते आ रहे थे, खासतौर पर दक्षिण और पूर्व कश्मीर के लोगों को लेकर।

संजय उत्तर भारत के लोगों को पसंद किया करते थे, विशेष रूप से पंजाबियों को। उन्हें लगता था कि वे उनके लिए करने या मरने के लिए तैयार रहेंगे या फिर कम-से-कम दूसरों को मरने देंगे। जैसे-जैसे दिन बीते, वह कश्मीरी ग्रुप, जो उनकी माँ के समय प्रभावशाली था, की जगह एक पंजाबी ग्रुप ने ले ली। लेकिन वह अब एक ग्रुप भर नहीं रह गया था। वह माफिया बन चुका था।

उनकी योजना को उनके भरोसेमंद लोग अमल में ला रहे थे और अब वे ऑपरेशन इमरजेंसी के अन्य हिस्सों को लागू करना चाहते थे। राष्ट्रपति के दस्तखत से जारी विधिवत् आदेश द्वारा पेचों को कसा जा रहा था। भारतीय तथा विदेशी नागरिकों द्वारा अपने मौलिक अधिकारों की रक्षा के लिए अपील के अधिकार को निरस्त कर दिया गया। एक और आदेश के अंतर्गत मीसा को और सख्त कर दिया गया था। अब उसके तहत पकड़े गए व्यक्ति को या कोर्ट को उसकी गिरफ्तारी का कारण बताए बिना ही जेल में रखा जा सकता था। अपील की कोई गुंजाइश ही नहीं थी।

श्रीमती गांधी ने दावा किया कि वे संविधान के दायरे में काम कर रही हैं और अपने कदमों को सही ठहराने के लिए लोकतंत्र की रक्षा की दलील दी। हालाँकि शासन

कितना ही निरंकुश क्यों न हो, लोकतंत्र का मुखौटा लगाए रहना जरूरी था। जैसा कि जॉर्ज ऑरवेल ने कहा था, ''यह बात आमतौर पर महसूस की जाती है कि जब हम किसी देश को लोकतांत्रिक कहते हैं, तब हम उसकी प्रशंसा करते हैं, इसी प्रकार सभी प्रकार के शासन वाले तानाशाह दावा करते हैं कि वे एक लोकतंत्र हैं।''

प्रेस सेंसरशिप लागू करने, मौलिक अधिकारों को निरस्त करने, और सैकड़ों लोगों को बिना मुकदमा चलाए बंदी बना लेने के बाद श्रीमती गांधी कह सकती थीं कि भारत केवल ऑरवेल की 'न्यूजस्पीक' के शब्दों में एक लोकतंत्र था, जिसमें युद्ध के मंत्रालय को शांति का मंत्रालय कहा जाता है।

अंतरराष्ट्रीय प्रेस इंस्टीट्यूट ने श्रीमती गांधी से सेंसरशिप हटा लेने की अपील की, जो दुनिया की नजर में सिर्फ भारत की छवि को कलंकित कर सकता था।

सोशलिस्ट इंटरनेशनल ने 15 जुलाई को एक प्रतिनिधिमंडल भेजने का निर्णय लिया, जिसमें पश्चिमी जर्मनी के पूर्व चांसलर विली ब्रांट तथा आयरिश पोस्ट और टेलीग्राफ मंत्री कॉनर क्रूज ओ ब्रायन शामिल थे। यह प्रतिनिधिमंडल जे.पी. से वहाँ जाकर मिलनेवाला था, जहाँ उन्हें रखा गया था। लेकिन नई दिल्ली ने इस आधार पर अनुमति देने से इनकार कर दिया कि यह भारत के आंतरिक मामलों में घोर हस्तक्षेप होगा। जवाब में सोशलिस्ट इंटरनेशनल ने कहा, ''भारत में जो कुछ हो रहा है, उससे सारे समाजवादियों को एक व्यक्तिगत त्रासदी का अनुभव करना चाहिए।''

पश्चिम में आधिकारिक राय यह थी कि भारत ने हमेशा के लिए लोकतंत्र को खो दिया है, और यह चाहे कितना ही दुखद क्यों न हो, उन्हें इस तथ्य को स्वीकार कर लेना चाहिए और श्रीमती गांधी को नाराज नहीं करना चाहिए। अमेरिकी विदेश मंत्री हेनरी किसिंगर ने विदेश मंत्रालय में इस विषय पर चर्चा की और इस नतीजे पर पहुँचे कि अब नई दिल्ली से बात करना ज़्यादा आसान होगा। बैठक में उनके एक सहायक ने कहा कि श्रीमती गांधी की नीति व्यावहारिक होगी। किसिंगर ने कहा, ''तुम्हारा मतलब है, खरीदे जाने योग्य। किसी ने कहा 'तानाशाह'।''

शायद तब तक भी वे अपने आपको एक तानाशाह के रूप में नहीं देख रही थीं और ऐसा कहे जाने पर अपमानित महसूस करती थीं। और देश में ऐसे कई लोग थे, जिन्हें यकीन नहीं हो रहा था कि नेहरू की बेटी तानाशाह बन सकती है। वे जानते थे कि उन्होंने एक असाधारण परिस्थिति से निपटने के लिए असाधारण शक्तियाँ हासिल कर ली हैं। फिर भी कहते थे कि यह केवल एक अस्थायी दौर होगा।

लेकिन कम-से-कम एक शख्स ऐसा था, जिसने साफ तौर पर कहा कि वे किस दिशा में जा रही थीं। वह जानता था कि श्रीमती गांधी लोकतांत्रिक नहीं हैं और ऐसा कहा भी था। और ऐसा कहने की वजह से ही वह जेल में था।

संदर्भ

1. भारत का निचला सदन
2. आधे घंटे बाद वैकेशन जज कृष्ण अय्यर को फोन मिलाया, लेकिन उन्होंने कुछ बताने से मना कर दिया।
3. पूरी कहानी अनुलग्नक I में देखें।
4. भारत का ऊपरी सदन
5. सिंडिकेट के नाम से मशहूर बुजुर्ग नेताओं ने चह्वाण से कहा था कि वे मोरारजी को प्रधानमंत्री बनने दें, जो तब 1972 में होनेवाले थे।
6. जैसा कि जे.पी. ने 1974 में प्रेस को दिए इंटरव्यू में कहा था।
7. पश्चिम बंगाल का मुख्यमंत्री बनने से पहले वे केंद्र में शिक्षा मंत्री थे।
8. हक्सर कभी प्रधानमंत्री के प्रिय पात्र हुआ करते थे, लेकिन अब योजना आयोग के उपाध्यक्ष पद पर फेंक दिए गए थे, क्योंकि उन्होंने श्रीमती गांधी को संजय और कपूर को बढ़ावा देने से रोकने की कोशिश की थी।
9. गोलकनाथ बनाम पंजाब राज्य केस में कहा गया कि एक मौलिक अधिकार संसद् के दायरे से परे है।
10. एक डॉक्टर ने मुझे बताया था कि नागरवाला के शरीर में किसी प्रकार से हार्ट अटैक के फर्जी लक्षण पैदा किए जा सकते हैं।
11. उसी की कार में संजय एक बार ग्रेजुएट वीमेंस हॉस्टल के बाहर रात को पकड़े गए थे और तब उनका दोष नारंग ने अपने ऊपर लिया था।
12. एस.एस. रे ने 8 जनवरी को श्रीमती गांधी को एक चिट्ठी लिखकर माँग की कि आर.एस.एस. को एक अध्यादेश के जरिए बैन कर दिया जाए।
13. भारत के पूर्व मुख्य न्यायाधीश, एस.एम. सीकरी ने 1972 में अय्यर की नियुक्ति का इस आधार पर विरोध किया था कि वे एक कम्युनिस्ट थे।
14. *अनुच्छेद 19 कहता है, ''सभी नागरिकों को भाषण और अभिव्यक्ति की स्वतंत्रता का अधिकार होगा। शांतिपूर्ण ढंग से और बिना हथियारों के इकट्ठा होने का, संघों या यूनियन के गठन का, भारत की सीमा में कहीं भी स्वतंत्र रूप से घूमने का, संपत्ति अर्जित करने, उसे रखने और बेचने तथा किसी भी व्यवसाय या पेशा को अपनाने, व्यापार या कारोबार की स्वतंत्रता होगी।''*
15. विस्तृत जानकारी के लिए पढ़ें मेरी किताब, *इंडिया : द क्रिटिकल ईयर्स*, विकास, नई दिल्ली, 1971।
16. नेहरू ने 'मॉडर्न रिव्यू ऑफ कलकत्ता' के 5 अक्तूबर, 1937 के अंक में 'राष्ट्रपति जवाहरलाल की जय' शीर्षक से अपना नाम जाहिर किए बिना एक लेख लिखा था।
17. देखें अनुलग्नक II
18. ज्यादा जानकारी मेरी आनेवाली किताब, *इन जेल में*।
19. संजय की शादी उनके ही घर पर हुई थी, और श्रीमती गांधी का परिवार उन्हें बुद्ध चाचा कहता था।

❑

स्याह होता अँधेरा

मैं हमेशा से यह मानता था कि श्रीमती गांधी का लोकतंत्र में कोई विश्वास नहीं है। अपने झुकाव और विश्वास, दोनों से ही वे एक तानाशाह थीं, यह बात जे.पी. ने 22 जुलाई को जेल में अपनी डायरी में लिखी थी।

सिर्फ एक दिन पहले ही उन्होंने इसी तेवर के साथ श्रीमती गांधी को एक लंबी चिट्ठी लिखी थी। उन्होंने कहा था—

कृपया उन बुनियादों को तबाह न करें, जिन्हें राष्ट्र के पिताओं ने, जिसमें आपके पिता भी शामिल हैं, रखा था। आप जिस रास्ते पर चल पड़ी हैं, उस पर संघर्ष और पीड़ा के सिवाय और कुछ नहीं है। आपको एक महान् परंपरा, महान् मूल्य और काम कर रहा लोकतंत्र विरासत में मिला है। जाते-जाते दुःखी कर देनेवाला मलबा छोड़कर मत जाइए। सबको फिर से जोड़ने में काफी समय लग जाएगा। हालाँकि मुझे कोई शक नहीं कि सबकुछ फिर से जुड़ जाएगा। जिन लोगों ने ब्रिटिश साम्राज्य से लोहा लिया और उसे परास्त किया, वे अनिश्चितकाल तक अधिनायकवाद के अपमान और शर्म को स्वीकार नहीं कर सकते हैं। मनुष्य के उत्साह को कभी परास्त नहीं किया जा सकता है, चाहे उसका कितना ही दमन क्यों न कर दिया जाए। व्यक्तिगत तानाशाही कायम करने के लिए आपने इसे बहुत गहराई में दफन कर दिया है। लेकिन यह कब्र से भी उठ खड़ा होगा। यहाँ तक कि रूस में भी यह धीरे-धीरे बाहर आ रहा है।

आपने सामाजिक लोकतंत्र की बात की है। उन शब्दों को सुनकर दिमाग में कितनी सुंदर तसवीर उभरती है। लेकिन आपने पूर्वी और मध्य यूरोप में देखा है कि हकीकत कितनी बदसूरत है! बेशर्म तानाशाही और खुलकर कहें तो रूसी आधिपत्य। प्लीज, प्लीज भारत को उस बदकिस्मती की ओर मत धकेलिए।

गिरफ्तारी के बाद जे.पी. को पहले सोना ले जाया गया और बाद में तबीयत बिगड़ने के कारण दिल्ली के अखिल भारतीय आयुर्विज्ञान संस्थान (एम्स) लाया गया। जल्दी ही यह साफ हो गया कि उन्हें लंबे समय के लिए अस्पताल में भर्ती करना पड़ेगा। लेकिन

दिल्ली इसके लिए सही जगह नहीं थी। यहाँ अफवाहों का बाजार शुरू से ही गरम रहता था। पहले ही यह सबको पता चल चुका था कि जे.पी. एम्स में हैं, और बाहर उनके समर्थकों को देखा जा सकता था।

उन्हें किसी दूसरी जगह पर ले जाने की बातें हो रही थीं। उनकी हिरासत के लिए चंडीगढ़ के पोस्ट ग्रेजुएट इंस्टीट्यूट (पी.जी.आई.) को चुना गया था। बंसी लाल ने अपने चुने हुए पुलिसवालों को गार्ड के तौर पर उपलब्ध करा दिया था। जे.पी. को निकल भागने नहीं दिया जा सकता था, जैसा कि उन्होंने भारत छोड़ो आंदोलन के दौरान 1942 में किया था।

जे.पी. को चंडीगढ़ ले जाए जाने से पहले श्रीमती गांधी ने सोचा कि उन्हें यह दिखा दिया जाए कि दिल्ली कितनी शांत है। भले ही जिस इनसान ने इसी शहर में हजारों लोगों को अपनी बैठकों के लिए इकट्ठा कर लिया था, लेकिन उसने गलती से समझ लिया था कि वह लोगों का प्रतिनिधित्व करता है, और अब हिरासत में है। उन्होंने पुलिस से कहा कि वह उन्हें पूरे शहर में घुमाए और यह दिखाए कि जिन लोगों ने उस अत्याचार के खिलाफ संघर्ष करने का वचन दिया था, उन्होंने विरोध में एक उँगली तक नहीं उठाई थी। उन्हें एक सड़क से दूसरी सड़क पर गाड़ी से घुमाया गया। सचमुच ऐसा लग रहा था कि इस शहर को इसकी कोई परवाह नहीं थी कि लोगों ने क्या खो दिया है।

वे यह सोचकर रहे थे कि अपने ड्राइंग रूम में सुरक्षा और सुकून के साथ बैठी देवियाँ और सज्जन क्या कह रहे हैं, जो उनसे कहा करते थे कि इस देश के लिए वे एकमात्र उम्मीद हैं। क्या वे उन्हें कोस रहे थे कि उनके कारण ही ऐसी भयानक कयामत आई है? शायद वे कह रहे होंगे कि श्रीमती गांधी को इतना परेशान कर दिया गया कि वे कुछ और कर भी नहीं सकती थीं। अब उनकी एक उम्मीद यही थी कि कम-से-कम कुछ लोग, खासतौर पर युवा, उनके प्रति निजी तौर पर न सही, कम-से उस मकसद के साथ हों, जिसका प्रतिनिधित्व वे कर रहे थे। भारत अपनी कब्र से जरूर निकलेगा, चाहे कितना ही वक्त क्यों न लग जाए!

बेशक, निजी तौर पर कुछ लोग जे.पी. पर बिना पर्याप्त तैयारी आंदोलन शुरू कर देने का दोष मढ़ रहे थे। कुछ ने उनकी काररवाई की तुलना नेहरू से की, जब अक्तूबर 1962 में उन्होंने सार्वजनिक तौर पर कहा था कि उन्होंने सेना से कह दिया कि वह चीनियों को भारत की जमीन से निकाल बाहर करे। उनका कहना था कि दोनों ही मामलों में तबाही मची थी।

एक तरफ जहाँ जे.पी. की दुनिया उजड़ गई थी, वहीं श्रीमती गांधी ने 1 जुलाई को उस दुनिया का खाका पेश किया, जिसे वे हकीकत में देखना चाहती थीं। उन्होंने अपने मंत्रियों से प्राप्त 150 सुझावों में से 20 बिंदुओं (मूल रूप में 21) को चुना था। इन बिंदुओं के चुनाव पर बहुत सोच-विचार नहीं किया गया था। उन्होंने चुनते समय

बस यह देखा कि लोगों के लिए समझना आसान होना चाहिए और जो बताने में अच्छा लगे। हालाँकि कई बिंदु निस्संदेह रूप से सराहनीय थे और कोई भी उन्हें गलत नहीं ठहरा सकता।

ये बीस बिंदु थे—

1. अनिवार्य वस्तुओं की कीमतें कम करना और उनके उत्पादन तथा वितरण को चुस्त-दुरुस्त करना।
2. सरकारी खर्च कम करना।
3. कृषि भूमि की हदबंदी को लागू करना और अतिरिक्त भूमि के वितरण में तेजी लाना तथा भू-अभिलेखों का संकलन।
4. भूमिहीनों और गरीब तबके को मकान के लिए जमीन दिलाना।
5. बँधुआ मजदूरी को अवैध घोषित करना।
6. ग्रामीण ऋणग्रस्तता के परिसमापन की योजना बनाना और भूमिहीन मजदूरों, छोटे किसानों तथा कारीगरों से ऋण वसूली पर रोक।
7. न्यूनतम कृषि मजदूरी के कानूनों की समीक्षा।
8. पचास लाख हेक्टेयर अतिरिक्त भूमि को सिंचाई के अंतर्गत लाना तथा भूजल के प्रयोग के लिए राष्ट्रीय कार्यक्रम बनाना।
9. ऊर्जा का उत्पादन बढ़ाना।
10. हैंडलूम सेक्टर को विकसित करना तथा जनता के लिए कपड़े की गुणवत्ता और आपूर्ति में सुधार।
11. शहरी और शहरीकृत किए जाने के लायक जमीन पर समाजीकरण और खाली जमीन पर स्वामित्व तथा कब्जे की हदबंदी।
12. प्रत्यक्ष उपभोग के आकलन और कर चोरी को रोकने के लिए विशेष स्क्वाड रखना तथा आर्थिक अपराधियों पर संक्षिप्त सुनवाई और कठोर दंड के प्रावधान।
13. तस्करों की संपत्तियों की जब्ती के लिए विशेष कानून।
14. निवेश की प्रक्रियाओं को उदार बनाना तथा आयात लाइसेंसों के दुरुपयोग के खिलाफ काररवाई करना।
15. औद्योगिक क्षेत्र में श्रमिक संघों के लिए नई योजनाएँ।
16. सड़क परिवहन के लिए राष्ट्रीय परमिट की योजनाएँ।
17. मध्यम वर्ग के लिए आयकर में रियायत छूट की सीमा रु. 8,000 तय की गई।
18. हॉस्टल में रहनेवाले छात्रों को नियंत्रित मूल्य पर अनिवार्य वस्तुएँ।

19. किताबें और स्टेशनरी भी उचित मूल्य पर।
20. रोजगार और प्रशिक्षण का दायरा बढ़ाने के लिए अपरेंटिसशिप स्कीम, विशेष रूप से कमजोर तबके के लिए।

कुछ ही महीने पहले उन्होंने दिल्ली के करीब नरोरा में ऐसा ही एक प्रयास किया था। उन्होंने सभी मुख्यमंत्रियों और कैबिनेट मंत्रियों के साथ-साथ प्रदेश कांग्रेस अध्यक्षों को बुलाया था और उनसे कहा था कि जे.पी. के सैलाब को गरीबों के लिए उन्नति के कदमों को उठाकर रोकें। उस समय उन्होंने जे.पी. के साथ मतभेदों को उस संघर्ष के रूप में बताया था, जो उन स्वार्थी तत्त्वों से है, जो हमारे समाज को सामाजिक न्याय और आर्थिक आत्मनिर्भरता की ओर बढ़ने से रोक रहे हैं, जबकि मेहनत कर रही जनता उस सामाजिक तथा आर्थिक लाभ को और बढ़ाने में जुटी है तथा चुने हुए रास्ते पर आगे बढ़ रही है।

श्रीमती गांधी अकसर अपने राजनीतिक हमलों को आर्थिक कारणों के आवरण से छिपा लिया करती थीं। ऐसा ही उन्होंने 1969 में किया था जब कांग्रेस का विभाजन हुआ था और 1971 में मध्यावधि चुनाव के दौरान और उन्हें कामयाबी भी मिली थी। लोग हमेशा यही सोचते थे कि उनका कठोर नियंत्रण सत्ता में बने रहने के लिए नहीं, बल्कि देश की आर्थिक भलाई के लिए है। इस बार भी वे यही सोच रही थीं कि उनका बीस-सूत्री कार्यक्रम सत्ता में बने रहने की उनकी चाल को छिपा लेगा। और ऐसा दिखा मानो वे कुछ समय तक कामयाब हो रही थीं।

बीस-सूत्री कार्यक्रम मीडिया और तमाम सरकारी, गैर-सरकारी चर्चाओं में छाया रहा। हर तरफ होर्डिंग और पोस्टर लग गए, जिनमें उन बिंदुओं की सूची थी, साथ में उनकी बड़ी तसवीर भी थी। होर्डिंग जितनी बड़ी होती, उतने ही लोगों की नजर उस पर पड़ती। यह तब तक चलता रहा, जब तक कि स्वयं उन्होंने इन्हें हटाने का आदेश नहीं दे दिया, क्योंकि उनके करीबी दोस्तों ने बताया कि वे उन होर्डिंग्स में बनी पेंटिंग में भयंकर दिखती हैं।

बीस-सूत्री कार्यक्रम के मुताबिक काम करना या कम-से-कम वैसा करते दिखना, हर किसी का कर्तव्य था। दिल्ली प्रशासन ने सभी दुकानदारों और व्यापारियों को स्टॉक की लिस्ट और उनकी कीमतें दरशाने का आदेश दिया। उन्हें लगभग हर सामान की कीमत का टैग लगाना पड़ता था। अधिकारियों ने इस आदेश को उन दुकानदारों के खिलाफ काररवाई का हथियार बना लिया, जो कांग्रेस पार्टी को और फिर आगे चलकर युवा कांग्रेस के फंड में पैसे नहीं देते थे या जो सरकार के इशारों पर काम नहीं करते थे।

संजय ने प्राइस टैग वाले आदेश का इस्तेमाल हक्सर से हिसाब चुकता करने के लिए भी किया, जो कभी-कभी उनके खिलाफ श्रीमती गांधी के कान भरा करते थे। हक्सर के 80 वर्षीय चाचा कनॉट प्लेस में पंडित ब्रदर्स के नाम से एक डिपार्टमेंट स्टोर चलाया करते

थे। उन्हें किसी मामूली चीज पर प्राइस टैग न लगाने के आरोप में हिरासत में ले लिया गया और तीन दिनों तक जेल में रखा गया। एक स्थानीय सी.पी.आई. नेता अरुणा आसफ अली ने श्रीमती गांधी की खुशामद की, तब जाकर हक्सर के चाचा को रिहा किया गया।

यह हक्सर की निष्ठा का ही सबूत था कि इस समय भी श्रीमती गांधी की सरकार के प्रति उन्होंने अटूट स्वामिभक्ति दिखाई। इस घटना से पूरी दिल्ली हिल गई थी। लेकिन संजय या फिर उस सरकार के काम करने का यही तरीका था, जिससे वह लोगों को आतंक में डाल देती थी। इतने सारे गलत काम किए गए कि श्रीमती गांधी ने अपनी ही एक शैली बना ली। वे इन सारी घटनाओं से बेखबर होने की दलील दिया करती थीं, जबकि उन्हें ज्यादातर मामलों की खबर पहले से ही रहती थी कि उनका बेटा और उसके खास लोग क्या करनेवाले हैं।

चीनी और कपड़ा उद्योगों के राष्ट्रीयकरण के प्रस्ताव की चर्चा चारों ओर हो रही थी। श्रीमती गांधी ने एक बयान जारी कर साफ किया कि उद्योगों के राष्ट्रीयकरण या कठोर नियंत्रणकारी कदम उठाने का सरकार का कोई इरादा नहीं है।

श्रीमती गांधी ने यह भी कहा कि मीसा का इस्तेमाल तस्करों को पकड़ने के लिए किया जाएगा। बेशक, उनकी गतिविधि दुनिया भर में फैली थी। उनके मुख्यालय दुबई में थे। बैंकों और बीमा कंपनियों ने वहाँ अपने दफ्तर खोल रखे थे ताकि तस्करी और उससे जुड़े जोखिम की भरपाई की जा सके। समुद्र, जमीन और हवा के रास्ते परिवहन का एक व्यापक नेटवर्क बन गया था। गुजरात से लेकर केरल तक के लंबे तट पर चिह्नित जगह थी, जहाँ तस्करी के सामानों को रिसीव किया जाता था और फिर देश के अनेक केंद्रों के उपभोक्ताओं तक पहुँचाया जाता था। मद्रास स्मगलरों का एक बड़ा केंद्र था, जबकि बैंगलोर उनके मिलने-जुलने और नोट्स के मिलान का सुरक्षित ठिकाना था। उनके अपने ही गोदाम, बाजार, वायरलेस थे तथा आचार संहिता भी थी। काले धन के कारोबारियों से स्मगलरों का सीधा संपर्क था।

स्मगलरों के खिलाफ अभियान सराहनीय कदम था। लेकिन श्रीमती गांधी ने स्वयं सितंबर 1974 में एक मंत्री के.आर. गणेश को हटा दिया था, जो बहुत अच्छा काम कर रहे थे। उनका कहना है कि अनेक नामी स्मगलरों के किसी-न-किसी बड़ी राजनीतिक हस्ती से संबंध थे और उनमें से कुछ ने श्रीमती गांधी और उनके मुख्यमंत्रियों के साथ फोटो भी खिंचवा रखी थी। पीछे लौटते हुए वे कहते हैं, अनुपूरक अनुदानों की माँग पर चर्चा के दौरान, समाजवादी सांसद, मधु लिमये ने बड़े स्मलगरों के नामों का खुलासा करने को कहा। तब तक देर शाम का वक्त हो रहा था। कुछ ही सदस्य मौजूद थे। मैं खड़ा हो गया। अचानक प्रधानमंत्री सदन में आ गईं। मैंने अपना जवाब बीच में ही रोक दिया।

कुछ दिनों बाद यह प्रश्न फिर से सदन में उठा और तस्करों के नाम बताने की

लगातार माँग की जा रही थी। मैंने तीन नाम सामने रख दिए बखिया, यूसुफ पटेल और हाजी मस्तान।

बाद में प्रधानमंत्री के एक करीबी ने मुझसे कहा कि मुझे उन लोगों के नाम इस तरह से नहीं रखने चाहिए थे। आप अंदाजा लगा सकते हैं कि स्मगलर कितने ताकतवर हो गए थे! कुछ दिनों बाद, तस्करी-विरोधी अभियान चरम पर था, तब प्रधानमंत्री की ओर से मेरे पास चार लाइन वाली एक चिट्ठी आई, और मेरा ध्यान एक शिकायत की तरफ खींचा गया था, जिसमें अहमदाबाद के किसी व्यक्ति ने कहा था कि मंत्रीजी एक विदेशी (सिगरेट) लाइटर का इस्तेमाल करते हैं।

प्रधानमंत्री ने जितनी तत्परता से मेरे पास अहमदाबाद के किसी व्यक्ति की शिकायत भेजी थी, वह अगर कहूँ तो बड़ी हैरान करनेवाली थी। मैं उसका मतलब समझ गया था।

इससे मुझे इंदिरा गांधी की वह फटकार याद आई, जब उन्होंने कहा था कि हर कोई साबित करना चाहता है कि वह कितना बेदाग और निर्दोष है, केवल मैं भ्रष्ट हूँ। आखिर पार्टी ऐसे कैसे चल सकती है?

उस वक्त श्रीमती गांधी की चाहे जो मजबूरियाँ रही हों, अब तस्करों के खिलाफ काररवाई पूरी कठोरता से की जा रही थी। अच्छा-खासा काला धन भी निकला और अनेक व्यापारियों को आर्थिक अपराधों के लिए मीसा के अंतर्गत पकड़ा गया। लेकिन सारे काले धन के कारोबारी नहीं पकड़े गए, खासकर जो बड़े थे। और अब यह भेद सब जान चुके थे कि कैसे अनेक कांग्रेसियों ने आर्थिक अपराधियों को पेरोल पर छुड़वाकर, अफसरों को ट्रांसफर और प्रमोशन दिलाकर तथा व्यापारियों को ठेके दिलाकर दौलत कमाई।

बीस-सूत्री कार्यक्रम शासक वर्ग के लिए एक राजनीतिक नारा भी था। वादों का कोई अंत नहीं था—आत्मनिर्भरता, गरीबों की बेहतरी, भूमि सुधार वगैरह-वगैरह। सारे राजनीतिक दलों ने उनकी कसम खाई, लेकिन अमल में लाना और ही बात थी। उदाहरण के लिए, भूमि सुधार लंबे समय से नियम पुस्तिका में था, लेकिन केरल के सिवाय, जहाँ सी.पी.एम. और बाद में सी.पी.आई. की साझा सरकार थी, किसी ने भी उन्हें लागू करने का प्रयास नहीं किया। एक दशक (1964-74) के दौरान गरीबी रेखा के नीचे जानेवालों की तादाद 48 प्रतिशत से 66 प्रतिशत हो गई। कृषि व्यवस्था में छोटे-बड़े की स्थिति वैसी ही थी, जमींदार ऊपर थे और कामी (श्रमिक) नीचे। अमीरों और गरीबों के बीच अंतर बढ़ गया था और कहीं ज्यादा बढ़ता जा रहा था।

नए कार्यक्रम में नया कुछ भी नहीं था। एक राज्य ने कहा कि हमें पैसा दे दीजिए और सबकुछ हो जाएगा। महज भाषण देने का क्या फायदा। और तमिलनाडु की टिप्पणी अनोखी थी, उस राज्य ने 20 में से 19 बिंदुओं को पहले ही लागू कर दिया था। अन्य

राज्य भी इस तरह के दावे करने में पीछे नहीं थे, लेकिन डी.एम.के. शासन से यह सब सुनना श्रीमती गांधी के लिए ढिठाई और बहुत बुरा था।

यह कार्यक्रम एक प्रलोभन था। श्रीमती गांधी ने चाबुक भी थाम रखा था। भारत सरकार ने 4 जुलाई को 26 राजनीतिक संगठनों पर प्रतिबंध लगा दिया। इनमें से चार ही थे, जिनका कुछ महत्त्व था। वे थे राष्ट्रीय स्वयंसेवक संघ, जो एक अतिवादी हिंदू पुनरुत्थान संगठन था, जमात-ए-इसलामी, जो एक मुसलिम धार्मिक संगठन था, और आनंद मार्ग, जो कट्टरपंथी हिंदुओं का एक संगठन था तथा चौथा संगठन नक्सलवादियों (चरम वामपंथियों) का था। उन पर आंतरिक सुरक्षा, सार्वजनिक सुरक्षा और कानून-व्यवस्था को चुनौती देनेवाली गतिविधियों में शामिल रहने का आरोप लगाया गया। अगस्त को अलगाववादी मिजो नेशनल फ्रंट को भी प्रतिबंधित संगठनों में शामिल कर लिया गया।

गृहमंत्री ने कहा कि प्रतिबंधित संगठनों में से कुछ दल सांप्रदायिक थे। लेकिन कुछ वर्ष पहले कानून मंत्री की ही टिप्पणी थी कि इस प्रकार की सांप्रदायिकता को कानूनी तौर पर परिभाषित नहीं किया जा सकता है। फिर यह सोचा गया कि सांप्रदायिकता से राजनीतिक तौर पर ही लड़ा जाएगा, लेकिन उसके बाद नीति स्पष्ट रूप से बदल गई। ऐसे लोग जिन्हें सांप्रदायिकता के आरोप का यकीन नहीं दिलाया जा सकता था, उनके लिए यह कहा गया कि उनके संबंध विदेशी ताकतों से थे।

राजनीतिक दलों पर प्रतिबंध लगाने के बाद सरकार के लिए अंधाधुंध गिरफ्तारियाँ करना आसान हो गया। ऐसे लोगों को उठाया गया, जिनका आर.एस.एस. या जमात से कोई लेना-देना नहीं था, या जो कई वर्षों पहले ही निष्क्रिय हो चुके थे।

नई दिल्ली के साथ एक समझौते के बाद जम्मू-कश्मीर में सरकार चला रहे शेख अब्दुल्लाह इमरजेंसी लगाए जाने के खिलाफ थे। बतौर मुख्यमंत्री, वे या तो यह सफाई देते थे कि जम्मू-कश्मीर में इसे इस कारण लागू करना पड़ा, क्योंकि यह भारत का हिस्सा है या वे यह कहते थे कि संविधान में इमरजेंसी लगाने का प्रावधान मौजूद है।

30 सितंबर को मेरे साथ एक इंटरव्यू में उन्होंने कहा कि दोनों पक्षों को आपस में बातचीत कर लोकतंत्र को सही रास्ते पर ले आना चाहिए। हालाँकि, अकेले में वे एक व्यक्ति के शासन की बात करते हुए उसकी निंदा करते थे। उन्होंने विपक्ष की आलोचना भी की और कहा कि बिना तैयारी के वह बहुत आगे बढ़ गया।

शेख ने जहाँ अवैध घोषित किए गए संगठनों के नेताओं को गिरफ्तार किया, वहीं उनमें से कई को कुछ समय बाद पेरोल पर छोड़ दिया। प्रतिबंधित संगठनों की ओर से चलाए जा रहे शैक्षणिक संस्थानों को भी बंद कर दिया गया।

एक सांध्य दैनिक *वाडले-कश्मीर* को इमरजेंसी के दौरान बैन कर दिया गया था।

सेंसरशिप लगभग स्वतंत्र रूप से काम कर रही थी। इस हद तक कि केंद्र सरकार का सेंसर जब-तब राज्य सरकार को कुछ अखबारों की चूक से आगाह करता रहता था।

अब्दुल्लाह पर श्रीमती गांधी के कुछ करीबी लोगों ने दबाव बनाया कि वे जे.पी. की निंदा करें, लेकिन उन्होंने पूरी ताकत से इनकार कर दिया। एक बार उन्होंने इसका जिक्र एक सार्वजनिक सभा में भी किया, लेकिन दिल्ली में सेंसर ने उनके भाषण की रिपोर्ट छपने ही नहीं दी।

श्रीमती गांधी आर.एस.एस. सदस्यों से बदला लेने को बेताब थीं। उस वक्त तक हुई गिरफ्तारियों में केवल कुछ को ही पकड़ा गया था। वहीं पाबंदी का भी कोई असर नहीं हुआ था। अधिकांश कैडर भूमिगत हो गए और कुछ हद तक उस विरोध को संगठित करने में सहायता भी की, जिससे लोगों के मन में उम्मीद बनी रही कि एक दिन इस सरकार को उखाड़ फेंका जा सकता है।

भूमिगत होनेवालों को संगठित होने में थोड़ा वक्त लगा। उनके दो समूह थे, एक का नेतृत्व समाजवादी नेता जॉर्ज फर्नांडिस कर रहे थे, और दूसरे का जन संघ नेता नानाजी देशमुख। दोनों के बीच तालमेल सीमित था, लेकिन सीमित शब्द कहने भर को ही था। उनमें से हर एक अपने दम पर तथाकथित भारतीय-रूसी फासीवादी एक्सिस के खिलाफ असहयोग आंदोलन शुरू करने के निर्देश दे रहा था। एक आठ पेज का साइक्लोस्टाइल किया गया पेपर इस निर्देश के साथ फैलाया जा रहा था, पढ़ो और दूसरों को भी पढ़वाओ। इसने सारे राजनीतिक समुदायों के नेताओं से आपसी मतभेदों को भूलकर एकजुट होने और भारत में लोकतंत्र को फिर से स्थापित करने के लिए संघर्ष करने का आह्वान किया। उसने विपक्ष को चेतावनी दी, वैचारिक तंज कसने या हस्तियों के बीच टकराव का वक्त नहीं है। हमारा सिर्फ एक लक्ष्य है और फासीवाद को हराना है तथा तमाम मौलिक स्वतंत्रता और बहुलतावादी राजनीतिक संस्थानों वाले लोकतंत्र की फिर से स्थापना करना है। भूमिगत दस्तावेज ने मॉस्को के साथ दिल्ली के करीबी रिश्ते की कड़े शब्दों में आलोचना की, वे रूसी जिन्होंने भारत में फासीवादी व्यवस्था का सबसे पहले स्वागत किया, उनका भारत को एक दीन-हीन राष्ट्र बनाए रखने में अपना हित है, और श्रीमती गांधी ने उस लक्ष्य को कठोरतम कुशलता से प्राप्त किया है।

भूमिगतों ने एक गुप्त रेडियो स्टेशन की स्थापना का वादा किया और कहा गया कि उसका ट्रांसमीटर किसी यूरोपीय देश में है। लेकिन वह रेडियो स्टेशन कभी अस्तित्व में नहीं आया।

जॉर्ज फर्नांडिस के कुछ बयान एक परचे के जरिए बाहर आए, जिसे भूमिगत लेख के रूप में गुपचुप तरीके से प्रकाशित और वितरित कर फैलाया गया। उसमें एक

कानाफूसी अभियान चलाने, हड़तालों और बंद का सुझाव दिया गया था, जिससे कि सरकार को पंगु बना दिया जाए। साथ ही पुलिस और सशस्त्र बलों के सदस्यों से भी दोस्ती गाँठने का उपाय सुझाया गया था। उन्होंने कहा था कि वे संविधान को कलंकित किए जाने, एक फासीवादी तानशाही व्यवस्था को थोपे जाने, देश में कानून को समाप्त किए जाने के भागीदार नहीं बनना चाहते हैं।

नानाजी ने शांतिपूर्ण विरोध के लिए परचे बाँटनेवाली छोटी-छोटी टीमों के गठन और नारेबाजी करनेवाले अभियानों की हिमायत की।

भूमिगत गतिविधियाँ भले ही सीमित थीं, लेकिन उन्होंने पुलिस को चौकन्ना और श्रीमती गांधी को चिंता में डाले रखा। जे.पी. के सचिव राधाकृष्णन ने विभिन्न राज्यों का दौरा कर उन तमाम समूहों को एकजुट किया, जो सत्याग्रह की शुरुआत करना चाहते थे, और इस प्रकार इन गतिविधियों का संयोजन किया। लेकिन जमीन पर कोई भी असर दिखता, इससे पहले ही उन्हें गिरफ्तार कर लिया गया। दक्षिणी दिल्ली की एक कॉलोनी में अचानक डाली गई रेड में नानाजी की गिरफ्तारी से सबसे बड़ा धक्का लगा। उन्होंने ऑपरेशन टेकओवर चला रखा था, लेकिन उनके उत्तराधिकारी, रविंद्र वर्मा ने, जो कांग्रेस (ओ) के लीडर थे, ने इसे आफताब (सूर्य) नाम दिया।

अब तक 60,000 लोग गिरफ्तार किए जा चुके थे। गिरफ्तार किए जानेवालों में जयपुर की राजमाता गायत्री देवी और ग्वालियर की राजमाता शामिल थीं। दोनों को दिल्ली के तिहाड़ जेल में एक वार्ड में रखा गया, जिसके साथ वाले वार्ड में मैं बंद था। गायत्री देवी[1] के खिलाफ विदेशी मुद्रा के संबंध में झूठ बोलने का आरोप था। दोनों को महिला वार्ड में रखा गया था, जहाँ वेश्याएँ और महिला अपराधी भी थीं। गायत्री देवी ने बाद में उनके बारे में बताया था कि वे, जहाँ-तहाँ घूमती रहती थीं। ऐसा लगता था जैसे झगड़ालू महिलाओं के साथ किसी बाजार में रह रही हों। फ्रांस से मेरे एक मित्र ने चिट्ठी लिखकर पूछा था कि मुझे तोहफे में क्या चाहिए, तब मैंने कहा था कि मोम की ऐसी चीज, जिससे मैं अपने कान बंद कर सकूँ।

पंजाब में अकालियों ने 9 जुलाई से को मोर्चा (सत्याग्रह) शुरू किया, जिसके तहत अमृतसर में पाँच सिखों ने गिरफ्तारी दी। इमरजेंसी लगाए जाने तथा लोकतंत्र का गला घोंटे जाने के खिलाफ यह मोर्चा इमरजेंसी के समाप्त होने तक चलता रहा। लगभग 45,000 सिखों ने गिरफ्तारी दी और प्रकाश सिंह बादल व गुरचरणसिंह तोहड़ा समेत प्रमुख अकाली नेताओं को मीसा के तहत बंद कर दिया गया। यह बड़ा अजीब सा था कि श्रीमती गांधी को लगा कि खराब इंतजामों की वजह से यह आंदोलन तेज हुआ, और इस वजह से वे राज्य के मुख्यमंत्री जैल सिंह से भी नाराज थीं।

अन्य जगहों पर, लोग अपने शुरुआती सदमे और अविश्वास की भावना से बाहर

निकल रहे थे। काफी हद तक प्रेस ने तौर-तरीके सीख लिये थे। और विरोध की हलचल होने लगी थी। मुझे 26 जुलाई को गिरफ्तार[2] किया गया था।

पंजाब के पूर्व गवर्नर और मुख्यमंत्री भीमसेन सच्चर समेत आठ गांधीवादियों को गिरफ्तार कर लिया गया। उन्होंने प्रेस सेंसरशिप हटाने और व्यक्ति की स्वतंत्रता और गरिमा को कायम रखने की माँग की थी। उन्होंने 7 अगस्त को सत्याग्रह शुरू करने की धमकी भी दी थी, और कहा था कि चाहे हमारे साथ कुछ भी हो जाए, हम अभिव्यक्ति की आजादी और सार्वजनिक तौर पर इकट्ठा होने तथा प्रेस की आजादी, सरकार की ओर से असाधारण शक्तियाँ अपने हाथों में लेने की खूबी-खामी पर चर्चा करेंगे।

लेकिन ऐसी घटनाएँ विरले ही दिखती थीं। विरोध धीरे-धीरे कम होता जा रहा था। कुछ लोगों के अंदर गुस्सा उबल रहा होगा, लेकिन सरकार की खुलकर आलोचना करने की हिम्मत कोई नहीं करता था। लोग डरे हुए थे।

कुछ ने दलील दी, ''हमें कुछ भी करने के लिए एक मास्टर की जरूरत रही है। पहले मुगल थे, फिर ब्रिटिश आए। अब हमारे पास श्रीमती गांधी हैं। भला इतनी बुरी चीज हैं क्या ये ?''

धवन को इस प्रतिक्रिया पर आश्चर्य नहीं हुआ। उन्होंने देर रात होनेवाली ग्रुप की मीटिंग में कहा था, ''जब तक आप उनके आराम और नौकरी में खलल नहीं डालोगे, तब तक वे ठीक रहेंगे और सबसे बुरी पाबंदी को भी सही ठहराएँगे।''

समाज को सुविधाभोगी बनाने, उसे भयानक उपभोक्तावाद की ओर ले जाने में शैक्षिणक और बौद्धिक जगत् के साथ ही पेशेवर लोग नौकरशाही, कारोबार और उद्योग से पीछे नहीं थे।

देश में जब चारों ओर दशहत थी, तब संसद् का सत्र बुलाने के लिए समय बिल्कुल सही था। श्रीमती गांधी ने सोचा कि इससे उनकी स्थिति और मजबूत होगी। संसद् इमरजेंसी का समर्थन करेगी, और भारत तथा विदेश में उसे वैधता मिल जाएगी। उन्होंने 21 जुलाई, 1975 को सत्र बुलाने का फैसला किया।

हालाँकि वे नहीं चाहती थीं कि शर्मसार करनेवाले ज्यादा सवाल न पूछे जाएँ। प्रश्नकाल को छोड़ दिया जाए। इमरजेंसी से पहले उन्होंने कई बार अपने कैबिनेट के सहयोगियों से कहा था कि संसद् सत्र की अवधि छोटी कर दी जाए और प्रक्रियाओं में संशोधन किया जाए, ताकि मंत्री और सरकारी विभाग बहस और सवालों को लेकर समय बरबाद करने की बजाय कुछ ठोस काम कर सकें। सरकार ने एक प्रस्ताव पारित किया, जिसमें कहा गया कि केवल तात्कालिक और महत्त्वपूर्ण सरकारी कामकाज को ही उस संसद् सत्र में निपटाया जाए। प्रश्नों, ध्यानाकर्षण प्रस्तावों या निजी सदस्यों से जुड़ी अन्य काररवाइयों की इजाजत न दी जाए।

विपक्षी सदस्यों ने इस प्रस्ताव का विरोध किया। उनमें से ज्यादातर हिरासत में थे। मार्क्सवादी नेता, सोमनाथ चटर्जी ने कहा कि नियमों को एकदम से निरस्त नहीं किया जा सकता है। डी.एम. के. सदस्य इरा सेझियन ने कहा कि सदन के पास काररवाई को नियंत्रित करने की शक्ति थी, लेकिन उसे काररवाई के कुछ नियमों का पालन करना होगा। मोहन धारिया ने कहा कि संसद् को और सोद्देश्य तरीके से चलने देना चाहिए और प्रक्रियाएँ काररवाई के मुताबिक हों, न कि पाबंदी लगानेवाली। एक निर्दलीय सदस्य, राओमो पी. सेकीरा ने कहा कि यह समझ नहीं आ रहा था कि क्यों निजी सदस्यों के विधेयकों को हटा दिया गया था, क्योंकि निजी सदस्यों ने कभी संसद् की काररवाई में बाधा नहीं पहुँचाई थी। उन्होंने कहा कि संसद् कानून बनाने के लिए नहीं मिल रही थी, बल्कि देश के हालात पर चर्चा के लिए बुलाई जा रही थी। इमरजेंसी लागू किए जाने के बाद से सारे विपक्षी दलों के नेताओं को हिरासत में ले लिया गया था। बहुत सारे सांसदों को न केवल हिरासत में लिया गया था बल्कि एक जेल से दूसरे जेल में शिफ्ट कर दिया गया था। यहाँ तक कि सरकार का समर्थन करनेवाली पार्टी सी.पी.आई. के सदस्य इंद्रजीत गुप्ता ने कहा कि यह प्रस्ताव पहले ही पेश हो चुका था, जिसे बाद में सार्वजनिक किया गया।

संसदीय कार्य मंत्री के. रघुरामैया ने जवाब दिया कि प्रश्नकाल को सस्पेंड करनेवाले प्रस्ताव की मंशा संसद् का अपमान करने की नहीं थी। यह उस संयम का प्रतीक था, जिसे सदन ने अपनाया था।

विपक्ष के विरोध के बावजूद, वह प्रस्ताव लोकसभा में 76 मतों के मुकाबले 301 मतों से स्वीकृत हो गया, जबकि राज्यसभा में पक्ष में 147 और विरोध में 32 मत पड़े। इसके बाद दोनों ही सदनों में इमरजेंसी लगाए जाने के प्रस्ताव को अनुमोदन के लिए पेश किया गया।

श्रीमती गांधी ने जगजीवन राम से प्रस्ताव पेश करने को कहा। अंदरूनी खींचतान चाहे कितनी भी क्यों न हो, उनके भाषण में उसकी झलक तक नहीं दिखी। उन्होंने कहा कि 1967 से कुछ राजनीतिक दल सरकार की मान-मर्यादा को ठेस पहुँचाने के लिए लगातार हमले कर रहे हैं और अराजकता का माहौल पैदा कर रहे हैं, जो लोकतंत्र के लिए एक खतरा बन गया था। 1969 का साल देश के इतिहास में एक यादगार साल था। न केवल कांग्रेस, बल्कि पूरे देश ने अपने आपसी मतभेदों को भुलाकर विघटनकारी ताकतों के खिलाफ संघर्ष करने का फैसला किया था। 1971 के आम चुनावों के बाद विपक्ष ने चार विपक्षी दलों का एक साझा मोर्चा खड़ा करने का प्रयास किया और उसके बाद अलग-अलग राज्यों में आगजनी और लूट की घटनाएँ सामने आईं, खासकर गुजरात और बिहार में तथा संघर्ष समितियों का गठन किया गया था, जो विधानसभाओं के चुने हुए सदस्यों को उनके राजनीतिक कामकाज से रोक रही थीं। रेलवे में हड़ताल सरकार

को पंगु बनाने और उसे गद्दी छोड़ने पर मजबूर करने की एक और कोशिश थी। देश की दुर्भाग्यपूर्ण और असाधारण स्थिति को देखते हुए इमरजेंसी लगाना जरूरी हो गया था।

कांग्रेस पार्टी के सारे सदस्यों ने लगभग इसी अंदाज में अपनी बात रखी। लेकिन विपक्ष ने सरकार पर जबरदस्त हमला किया। कुछ विपक्षी नेताओं ने भी भाषण दिए। ये के गोपालन सी.पी.आई. (एम) ने कहा :

अचानक इसे लागू करने का कारण आंतरिक सुरक्षा को कोई वास्तविक खतरा नहीं था, बल्कि इसके पीछे इलाहाबाद हाई कोर्ट का फैसला था और गुजरात चुनाव में कांग्रेस के खिलाफ आया जनादेश था। इस नई इमरजेंसी के अचानक ऐलान से मेरी पार्टी की ओर से पिछले तीन साल से अधिनायकवाद और एक पार्टी की तानाशाही की चेतावनी सच साबित हुई है। इस कदम से संसदीय लोकतंत्र की जगह एक पार्टी की तानाशाही स्थापित कर दी गई है, जिसमें सारी ताकत एक नेता के हाथों में आ गई है। परिस्थिति में आए इस अचानक बदलाव और लोकतंत्र से तानाशाही में रातोरात हुआ परिवर्तन संकट से उबारने और सत्ताधारी दल को सत्ता में बनाए रखना एक तरीका था…

आर.एस.एस. और आनंद मार्ग, जिन्हें सरकार ने अब प्रतिबंधित कर दिया है, सरकार का रवैया अपनी सुविधा के अनुसार समय-समय पर बदल रहा है। 1965 में तत्कालीन प्रधानमंत्री लाल बहादुर शास्त्री ने सिविल गार्ड ड्यूटी के लिए दिल्ली को आर.एस.एस. के हवाले कर दिया था।

इमरजेंसी लागू किए जाने के फौरन बाद सरकार ने जो कदम उठाए, वे दिखाते हैं कि उनके निशाने पर आम लोग थे। जनता के पास मौजूद लोकतांत्रिक अधिकार समाप्त कर दिए गए थे। कानून के सामने समानता तक नहीं बची थी।

इमरजेंसी के आवरण का इस्तेमाल केवल सही प्रतिक्रियावादी दलों के खिलाफ किया जा रहा था। यह बात हजारों सी.पी.आई. (एम) कार्यकर्ताओं की अंधाधुंध गिरफ्तारियों से साबित होती है। लोगों के खिलाफ काररवाई के लिए पुलिस को खुली छूट दे दी गई थी। केरल में अनेक राजनीतिक नेताओं और कार्यकर्ताओं को जेल के भीतर और बाहर पीटा गया। लोगों को आतंकित करने के इस प्रयास की पूरी तरह निंदा की जानी चाहिए।

गिरफ्तारी की तलवार हर एक पर लटक रही थी, जिसने स्वार्थी तत्त्वों के खिलाफ संघर्ष की हिम्मत की और लोकतंत्र का बचाव किया। इन गिरफ्तारियों का मकसद केवल मजदूर संघों और लोकतांत्रिक आंदोलनों को कुचलना था।

जयप्रकाश नारायण के नेतृत्व में चल रहे आंदोलन ने चुनावों में आमना-सामना करने की चुनौती को स्वीकार कर लिया था। ये प्रधानमंत्री ही थीं, जिनका जोश गुजरात में आए जनादेश के बाद ठंडा पड़ गया था। राज्यों की गुटबाजी अब केंद्र तक आ गई थी और यह बात अब जग जाहिर है कि इलाहाबाद के फैसले और सुप्रीम कोर्ट के

बाद कांग्रेस संसदीय दल में ही इंदिरा गांधी के नेतृत्व को एक बहुत बड़ी चुनौती दी जा रही थी। कांग्रेस पार्टी के एकाधिकार और पार्टी तथा सरकार में इंदिरा गांधी के पद को लेकर मिला-जुला खतरा पैदा हो गया था और यही लोकतंत्र को कुचले जाने का तात्कालिक कारण था।

मोहन धारिया (कांग्रेस-ई, निष्कासित) ने कहा—

1975 की 26 जुलाई की वह तारीख, जब इमरजेंसी घोषित की गई थी, जब मेरे सहयोगियों, अनेक राजनीतिक कार्यकर्ताओं और नेताओं को बर्बरता से सलाखों के पीछे डाल दिया गया था, जब प्रेस की आजादी और नागरियों की स्वतंत्रता नौकरशाहों के हाथों सौंप दी गई थी, वह दिन भारतीय लोकतंत्र और हमारे देश के इतिहास का सबसे काला दिन माना जाएगा।

मैं सबसे पहले इस राक्षसी काररवाई की निंदा करता हूँ। मुझे कोई शक नहीं कि इसके लिए प्रधानमंत्री और उनके कुछ सहयोगी जिम्मेदार हैं। मैं पूरी कैबिनेट पर आरोप नहीं लगा रहा, क्योंकि मैं जानता हूँ कि कैबिनेट को भी इसकी जानकारी बाद में दी गई, जबकि ऑपरेशन पहले ही शुरू हो चुका था…

एक सोचा-समझा दुष्प्रचार किया जा रहा है कि विपक्षी दलों के कारण, प्रतिक्रियावादी ताकतों के कारण, अतिवादियों के कारण आर्थिक कार्यक्रम लागू नहीं किए जा सके। क्या यह सच है ? आर्थिक कार्यक्रमों को लागू करना संभव था, जनता को हमारे 1971 और 1972 के भी चुनावी घोषणा-पत्र में भरोसा दिया गया था…

जबरदस्त जनादेश के बाद किसी ने भी हमें उन्हें लागू करने से नहीं रोका। गलती जो हमसे हुई और आज देश के सामने जो परिस्थिति है, उसके जनक हम ही हैं…

जहाँ तक आर्थिक कार्यक्रमों की बात है, यह कहा जा रहा है कि वे प्रधानमंत्री के कार्यक्रम हैं। मैं सत्ताधारी दल का कार्यक्रम समझ सकता हूँ, सरकार का कार्यक्रम भी समझ आता है। लेकिन ये लोग व्यक्ति पूजा की परंपरा क्यों शुरू कर रहे हैं ? यह देश में तानाशाही शुरू करने का भी एक तरीका है। हमें इसे भूलना नहीं चाहिए।

आज देश में स्थिति बिल्कुल स्पष्ट है। विपक्षी दलों के पूरी तरह से एकजुट हो जाने और केवल एक महागठबंधन भर न रह जाने के कारण, सत्ताधारी दल के लिए परिस्थितियाँ अचानक बदल गई हैं। गुजरात के चुनावों ने काफी हद तक साबित किया है कि लोकतांत्रिक चुनावों में श्रीमती गांधी के लिए पैसा, सत्ता और व्यक्तिगत प्रतिष्ठा से सत्ता हासिल करना या उसे बनाए रखना संभव नहीं होगा। बैठकों और रैलियों के जरिए स्वामिभक्ति का जबरदस्त प्रदर्शन किया गया और लोगों को यह समझाने की कोशिश की गई कि श्रीमती गांधी का प्रधानमंत्री बने रहना अत्यंत आवश्यक है, ताकि इलाहाबाद हाई कोर्ट में दाखिल की जानेवाली अर्जी में उसका सार बताया जा सके।

सुप्रीम कोर्ट के फैसले की परवाह किए बिना ही खुलकर कह दिया गया—"इंडिया इंदिरा है और इंदिरा ही इंडिया हैं…"

इरा सेझियन (ओएमके) ने कहा—

मैं देशद्रोही नहीं हूँ। मैं इसी देश की हूँ। पिछले 13 या 14 वर्षों से आप लोगों में से ही एक हूँ। अपनी थोड़ी-बहुत क्षमता के साथ, इस पक्ष के सदस्य की हैसियत से मैंने इस सदन के चलने और हमारे संसदीय लोकतंत्र के कार्य करने में सहायता की है। अकसर हम आपसे सहमत नहीं होंगे, लेकिन हम सब इस बात पर सहमत थे कि इस देश में और इस सदन में लोकतंत्र रहना चाहिए। आज वह माहौल कहाँ चला गया? हम एक-दूसरे के खिलाफ क्यों हो गए, आमने-सामने आ गए हैं जिससे कि आप हमें देशद्रोही कह रहे हैं और हमारी तुलना राष्ट्र विरोधियों से की जा रही है? सर, दो वर्ग बन गए हैं। जो इमरजेंसी का समर्थन कर रहे हैं, उन्हें आर्थिक कार्यक्रमों का समर्थक माना जा रहा है, जो इमरजेंसी का समर्थन नहीं कर रहे, उनकी तुलना आर्थिक कार्यक्रम के विरोधियों से की जा रही है। मैं बीस-सूत्री कार्यक्रम की सारी बातों का समर्थन करती हूँ और आप चाहें तो मैं उसमें एक या दो बातें और जोड़ सकती हूँ…

जब बैंकों का राष्ट्रीयकरण किया गया था, जब शाही परिवारों को मिलनेवाला मुआवजा बंद किया गया, हम सबने आपका पूरा साथ दिया। उस वक्त आपके पास बहुमत नहीं था। लगभग 532 सदस्यों वाले सदन में आपके पास केवल 240 सदस्य थे, फिर भी हमने आपकी सरकार नहीं गिराई। हमने इंदिरा गांधी को धराशायी करने की बात नहीं सोची। लेकिन हमने उन्हें अपना पूरा समर्थन दिया, क्योंकि हमें बैंकों के राष्ट्रीयकरण के कार्यक्रम पर, शाही परिवारों के मुआवाजे बंद करने पर विश्वास था। इस कारण जब भी कोई अच्छा कार्यक्रम आया, हमने अपना समर्थन दिया। फिर भी मैं यह बता दूँ कि जब 1971 में मीसा को सदन में लाया गया, हमने विरोध किया, भले ही हम सहयोगी के तौर पर गठबंधन में शामिल थे…

हो सकता है जे.पी. ने सेना को उकसाया हो, उन्होंने पुलिस को भड़काया हो और कुछ ऐसा कहा हो, जिससे देश को नुकसान हो सकता था। मैं आपके साथ हूँ कि इस तरह के उकसावे के लिए कठोर सजा दी जानी चाहिए। आप उन्हें कोर्ट में क्यों नहीं ले जाते और कहते कि उन्होंने राष्ट्रद्रोह का सबसे बड़ा अपराध किया है? पूरी दुनिया के सामने उन्हें बेनकाब करें, सबूत पेश करें, साबित कर दें कि उन्होंने एक जघन्य अपराध किया है। वे चाहे कितने ही विशिष्ट क्यों न हों, उनका अतीत कितना ही गौरवशाली क्यों न हो, और वे कितने ही लोकप्रिय क्यों न हों, यदि उन्होंने देश और उसके नागरिकों के खिलाफ कुछ किया है, तो उन्हें कोर्ट के सामने पेश कीजिए, गुनाह साबित कीजिए और उन्हें जो भी संभव हो (जो भी बनती है) सजा दीजिए। अब

तक हम सभी यही बात कहते चले आ रहे हैं। यदि कुछ संगठन देश की जनता के हितों के खिलाफ काम कर रहे हैं, तो उचित काररवाई कीजिए, कठोरतम संभव कदम उठाइए, लेकिन उसके लिए कानून का तरीका, लोकतंत्र का तरीका अपनाइए···आजादी हासिल करना बहुत कठिन होता है। एक बार आपने उसे खो दिया, तो फिर से हासिल करना और भी कठिन हो जाता है। कुछ चीजों के लिए तानाशाही सुविधाजनक हो सकती है, कभी-कभी आपको लगता है कि यह एक शॉर्टकट है। कभी-कभी हममें से कुछ लोगों को लगता होगा कि संसद् की जरूरत क्या है? जब एक व्यक्ति फैसला ले सकता है तो 500 सदस्यों को यहाँ आने की जरूरत क्या है? हिटलर की यही सोच थी। मुसोलिनी ने भी ऐसा ही करने की कोशिश की थी। लेकिन उस तरह की व्यवस्था चल नहीं सकी, क्योंकि लोकतंत्र में अगर कार्यपालिका ने कुछ गलत किया, तो उसे रोकनेवाला कोई है, क्योंकि जैसा कहा जाता है, संसदीय लोकतंत्र सबसे कम असंतोषजनक प्रकार का शासन होता है।

इसलिए, दूसरे पक्ष से मेरी यही अपील है—मैं इस तरह की अपील करने की स्थिति में दोबारा नहीं भी हो सकती हूँ। हम सभी के पास इस तरह के अवसर नहीं हो सकते हैं, जिस प्रकार का माहौल इस वक्त बना है, उसमें शायद नहीं ही मिल पाएगा। पहले हम जो कुछ कहते थे, उसे दर्ज किया जाता था और कम-से-कम बाहर मौजूद लोग उसे पढ़ सकते थे। लेकिन आज मैं जो कुछ भी बोल रही हूँ, वह सिर्फ यहाँ मौजूद मेरे मित्रों के लिए ही है। अच्छा है या बुरा, नफा है या नुकसान, लेकिन हम इस सदन में रहे हैं। लोगों ने इस देश में संसदीय लोकतंत्र चलाने के लिए हमें चुना है। हम अल्पमत में हो सकते हैं, आप बहुमत में हो सकते हैं। मैं बहुमत के फैसले पर सिर झुकाती हूँ, लेकिन विधिवत् चर्चा के बाद, दोनों पक्षों को विश्वास में लेने के बाद। सौ अवसरों में, हो सकता है मैं गलत हो जाऊँ, लेकिन आपके पास कम-से-कम 10 अवसरों का लाभ है, जब हमने देश के लिए कुछ अच्छा कहा हो।

लोकतंत्र विधिसम्मत होने से कहीं अधिक संविधानसम्मत होता है, क्योंकि सबसे अच्छे संविधानों में से एक का क्या हुआ, जो 20वीं सदी के सबसे उदार संविधानों में से एक था, वह जो जर्मन गणराज्य का संविधान था? हिटलर ने उस संविधान को ध्वस्त नहीं किया। हिटलर ने वहाँ निश्चित संवैधानिक प्रक्रियाओं को नहीं तोड़ा। लेकिन उसी संविधान का इस्तेमाल करते हुए, वहाँ एक तानाशाही खड़ी हो गई। यह कहकर मैं अपने प्रधानमंत्री को उनके जैसा नहीं बताना चाहती हूँ···

इस कारण, मेरी आपसे यह अपील है—यदि आपका मतलब केवल लोकतंत्र के स्वरूप से और संवैधानिक प्रक्रियाओं से है, तो इससे इस देश में लोकतंत्र नहीं चलनेवाला है। केवल स्वरूप नहीं, भावना भी होनी चाहिए। विपक्ष के लिए सम्मान की भावना,

महज सहिष्णुता नहीं, बल्कि विपक्ष की राय को सकारात्मक पहचान मिलनी चाहिए। हमारे देश में जब तक निर्भय होकर सरकार की आलोचना और बिना हिंसा उसे बदलने का अवसर नहीं मिलेगा, जो लोकतंत्र का गुण होता है, तब तक आप स्वरूप बनाए रख सकते हैं, लेकिन उसमें वह तत्त्व नहीं रहेगा। अगर आपको लगता है कि मैंने कोई हिंसक कार्य किया है, तो हर संभव तरीके का इस्तेमाल कर मुझे कोर्ट में पेश कीजिए और कठोरतम दंड दिलाइए···

हमें गर्व होता था कि हम दुनिया के सबसे बड़े लोकतंत्र हैं। हमारे छात्र जीवन के दौरान जब स्वतंत्रता संग्राम चल रहा था, तब स्कूलों और कॉलेजों में हमारे जैसे छात्र भी महात्मा गांधी के साथ लड़ रहे थे। अंग्रेजी राज की पुलिस ने जो लाठियाँ बरसाईं, उनके दाग आज भी मौजूद हैं···मेरे पास पुराने नोट्स में से एक है, जिसे मैंने लिखा था और उसमें महात्मा गांधी की एक उक्ति है। यह इस प्रकार है—"सच्चा स्वराज केवल कुछ लोगों द्वारा सत्ता प्राप्त कर लेने से नहीं आएगा, बल्कि उन सभी के द्वारा उस क्षमता को प्राप्त करने से आएगा, जिससे कि सत्ता का दुरुपयोग होने पर वे सभी उसका विरोध कर सकें। दूसरे शब्दों में, स्वराज जनता को शिक्षित कर उन्हें अपनी क्षमता का एहसास दिलाने से आएगा कि वे सत्ता को नियमित और नियंत्रित कर सकते हैं···"

हम सब उस स्वराज के लिए लड़े। हम सबने कष्ट उठाया···लेकिन उस दिन को याद कीजिए, जब वह सबसे कीमती जीवन, जिसे मानव इतिहास ने कभी देखा होगा और वह इनसान जिसने हमें इस देश की स्वतंत्रता का विचार दिया, उसे एक सिरफिरे ने गोली मार दी। यहाँ तक कि उस गंभीर समय में भी जवाहरलाल नेहरू ने अभिव्यक्ति की आजादी नहीं छीनी। यहाँ तक कि उस आदमी को भी निष्पक्ष सुनवाई का मौका दिया गया, जिसने अपनी सनक में महात्मा गांधी को पैशाचिक तरीके से मार डाला था।

इस कारण राष्ट्रपिता के नाम पर, उस स्वराज के नाम पर, जिसके लिए वे लड़े और कष्ट उठाया, वही कानून सारे मामलों पर लागू होना चाहिए। मेरी आप सभी से विनती है कि यदि आपको लगता है कि आप सही हैं, तो जो चाहे कीजिए। काश! मैं गलत होती। यहाँ तक कि गलती से भी कोई संदेह होता, जैसा कि मेरे मन में कुछ डर है, जैसी कि मुझे आशंका है, जब आपके अपने ही कुछ सहयोगियों को गिरफ्तार कर लिया गया, तो जाकर उनसे पूछिए कि उन्हें क्यों गिरफ्तार किया गया, क्यों उन्हें जेल में डाल दिया गया और उन स्मगलरों ने भी कौन सा बड़ा अपराध कर दिया है। कई स्मगलर अब भी फरार हैं। उनमें से कई राष्ट्र-विरोधी गतिविधियाँ कर रहे हैं, फिर भी वे भागे हुए हैं। लेकिन दोस्तो, मैं आप सभी से फिर एक बार विनती करती हूँ, बार-बार करती हूँ कि याद रखिए कि एक बार किसी व्यक्ति की आजादी छिन जाती है, तो वह दिन दूर नहीं जब हम सभी की आजादी छीन ली जाएगी!

अहमदाबाद के पी.जी. मावलंकर ने कहा—

मुझे लगता है और मेरा आरोप है कि यह इमरजेंसी झूठी है, देश की सुरक्षा को कोई खतरा नहीं है, वह खतरा पूरी तरह काल्पनिक है, और यह संवैधानिक शक्तियों का खुला दुरुपयोग है और यह संवैधानिक शक्ति के साथ एक धोखाधड़ी है और इस कारण इस सम्मानित सदन की ओर से इसे स्वीकृत नहीं किया जाना चाहिए...

संसद् का प्रमुख उद्देश्य व्यक्ति की स्वच्छंदता की रक्षा करना है, और यह वही काम करती है, या इसे करना चाहिए, जिसके लिए यह उस कार्यपालिका या कैबिनेट को जिसे वह जन्म देती है, वह पर्याप्त कारण बताए कि जब तक इसे और कानूनी शक्तियाँ नहीं मिल जातीं, तब तक वह अपना कर्तव्य क्यों नहीं निभा सकती है ? लेकिन न तो मंत्री ने, जिन्होंने कल प्रस्ताव पेश किया था, और न प्रधानमंत्री ने, जिन्होंने आज हस्तक्षेप किया, हमें पर्याप्त कारण बताए कि क्यों उन्हें इतनी व्यापक और असाधारण शक्तियाँ चाहिए। इस कारण, मैं कहना चाहता हूँ कि संविधान के अनुच्छेद 352 के अंतर्गत राष्ट्रपति को दिए गए अधिकार सशर्त शक्ति प्रदान करते हैं और उस शक्ति का प्रयोग तभी किया जा सकता है, जब उस अनुच्छेद में बताई गई परिस्थितियाँ मौजूद हों...

मैं यह प्रश्न विशेष रूप से पूछना चाहता हूँ—24 जून की दोपहर और 25 जून की शाम के बीच आखिर ऐसा क्या हुआ, जिसने सरकार को इमरजेंसी लगाने के इस संवैधानिक प्रावधान का सहारा लेने पर मजबूर कर दिया ? क्या यह आंतरिक इमरजेंसी है या एक व्यक्ति की इमरजेंसी है ? क्या यह देश की इमरजेंसी है या सत्ताधारी दल की इमरजेंसी है...यह कानून के शासन के अंत की शुरुआत है। उस दिन से ही बड़ी चालाकी से और लगातार संविधान के ही प्रयोग से, हमें जो कुछ मूल्यवान चीज मिली, खासकर मौलिक अधिकारों की प्रस्तावना, उन्हें नष्ट कर दिया गया...

बिना किसी शक, दु:खी मन से मुझे कहना पड़ रहा है कि भारत का पहला गणतंत्र मर चुका है ! संवैधानिक तानाशाही चल पड़ी है, और यही वजह है कि 26 जून हमारे विकासशील देश और लोकतंत्र का सबसे दु:खद और सबसे काला दिन है।

सभापति महोदय, इमरजेंसी लगाए जाने के बाद पिछले लगभग 27 दिनों का इस्तेमाल न केवल व्यक्तिगत स्वच्छंदता पर रोक लगाने और उसकी कटौती के लिए किया गया, बल्कि उसे पूरी तरह से समाप्त कर दिया गया। बड़े पैमाने पर नेताओं, सांसदों, विधायकों और दोनों तरफ के हमारे सहयोगियों की गिरफ्तारी की गई है, विभिन्न दलों के लोगों को पकड़ा गया है। इतना ही नहीं, दक्षिणपंथी प्रतिक्रिया से संघर्ष के नाम पर अनेक वामपंथियों, समाजवादियों और अन्य प्रगतिशील लोगों को सलाखों के पीछे धकेल दिया गया है। महोदय, इन सारे लोगों का कसूर क्या था ? उन्होंने जो देखा, उसे

सच-सच कह दिया। इसलिए, मुझे खुशी है कि इन लोगों को जेल भेजा गया। चलिए, हम सब जेल में चलते हैं…

अंग्रेजों ने भारत के साथ ऐसा ही दुर्व्यवहार किया था जैसा कि स्वतंत्र भारत का शासन आज हम सभी के साथ इस नृशंस तरीके से कर रहा है। इस कारण, इस सदन की यह विशेष जिम्मेदारी है कि वह देखे कि जेल में बंद सारे बंदियों और नेताओं के साथ उचित व्यवहार किया जाए।

अब मैं प्रेस की आजादी और मौजूदा सेंसरशिप पर आता हूँ। यह सेंसरशिप अजीबोगरीब और असाधारण है। यहाँ तक कि अंग्रेजी राज में भी, सबसे दुर्दिन में भी, जब ब्रिटिश द्वितीय विश्वयुद्ध लड़ रहे थे और एक के बाद एक लड़ाई हार रहे थे, तब भी पराधीन भारत में उन्होंने इस प्रकार की सेंसरशिप नहीं लगाई जैसा कि आजाद भारत के शासकों ने हम पर लगा रखी है।

समाजवादी सोच के साथ, सामाजिक न्याय में विश्वास रखनेवाले एक इनसान के नाते, मैं किसी पार्टी का नहीं हूँ…मैं तत्काल आर्थिक कार्यक्रमों की जरूरत महसूस करता हूँ। हमें बताइए, किसने सरकार को उनके कार्यान्वयन से रोका है? आखिर में, मैं जगजीवन राम से पूछना चाहता हूँ, क्या यहाँ से हम वापस लौट सकते हैं? या हम एक पार्टी के शासन और फिर एक व्यक्ति के शासन की ओर बढ़ रहे हैं? क्या यह खुली तानाशाही की शुरुआत नहीं है? लोकतांत्रिक ढाँचे में दरार डालकर, क्या सरकार ईंट-दर-ईंट एक अधिनायकवादी व्यवस्था नहीं खड़ा कर रही है?…

श्रीनगर के एस. ये शमीम ने कहा—

लोकतंत्र आपके लिए एक बड़ी असुविधाजनक व्यवस्था है। लोग आपके खिलाफ बातें करते हैं, लोग आपका विरोध करते हैं, लेकिन लोकतंत्र में एक मौलिक बात यह है कि अंततः बहुमत की ही बात मानी जाती है। लेकिन ऐसा लगता है कि मौजूद बहुमत ने इसे अपना अधिकार मान लिया है और उसे अल्पमत की असुविधा भी नहीं चाहिए। इस सदन ने विपक्ष के कई ड्रामे देखे हैं। लेकिन यह सदन के रिकॉर्ड में है कि वह पारित हुआ, जिसे बहुमत की स्वीकृति थी। फिर यह कैसे हो गया कि विपक्ष ने चाहे जो कुछ किया, अब आपके लिए वही कानून असुविधाजनक बन गया? एक बेतुकी दलील दी जा रही है कि इमरजेंसी के कारण कार्यकुशलता बढ़ गई है, सरकारी कर्मचारी सुबह 10 बजे दफ्तर पहुँच जाते हैं, रेलवे में कार्यकुशलता बढ़ गई है, वगैरह-वगैरह। इस हिसाब से अगर देखें तो यह संसदीय प्रणाली, जो हमारे पास 27 वर्षों से है, वह इतने बरसों तक हमारा वक्त बरबाद कर रही थी। इसका मतलब तो यह भी हुआ कि यह एक बेकार का अंग है, इसका मतलब यह भी है कि जिस दिन से आपने इमरजेंसी लगाई, उस दिन से चीजें भयानक रूप से सुधर गई हैं। इस दलील का मतलब क्या है?

आप कहते हैं, हमें संसदीय लोकतंत्र का यह मुखौटा नहीं चाहिए, यह देश की तरक्की के आड़े आता है।

और चलिए, प्रेस की आजादी की बात करते हैं। आप प्रेस सेंसरशिप ले आए। बड़े-बड़े दिग्गज जो प्रेस की आजादी और देश की आजादी के लिए लड़ते रहे थे, वही आज सेंसरशिप को यह कहकर सही ठहराने में जुटे हैं कि किसी अफवाह को फैलने दिया जाता, तो देश धराशायी हो जाता। इंदिरा गांधी ने कल अपने भाषण में कहा कि उन्हें बताया गया था कि आर.एस.एस. के ऑफिस से जो तलवार मिली थी वह लकड़ी की तलवार थी और फिर उन्होंने कहा, ''या तो आपके पास तलवार है, या नहीं है।'' यह बात प्रेस की आजादी पर भी लागू होती है। आपके पास स्वतंत्र प्रेस है या आपके पास स्वतंत्र प्रेस नहीं है। ऐसा नहीं हो सकता कि आपके पास ऐसी प्रेस हो जो वही छापे, जिसे आप छपवाना चाहते हैं। लोकतंत्र की विशेषता यही है कि दो पक्षों की बातों को जनता के सामने रखा जाए और लोगों को अपने विवेक से यह फैसला करने दिया जाए कि क्या सही है और क्या गलत! आपको पता है, अखबारों ने 1971 में क्या लिखा था, फिर भी लोगों ने आपको वोट दिया। उन्होंने अखबारों की बात नहीं मानी। 'झूठ और सच' ने स्थिति को नहीं बदला। आज यह कैसे हो गया कि विपक्ष से निकले एक अफवाह के संदेह से पूरी सरकार हिल गई? यदि इस प्रकार का विशेष कानून, यह संशोधन, अच्छी नीयत से लाया गया होता, तो मैं इसका समर्थन करता। लेकिन इसे बदनीयती से लाया गया है। आपने इस देश की अवाम के खिलाफ जंग का ऐलान कर दिया है। आपने इसे महज न्यायपालिका और अदालतों में नीचा दिखाने के लिए पेश किया है और पूरी दुनिया को इसकी वजह मालूम है। आपका अदालतों पर विश्वास नहीं है। आपका न्यायपालिका में भरोसा नहीं है...

मेरे मोरारजी देसाई से कई बातों को लेकर मतभेद हैं। इस सदन में उनका कहा एक भी शब्द मुझे अच्छा नहीं लगता। इस सदन ने उस दिन भी यह देखा था जब वे पूरे विपक्ष के प्रवक्ता बन गए थे। मैं खड़ा हुआ था और कहा था, ''वे मेरी तरफ से नहीं बोल सकते हैं।'' मैंने कहा है कि मेरे मन में श्री जयप्रकाश नारायण को लेकर जो भी सम्मान था, वह उनके द्वारा जन संघ के सत्र की अध्यक्षता के बाद नहीं रहा, मैं उनसे आँख-से-आँख मिलाकर बात नहीं करता। वे जब जन संघ के सत्र में शामिल हुए और बिहार विधानसभा को भंग किए जाने की माँग की, मैंने एक पल के लिए भी उनका समर्थन नहीं किया। लेकिन मैं आपको बता दूँ कि मैं यह कभी स्वीकार नहीं करूँगा कि वे एक स्मगलर हैं। फिर उन्हें गिरफ्तार क्यों किया गया है? जहाँ तक मोरारजी देसाई की बात है तो ऐसा लगता है कि वे सुरक्षा के लिए खतरा बन गए, वे एक तस्कर बन गए। यही कारण है कि आपने उन्हें गिरफ्तार किया है...

इमरजेंसी के नाम पर आज आपने क्या-क्या कर दिया है? इमरजेंसी की जहाँ तक बात है, तो मैं मानता हूँ कि परिस्थितियाँ ऐसी थीं कि सच में कठोर कदम उठाए जाने चाहिए थे। लेकिन आपने ये कदम किसके खिलाफ उठाए हैं? आपने उन्हें पूरे देश के खिलाफ उठा लिया। आपने मेरे खिलाफ कठोर कदम उठाए हैं। आपने उन लोगों के खिलाफ कठोर कदम उठाए, जो आपके साथ हैं। आप उन लोगों की स्वतंत्रता को निगल गए, जो कानून का सम्मान करते हैं। यह अन्याय है कि किसी ने कुछ किया और आपको पसंद नहीं आया तो आप उसके अधिकार छीन लेंगे। संसद् के बड़े-बड़े लोग जो बड़े हमले किया करते थे, उनके सिर 1971 में कट गए। लोगों ने उनके सिर काट दिए। आज अगर आप देश के सामने जाते और कहते कि ये लोग संसदीय व्यवस्था को चलने नहीं दे रहे, तो आप देखते कि ये लोग एक बार फिर आपको एक बहुमत देते और इन लोगों को नकार दिया होता। लेकिन आपने ऐसा नहीं किया।

यह संसद् देश की आखिर संसद् हो सकती है। इसका प्रमाण श्रीमती गांधी के उस वक्तव्य में मिलता है, जिसमें कहा गया है कि इमरजेंसी से पहले के सामान्य हालात अब नहीं लौट सकते। उन्होंने उसे एक लाइसेंस बना लिया है। वह देश जहाँ एक व्यक्ति तय करता है कि सामान्य स्थिति क्या है, लाइसेंस क्या होता है, आजादी क्या होती है, वह देश ऐसे मोड़ पर खड़ा है, जहाँ से तानाशाही के लक्षण दिखाई दे रहे हैं। श्रीमती गांधी तानाशाह नहीं हैं, लेकिन वे तानाशाह बनने की दिशा में चल पड़ी हैं। तानाशाही की सबसे बड़ी खूबी यह होती है कि शुरुआत में सिद्धांतों को पूरी एहतियात और खूबसूरती से ढाला जाता है। उन्हें सुंदर शब्दों में ढाला जाता है। धीरे-धीरे लोगों को उसमें मजा आने लगता है। उन्हें उनमें सुकून मिलता है और फिर लोग कहने लगते हैं कि ये लोकतंत्र के सिद्धांत हैं। यह न केवल रूस में, बल्कि जर्मन में, अन्य देशों में भी हुआ है जहाँ तानाशाही है, वहाँ लोग आमतौर पर उसे लोकतंत्र का नाम देते हैं और उसकी प्रशंसा करते हैं। मैं श्रीमती गांधी से एक बात कहना चाहता हूँ। वे एकदम साफ बोलनेवाली महिला हैं। वे जो कुछ कहना चाहती हैं एकदम साफ तौर पर कह देती हैं। मुझे लगता है कि उनका भरोसा संसदीय व्यवस्था से उठ गया है। अच्छा होगा यदि वे साफ तौर पर कह दें कि देश में इस व्यवस्था की अब कोई जगह नहीं है। चाहे इसके पीछे कोई भी कारण क्यों न हो, मैं उन पर नहीं जाना चाहता हूँ।

सी.पी.आई. ने श्रीमती गांधी को समर्थन दिया। इंद्रजीत गुप्ता (सी.पी.आई.) ने कहा कि इमरजेंसी लगाया जाना बिल्कुल सही था और सबने इसका समर्थन किया है। हालाँकि सरकार को उन सारे तथ्यों से पूरे देश को अवगत कराना चाहिए, जो उनके पास हैं और जिनके कारण वे इस कदम को उठाने पर मजबूर हुए। उन्होंने कहा कि कुछ दलों की ओर से बनाए गए मोर्चे का नेतृत्व जयप्रकाश नारायण कर रहे

थे, जो पिछले डेढ़ वर्षों से विभिन्न राज्यों में तरह–तरह के उपायों से सत्ता हथियाना चाहते थे, जो पूरी तरह से संवैधानिक नहीं थे। वास्तव में, इसके पीछे एक प्रासंगिक अंतरराष्ट्रीय पृष्ठभूमि भी थी, जिसमें सारी घटनाएँ हो रही थीं। अमेरिका अपना खेल खेल रहा था।

उस प्रस्ताव को पेश करनेवाले ने ठीक ही कहा था कि अखबारों के कुछ समूह सत्ता पर कब्जा जमाने के लिए जारी साजिश में एक सक्रिय भूमिका निभा रहे थे। उस एकाधिकार रखनेवाली प्रेस का इस देश में सबसे ज्यादा सर्कुलेशन था। यदि उन्हें आज आजादी से काम करने दिया जाता, तो अब तक, 20 से 25 दिनों में, वे देश में कोहराम मचा देते। सेंसरशिप दक्षिणपंथियों को कमजोर करने और लोकतांत्रिक ताकतों को मजबूत करने के लिए लागू की गई है।

लोकसभा में बहस में दखल देते हुए श्रीमती गांधी ने जन संघ और आर.एस.एस. पर कानाफूसी अभियान चलाने का आरोप लगाया, साथ ही यह आरोप भी लगाया कि सरकार के खिलाफ जिस झूठ का प्रचार किया जा रहा था, उस पर अखबारों ने कुछ भी नहीं कहा। उन्होंने कहा कि एक जबरदस्त कानाफूसी अभियान चल रहा है कि कौन नजरबंद है, कौन उपवास करनेवाला है, कौन मरनेवाला है। यह दावा करते हुए कि विपक्षी दल हिंसा से जुड़े हैं, उन्होंने उन प्रेस रिपोर्ट का हवाला दिया, जिनके मुताबिक 1967 में जे.पी. ने कहा था कि वे सैनिक तानाशाही पर विचार कर रहे हैं और यह सुझाव दिया था कि उस साल चुनावों के कारण पैदा हुई स्थिरता के चलते उस ऊहापोह को भरने के लिए देश को सेना बुला लेनी चाहिए।

वे कह रही थीं कि गुजरात में विधानसभा के सदस्यों को उनके बच्चों की धमकी देकर इस्तीफा देने के लिए मजबूर किया गया, वहीं एक कांग्रेस सदस्य को, जो अस्पताल में लेटा था, छात्रों ने खिड़की से बाहर फेंकने की धमकी दी। 'आनंदमार्ग जैसे आपराधिक संगठनों के गुंडे' आज भी लोगों के कत्ल की साजिश रच रहे हैं। जब पश्चिम बंगाम में सी.पी.आई. (एम) सरकार में थी, तब अँधेरा ढलने के बाद लोग सड़कों पर चल नहीं पाते थे। उन्होंने कहा, "खुली छूट और राजनीतिक सहनशीलता के पुराने दिनों में वापसी संभव नहीं है।"

"लोकतंत्र हम सभी से संयम की अपेक्षा करता है। यह सरकार की जिम्मेदारी है कि वह विपक्ष को काम करने दे, अभिव्यक्ति को और इकट्ठा होने की आजादी दे। लेकिन यह विपक्ष की जिम्मेदारी है कि वह इसका फायदा लोकतंत्र को तबाह करने या सरकार को पंगु बनाने के लिए न करे। 'सरकार को पंगु बनाने' के शब्द मेरे नहीं हैं। इन्हें नई दिल्ली और दूसरे जगहों पर होनेवाली सार्वजनिक सभाओं में इस्तेमाल किया गया था…"

श्रीमती गांधी की इन बातों का जवाब देते हुए, एच.एम. पटेल (बी.एल.डी.) ने

कहा कि जब प्रेस पर सेंसरशिप लागू हो तो कानाफूसी अभियान के सिवाय और किसी चीज की उम्मीद भी नहीं की जा सकती।

राज्यसभा ने 22 जुलाई को 33 के मुकाबले 136 वोट से इमरजेंसी लागू करने को मंजूरी दे दी। मतदान के बाद समाजवादी नेता नारायण गणेश गोरे ने विपक्ष की ओर से एक बयान पढ़ा, जिसमें यह घोषणा की गई कि नियमित संसदीय नियमों के निलंबन और संसदीय काररवाई पर प्रेस सेंसरशिप लागू करने के फैसले के खिलाफ विपक्ष बाकी बचे सत्र का बहिष्कार करेगा।

अगले दिन, लोकसभा में यही प्रस्ताव 59 के मुकाबले 336 वोट से मंजूर कर लिया गया, जिसके बाद अधिकांश विपक्षी सदस्य सदन से उठकर चले गए। सी.पी.आई. समेत कई छोटे दलों, मुसलिम लीग, रिपब्लिकन पार्टी, प्रजा सोशलिस्ट पार्टी और अन्ना द्रविड़ मुनेत्र कड़गम (ए.डी.एम.के.) ने बहिष्कार का समर्थन नहीं किया।

दोनों सदनों ने संविधान (39वाँ संशोधन) के उस विधेयक को भी पारित कर दिया, जिसमें कहा गया था कि राष्ट्रपति की ओर से इमरजेंसी लागू करने के बताए कारणों को किसी कोर्ट में चुनौती नहीं दी जा सकती है। 15 राज्यों की विधानसभाओं ने विशेष सत्र बुलाकर इसे 28–29 जुलाई को मंजूरी दे दी और राष्ट्रपति ने 1 अगस्त को इस पर अपनी सहमति जता दी।

इमरजेंसी को कानून की स्वीकृति मिलना अनिवार्य था। लेकिन श्रीमती गांधी के दिलोदिमाग पर इलाहाबाद का फैसला सवार था।

उनके आवास पर इमरजेंसी परिषद् ने कानून के कुछ विशेषज्ञों से मशवरा किया था और इस नतीजे पर पहुँचे थे कि इस वक्त जैसा कानून है, उसके मुताबिक कोई भी जज उस फैसले से अलग फैसला नहीं दे सकता, जो सिन्हा ने दिया था।

पहली प्राथमिकता यह सुनिश्चित करना था कि इसका बुरा असर उनके भविष्य पर न पड़े। श्रीमती गांधी के वकीलों ने, यहाँ तक कि पालखीवाला ने भी कहा था कि सुप्रीम कोर्ट उन्हें चुनाव में भ्रष्ट आचरण के आरोप से मुक्त कर देगा। वे इस बात से भी सुकून महसूस कर रही थीं कि सुप्रीम कोर्ट के चीफ जस्टिस ये एन रे थे, जिन्हें उन्होंने समय से पहले नियुक्त कर दिया था। हेगड़े, जो तीन सुपरसीड किए गए जजों[3] में से एक थे, उन्होंने कहा था कि श्रीमती गांधी एक अपील का रास्ता साफ कर रही थीं, जो उस सूरत में दायर की जा सकती है, जब चुनावी याचिका पर फैसला उनके पक्ष में नहीं आया।

फिर भी वे जोखिम नहीं उठाना चाहती थीं। गोखले ने इलाहाबाद के फ़ैसले को अमान्य करने के लिए एक विधेयक का मसौदा तैयार किया, और उसे सिद्धार्थ रे के साथ ही रजनी पटेल को दिखाया, जो बॉम्बे के एक प्रगतिशील व्यक्ति थे और सबसे अच्छी स्कॉच, व्हिस्की, रॉयल सैल्यूट के सिवाय और कुछ भी नहीं पीते थे। वे श्रीमती गांधी

के करीब थे और जब भी वे उन्हें बुलाती थीं, दोनों विमान से उनके साथ विचार-विमर्श के लिए पहुँच जाते थे। हालाँकि संजय उन्हें पसंद नहीं करते थे और उनके खिलाफ काररवाई की राह देख रहे थे।

एक बार इस प्रगतिशील समूह ने एक ऐसे कानून का सुझाव दिया कि किसी सदस्य पर पाबंदी की अवधि संसद् के जीवन अवधि के समान होनी चाहिए। इसका मतलब यह था कि अगर सुप्रीम कोर्ट ने श्रीमती गांधी की याचिका खारिज कर दी तो प्रधानमंत्री संसद् को भंग कर चुनावों में जा सकती थीं। लेकिन सब इससे सहमत नहीं थे। संजय चुनाव के सख्त खिलाफ थे। यूनुस ने कहा कि उन्हें पाँच वर्षों तक चुनाव की बात सोचनी भी नहीं चाहिए।

सरकार ने 4 अगस्त को लोकसभा में एक विधेयक पेश किया, जिसमें इलाहाबाद हाई कोर्ट के फैसले को पिछली तारीख से अमान्य घोषित करने का प्रयास किया गया। चुनावी कानून को लेकर भी अनेक संशोधन प्रस्तावित थे।

पहला, अब किसी भी सरकारी सेवक को चुनावों के दौरान अपनी सरकारी ड्यूटी निभाने के साथ ही राजनीतिक उम्मीदवारों का सहयोग करने से नहीं रोका जा सकता था। इसका मतलब हुआ कि श्रीमती गांधी की ओर से चुनावी बैठकों के लिए मंच बनाने तथा लाउडस्पीकरों और बिजली का इंतजाम करने के लिए अफसरों के इस्तेमाल को नजरअंदाज कर दिया जाए।

दूसरा, सरकारी गजट का प्रकाशन किसी भी केंद्र या राज्य सरकार के कर्मचारी की नियुक्ति, इस्तीफे, बरखास्तगी या हटाए जाने का स्पष्ट सबूत होगा। इसका उद्देश्य उस दूसरे आरोप को अमान्य करना था, जो श्रीमती गांधी पर लगाया गया था, जिसके मुताबिक एक सिविल सेवक, यशपाल कपूर सरकार से इस्तीफा देने से पहले ही उनके चुनाव प्रचार के मैनेजर बन गए।

तीन, चुनाव के खर्चों और अन्यथा के लिए, नामांकन की तिथि जोड़े जाने का बिंदु होगी। इसे एक तरफ तो यह सुनिश्चित करने के लिए तैयार किया गया था कि सुप्रीम कोर्ट यह आदेश न दे सके कि श्रीमती गांधी अपने चुनाव प्रचार पर 35,000 रुपए की तय सीमा से अधिक खर्च न कर सकें और दूसरी तरफ यह कि चुनाव लड़ने की घोषणा को विचार के लिए प्रासंगिक तिथि न मान लिया जाए।

पी.टी.आई. और यू.एन.आई., दोनों ने ही विधेयक को पूरे विस्तार और महत्त्व के साथ प्रसारित किया। लेकिन सेंसर ऑफिस के आदेश पर दोनों ने ही अपनी कॉपी वापस ले ली और एक दूसरी प्रति जारी की, जिसमें रिपोर्ट को बहुत संक्षेप में रखा गया, जिसमें श्रीमती गांधी का कोई जिक्र नहीं था।

उस विधेयक को लोकसभा ने एक संशोधन के साथ 5 अगस्त को पास कर दिया।

इसमें प्रावधान था कि चुनाव में भ्रष्ट आचरण के लिए अयोग्य ठहराए गए प्रत्येक व्यक्ति का मामला राष्ट्रपति के पास जाएगा और वे चुनाव आयोग की सलाह के बाद यह तय करेंगे कि अयोग्यता रहनी चाहिए या नहीं और रहनी चाहिए तो कितने दिनों तक। एक प्रकार से, चुनाव आयुक्त का अधिकार राष्ट्रपति के हाथों में चला आया था। इसमें भी एक महत्त्वपूर्ण बिंदु था, क्योंकि आगे चलकर सरकार ने संविधान में एक संशोधन किया, जिसमें कहा गया कि राष्ट्रपति मंत्रिपरिषद् की सलाह मानने के लिए बाध्य हैं। उनके पास दूसरा कोई चारा नहीं होगा।

अयोग्यता पर लाया गया विधेयक आवश्यक था, लेकिन उससे भी कहीं आवश्यक था प्रधानमंत्री के चुनाव को लेकर होनेवाले किसी भी विवाद को चुनाव आयोग के अधिकार क्षेत्र से बाहर ले जानेवाला कानून। मानो यह बात सरकार को सूझी ही नहीं थी, और इस कारण श्रीमती गांधी और उनके सलाहकारों ने इसे कांग्रेस पार्टी के एक बैक बेंचर से उठवाया। उसने अयोग्यता विधेयक पर चर्चा के दौरान कहा कि कुछ चयनित दफ्तरों को न्यायिक जाँच से मुक्त रखा जाना चाहिए।

गोखले ने इस विचार का 'स्वागत किया', 24 घंटे के भीतर कानून की शक्ल दी, और 7 अगस्त को संविधान (40वाँ संशोधन) विधेयक पेश किया, जिसमें एक नए प्राधिकार का प्रस्ताव था, जो किसी भी कोर्ट के दायरे से बाहर होगा, जो राष्ट्रपति, उप-राष्ट्रपति, प्रधानमंत्री और लोकसभा स्पीकर के चुनाव के मामलों को देखेगा। इसका उद्‌देश्य पूरी तरह से यह तय करना था कि किसी भी चुनाव याचिका से श्रीमती गांधी पर असर न पड़े। अन्य लोगों को इस कारण शामिल किया गया, ताकि यह न लगे कि इस विधेयक को केवल श्रीमती गांधी को बचाने के लिए लाया जा रहा है। कुछ मुख्यमंत्रियों ने नई दिल्ली फोन घुमाया और पूछा कि क्या उन्हें भी प्रधानमंत्री जैसा माना जाएगा। उनके मामले पर विचार करने के लिए अब समय नहीं था।

हमेशा की तरह कांग्रेस पार्टी के अधिकांश सदस्य मंत्रमुग्ध थे और उन्होंने विधेयक पर कोई आपत्ति नहीं जताई। यहाँ तक कि अगर अंतरात्मा कचोट भी रही होगी, तब भी उन्होंने उसका कोई संकेत नहीं दिया। लेकिन कुछ लोग थे, जिन्होंने इसके खिलाफ अपनी आवाज उठाई। कमजोर पड़ चुके विपक्ष की ओर से मोहन धारिया ने कहा, "इलाहाबाद हाई कोर्ट के फैसले से बचने के लिए इस विधेयक को लाया जा रहा है। इतने अभद्र तरीके से इसे लाने की जल्दी क्या है? क्या इस वजह से क्योंकि प्रधानमंत्री के केस की सुनवाई 11 अगस्त को होगी?"

निस्संदेह रूप से, यह अनुचित जल्दबाजी ही थी कि उस विधेयक को 7 अगस्त की सुबह 11 बजे लोकसभा में पेश कर दिया गया, और आपत्तियों तथा किसी भी बिल के सर्कुलेशन की न्यूनतम अवधि की आवश्यकताओं को निरस्त कर, सरकार ने इसे

सुबह 11.08 बजे पेश किया। वह बिल दोपहर 1.50 बजे पास हो गया। क्लॉज-दर-क्लॉज चर्चा और आवश्यक रूप से तीन बार पढ़े जाने के बाद, राज्यसभा ने अगले दिन एक घंटे के भीतर उसे पास कर दिया, जबकि इसके खिलाफ किसी ने कुछ नहीं कहा।

राज्य की विधानसभाओं में कांग्रेस बहुमत में थी। उन्हें 8 अगस्त को बुलाया गया। अगले दिन आवश्यक अनुमोदन के बाद 10 अगस्त को राष्ट्रपति ने उसे स्वीकृति दे दी। सुप्रीम कोर्ट में श्रीमती गांधी की अपील की सुनवाई के एक दिन पहले सबकुछ हो गया।

इससे पहले कि 40वाँ संशोधन विधेयक कानून बनता (आधिकारिक रूप से यह 39वाँ था) कुछ कांग्रेस सांसदों ने एक और खामी को दूर किया। इस आशंका को देखते हुए कि विपक्ष में से कोई कोर्ट जा सकता है और विधेयक पर स्टे लेकर आ सकता है, उन्होंने राज्यसभा को 9 अगस्त को बुलाया और उस संविधान (41वें संशोधन) विधेयक को पास कराया, जिसमें कहा गया कि ऐसे किसी व्यक्ति के खिलाफ आपराधिक काररवाई शुरू नहीं की जा सकती, जो राष्ट्रपति, उप-राष्ट्रपति और प्रधानमंत्री रह चुका हो। राष्ट्रपति को शामिल किया जाना इत्तफाक था, क्योंकि संविधान ने (अनुच्छेद 361) इसका खयाल पहले ही रख लिया था। उस विधेयक का लक्ष्य वास्तव में प्रधानमंत्री को बचाना था। सुप्रीम कोर्ट ने जब उनके खिलाफ चुनाव याचिका स्वीकार कर ली, तब इसे समाप्त हो जाने दिया गया। तब तक मकसद पूरा हो चुका था।

अब चूँकि प्रासंगिक कानून पास हो चुका था, इस कारण सबका ध्यान श्रीमती गांधी की सुप्रीम कोर्ट में की गई अपील पर टिक गया। सबसे पहले अनावश्यक और प्रतिकूल प्रचार को रोकना था। मुख्य प्रेस सेंसर हैरी डी पेन्हा ने अखबारों, समाचार एजेंसियों और अन्य को खासतौर पर आदेश दिया कि काररवाई से जुड़ी कोई भी चीज उनके दफ्तर की ओर से हरी झंडी मिले बिना जारी न की जाए। सारे अखबारों ने बिना किसी विरोध के आदेश का पालन किया, सिवाय एक पेज वाले दैनिक, 'इवनिंग व्यू' को छोड़कर, जिस पर बाद में पाबंदी लगा दी गई।

चीफ जस्टिस ने भी सुप्रीम कोर्ट की काररवाई को सेंसर करनेवाले आदेश पर आपत्ति जताई। उस कोर्ट के इतिहास में ऐसा कभी नहीं हुआ था। वास्तव में, वे उस काररवाई में शामिल होनेवाले या उसे सुननेवाले वकीलों की जाँच-पड़ताल के पक्ष में थे। चूँकि उस आदेश का इतना जोरदार विरोध हुआ और कोर्ट के बहिष्कार की चेतावनी मिली कि उन्होंने उसे लागू नहीं किया।

अपील की सुनवाई के लिए 11 अगस्त को चीफ जस्टिस की अध्यक्षता में पाँच जजों वाली बेंच बैठी।

शांति भूषण, जो एक ओजस्वी वकील थे, जिन्होंने इलाहाबाद में राज नारायण का केस लड़ा था, ने सुप्रीम कोर्ट में उसे आगे बढ़ाया, जबकि पूर्व कानून मंत्री अशोक सेन

श्रीमती गांधी के वकील थे। सेन ने कोर्ट से कहा कि 39वें संविधान संशोधन अधिनियम को देखते हुए वह इलाहाबाद हाई कोर्ट के फैसले को पलट दे। हालाँकि, शांति भूषण ने कहा कि कोर्ट को पहले यह तय करना चाहिए कि यह संशोधन संवैधानिक है या नहीं। कुछ लोगों को कानून से ऊपर रखकर, 39वें संशोधन ने एक व्यक्ति से दूसरे व्यक्ति के बीच ऊँचे ओहदे के आधार पर भेदभाव किया है। यह कानून के शासन की अवधारणा को ही नष्ट करता है, और संसद् की यह घोषणा कि हाई कोर्ट का फैसला निरर्थक था, कार्यपालिका, संसद् और न्यायपालिका की शक्तियों को अलग-अलग किए जाने के सिद्धांत के भी खिलाफ थी। उन्होंने यह भी कहा कि हाल में होनेवाली संसद् की सारी काररवाई अमान्य है, क्योंकि कई सदस्यों को अवैध रूप से गिरफ्तार किया गया और काररवाई में शामिल होने से रोका गया।

निरेन डे, जो लज्जाजनक रूप से सरकार समर्थक अटॉर्नी जनरल थे, ने दलील दी कि चुनाव विवादों की समीक्षा न्यायपालिका की अनिवार्य विशेषता नहीं है और यह कहा कि अधिकांश पश्चिमी लोकतंत्रों में चुनावी मुद्दे विशेष रूप से विधायिका की शक्ति के अधीन आते हैं। उन्होंने कहा कि केशवानंद भारती बनाम केरल सरकार के मामले में सुप्रीम कोर्ट ने 1973 में कहा था कि संसद् के पास संविधान में संशोधन या परिवर्तन करने के अधिकार हैं, लेकिन ऐसा मौलिक ढाँचे या संरचना को बदले या नष्ट किए बिना किया जाना चाहिए।

मुख्य न्यायाधीश रे ने कहा कि संविधान संशोधन पर आदेश देने से पहले कोर्ट श्रीमती गांधी की याचिका के महत्त्व और तथ्यों पर दलील सुनेगा।

श्रीमती गांधी सुप्रीम कोर्ट में दी जानेवाली दलीलों से चिंतित नहीं थीं। संविधान संशोधन ने जो कसर बाकी रखी थी, उसे उनके वकील पूरी कर देंगे।

उनकी चिंता पड़ोस में ही बांग्लादेश में हाल ही में होनेवाली घटना को लेकर थी। शेख मुजीबुर रहमान और उनके परिवार के अधिकांश सदस्यों की 14 अगस्त को हत्या कर दी गई थी। न तो रॉ न ही अन्य एजेंसियों को इस घटना की पहले से थोड़ी सी भी भनक थी। श्रीमती गांधी के लिए वे एक बार फिर विफल साबित हुए थे। वास्तव में, उसी दिन से संजय गांधी ने रॉ को रिलेटिव्स ऑफ वाइफ्स एसोसिएशन (पत्नियों के रिश्तेदारों का संघ) कहना शुरू कर दिया था, क्योंकि संगठन में टॉप रॉ अधिकारियों के कई रिश्तेदार थे। श्रीमती गांधी ने बांग्लादेश को लेकर पहले से खुफिया जानकारी न होने पर रॉ चीफ रामजी काव से नाराजगी भी जताई थी। उनकी चिंता इस बात को लेकर थी कि अगर इंटेलिजेंस बांग्लादेश में फेल हो सकता है तो यह भारत में भी उन्हें धोखा दे सकता है।

बेशक, मुजीब की मौत से श्रीमती गांधी काफी आहत थीं, खासकर इस वजह से, क्योंकि दोनों नेता अधिनायकवाद के एक जैसे रास्ते पर चल पड़े थे। मुजीब ने जब

संविधान को भंग कर निरंकुश अधिकार अपने हाथों में ले लिये, तब जे.पी. ने दिल्ली में 11 फरवरी को सभी विपक्षी दलों की एक बैठक बुलाई थी। उन्होंने कहा था कि यह शायद उसका एक रिहर्सल हो सकता है, जिसका सामना उन्हें भारत में करना पड़े। और उन्हें इसके लिए तैयार रहना चाहिए। अशोक मेहता ने जे.पी. का तर्क इस आधार पर खारिज कर दिया कि इस तरह की चीज भारत में संभव नहीं है। हालाँकि मोरारजी ने इस संभावना से इनकार नहीं किया और यदि यह हुआ तो वे गुजरात में एक आंदोलन शुरू कर देंगे। चरण सिंह ने कहा, "वे जो करना चाहती हैं, उन्हें करने दो," फिर पूछा, "आखिर क्या कर सकती हैं वे?" राज नारायण ने कहा, "कम-से-कम आप दोनों को जेल में तो डाल ही सकती हैं।"

जे.पी. ने टोकते हुए कहा कि वे गंभीर नहीं हैं। उन्हें इस आशंका पर गंभीरता से विचार करना चाहिए। उन्होंने नागरिक स्वतंत्रता और बहुदलीय प्रणाली के अंत की कल्पना कर ली थी। उन्होंने कहा कि उन्हें बाहरी इमरजेंसी के जारी रहने के खिलाफ आंदोलन करना चाहिए। सब चाहते थे कि कुछ किया जाए। क्या किया जाए कोई नहीं जानता था, लेकिन जे.पी. को किसी ने गंभीरता से नहीं लिया। बाद में रोहतक जेल में, जहाँ अधिकांश विपक्षी नेता बंद थे, उनमें से कुछ ने जे.पी. की उस चेतावनी को याद किया था। सचमुच कैसी भविष्यवाणी थी वह भी!

हालाँकि मुजीब की हत्या से श्रीमती गांधी ने कोई सबक नहीं लिया। दबी जुबान में लोग इस बारे में बातें करते थे और बांग्लादेश जैसी घटना की कल्पना भारत में की जा रही थी। कहने का मतलब था कि वैसी ही घटना भारत में भी हो सकती है। नतीजा जो भी निकले, श्रीमती गांधी के चारों ओर पहरा और बढ़ा दिया गया। सफदरजंग रोड का पूरा इलाका, जहाँ उनका घर था, वैसे भी इमरजेंसी लागू होने के बाद से सील कर दिया गया था। मगर अब उनके घर के करीब पड़नेवाले अकबर रोड पर भी ट्रैफिक की आवाजाही बंद कर दी गई।

किसी ने यहाँ तक कह दिया कि उन्हें 15 अगस्त को लाल किला पर झंडा फहराने नहीं जाना चाहिए, जबकि यह परंपरा 1947 में भारत की स्वतंत्रता से ही चली आ रही है। लेकिन उन्होंने उस सलाह को खारिज कर दिया। उन्होंने लोगों के बीच जाना लगभग बंद कर दिया था, लेकिन 15 अगस्त को ऐसा न करने पर लोग यह मान लेंगे कि वे खतरे का सामना करने से डर रही हैं और वह एक ऐसी बात थी, जो उनसे अब तक नहीं जुड़ी थी।

हालाँकि उनके घर से लेकर लाल किला तक 10 किलोमीटर के इलाके में 15 अगस्त की सुबह भारी पुलिस बल तैनात कर दिया गया था। दरियागंज में रहनेवालों को सड़क की ओर खुलनेवाली खिड़कियों को बंद रखने का आदेश दे दिया गया था। रास्ते के दोनों

तरफ इमारतों की छत पर पुलिसकर्मियों को तैनात कर दिया गया था। ये सारे उपाय जनरल डी गॉल की हत्या के प्रयास को विफल करने को लेकर पुलिस के प्रयासों पर लिखी गई किताब, 'द डे ऑफ द जैकल' से लिये गए लग रहे थे। महज कुछ दिनों पहले 8 अगस्त को, सेना के एक पूर्व कैप्टन, धज राम सांगवान ने मुझे जेल में एक साजिश[4] के बारे में बताया था। सांगवान को एक टेलीस्कोपिक राइफल के साथ गिरफ्तार किया गया था।

श्रीमती गांधी जब एक बंद कार में लाल किला के लिए निकलीं, तब उन्हें इसकी जानकारी नहीं थी। मुजीब की हत्या की बात उनके दिमाग में चल रही थी। इसका असर उनकी स्टाइल पर दिख रहा था। उन्होंने विस्तार से बताया कि इमरजेंसी क्यों लगाई गई। उन्होंने कहा कि यह करते हुए उनका दिल खुश नहीं हुआ। वे लंबे समय तक धैर्य रखती आ रही थीं, लेकिन हालात ने उन्हें मजबूर कर दिया। एक असाधारण स्थिति पैदा हो गई थी और उसके लिए असाधारण कदमों को उठाना जरूरी था, ताकि देश को सही रास्ते पर ले जाया जा सके। उन्होंने अपने पिता जवाहरलाल नेहरू के लोकप्रिय शब्दों को दोहराया, "आजादी खतरे में है। इसकी रक्षा अपनी पूरी ताकत के साथ कीजिए।"

इन शब्दों का इस्तेमाल उनके खिलाफ भी किया जा सकता था। उन्होंने आंदोलन पर उतारू विपक्ष की आलोचना की। केंद्र के खिलाफ बिहार और गुजरात जैसे आंदोलनों को कई जगहों पर शुरू करने का आह्वान किया गया था। छात्रों से पढ़ाई छोड़ देने को कहा गया था। कई तरीके से अनुशासनहीनता फैल रही थी, और अनेक समूह, जिनमें से कुछ लोकतंत्र और अहिंसा में विश्वास नहीं रखते थे, इन आंदोलनों को शुरू करने के लिए साथ आ गए थे।

उन्हें जैसे की गई ज्यादतियों का ज्ञान था, इस कारण उन्होंने कहा कि मुख्यमंत्रियों को चिट्ठी लिखकर कहा गया है कि आदेशों को लागू करने के दौरान किसी तरह की नाइंसाफी और ज्यादती नहीं होनी चाहिए। कानून का पालन करनेवाले नागरिकों की हर संभव मदद की जानी चाहिए। पुलिस और अन्य अधिकारियों का व्यवहार दोस्ताना होना चाहिए। यदि उनसे गलतियाँ हुई हैं तो उन्हें बताया जाना चाहिए कि उन्हें कैसा व्यवहार रखना है। उन्होंने कहा कि जिन्हें बंद किया गया है, उनकी देखभाल ठीक से की जाएगी।

'देखभाल' वाली बात सही नहीं थी। जेल के हालात भयंकर थे। सरकार की मंशा थी कि उन बंदियों के साथ सामान्य अपराधियों से भी बदतर सलूक किया जाए। शुरुआती दिनों में, जब मिलने-जुलने और अन्य सुविधाओं के लिए नियम तय किए जा रहे थे, तब ओम मेहता ने इस बात का खास ध्यान रखा कि वे जहाँ तक संभव हो कठोर हों और गृह मंत्रालय की एक बैठक में अधिकारियों को इसकी हिदायत भी दे दी। सबसे पहले, एक महीने में केवल एक बार आधे घंटे की मुलाकात, वह भी दो करीबी रिश्तेदारों के साथ पुलिस अधिकारियों की मौजूदगी में होगी। प्रति कैदी 2.50 रुपए का

दैनिक भत्ता मिलेगा। शुरुआत में, बंदियों को रेडियो नहीं दिया गया। कुछ को सेंसर किए गए अखबार भी नहीं मिले।

चूँकि गिरफ्तार किए जानेवालों की संख्या नहीं भी तो एक लाख के करीब थी, इस कारण जेलों में हद से ज्यादा कैदी थे। दिल्ली के तिहाड़ जेल में, जहाँ 1,200 की क्षमता थी, वहाँ 4,000 से अधिक बंदी थे। मामूली सुविधा को भी किसी तरह सबको दिया जा रहा था। कई जेलों के सीवर बह रहे थे और पानी केवल कुछ घंटे के लिए ही आता था।

भारत के उच्चायुक्त, बी.के. नेहरू ने 'लंदन टाइम्स' को भारतीय जेलों की स्थिति पर लिखा था, सरकारी अधिकारिय़ों ने बंदियों की भलाई का पूरा खयाल रखा है। उन्हें अच्छी तरह से रखा और खिलाया-पिलाया गया है, उनके साथ अच्छा बरताव किया जा रहा है। बंसी लाल ने कहा कि बंदियों का वजन बढ़ गया है।

जेलों में हालात खराब थे, लेकिन उससे भी बुरा था अधिकारियों का सलूक। उन्हें खासतौर पर बता दिया गया था कि राजनीतिक बंदियों के साथ अपराधियों जैसा ही व्यवहार किया जाए। कुछ जगहों पर टॉर्चर किए जानेवाले नियमित चैंबर बनाए गए थे। दिल्ली के लाल किला में एक बेहद अत्याधुनिक कमरा था, जिसमें विदेश से नवीनतम उपकरण मँगाए गए थे, जिनका इस्तेमाल बयान निकलवाने के लिए किया जाता था। किसी बंदी पर घंटों तक फ्लडलाइट जलाई जाती थी और पीछे साउंड इफेक्ट से उसे तोड़ने की कोशिश की जाती थी। काफी देर तक खुफिया विभाग के अधिकारी उससे पूछताछ करते और उसकी सारी हरकतों और बयानों को ऑडियो-वीडियो टेप में रिकॉर्ड करते थे।

कुछ एक बंदियों की मौत जेल में ही हो गई। उनमें से एक थे मध्य प्रदेश के पूर्व विधायक और मजदूर संगठन के नेता भैरव भारती। सभी दलों के चौदह सदस्यों ने श्रीमती गांधी को चिट्ठी लिखी और कहा, "हमें लगता है कि हिरासत में एक महत्त्वपूर्ण कार्यकर्ता की मौत पर अधिकारियों ने जो खामोश रहने की नीति अपनाई है, उसे देखते हुए सरकार को उनकी मौत के कारणों का पता लगाने के लिए एक न्यायिक जाँच का आदेश देना चाहिए।"

जेलों के बदतर हालात और बंदियों के साथ हो रहे दुर्व्यवहार की खबरें विदेशी अखबारों में छपने लगीं। एमनेस्टी इंटरनेशनल के अध्यक्ष इवान मॉरिस ने कहा, "श्रीमती गांधी के शासन ने दिखाया है कि वह मानवाधिकारों के सिद्धांतों के प्रति कई पुलिस शासन वाले देशों, जैसे—चिली, ताइवान, सोवियत संघ और कोरिया से भी गैरजिम्मेदार है।"

लंदन में महात्मा गांधी के पैरों के नीचे एक जोत जलाकर जे.पी. तथा अन्य राजनीतिक हस्तियों से की गई अपील को नाटकीयता दी गई थी। 'लंदन टाइम्स' ने 15 अगस्त को एक छह कॉलम वाला विज्ञापन (3,000 कीमत) प्रकाशित किया जिसमें लिखा था, "आज भारत का स्वतंत्रता दिवस है। भारतीय लोकतंत्र की मशाल बुझने न देना। पूरे यूरोप के लगभग 500 सांसदों और 'नोबेल पुरस्कार' विजेताओं समेत कई

बुद्धिजीवियों ने इस अपील पर दस्तखत किए थे। मशहूर वायलिन वादक, येहूदी मेनुहिन ने दस्तखत नहीं किया, क्योंकि वे श्रीमती गांधी के संपर्क में थे।

वे बुद्धिजीवियों की अपील पर इतना भड़क गईं कि उन्होंने नेहरू की ओर से स्थापित अखबार, 'नेशनल हेरालड' के संपादक चलपति राजू से एक जवाब तैयार कर उन्हें भिजवा दिया। हालाँकि उनके मुकाबले उन्हें इस पर हस्ताक्षर करनेवाले ज्यादा भारतीय नहीं मिले। कुछ लोगों ने दस्तखत करने से इनकार किया और उन्हें प्रताड़ना का शिकार होना पड़ा। जवाहरलाल नेहरू यूनिवर्सिटी की एक इतिहासकार रोमिला थापर उनमें से एक थीं, और इसका अंजाम यह हुआ कि उनके दस साल के इनकम टैक्स के हिसाब-किताब को फिर से खोल दिया गया।

निस्संदेह रूप से, इनकम टैक्स के मामलों को फिर से खोलना और व्यापारियों तथा अधिकारियों के घरों पर केंद्रीय अन्वेषण ब्यूरो की आयकर शाखा के छापे सरकार का हथकंडा बन गए थे, जिनसे उन लोगों को अनुशासन का पाठ पढ़ाया जाता था, जो आदेशों के पालन नहीं करते थे। मंतोष सोंढी, जो एक बेहतरीन इंजीनियर थे और बोकारो स्टील प्लांट से उद्योग मंत्रालय में लाए गए थे, को संजय के इशारे पर सी.बी.आई. परेशान कर रही थी, क्योंकि सोंढी उन लोगों में से एक थे, जिनके कहने पर एक अफसर को कुछ जानकारी जुटाने के लिए मारुति की साइट पर भेजा गया था। जानकारी से कोई नुकसान होनेवाला नहीं था और उसकी जरूरत संसद् में एक प्रश्न का जवाब देने के लिए थी। तत्कालीन मंत्री पई ने कैबिनेट से इस्तीफा देने की धमकी देकर उन्हें बचा लिया।

आयकर के बकाए का डर पैदा कर लोगों को परेशान करने का हथकंडा और भी बुरा हो गया, जब वित्त मंत्रालय को दो हिस्सों में बाँट दिया गया। इनकम टैक्स, एक्साइज और बैंकिंग को एक स्वतंत्र विभाग में तब्दील कर दिया गया था, जिसकी जिम्मेदारी प्रणब मुखर्जी को सौंपी गई थी, जो अब संजय के खास लोगों में शामिल हो चुके थे और तत्परता से उनके आदेशों को लागू करते थे।

वित्त मंत्रालय के बँटवारे से कमजोर वित्त मंत्री सी. सुब्रह्मण्यम को दिल का दौरा पड़ गया, जो उस वक्त भी श्रीमती गांधी के साथ खड़े रहे, जब दक्षिण भारत के सबसे कद्दावर नेता, के. कामराज ने पुराने नेताओं का समर्थन किया था और जिसने कांग्रेस (ओ) का रूप ले लिया था। सुब्रह्मण्यम ने श्रीमती गांधी से कहा था कि मारुति परियोजना की जैसी योजना बनाई गई है, वह उस रूप में तैयार नहीं होगी। उनकी मौजूदगी में वे संजय को घंटों यह समझाते रहे कि वे बिड़ला को अपनी परियोजना में लें, जो भारत में कारों के एक निर्माता था। संजय सुब्रह्मण्यम की बेधड़क सुझाव देने की आदत को पसंद नहीं करते थे और उनके प्रति दुर्भावना रखते थे, हालाँकि, बहुत बाद में संजय ने बिड़ला को अपनी फैक्टरी से जोड़ने की उनकी सलाह को मान लिया।

इमरजेंसी शासन के जब दो महीने बीत गए, तब श्रीमती गांधी के चारों ओर व्यक्तित्व का एक पंथ बनने लगा। पूरे देश में उनकी तसवीर पनपने लगी, उनके बीस-सूत्री कार्यक्रम का जाप मंत्र की तरह किया जाने लगा। तमाम प्रमुख विश्वविद्यालयों की ओर से 'इंदिरा स्टडी सर्कल' का आयोजन किया गया और इंदिरा ब्रिगेड में स्वयंसेवकों की संख्या बढ़ने लगी।

और मशहूर पेंटर हुसैन की ओर से श्रीमती गांधी को देवी के रूप में दिखानेवाली तसवीर, पूरे देश में आधिकारिक रूप से प्रदर्शित की जा रही थी। इमरजेंसी वाली श्रीमती गांधी ऐसी देवी थीं, जो एक हट्टे-कट्टे और गरजते बाघ पर सवार थीं, न कि शेर पर जैसा कि पौराणिक कथाओं में बताया गया है।

कांग्रेस पार्टी की आधिकारिक पत्रिका, सोशलिस्ट इंडिया, में श्रीमती गांधी पर कई लेख छपे। एक लेख का शीर्षक था आखिर क्यों हमें श्रीमती गांधी पर पूरा विश्वास और भरोसा होना चाहिए। उनका गुणगान करनेवाले लेख हर तरफ दिखने लगे। और विदेशी पत्रिकाओं और अखबारों में जो छपे, उन्हें खुलकर दोबारा छापा गया। कनाडा की एक पत्रिका के लेख में लिखा गया, ''प्रधानमंत्री इंदिरा गांधी की बुद्धिमानी भारत की बुद्धिमानी है।''

श्रीमती गांधी ने स्वयं भी एक हिंदी पत्रिका के लिए 'मेरी सफलता का रहस्य' विषय पर लेख लिखा। उन्होंने कहा कि जब बचपन में उनकी टीचर ने उनसे पूछा कि वे क्या बनना चाहेंगी, तब उनका जवाब था, ''मैं जोन ऑफ आर्क जैसी बनना चाहती हूँ।'' इतिहास बेशक यह दर्ज करेगा कि आखिरकार वे क्या बनीं।

अधिकांश पत्रिका, खासकर छोटे प्रकाशनों की पत्रिका, ने सरकारी विज्ञापन पर निर्भरता के कारण घुटने टेक दिए। अखबार लगभग सरकारी गजट बन गए या श्रीमती गांधी की चमचागिरी करनेवाले समर्थक। हालाँकि जब 'इंडियन एक्सप्रेस' जैसे कुछ दैनिकों ने सेंसरशिप के खिलाफ सिर उठाने का प्रयास किया, तो सरकार ने उन पर कई तरह से दबाव बनाया। अखबार के मालिक राम नाथ गोयनका, जो एक साहसी मारवाड़ी थे, को धमकी दी गई कि यदि वे नहीं झुके तो उनके बेटे और बहू को मीसा के अंतर्गत बंद कर दिया जाएगा और उनके अखबारों के समूह की नीलामी कर दी जाएगी। गोयनका को द इंडियन एक्सप्रेस के बोर्ड ऑफ डायरेक्टर्स का पुनर्गठन कर समझौता करना पड़ा, जिसमें अधिकांश नामित लोग सरकार के थे। के.के. बिड़ला, जो संजय के करीब थे, चेयरमैन बन गए।

'द स्टेट्समैन' को इस कारण सजा दी गई कि उसने पहले पन्ने पर श्रीमती गांधी की फोटो पर्याप्त संख्या में नहीं छापी। अखबार को यह आदेश दिया गया कि अब से वह सारे पन्नों को सेंसरों की अनुमति के लिए भेजे। पन्नों को सुबह 8 बजे ही स्वीकृति मिलती थी, यानी सोकर उठने के कई घंटे बाद। यह देरी जान-बूझकर की जाती थी, ताकि अखबार के छपने में देरी हो और उसकी बिक्री चौपट हो जाए।

वैसे भी प्रेस ज्यादा मुसीबत खड़ी नहीं कर रहा था। उस पर लगाम पूरी तरह कस दी गई थी। संजय का ध्यान अवैध ढाँचों को गिराना या दिल्ली के सौंदर्यीकरण की योजना पर था। राजधानी के सारे रेहड़ी वालों पर पाबंदी लगी दी गई थी। यहाँ तक कि जामा मसजिद के करीब यादगार निशानी के तौर पर बने छोटे स्टॉल को भी ध्वस्त कर दिया गया। उन व्यापारियों को जो वहाँ दशकों से थे, शहर के बाहर स्टॉल लगाने को कहा गया, लेकिन वहाँ उन्हें ग्राहक नहीं मिलता।

जामा मसजिद के हटाए गए व्यापारियों ने इंदर मोहन से संपर्क साधा, जो सूचना और प्रसारण मंत्रालय का एक कर्मचारी था और जिसने पहले भी उनकी मदद की थी। उसे बताया गया कि संजय ही सारे फैसले करते हैं। इंदर संजय से मिलने पहुँचा, लेकिन उन्होंने कोई मदद नहीं की। उसी शाम 11 पुलिसवाले इंदर के घर में दाखिल हुए, उसे पीटा और घसीटते हुए बाहर ले गए। इंदर ने ज़ब अपनी गिरफ्तारी की वजह पूछी, तो उसे बताया गया कि आदेश बहुत ऊपर से आया है। बाद में, एक बार फिर उसकी पिटाई की गई और तीन दिन बाद, एक वकील ने उसे छुड़ाया।

संजय यह बता देना चाहते थे कि कोई भी उनके रास्ते में नहीं आ सकता और यह बात वे बड़ी अच्छी तरह साबित कर देते थे। यहाँ तक कि विरोध के उस प्रतीक को भी कुचल दिया गया, भले ही उसने एक बार फिर सिर उठाया, जब अप्रैल 1976 में तुर्कमान गेट के इलाके को ध्वस्त किया गया।

करनाल, रोहतक, भिवानी और गुड़गाँव में झुग्गियों को वहाँ रहनेवालों का वैकल्पिक इंतजाम किए बिना ही गिरा दिया गया। लखनऊ में लगभग 10,000 घरों को गिरा दिया गया। यहाँ तक कि प्रार्थना स्थलों को भी नहीं बख्शा गया।

शायद जामा मसजिद के आसपास हुई तोड़-फोड़ के खिलाफ गुस्से का मसजिद के इमाम की ओर से नमाज के बाद की तकरीर में दिए गए संदेश से संबंध था। उन्होंने अपने लोगों से कहा कि वे तानाशाही शासन का सम्मान न करें। 15 अगस्त को जब श्रीमती गांधी लाल किला की प्राचीर से बोल रही थीं, तब उनके साथ लगातार उसकी बहस उन लाउडस्पीकरों के जरिए छिड़ी थी, जिन्हें उसने मसजिद के ऊपर लाल किला के सामने की तरफ लगा रखा था।

इमरजेंसी लगाए जाने के आठ हफ्ते बाद, अगस्त महीने में संजय ने अपनी ताकत दिखानी शुरू कर दी। उन्होंने सोच लिया कि उनके पास ताकत है और यह तय कर लिया कि कई चीजों पर वह अपनी राय देंगे।

नई दिल्ली की एक पत्रिका, 'सर्ज' को दिए इंटरव्यू में उन्होंने कहा कि वे उद्योगों के राष्ट्रीयकरण और नियंत्रित अर्थव्यवस्था के खिलाफ हैं। उन्होंने टैक्स में छूट (जो सच हो गया) दी और अर्थव्यवस्था की व्यावहारिकता हेतु निजी क्षेत्र के लिए एक बड़ी भूमिका

पर जोर दिया। उनकी दक्षिणपंथी विचारों को सब जानते थे और उन्हें कम्युनिस्टों से नफरत थी। उन्होंने कम्युनिस्ट पार्टी के खिलाफ टिप्पणी की और गैर-कम्युनिस्ट दलों के कामकाज पर भी सवाल उठाए। उन्होंने कहा, ''मैं नहीं समझता कि आपको और कहीं भी इतने अमीर और भ्रष्ट लोग मिलेंगे।''

अगले दिन, एक सी.पी.आई. समर्थक मंत्री चरणजीत यादव ने श्रीमती गांधी से कहा कि पूरी कांग्रेस पार्टी नाराज है। हैरानी की बात है कि उन्होंने कहा कि संजय को खुलकर राजनीति में आ जाना चाहिए और श्रीमती गांधी उन्हें पार्टी में कोई काम सौंप दें। वे ऐसा नहीं सोचती थीं। उन्होंने कहा कि उसे राजनीति में दिलचस्पी नहीं है। उन्होंने इंटरव्यू का बचाव यह कहते हुए किया, ''वे कर्मठ हैं, विचारक नहीं।''

सी.पी.आई. को बहुत बुरा लगा। वह ऐसी पार्टी थी, जो किसी भी हद तक जाकर श्रीमती गांधी का समर्थन कर रही थी। वह सोवियत ब्लॉक के साथ उनके करीबी संबंधों को देख रही थी। दूसरी तरफ, उनका बेटा था, जो न केवल दक्षिणपंथी रुख अपना रहा था, बल्कि कम्युनिस्टों पर हमले भी कर रहा था। श्रीमती गांधी से सी.पी.आई. के विरोध का असर हुआ। समाचार की ओर से सभी अखबारों को भेजे गए संजय के इंटरव्यू को रोक दिया गया। केवल 'द इंडियन एक्सप्रेस' ने वह इंटरव्यू 28 अगस्त को छापा। संजय ने उसी अखबार को एक स्पष्टीकरण जारी किया और कहा, ''मैंने पूरी पार्टी को लेकर एक व्यापक बयान नहीं दिया था। बेशक, स्वतंत्र जन संघ और बी.एल.डी. में दौलतमंद लोग हैं और भ्रष्टाचार भी ज्यादा है। मुझे गुस्सा इस वजह से आया, क्योंकि मैंने सुना था कि कुछ लोग खुद को मार्क्सवादी कहते हैं और महान् दिखाते हैं, वे वास्तव में अमीर हैं और ईमानदार भी नहीं हैं।''

उस दिन के बाद से संजय और सी.पी.आई. में तलवारें खिंच गईं। श्रीमती गांधी जानती थीं कि संजय को सी.पी.आई. फूटी आँख नहीं सुहाता, लेकिन वे अकसर उनसे कहती थीं कि अगर वे हमारी शर्तों पर हमारे साथ रहना चाहते हैं, तो इसमें हमारा क्या जाता है ?

उनकी चिंता जे.पी. को लेकर थी, जो भारत की नैतिकता की आवाज और महात्मा गांधी के भावुक आदर्शवाद के सच्चे उत्तराधिकारी बनकर उभरे थे। उन्हें महात्मा के अंतिम जीवित शिष्य और जे.पी. के राजनीतिक गुरु, आचार्य विनोबा भावे का खयाल आया, जो अब 81 के हो चुके थे। 7 सितंबर को वे उनसे नागपुर के करीब पुनार में मिलने पहुँचीं। लोग उन्हें बाबा कहते थे। बाबा ने जे.पी. की गिरफ्तारी पर चिंता जताई और चाहते थे कि बिना शर्त उन्हें रिहा कर दिया जाए। एक वर्ष तक मौन साधे रहने के अपने वचन को भंग करते हुए, उन्होंने श्रीमती गांधी से कहा कि उनकी अंतिम इच्छा है कि उनके और जे.पी. के बीच सुलह हो जाए।

भावे ने सार्वजनिक तौर पर और कुछ नहीं लेकिन इतना कहा कि इमरजेंसी 'अनुशासन का एक युग' था। सरकार ने इस कथन का प्रयोग एक नारे के रूप में इस हद तक किया कि डाक टिकट को भी बदसूरत बना दिया। उन्हें सरकार का खेल समझ आ गया और उन्होंने पुनार में आचार्यों (विद्वानों) की एक बैठक बुलाई। उन्होंने उनसे कहा कि वे देश की मौजूदा स्थिति का विश्लेषण निष्पक्षता से करें और सुख और शांति के लिए एक अनुशासन को विकसित करें।

यह प्रशंसनीय है कि कुलपतियों, न्यायविदों, सामाजिक कार्यकर्ताओं और लेखकों समेत अलग-अलग समूहों से आए सदस्यों के बीच आम राय थी। तीन दिनों की चर्चा के बाद 1,000 शब्दों का जो वक्तव्य जारी हुआ, वह स्पष्ट और असंदिग्ध था तथा उसने बीच का रास्ता अपनाया। इसने पिछली घटनाओं के लिए दोषारोपण नहीं किया। एक तरफ, इसने इमरजेंसी लागू किए जाने के बाद से उद्योग, अर्थव्यवस्था और शिक्षा के क्षेत्रों में हुई सकारात्मक घटनाओं की सराहना की। वहीं दूसरी तरफ, इसने कहा कि अहिंसा और सर्व धर्म समभाव में विश्वास रखनेवाले सामाजिक और राजनीतिक कार्यकर्ताओं की बड़ी संख्या में अनिश्चितकाल के लिए की गई गिरफ्तारी देश के हित में नहीं है।

इस वक्तव्य से श्रीमती गांधी इतना चिढ़ गईं कि उन्होंने भावे के दूत बनकर दिल्ली आए श्रीमन नारायण को हफ्ते भर इंतजार कराने के बाद भी मिलने का समय नहीं दिया। भावे ने श्रीमती गांधी का विरोध नहीं किया। इसकी बजाय, उन्होंने आचार्यों और बुद्धिजीवियों की एक और भी बड़ी बैठक को रद्द कर दिया, जिसे मौजूदा गतिरोध का जल्द समाधान निकालने के लिए बुलाया था।

कुछ बुद्धिजीवियों ने दूसरे तरीके से विरोध किया। वे महात्मा गांधी के समाधि स्थल राजघाट पर उनके जन्मदिन 2 अक्तूबर को इकट्ठा हुए, और इमरजेंसी के खिलाफ नारे लगाए। विरोध करनेवालों में 85 वर्षीय गांधीवादी एल.बी. कृपलानी भी थे। पहले उन्हें गिरफ्तार किया गया और फिर छोड़ दिया गया। केरल में, दूर-दराज के गाँवों में भी महात्मा गांधी के जन्मदिन पर पोस्टर लग गए जिनमें लोगों से अपील की गई कि वे अन्याय और अत्याचार के डर से कायर न बनें।

उस दिन एक ऐसी घटना घटी जिसने श्रीमती गांधी को हिला दिया। चाकू लिये हुए एक आदमी सुरक्षा जाँच को चकमा देकर राजघाट में प्रार्थना सभा के दौरान उनके करीब बैठ गया। उनके उप रेल मंत्री और ताकतवर शफी कुरैशी ने उस आदमी को काबू कर लिया। उन्होंने एक उच्चस्तरीय जाँच के आदेश दिए, और इस बीच उनकी सुरक्षा में लगे जवानों की संख्या बढ़ाकर 2,000 कर दी गई।

महात्मा के जन्मदिन पर भारत को सबसे बड़ा झटका कामराज की मृत्यु के तौर पर लगा।

इमरजेंसी से के. कामराज को बहुत बड़ी ठेस पहुँची थी। वे अकसर कहते थे कि वे एक तानाशाह बनने की राह पर जा रही हैं, लेकिन कभी सोचा नहीं था कि सचमुच बन जाएँगी। अपनी मौत से एक महीने पहले जैसा कि उन्होंने मुझसे कहा था, उनका सबसे बड़ा डर यह था कि अगर आर्थिक और राजनीतिक एकता में देरी हुई तो भारत टूट जाएगा और उत्तर तथा दक्षिण अलग-अलग हो जाएँगे। इमरजेंसी ने इस समस्या पर बस परदा डाला, इसका समाधान नहीं किया। वास्तव में, कामराज ने अपनी मौत से पहले कुछ करीबी मित्रों से कहा था कि इमरजेंसी में उनकी कोई भूमिका नहीं थी, न ही जे.पी. और श्रीमती गांधी के बीच वे मध्यस्थ थे, क्योंकि वह किसी पर भरोसा नहीं करती थीं।

एक बार जे.पी. से उन्होंने कहा था कि वे श्रीमती गांधी पर जरा भी विश्वास नहीं करते। डी.एम.के. और ए.डी.एम.के., दोनों के ही विरोधी होने के कारण कामराज के लिए बहुत थोड़ी सी गुंजाइश थी। जैसा कि जे.पी. ने 3 अक्तूबर को अपनी जेल डायरी में लिखा था, वे जानते थे कि श्रीमती गांधी जैसी निर्लज्ज राजनेता को ए.डी.एम.के. के साथ हाथ मिलाने में कोई संकोच नहीं होगा और उन्हें उस बात की आशंका थी। इसलिए, न चाहते हुए भी उन्हें अगले चुनाव में अकेले ही उतरना था।

श्रीमती गांधी को दक्षिण का साथ चाहिए था। वे जानती थीं कि उत्तर में इमरजेंसी अलोकप्रिय है। कामराज की मृत्यु के बाद, वे इस बात को साबित करने के लिए किसी भी हद तक जा सकती थीं कि दोनों के बीच का झगड़ा खत्म हो गया और दोनों बहुत करीब आ गए थे। यह सच नहीं था, लेकिन कामराज से कौन पूछता? वे कहा करती थीं कि कामराज तमिलनाडु कांग्रेस (ओ) का इंदिरा गांधी के कांग्रेस में विलय करना चाहते थे। सच है कि इमरजेंसी से पहले, कामराज कांग्रेस (ओ) का विलय कांग्रेस में करना चाहते थे, लेकिन राष्ट्रीय स्तर पर, जिससे कि सभी राज्यों में कांग्रेस (ओ) के नेताओं को मुख्य कांग्रेस में पद मिले।

कामराज के अंतिम संस्कार के लिए श्रीमती गांधी खासतौर पर विमान से मद्रास पहुँचीं। इन्होंने तमिलनाडु के लोगों को प्रभावित किया, और कुछ को उनकी कहानी पर यकीन भी हो गया कि अगर कामराज कुछ दिन और जीवित रहते तो कांग्रेस में शामिल हो जाते। इस सोच का उन्हें अगले लोकसभा चुनावों में फायदा मिला।

महात्मा की जयंती पर एक और चीज हुई। विपक्षी नेताओं ने लोगों से इमरजेंसी के खिलाफ एक दिन की भूख हड़ताल का आह्वान किया। देश भर के राजनीतिक बंदियों ने इसका पालन किया।

दिल्ली के तिहाड़ जेल में, उस रात जेल अधीक्षक वार्ड 15 में तीन सौ अधिकारियों और आरोपियों के साथ दाखिल हुआ। उसने बंदियों को भयभीत करने की कोशिश की।

अधीक्षक ने सोचा कि महात्मा गांधी की जयंती बंदियों की ओर से की जा रही मामूली माँगों का जवाब देने के लिए अच्छा मौका है। वे जेल मैनुअल के अनुसार, बेहतर सफाई, चिकित्सा सुविधा और भोजन, कपड़े तथा मुलाकात और कोर्ट या अस्पताल ले जाते समय हथकड़ियाँ उतारने की माँग कर रहे थे। तिहाड़ जेल के कैदियों ने 3 अक्तूबर को भी भूख हड़ताल जारी रखी। चरण सिंह, राज नारायण और नानाजी देशमुख ने उनकी माँगों का समर्थन किया।

सरकार कुछ हद तक झुकी और कैदियों की कुछ माँगों को स्वीकार कर लिया। लेकिन हिरासत में लिये जाने के नियम और सख्त कर दिए गए। 18 अक्तूबर को मीसा में इस तरह के और संशोधन किए गए कि इस अधिनियम के अंतर्गत, सरकार को किसी को भी, यहाँ तक कि न्यायपालिका को भी यह बताने की जरूरत नहीं थी कि गिरफ्तारी क्यों की गई है। इस अध्यादेश को पूर्वप्रभाव से, 29 जून से लागू कर दिया गया, ताकि पहले ही गिरफ्तार किए गए लोग गिरफ्तारी को चुनौती न दे सकें। इस कदम के बाद 13 सितंबर को मेरी रिहाई हुई। उस दिन दिल्ली हाई कोर्ट ने यह आदेश दिया कि सरकार कोर्ट को यह संतुष्ट करने में विफल रही है कि ''कुलदीप नैयर को आंतरिक सुरक्षा के कानूनों के तहत विधिपूर्वक हिरासत में रखा गया है।'' ब्रिटिश समाचार एजेंसी, रायटर्स की न्यूज सर्कि को 9 अक्तूबर को काट दिया गया, क्योंकि उसने इस खबर और कुछ अन्य खबरों को सेंसरशिप के नियमों का उल्लंघन करते हुए जारी किया था। सर्किट को फिर से चालू करने में तीन महीने लग गए।

मीसा को ज्यादा सख्त बनाने और रायटर्स का सर्किट काटे जाने से विदेश में यह संदेश गया कि भारत पूरी तरह से तानाशाही की दिशा में बढ़ रहा है। अमेरिका के वॉशिंगटन में, कॉल के घर के करीब भारतीय छात्रों ने मार्च ऑफ फ्रीडम निकाला। कॉल ने कायदे से बाहर जाकर भी इमरजेंसी का बचाव किया था। यहाँ तक कि यह धमकी भी दी कि अमेरिका को एक दिन अफसोस होगा कि उसने भारत के अपने तरीके के लोकतंत्र को स्वीकार क्यों नहीं किया। उन्होंने दिल्ली में शिक्षा मंत्री को चिट्ठी लिखी कि उन छात्रों की स्कॉलरशिप वापस ले लें, जो इमरजेंसी की तारीफ के गीत नहीं गा रहे थे। उन्होंने कुछ छात्रों के पासपोर्ट को रद्द करा दिए, क्योंकि वे भारत को बदनाम करने पर तुले थे।

शिकागो में, करीब सौ लोगों ने एक प्रदर्शन किया। उसमें विभिन्न क्षेत्रों के लोग शामिल हुए। पेशेवर लोग, कारोबारी और छात्र महात्मा गांधी की एक बड़ी तसवीर (10′ × 6′) लेकर निकले, जिसमें उनके हाथों में जंजीर बँधी थी, जो यह दिखा रहा था कि यदि वे जीवित होते तो आज जेल में होते।

चह्वाण जो 9 अक्तूबर को शिकागो में थे, उनकी बड़ी फजीहत हुई। कई बार उनके

भाषण को रोका गया। लोग शेम-शेम चिल्ला रहे थे। जब यह ऐलान किया गया कि मंत्री केवल लिखित प्रश्नों का जवाब देंगे, तो दर्शकों ने हूटिंग की। इससे पहले न्यूयॉर्क में एक बैठक में उन्होंने कहा था कि लोकतंत्र की मौत कोई भारत में नहीं हुई है, बल्कि यह पहले से भी अधिक जीवंत है।

जिनेवा में चर्चों के विश्व परिषद् ने 23 अक्तूबर को श्रीमती गांधी से लोगों के लोकतांत्रिक अधिकारों को बहाल करने और अभिव्यक्ति की आजादी देने की अपील की। परिषद् के महासचिव ने एक चिट्ठी भेजकर बिना सुनवाई राजनीतिक हस्तियों को बंदी बनाकर रखे जाने पर दुःख जताया और कहा कि सरकार की आपातकालीन शक्तियाँ मानवाधिकारों में गंभीर कटौती करती हैं। श्रीमती गांधी अपने बचाव में कहती थीं कि इमरजेंसी प्राथमिकताओं के सही क्रम में है जैसा कि संविधान में दर्ज है। उन्होंने कहा कि प्रस्तावना में पहले सामाजिक और आर्थिक न्याय लिखा है, और फिर राजनीतिक न्याय।

इस बात से ज्यादातर लोग सहमत नहीं थे, लेकिन अब उनकी ताकत बढ़ गई थी। 7 नवंबर को सुप्रीम कोर्ट ने एकमत से इलाहाबाद हाई कोर्ट द्वारा दो चुनावी मामलों में 12 जून को उन्हें दोषी ठहराए जाने के फैसले को पलट दिया। हाई कोर्ट की ओर से श्रीमती गांधी के छह साल तक चुनाव लड़ने पर लगाई गई पाबंदी को भी समाप्त कर दिया गया।

पाँच सदस्यीय पीठ का फैसला मामले के तथ्यों पर आधारित नहीं था, बल्कि चुनावी कानून के संशोधन पर आधारित था, जिन्हें संसद् ने अगस्त में पारित किया था। उसने ही उन्हें दोष से मुक्त कर दिया था।

सुप्रीम कोर्ट ने 53 वोट से अगस्त में संसद् द्वारा पारित विशेष संविधान संशोधन के एक हिस्से को भी निरस्त कर दिया, जिसने अदालतों से प्रधानमंत्री के चुनाव के मामले में फैसला करने का अधिकार छीन लिया था। इस फैसले ने राज नारायण के इस दावे को सही ठहराया कि छूट का यह व्यापक अधिकारी संविधान की मौलिक भावना का हनन करता है।

इन पाँच जजों में से एक, जो आगे चलकर समय से पहले ही सुप्रीम कोर्ट के मुख्य न्यायाधीश बने, एम.एच. बेग, उन्होंने इस धारणा के साथ मुकदमे पर गौर किया कि केस पर फैसला उस कानून के आधार पर सुनाया जाना चाहिए था, जो हाई कोर्ट में याचिका पर फैसला सुनाने के दौरान अस्तित्व में था। वे इस नतीजे पर पहुँचे कि हाई कोर्ट के निष्कर्षों को वैध नहीं ठहराया जा सकता है। बेग ने कहा कि ऐसा लगता है कि विद्वान जज इस तथ्य को लेकर बिना वजह सजग थे कि वे देश के प्रधानमंत्री के मुकदमे की सुनवाई कर रहे हैं। इस कारण उन्होंने अपने फैसले में जो संकेत दिए, उसमें इस तथ्य से उसे प्रभावित होने नहीं दिया। फिर भी, जब सबूतों के मूल्यांकन का

समय आया, तब मुझे लगता है कि उन्होंने उसका मूल्यांकन करने में असमान मानदंड अपनाए, जिससे कि चुनाव याचिकाकर्ता (राज नारायण) को इस बात से काफी हद तक निश्चिंत कर दिया कि चुने जाने पर भ्रष्टाचार का आरोप लगानेवाले पर सबूत उपलब्ध कराने की बहुत भारी जिम्मेदारी होती है...

श्रीमती गांधी की पार्टी ने जीत का जश्न मनाया, और कहा, "लोकतंत्र के रास्ते को पूरी तरह सही ठहराया गया है। यह फैसला लोकतांत्रिक ताकतों की जीत है।" लेकिन उनके विरोधियों ने उस कड़वे तथ्य को सामने रखा कि कोर्ट का फैसला संसद् में उनकी पार्टी की माँग पर नए सिरे से लिखे गए चुनाव कानून पर आधारित था, जिसने उन्हें पिछली तारीख से दोषमुक्त किया।

इस फैसले के तुरंत बाद सरकार ने मुख्य न्यायाधीश से सुप्रीम कोर्ट के पहले के फैसले की समीक्षा का अनुरोध किया, जिसने संविधान के मौलिक ढाँचे में संशोधन के संसद् के अधिकार को सीमित कर दिया था। विभिन्न उच्च न्यायालयों में लगभग 300 रिट याचिकाएँ लंबित थीं, जो इस आधार पर सरकार के नियमों और कानूनों को चुनौती दे रही थीं कि वे संविधान के मौलिक ढाँचे का हनन करती हैं। आँध्र प्रदेश से परीक्षण के तौर पर एक केस लिया गया। नीरेन डे ने कहा कि 1973 के फैसले ने संविधान की अनिवार्य विशेषताओं की व्याख्या स्पष्ट रूप से नहीं की थी और उस पर फिर से विचार करना चाहिए, ताकि संसद् अपने अधिकार को जान सके। पालखीवाला ने सरकार पर असभ्यों जैसी जल्दबाजी दिखाने का आरोप लगाया, जो एक अदालत के सबसे ऐतिहासिक फैसले की समीक्षा की अपील उसे दिए जाने के महज दो वर्ष बाद ही कर रही है।

तीन दिनों की सुनवाई के बाद, चीफ जस्टिस ने अचानक 13 जजों की बेंच को भंग कर दिया। उन्हें पता चल गया था कि ज्यादातर जज इसकी समीक्षा के पक्ष में नहीं हैं। यह सरकार के लिए झटका था, जो कई महीने बाद पहली बार लगा था।

समर्पित वकीलों ने अपने काम के दायरे को बढ़ा लिया। उन्होंने बंदियों की रिहाई या जेलों में बेहतर जीवन स्तर को लेकर हजारों रिट दायर कर दिए।

बैंगलोर हाई कोर्ट में शांति भूषण ने आडवाणी, अटल बिहारी वाजपेयी, कांग्रेस (ओ) के एस.एन. मिश्रा, समाजवादी मधु दंडवते का बचाव किया। जब इमरजेंसी लगी थी, तब वे कर्नाटक में थे। शांति भूषण ने कहा, "हम पूरी इमरजेंसी और सरकार की ओर से उठाए गए कदमों को चुनौती दे रहे हैं कि आखिर कैसे वे उसका हिस्सा हैं, जिसे श्रीमती गांधी ने गंभीर रूप से खतरनाक साजिश कहा, जिसके चलते इमरजेंसी लगानी पड़ी।"

दो अन्य वकीलों ने भी बंदियों को मुक्त कराने के मुकदमे लड़कर ख्याति प्राप्त की। वी.एम. तारकुंडे, बॉम्बे हाई कोर्ट के पूर्व जज, और बॉम्बे के सोली सोराबजी। तारकुंडे ने सिटिजन्स फॉर डेमोक्रेसी नाम के एक मंच का भी गठन किया। उसने बंद

दरवाजों के पीछे कई मीटिंग की, जिसमें मौलिक अधिकारों को वापस करने की माँग की गई। अहमदाबाद में 12 अक्तूबर को उसका एक सम्मेलन हुआ, जिसे बॉम्बे के पूर्व चीफ जस्टिस एम.सी. छागला, सुप्रीम कोर्ट के पूर्व चीफ जस्टिस जेसी शाह, तारकुंडे, मिनोओ मसानी तथा कुछ अन्य वकीलों ने संबोधित किया।

सम्मेलन का उद्घाटन करते हुए, छागला ने कहा, ''आज जेल में बंद ज्यादातर लोगों को पता ही नहीं है कि वे वहाँ क्यों हैं और वे अपने बचाव नहीं कर सकते क्योंकि जहाँ कोई आरोप नहीं, वहाँ बचाव भी नहीं हो सकता है। वे किसी और अधिकरण के पास भी नहीं जा सकते, क्योंकि सब बंद पड़े हैं।''

उनके भाषण के चलते बड़ौदा के एक साप्ताहिक, भूमि-पुत्र की तथा महात्मा गांधी की ओर से स्थापित नवजीवन ट्रस्ट की मुश्किल बढ़ गई। भूमि-पुत्र का प्रेस सील कर दिया गया। यह मामला हाई कोर्ट पहुँचा, जहाँ जजों ने सेंसरशिप के कुछ निर्देशों को अमान्य करार दिया। वह फैसला भी तब तक सामने नहीं आया, जब तक कि हाई कोर्ट ने उसके प्रकाशन का आदेश नहीं दिया और उसने कहा, ''किसी नागरिक की स्वच्छंदता को बनाए रखने के लिए कोर्ट का कोई भी फैसला किसी को कभी नुकसान या पक्षपात का शिकार नहीं बना सकता।''

नवजीवन ट्रस्ट प्रेस, जहाँ से महात्मा गांधी अपने 'यंग इंडिया' और 'हरिजन' का प्रकाशन कराते थे और अंग्रेजों के खिलाफ जंग लड़ रहे थे, ने धरती पुत्र के मामले पर एक बुकलेट छापी। पुलिस ने प्रेस पर धावा बोल दिया, उसे सील कर दिया और छह दिनों तक बंद रखा। प्रेस ने गुजरात हाई कोर्ट का दरवाजा खटखटाया। कुछ समय बाद उसे यह कहा गया कि अगर नवजीवन अपनी सारी प्रकाशित होनेवाली सामग्री सेंसरशिप के लिए सौंप दे, तो सरकार उसके खिलाफ काररवाई नहीं करेगी। जीतेंद्र देसाई, जो प्रेस के मैनेजर थे, ने कहा कि आजाद भारत की सरकार ने उस संस्थान को सील कर दिया, जिसे महात्मा ने देश को आजादी दिलाने के लिए खड़ा किया था।

कांग्रेस से ताल्लुक रखनेवाले कुछ वकीलों ने 8-9 नवंबर को कर्नाटक राज्य के वकीलों का सम्मेलन आयोजित किया। यह प्रचारित किया गया कि इसका आयोजन गरीबों को कानूनी मदद के संबंध में किया गया है। राज्य सरकार ने इसके लिए 1 लाख रुपए दे दिए। आयोजकों की असली मंशा इमरजेंसी के पक्ष में प्रस्ताव पारित करने की थी। बड़ी संख्या में उन वकीलों को इसमें शामिल नहीं होने दिया गया, जो खुलकर कांग्रेस के खिलाफ थे। 1,800 में से केवल 600 वकील ही शामिल हुए। इसके बावजूद, जब श्रीमती गांधी को सुप्रीम कोर्ट के समक्ष अपनी अपील में मिली सफलता पर बधाई देने का प्रस्ताव सम्मेलन में लाया गया, तब उसके पक्ष में केवल 10 वोट पड़े, जबकि 490 उसके खिलाफ।

बेशक, कर्नाटक में हुई यह अपने तरह की अकेली घटना थी। लेकिन देश भर में वकीलों के अंदर भारी रोष था। बार के कमरों में वे खुलकर इमरजेंसी और उससे जुड़े दमन की निंदा किया करते थे।

कुछ वकीलों ने अंजाम की चिंता किए बगैर कानून के शासन की लड़ाई लड़ी। कई जजों ने, जिनमें से अधिकांश हाई कोर्ट के थे, ने भी सरकार के समझाने–बुझाने की परवाह नहीं की। उदाहरण के लिए, मोराजी देसाई और उनकी बहू श्रीमती पद्मा देसाई पर एक इंटरव्यू की वजह से केस किया गया था। लेकिन मीसा हिरासत में बंदियों की स्थिति के नियम संदर्भ के लिए उपलब्ध नहीं थे। दिल्ली गजट ने उन्हें प्रकाशित किया था, लेकिन प्रतियाँ 'समाप्त' हो गई थीं। रंगराजन और अग्रवाल नाम के दो जजों ने उनकी याचिका सुनी और कहा कि कार्यपालिका के गुप्त आदेश कानून से ऊपर नहीं हो सकते और इंटरव्यू तथा पत्राचार पर रोक लगाने संबंधी शर्तों को खारिज कर दिया। भीम सेन सच्चर की चिट्ठी पर हस्ताक्षर करनेवाली एस.डी. शर्मा की पत्नी श्रीमती सत्या शर्मा को यह फैसला सुनाया गया कि कार्यपालिका की काररवाई को इमरजेंसी के दौरान भी किसी मान्य कानून के आधार पर सही ठहराया जाना चाहिए। इलाहाबाद के चीफ जस्टिस बी. अस्थाना ने एक प्रोफेसर को बंदी बनाए जाने पर सवाल उठाते हुए कहा कि केवल सरकारी ढोंगी आदेश किसी की गिरफ्तारी को सही ठहराने के लिए पर्याप्त नहीं है।

बॉम्बे में, जस्टिस जे.आर. वीमादलाल और पी.एस. शाह ने महाराष्ट्र हिरासत की शर्तों पर आदेश में दिए भोजन, मुलाकात और चिकित्सा संबंधी शर्तों को खारिज कर दिया। उन्होंने कहा, "एक हिरासती दोषसिद्ध अपराधी नहीं है और हिरासत में लेने की शक्ति सजा देने की शक्ति नहीं है," और यह भी कि "हिरासती पर लगाई जानेवाली पाबंदियाँ हिरासत के अनुरूप कम–से–कम होनी चाहिए।"

महाराष्ट्र के कार्यकारी चीफ जस्टिस वी.डी. तुलजापुरकर ने नागरिक स्वतंत्रता और संविधान के अंतर्गत कानून के शासन की चर्चा के लिए आयोजित वकीलों की निजी बैठक पर रोक लगाने के पुलिस आदेश को खारिज कर दिया। उन्होंने कहा, "कोई भी सरकार जो सार्वजनिक चर्चा में इमरजेंसी की शांतिपूर्ण और सकारात्मक आलोचना को दबाती हो, कोई भी सरकार जो स्वतंत्रता की रक्षा केवल कायर और डरपोक लोगों के लिए करती हो और कोई भी सरकार जो अपने पुलिस प्रमुख को सताने की इजाजत देती हो या नागरिकों को सामान्य, बेकसूर और अहानिकर गतिविधियों के लिए पहले से अनुमति हासिल करने के अपमान और तिरस्कार पर मजबूर करती हो उसे दुनिया के सामने यह दावा करने का कोई नैतिक अधिकार नहीं है कि इस देश में लोकतंत्र जिंदा है।"

हालाँकि ऐसे मामले एकाध ही थे। सरकार ने कुछ और लोगों के मामले में पूरी सख्ती दिखाई। कम–से–कम 400 मामले, जिनमें श्री मधु लिमये का मामला भी शामिल

था, बिना किसी पक्ष की मौजूदगी के सुने गए और वादियों को सुनवाई का मौका दिए बिना ही 'बरखास्त करने के रूप में वापस ले लिया गया।' सुप्रीम कोर्ट के स्थगन आदेशों की टाइमिंग ऐसी रखी जाती थी, जिससे कि छात्र कैदी अपनी परीक्षा न दे सकें। बॉम्बे में मेयर के चुनाव को भी नहीं होने दिया गया।

साफ तौर पर सरकार की काररवाई से कम-से-कम दिल्ली के वकील नहीं डरे। इमरजेंसी जब अपने सबसे ऊँचे और गंदे रूप में था, तब 7 अप्रैल को हाई कोर्ट बार एसोसिएशन ने संजय के पसंदीदा उम्मीदवार डी.डी. चावला को हराकर प्राण नाथ लेखी को चुन लिया, जो उस वक्त तिहाड़ जेल की एक कोठरी में अकेले रखे गए थे। जिला बार संघ ने भी एक और बागी वकील कँवर लाल शर्मा को चुना, जबकि कांग्रेस के उम्मीदवार को हरा दिया।

यह संजय के लिए बहुत बड़ी चुनौती थी, जिन्होंने जिला और सेशन कोर्ट के वकीलों के लगभग एक हजार चैंबरों को ध्वस्त करने का आदेश दिया। बुलडोजर उन्हें गिराते जा रहे थे और पुलिस सुरक्षा में तैनात थी।

चूँकि उस दिन छुट्टी का दिन था, इसलिए उनमें कोई मौजूद नहीं था। लेकिन जैसे ही खबर फैली, बदहवास वकील अपनी संपत्ति को बचाने के लिए आनन-फानन में पहुँचे। उन्हें बड़ी सख्ती से खदेड़ दिया गया और कई शांत स्वभाव के वकीलों का पुलिस ने पीछा किया, जो एक महीने से भी अधिक समय तक छिपे रहे। अगले दिन, बार एसोसिएशन के सदस्यों का एक दल अपना विरोध जताने के लिए दिल्ली के चीफ जस्टिस टी.वी.आर. ताताचारी से मिलने गया। एक ही बस में जा रहे 43 वकीलों को तुरंत गिरफ्तार कर लिया गया। 24 को मीसा के तहत और 19 को डी.आई.आर. के अंतर्गत। केंद्रीय भवन और निर्माण राज्य मंत्री एच.के.एल. भगत ने एक दूसरे प्रतिनिधिमंडल से कहा कि शायद दिल्ली विकास प्राधिकरण (डी.डी.ए.) के साथ सौहार्द की कमी के चलते तोड़-फोड़ की गई है। ओम मेहता ने तीसरे प्रतिनिधिमंडल से कहा कि अब और तोड़-फोड़ नहीं होगी।

लेकिन अगले ही रविवार को डी.डी.ए. ने 200 और वकीलों के केबिन तोड़ दिए। छुट्टियों के दौरान बाकी बचे 500 के करीब चैंबरों को भी तोड़-फोड़कर हटा दिया गया। तोड़-फोड़ की वैसी ही सरकारी काररवाई शाहदरा और संसद् मार्ग क्रिमिनल कोर्ट में की गई। कुल मिलाकर 58 वकीलों को जेल में डाल दिया गया। केवल एक को छोड़ा गया। वे थे अशोक साप्रे, जो डी.आई.जी. पुलिस (जेल) के बेटे थे, जिन्हें रात को चुपचाप छोड़ दिया गया।

लेकिन वकील अपवाद के तौर पर सामने आए। अन्य लोगों ने कमोबेश इमरजेंसी को जीने का तरीका मान लिया था, कुछ ने शांति और अनुशासन की प्रशंसा भी की। छात्र, जो जे.पी. की उम्मीद थे, काफी हद तक कैंपसों में खामोश थे।

उन्होंने विरोध किया था। जवाहरलाल नेहरू यूनिवर्सिटी में अगस्त में एक दिन और

सितंबर में तीन दिनों की हड़ताल की। किसी भी अन्य कैंपस की तरह ही यह कैंपस भी बुद्धिजीवियों से भरा था। जब 15 योग्य छात्रों को दाखिला नहीं दिया गया, तब छात्र संघ के अध्यक्ष ने विरोध किया। कुलपति ने उन्हें निकाल दिया। दिल्ली यूनिवर्सिटी में 500 शिक्षकों और छात्रों को गिरफ्तार किया गया, जिनमें युवा नेता अरुण जेटली भी शामिल थे। दिल्ली के कुछ छात्रों को उनके स्कूलों से दो साल के लिए निकाल दिया गया। हाई कोर्ट ने उन्हें फिर से स्कूल भेजने का आदेश दिया। कुछ पुलिस इंस्पेक्टरों ने अपने आपको छात्र बताकर दाखिला ले लिया।

19 नवंबर को दिल्ली के नेशनल स्टेडियम में एक विरोध प्रदर्शन किया गया, जिसका नेतृत्व 24 लड़कों ने किया, जिनकी उम्र 14 से 17 साल के बीच थी। उनमें से दो लड़कों ने माइक पर कब्जा जमाया और चीखकर कहा, ''इंदिरा हम तुम्हारे जेल भर देंगे, लेकिन तुम्हारे अत्याचार के आगे कभी नहीं झुकेंगे।''

लेकिन कुछ दिनों के विरोध के बाद छात्र और शिक्षक एक ऐसे जीवन के अभ्यस्त हो गए, जो उनकी पसंद का नहीं था, बल्कि एक कड़वी सच्चाई थी। भूमिगतों की ओर से जारी की गई चिट्ठी ने इस तरीके से भारत का वर्णन किया था—

यह सब भगवान् पर निर्भर है। देश में हालात बहुत बुरे हैं। स्वार्थ हद से ज्यादा हो गया है। अब कोई पार्टी नहीं है। एक व्यक्ति का शासन है। बाकी सब महज कठपुतली हैं। जनता के साथ-साथ सरकार के उच्च और निम्न स्तर के अधिकारी मौन और अपंग हो गए हैं। लोग कराह रहे हैं।

लेकिन उनकी सुनने और उनकी रक्षा करनेवाला कौन है ? शायद किसी ने कभी नहीं सोचा होगा कि ऐसी स्थिति संभव है। इमरजेंसी के डर ने लोगों की चेतना को समाप्त कर दिया है। लेकिन अब इंदिरा गांधी को यह एहसास होने लगा है कि उन्होंने किस स्थिति का निर्माण किया है। हर दिन नए अध्यादेश पारित किए जा रहे हैं। अब केवल वे और उनके बेटे संजय गांधी सरकार चला रहे हैं। ऐसी स्थिति आ गई है, जब सरकार का कोई भी मंत्री तभी काम करता है, जब उसे संजय गांधी से निर्देश मिल जाते हैं। सरकार की बागडोर अब गुंडों के हाथों में है। कोई नहीं जानता कि देश इस आपदा से कैसे बाहर निकलेगा!

लाखों लोग जेल में हैं। दिन-ब-दिन उनके परिवारों की हालत बिगड़ रही है। भारी तादाद में लोगों की नौकरियाँ छिन रही हैं। अनेक छात्रों की पढ़ाई ठप है। बड़ी संख्या में यूनिवर्सिटी और कॉलेज के शिक्षक अब जेल में हैं। यहाँ तक कि बुजुर्ग, जवान और बच्चों को डराया जा रहा है। उनकी निर्दयता और आपराधिक प्रवृत्ति असहनीय होती जा रही है।

यहाँ तक कि आर्थिक लाभ भी नहीं हो रहा है। श्रीमती गांधी को अब यह साबित करना था कि भारत जैसे गरीब देशों में दयालु निरंकुश शासक चाहिए, जो उन्हें गरीबी से निकाल सके। वास्तव में, आर्थिक कुशासन की शुरुआत 1966 में उनके शासन से हुई, जब उन्होंने रुपए का अवमूल्यन किया था।

वर्ष 1950-51 को थोक मूल्य के लिए आधार वर्ष माना गया, जब संयोग से योजना के युग की शुरुआत हुई, तब सूचकांक 100 से बढ़कर 148, यानी 15 वर्षों में 48 प्रतिशत हो गया। 1966-67, यानी उस वित्त वर्ष में जब श्रीमती गांधी सत्ता में आईं, और 1974-75 के बीच, थोक मूल्य सूचकांक 148 से बढ़कर 351 हो गया। दूसरे शब्दों में, उनके नौ वर्षों के शासन में कीमतें 137 प्रतिशत से भी अधिक हो गईं।

दूसरी तरफ, 1950-51 में मुद्रा की आपूर्ति रुपए 20,160 मिलियन थी। यह 1965-66 तक बढ़कर 45,300 रुपए मिलियन हो गई। 15 वर्षों में लगभग दोगुनी। लेकिन 1965-66 और 1974-75 के बीच यह बढ़कर 1,15,000 रुपए मिलियन हो गई, जो किसी भी पैमाने पर बहुत बड़ा इजाफा था।

जहाँ तक औद्योगिक उत्पादन की बात थी, तो यह 1966 तक (इस पैमाने पर 1951 में उत्पादन 55 प्वाइंट था) 153 प्वाइंट पर पहुँच गया था। दूसरे शब्दों में औद्योगिक उत्पादन प्रतिवर्ष 6.5 प्रतिशत से अधिक था। 1965-66 और 1974-75 के बीच यह सूचकांक बढ़कर 208 प्वाइंट पर पहुँच गया, जिससे यह संकेत मिला कि औद्योगिक उत्पादन में 4 प्रतिशत से भी कम वृद्धि हुई। यह तब था, जबकि हरित क्रांति से काफी राहत मिली थी।

1950-51 में राष्ट्रीय आय में 5.7 प्रतिशत की बचत थी। देश ने 1965-66 तक इसे 13.3 पर लाने में सफलता पाई थी। हालाँकि 1965-66 और 1974-75 के बीच, यह दर लगातार गिरने लगी और फिर कभी उस स्तर तक नहीं पहुँच सकी। यह 11 से 13 प्रतिशत के आसपास रही। सबसे ज्यादा निवेश 1966-67 में हुआ, जब 15.3 प्रतिशत राष्ट्रीय आय को फिर से हासिल किया। आनेवाले वर्षों में इस दर में लगातार गिरावट दर्ज की गई। 1968-69 में यह 10.2 प्रतिशत तक गिर गई और 1974-75 तक ज्यादा सुधार नहीं हो सका।

कम बचत, सीमित निवेश, सुस्त उद्योग, मुद्रा आपूर्ति में तेज उछाल के साथ ही 1973-75 के दौरान सूखा पड़ने पर कृषि उत्पादन में तेज गिरावट के कारण आर्थिक संकट निश्चित था। और बेशक देश ने 1974 और 1975 में इसका सामना भी किया। यह लगने लगा कि उनकी आर्थिक मजबूरियाँ ऐसी थीं कि उन्हें इमरजेंसी जैसी किसी चीज की जरूरत थी।

श्रीमती गांधी की मदद कृषि रिकॉर्ड कृषि उत्पादन ने किया, जो एक साल पहले (1974-75) 99.83 मिलियन टन था और अब बढ़कर 120.83 मिलियन टन हो गया। इसके बाद तस्करी विरोधी अभियान चलाया गया, जिसने सामानों की स्मगलिंग को न केवल खतरनाक, बल्कि महँगा भी बना दिया। करीब 288 स्मगलरों को पकड़ा गया, जिनमें नामी स्मगलर हाजी मस्तान और यूसुफ पटेल शामिल थे। उनकी संपत्ति जब्त कर ली गई। 1 जुलाई को एक अध्यादेश जारी किया गया, जिसके अंतर्गत विदेशी मुद्रा विनिमय और स्मगलिंग विरोधी गतिविधि अधिनियम के तहत गिरफ्तारी पर हिरासत में

लेने का कारण बताना जरूरी नहीं रह गया था। यदि उनकी हिरासत देश हित में आवश्यक थी, तो उनके मामले (गायत्री देवी को इस अधिनियम के तहत गिरफ्तार किया गया था) एक सलाहकार बोर्ड को भेजना जरूरी नहीं था।

सरकार ने रुपए को फ्लोट करने का निर्णय लिया, जिससे कि विदेशों में मौजूद भारतीय आधिकारिक चैनल से पैसे भेजें, क्योंकि काला बाजार की स्थिति बेहतर नहीं थी। बाहर से आनेवाला पैसा एक साल में 800 रुपए मिलियन से बढ़कर 2000 रुपए मिलियन हो गया।

मीसा के भय से औद्योगिक शांति भी बढ़ी। अब कोई हड़ताल बरदाश्त नहीं की जाती थी और जब होती थी, तो पुलिस उसे खत्म कराने के लिए दखल देती थी। इसने कम-से-कम उद्योगपतियों को खुश किया, भले ही मजदूर संगठन नाराज हुए, जो इतने भयभीत थे कि चाहकर भी कुछ नहीं कर सकते थे। यहाँ तक कि जब बॉम्बे बोनस अधिनियम समाप्त किया गया, जिससे कि नियोक्ता के लिए अब कर्मचारियों को अनिवार्य रूप से बोनस (वेतन का 8.33 प्रतिशत) देना बाध्यकारी नहीं रह गया, जब उन्हें घाटा हो रहा हो, तब भी मजदूर संघ काफी हद तक चुप रहे। सी.पी.आई. ने आवाज उठाई, लेकिन मामला कुछ अखबारों में खबरें छपने तक सीमित रहा।

औद्योगिक शांति और सरकार की ओर से कुछ नतीजे दिखाने के प्रयासों ने औद्योगिक इकाइयों को अपनी बची हुई क्षमता का लाभ दिलाया। इससे एक दूसरी समस्या बहुलता की खड़ी हुई। अधिकांश उद्योगपतियों की यह शिकायत थी कि इकट्ठा होते उनके माल के लिए खरीदार नहीं थे। सरकार ने कुछ भी नहीं किया। उसकी चिंता बस वहीं तक थी कि बंदी या बेरोजगारी न हो। और कुछ मायने नहीं रखता था।

क्या इसके लिए इमरजेंसी जरूरी थी? वास्तव में, जो कुछ भी हासिल हुआ था, वह एक कारोबारी दिमाग रखनेवाले मंत्री, टी.ए. पई के 1974 में मंत्रिमंडल में आने के बाद हुआ था। यहाँ तक कि तस्करी विरोधी अभियान भी 1974 में शुरू हुआ था, जब गणेश वित्त राज्य मंत्री थे। इमरजेंसी का सुस्त नौकरशाही पर कम या लगभग कोई प्रभाव नहीं पड़ा था। श्रीमती गांधी ने अपने सचिवालय की ताकत बढ़ाने के लिए धीरे-धीरे केंद्रीय मंत्रालयों और राज्य सरकारों को कमजोर कर दिया था, जो अब विशेष सहायकों, भारतीय प्रशासनिक सेवा (आई.ए.एस.) के अफसरों तथा मंत्रालयों और मंत्रियों के साथ अटैच निजी सचिवों के जरिए पूरी सरकारी मशीनरी को नियंत्रित कर रहा था। रक्षा मंत्रालय में एस.के. मिश्रा, वाणिज्य मंत्रालय में एन.के. सिंह और सूचना प्रसारण मंत्रालय में वी.एस. त्रिपाठी की चलती थी। धीरे-धीरे उन्हें सत्ता चलाने और नीतियाँ बनाने की शक्ति मिली। संजय उन्हें उनके नाम से बुलाने लगे।

वास्तव में, श्रीमती गांधी कभी प्रशासनिक सुधारों को लेकर गंभीर नहीं थीं। पहले वे उनसे यह कहकर बचती रहीं कि मोरारजी की अध्यक्षता वाले प्रशासनिक सुधार आयोग

ने कुछ सुझाव दिए हैं, जिन्हें भारत सरकार के सचिवों को देखना है। जब सुस्त रफ्तार को लेकर आलोचना की जाने लगी, तब उन्होंने एक मंत्रालयी समूह का गठन किया, जिसके सदस्य थे—मोहन कुमारमंगलम, डी.पी. धर और टी.ए. पई, जिन्हें सुझावों को निपटाना था। कई लेख और प्रस्ताव तैयार किए गए, जिन्हें अंत में ठंडे बस्ते में डाल दिया गया।

उनका सचिवालय, विभिन्न मंत्रालयों में विशेष सचिव, और रॉ, व्यवस्था को चलाने के लिए पर्याप्त माने जा रहे थे। हालाँकि अपने सार्वजनिक संबोधनों में और फाइलों पर की गई टिप्पणियों में, धीमी प्रशासनिक प्रक्रिया पर वे अपनी दिलचस्पी और चिंता लगातार दिखाती रहीं।

उन्होंने सभी मुख्यमंत्रियों और कैबिनेट मंत्रियों को एक चिट्ठी लिखी और कहा कि सभी स्तरों पर प्रशासन को चुस्त-दुरुस्त बनाएँ। उन्होंने कहा, "हम मुश्किल वक्त से गुजर रहे हैं। यह स्वाभाविक है कि लोगों की उम्मीदें प्रशासन की कमान सँभालनेवालों से ज्यादा होंगी। आलस, उदासीनता या अनुशासनहीनता की कोई जगह नहीं है। हर किसी को अपने काम की जगह पर अपना बेहतरीन प्रदर्शन करना होगा। सभी वर्गों के सरकारी सेवकों के अपने अधिकार हैं। लेकिन दायित्व और जिम्मेदारी के बिना अधिकार का कोई सवाल नहीं है। प्रभावी नेतृत्व महत्त्वपूर्ण है..."

भले ही यह चिट्ठी 10 मार्च, 1975 को लिखी गई थी, इसमें दायित्व और जिम्मेदारी की बात थी, यानी ऐसा विषय, जिसका जिक्र इमरजेंसी के दौरान श्रीमती गांधी के भाषणों में कई बार किया गया।

उनकी चिट्ठी के बाद हैरानी और हलचल मच गई। कुछ समय तक सचिवालय के गलियारों में अफवाहों का बाजार गरम रहा कि जबरदस्त सुधार और बदलाव किए जाएँगे। हर विभाग और मंत्रालय ने पी.एम. के निर्देशों पर एक कवायद की तैयारी कर ली। कई कैबिनेट मंत्रियों और मुख्यमंत्रियों ने प्रधानमंत्री को जवाब में चिट्ठियाँ लिखीं, जिनमें सरकार में समस्याओं को लेकर उनकी सोच और जबरदस्त समझ की सराहना के साथ ही कुछ और सुझाव दिए गए थे।

श्रीमती गांधी ने किसी चिट्ठी का जवाब नहीं दिया। यहाँ तक कि किसी को पढ़ा तक नहीं। सभी को उनके सचिवालय और कैबिनेट सचिव को भेज दिया गया। बाद में उनका क्या हुआ, कोई नहीं जानता।

हालाँकि उन्होंने 25 अप्रैल को सभी स्तरों पर प्रशासन को चुस्त-दुरुस्त करने के संबंध में एक और चिट्ठी लिखकर सभी कैबिनेट मंत्रियों और मंत्रियों को हैरान कर दिया। उन्होंने प्रशासन में कुशलता बढ़ाने के विषय पर, एक 14 पेज वाला विस्तृत नोट भी भेजा, जिसे एल.पी. सिंह और एल.के. झा ने तैयार किया था। दोनों ही रिटायर्ड नौकरशाह थे। उन्होंने एक बार फिर अपने मंत्रियों से प्रशासन में सुधार पर खुद ध्यान देने को कहा और उसे सरल तथा ऊर्जावान बनाने के लिए सुझाव भी माँगे। एक बार फिर

यह चिट्ठी सचिवालय में चर्चा का विषय बन गई। हर मंत्री ने अपने वरिष्ठ अधिकारियों के साथ कई बैठकें कीं और हर सचिव ने अपने-अपने अफसरों से बात की। कारवाई पर हर पंद्रह दिन पर कैबिनेट सचिव को एक रिपोर्ट भेजी जानी थी। आखिर में नतीजा वही निकला, प्रशासनिक तंत्र जहाँ था। वहीं रहा, जिसमें वे ही सारी बोझिल प्रक्रियाएँ और जाति के आधार पर बँटे कर्मचारी थे।

हालाँकि इमरजेंसी के नाम पर सरकार ने केंद्र में 200 और राज्यों में और भी कई अफसरों को रिटायर कर दिया। 1960 से ही एक नियम था कि ढीले-ढाले अफसरों को 50 की उम्र के बाद निकाला जा सकता है। यह उन अफसरों को सजा देने के लिए हाथोहाथ लिया गया, जो अवैध काम करने से इनकार करते थे। कई संजय, धवन और राज्यों में उनके समकक्षों के बदले का शिकार थे।

श्रीमती गांधी अपने बेटे और उनके गुर्गों के साथ शासन कर संतुष्ट थीं। एक तरफ कीमतों में स्थिरता और महँगाई का नाम न होना और दूसरी तरफ सजग प्रशासन ने उन्हें और संजय का आत्मविश्वास बढ़ा दिया। वे अब जोखिम उठा सकते थे।

यही वह वक्त था, जब श्रीमती गांधी ने जे.पी. को अस्थायी तौर पर रिहा करने के बारे में सोचा। उनके स्वास्थ्य को लेकर अच्छी खबर नहीं आ रही थी। अगर उन्हें कुछ हो गया, तो लोग चुप नहीं बैठेंगे। वे श्रीमती गांधी और उनकी सरकार को कभी माफ नहीं करेंगे।

एक समय ऐसा आया कि जे.पी. की हालत इतनी खराब हो गई कि अंतिम संस्कार की तैयारियाँ भी कर ली गईं। अखबारों ने शोक संदेश तैयार कर लिये और किसी कारणवश शुक्ला ने यह निर्देश दिया था कि लेखों में नेहरू और उनके बीच की दोस्ती का जिक्र न किया जाए।

उनकी सेहत के अलावा, श्रीमती गांधी को लगता था कि जे.पी. हताश हैं और लोगों के साथ देश में जो कुछ हुआ, उसके लिए खुद को जिम्मेदार मान रहे हैं। हक्सर के बाद पद सँभालनेवाले उनके समझदार सचिव पी.एन. धर ने बातचीत के बाद, इंस्टीट्यूट ऑफ गांधी स्टडीज से सौगत गुप्ता को जे.पी. से मिलने और उनका मन टटोलने के लिए भेजा। धर का मानना था कि जे.पी. और श्रीमती गांधी एक गलतफहमी की वजह से एक-दूसरे से दूर हुए थे, जिसे दूर किया जा सकता था। गुप्ता को लगा कि जे.पी. आत्मचिंतन के मूड में हैं। वास्तव में, अपनी गिरफ्तारी के बाद पहली बार जे.पी. को गुप्ता से मालूम हुआ कि देश में क्या कुछ हुआ है और उन्हें दुःख हुआ।

जे.पी. बिहार जाकर बाढ़ पीड़ितों की मदद भी करना चाहते थे। 27 अगस्त को उन्होंने ऐसा करने के लिए एक महीने के पेरोल का अनुरोध किया था। इसकी इजाजत देने की बजाय श्रीमती गांधी ने कृषि मंत्रालय के सचिव बलबीर वोहरा को उनके पास भेजा और बताया कि पटना के लोगों की मदद के लिए क्या किया जा रहा है। उन्होंने ग्रामीण इलाकों के बारे में कुछ नहीं बताया, जिससे जे.पी. परेशान हो गए।

लेकिन 17 सितंबर को लिखी चिट्ठी में जे.पी. ने केवल बाढ़ की ही बात नहीं की थी। उन्होंने कहा था, ''न केवल बिहार में बाढ़ के हालात बदतर हो गए हैं, बल्कि देश के अधिकांश हिस्सों में भी बाढ़ आ गई है। ऐसे समय में कोई आंदोलन शुरू करने की बात नहीं सोच सकता है। राजनीतिक इमरजेंसी का दौर जा चुका है, बशर्ते मान लें कि ऐसी कोई चीज थी और उसकी जगह अब मानवीय कष्ट की इमरजेंसी ने ले ली है, जिसके लिए राष्ट्रीय स्तर पर प्रयास की आवश्यकता है।''

श्रीमती गांधी ने चिट्ठी में जो कुछ लिखा था, उससे ज्यादा ही उसका मतलब निकाल लिया। इसमें कोई शक नहीं कि जे.पी. निराश थे। लेकिन देश को तानाशाही के चंगुल से छुड़ाने का उनका संकल्प कमजोर नहीं पड़ा था। श्रीमती गांधी ने खबरों का गलत अर्थ निकाल लिया कि उनका मोहभंग हो गया है। उन्होंने पहले उन्हें 30 दिन के पेरोल पर छोड़ने और उनकी गतिविधि को देखने का फैसला किया।

संजय उन्हें रिहा करने के खिलाफ थे, लेकिन पेरोल पर छोड़ने को लेकर ज्यादा नुकसान नहीं दिखा, क्योंकि जे.पी. राजनीति से दूर रहने पर बाध्य होंगे। हालाँकि जे.पी. ने सरकार को साफ तौर पर बता दिया कि वे फिर से श्रीमती गांधी का विरोध सक्रियता से करने का इरादा रखते हैं।

जे.पी. को 12 नवंबर को रिहा कर दिया गया। सरकार ने इससे जुड़ी एक नीरस सी खबर छापने की इजाजत दी। सरकार ने पेरोल की शर्तों को साफ नहीं किया। उनके राजनीतिक सहयोगियों ने कहा कि उन्हें चिकित्सा सुविधा हासिल करने के लिए छोड़ा गया है। डॉक्टरों ने उन्हें बहुत कमजोर और किडनी के इनफेक्शन से पीड़ित पाया था।

श्रीमती गांधी देखना चाहती थीं कि वे और जनता कैसी प्रतिक्रिया दिखाते हैं। वैसे भी हालात पूरी तरह से उनके काबू में थे।

संदर्भ

1. गायत्री देवी को श्रीमती गांधी की एक चिट्ठी के आधार पर पेरोल पर छोड़ दिया गया, जिसमें लिखा था कि अब राजनीति में उनकी कोई दिलचस्पी नहीं और वे बीस-सूत्री कार्यक्रम से सहमत थीं।
2. ज्यादा जानकारी मेरी अगली किताब, इन जेल में रईसों का रवैया सबसे निराशाजनक था। बड़े-बड़े बुद्धिजीवी थे, शिक्षाविद्, न्यायविद्, नौकरशाह, डॉक्टर, वकील वगैरह-वगैरह थे, लेकिन उनमें से ज्यादातर ने चुप्पी साधे रखना ठीक समझा। कुछ ने तो इमरजेंसी को सही भी ठहराया क्योंकि ''इसके लागू होने से पहले जीवन कितना असुरक्षित था। हड़ताल, धरने और सत्याग्रह हुआ करते थे।'' उन्हें अब सबकुछ ''शांतिपूर्ण और व्यवस्थित दिखता था।''
3. देखें मेरी किताब, सप्रेशन ऑफ जजेज।
4. ज्यादा जानकारी के लिए देखें मेरी अगली किताब, इन जेल।

❑

सुरंग का अंत

जे. पी. ने पाया कि लोगों के चेहरे पर दहशत थी। चंडीगढ़ में उन्हें लेने ज्यादा लोग नहीं आए थे। दो दिन बाद जब वे चंडीगढ़ से इंडियन एयरलाइंस के विमान से दिल्ली एयरपोर्ट पहुँचे, तब और भी कम लोग थे। फिर भी खुफिया विभाग ने उन सभी के नाम नोट किए। गांधी पीस फाउंडेशन के बाहर भी निगरानी रखी जा रही थी, जहाँ वे ठहरे थे।

अगर श्रीमती गांधी यह सोच रही थीं कि वे बदल गए हैं, तो यह उनकी सबसे बड़ी भूल थी। वे नाइजीरियाई कवि और नाटककार वोले शोयिंका जैसे थे, जिन्होंने दो साल बाद जेल से रिहा होने पर अपने ऊपर कैद के प्रभाव को लेकर कहा था, "अंदर जाने से पहले आप जिन बातों पर यकीन करते थे, उन पर बाहर आने पर भी विश्वास करते हैं, लेकिन वह विश्वास और मजबूत हो जाता है।"

जे.पी. ने सौगत से कहा था कि इतना कुछ होने के बाद धर को यह उम्मीद नहीं थी कि वे श्रीमती गांधी का समर्थन या सहयोग करेंगे। अगर चुनावों की घोषणा हो जाती, तब वे सरकार के साथ टकराव को समाप्त करने की हिमायत करते। दिल्ली आने के दो दिन के भीतर ही जे.पी. ने एक प्रेस कॉन्फ्रेंस बुलाई, जिसमें केवल विदेशी संवाददाता ही शामिल हुए। भारतीय संवाददाताओं को इस बात का डर था कि वहाँ जाने के बाद उन्हें निशाने पर ले लिया जाएगा। वह कॉन्फ्रेंस बमुश्किल 15 मिनट तक चली, लेकिन जे.पी. ने साफ कर दिया कि उनका स्वास्थ्य जब बेहतर होगा, तब वे नैतिक सिद्धांतों पर आधारित राजनीति के लिए फिर से काम करेंगे।

वह ऐसी चीज थी, जिसे श्रीमती गांधी ने नुकसान पहुँचाया था। जे.पी. ने पत्रकारों से कहा, "अंग्रेजों के समय से लेकर अब तक हमारे अंदर ज्यादा बदलाव नहीं आए हैं। श्रीमती गांधी का विरोध करनेवाली ताकतों को एकजुट करने के लिए मुझसे जो बन पड़ेगा, मैं करूँगा। उन्होंने कहा, "मिडिल क्लास के लोग बहुत हतोत्साहित हैं। उन्हें समझ नहीं आ रहा कि क्या करें। विपक्ष जेल में बैठा है। प्रेस बेड़ियों में जकड़ा है। वे जरूर डरी हुई हैं। डर के कारण ही वे कई सारी चीजें करती हैं।"

यह सब सरकार की अपनी सूचना से अलग था। खुफिया विभाग के लोगों ने बताया था कि जे.पी. अपनी शारीरिक क्षमता खो चुके हैं। जे.पी. का मोहभंग हो चुका है और वे चिंतन के मूड में हैं, धर ने मुझे उन दिनों बताया था। लेकिन यह उनकी भूल थी। जे.पी. तब भी दृढसंकल्प थे।

गृहमंत्री उमा शंकर दीक्षित और धर उनसे बातचीत करने पहुँचे, तब उन्हें पता चला कि वे झुकने के मूड में नहीं हैं। जे.पी. अपनी माँग पर अड़े थे, जब तक सारे बंदियों को नहीं छोड़ दिया जाता, इमरजेंसी समाप्त नहीं की जाती, प्रेस की सेंसरशिप वापस नहीं ली जाती और जल्द चुनावों का ऐलान नहीं होता, तब तक कोई बातचीत नहीं होगी।

उन्होंने बॉम्बे में मुझे कमोबेश यही बात बताई, जहाँ वे डायलिसिस के लिए गए थे, क्योंकि उनकी किडनी खराब हो चुकी थी। किडनी खराब कैसे हुई, यह एक मिस्ट्री थी। उनका कहना था कि यह चंडीगढ़ के पोस्ट ग्रेजुएट इंस्टीट्यूट ऑफ मेडिकल रिसर्च में हुआ, जहाँ उन्हें इलाज के लिए रखा गया था।

जे.पी. ने अफवाहें सुनी थीं कि उन्हें जहर दिया गया था। वास्तव में, उन्होंने बी.बी.सी. से कहा था कि उनका स्वास्थ्य 27 सितंबर के बाद अस्वाभाविक कारणों से गिरने लगा। जब पूछा गया कि क्या इसके पीछे कोई बाहरी कारण है, तो उन्होंने बी.बी.सी. से कहा, ''पूरी जिम्मेदारी के साथ मैं कहना चाहूँगा कि मेरे भी मन में इस तरह का शक है।''

अपनी बातचीत के दौरान मैं देख रहा था कि इमरजेंसी और उसके बाद की घटनाओं ने उन्हें काफी प्रभावित किया था। बेशक वे अवसाद में थे और जो कुछ हुआ, उसके लिए अपने आपको दोषी मान रहे थे। लेकिन वे इस बात से खुश थे कि इमरजेंसी के खिलाफ व्यापक प्रतिक्रिया हुई थी। एक लाख लोग जेल चले गए, और यह कोई छोटी-मोटी संख्या नहीं है, उन्होंने कहा। हालाँकि वे इस बात से निराश थे कि वकीलों और जजों के सिवाय अन्य लोगों ने साहस नहीं दिखाया।

उन्हें लगा कि देश के लिए वे पहले जैसे नहीं रह गए थे। उन्होंने कहा कि जहाँ तक देश की सेवा का प्रश्न है, तो वे खत्म हो चुके हैं। मेरी दुनिया मेरे आसपास बिखरी पड़ी है, अपनी जेल की डायरी में उन्होंने कुछ ऐसा ही लिखा था। लेकिन वे सही नहीं थे। उन्हें इसका थोड़ा सा भी अंदाजा नहीं था कि जल्दी ही वे देश में लोकतंत्र की बहाली के लिए एक बड़ी भूमिका निभानेवाले हैं और तबाही के बीच एक नए भारत का उदय होनेवाला था।

उसकी शुरुआत दिखने लगी थी। देश भर में लोक संघर्ष समिति की ओर से सत्याग्रह की शुरुआत 14 नवंबर, नेहरू के जन्मदिन पर हुई, जिन्होंने एक बार कहा था

कि जे.पी. भारत के इतिहास में एक दिन एक महत्त्वपूर्ण भूमिका अदा करेंगे। एक लाख से भी अधिक स्वयंसेवकों ने त्याग के शपथ पर हस्ताक्षर किए।

दिल्ली में सात महिलाओं और छह किशोरों समेत 108 स्वयंसेवकों ने चाँदनी चौक में गिरफ्तारी दी। पचास सर्वोदय कार्यकर्ताओं को शांतिवन में श्रीमती गांधी की मौजूदगी में गिरफ्तार किया गया, जहाँ वे अपने पिता को श्रद्धांजलि देने गई थीं। सत्याग्रहियों ने 'भारतमाता की जय' और 'तानाशाही नहीं चलेगी' के नारे लगाए।

आंध्र प्रदेश में दिग्गज स्वतंत्रता सेनानी और पूर्व सांसद तेन्नेती विश्वनाथन ने सत्याग्रहियों का नेतृत्व किया और जिले के सभी स्वयंसेवकों ने गिरफ्तारी दी। उड़ीसा में सत्याग्रह की शुरुआत सँभलपुर और कटक में हुई। पहले दिन सात लोगों को गिरफ्तार किया गया था।

केरल में सत्याग्रह के आह्वान का समाचार सारे जिला केंद्रों और निचले स्तर की इकाइयों तक हाथों से लिखे पोस्टर के जरिए पहुँचा। 11 में से 10 जिलों में 280 स्वयंसेवकों ने गिरफ्तारी दी। कालीकट के पास पुलिस ने स्वयंसेवकों पर लाठीचार्ज किया।

पूरे देश में सत्याग्रह चल रहा था, और हर राज्य में लोगों की गिरफ्तारी की गई। 29 जून को दिल्ली में जे.पी. के आह्वान के बाद हुए सत्याग्रह और इस सत्याग्रह में अंतर यह था कि इस बार सत्याग्रह को देखने कई लोग सड़कों पर उतरे। पहले, किसी की हिम्मत नहीं पड़ती थी कि वह सामने आए। सत्याग्रही जो भी परचे बाँट पा रहे थे, उन्हें सहर्ष स्वीकार कर लिया जाता था। एक तरीके से पुलिस का रवैया भी थोड़ा अलग था, वह अब पहले से कहीं ज्यादा क्रूर हो गई थी, क्योंकि उन पर लाठीचार्ज करने या तितर-बितर करने के लिए बल प्रयोग करने को लेकर मानो उन्हें कोई पछतावा या हिचक नहीं होती थी। उनके लिए वे अब भी एक भीड़ ही थे।

सरकार भी अब और निरंकुश होती जा रही थी। हालाँकि, इमरजेंसी के दौरान सारे मौलिक अधिकार निरस्त थे, लेकिन सरकार ने संविधान के अनुच्छेद के तहत मिले सात अधिकारों को निरस्त करने के लिए विशेष आदेश दिए। ये अधिकार थे—बोलने की आजादी, इकट्ठा होने की आजादी, संघ और मजदूर संगठन बनाने की स्वतंत्रता, भारत में मुक्त रूप से घूमने की स्वतंत्रता, और देश के किसी भी हिस्से में रहने की स्वतंत्रता, संपत्ति खरीदने का अधिकार, तथा किसी भी पेशा, व्यापार या कारोबार को चलाने की आजादी।

राष्ट्रपति फखरुद्दीन अली अहमद के दस्तखत वाले आदेश ने अनुच्छेद 19 को लागू करने के लिए कोर्ट में अपील पर भी पाबंदी लगा दी। संवैधानिक अधिकारों में और भी कटौती किए जाने का कोई कारण नहीं बताया गया, जो 26 जून, 1975 में इमरजेंसी शासन लागू होने के बाद ऐसा चौथा मामला था।

यह उम्मीद की जा रही थी कि श्रीमती गांधी अब लोगों को रिहा करना शुरू करेंगी, लेकिन वे उलटी दिशा में चली गईं। सत्याग्रह को मिले जनसमर्थन के कारण ही शायद सरकार ने विरोधियों के खिलाफ सावधानी से प्रहार किया।

जे.पी. की पेरोल 4 दिसंबर को समाप्त कर दी गई और उन पर लगे सारे प्रतिबंध भले ही हटा लिये गए, लेकिन उन्हें निगरानी में रखा गया। खुफिया विभाग के लोग साए की तरह उनके साथ रहते थे, उनसे मिलने-जुलनेवालों का लेखा-जोखा रखते थे और उनकी चिट्ठियों और बयानों की जाँच बड़ी गहराई से करते थे। अकसर बिना वजह भी ऐसा करते थे।

वैसे जे.पी. ने मुझे बताया था कि श्रीमती गांधी बहुत खुश थीं। उन्हें देवी दुर्गा कहकर बुलाया जाता था और कभी-कभी ऐसा लगता था कि वे मान बैठी थीं कि उनके पास शक्ति है। वे जानती थीं कि असरदार काररवाई कैसे करनी है। एक गाँव में उन्होंने एक सादी धोती पहनी, और अपना सिर बड़ी विनम्रता के साथ ढक लिया। कश्मीर में वे किसी कश्मीरी की तरह कपड़े पहनती थीं। पंजाब में वे कुरता और सलवार पहनती थीं और कहती थीं कि वे पंजाबी हैं, क्योंकि उनकी छोटी बहू, संजय की पत्नी मेनका, पंजाब की रहनेवाली थीं। वे कहती थीं कि वे गुजरात की बहू हैं, क्योंकि उनके पति फिरोज गांधी गुजराती थे। वे जानती थीं कि जनता उनकी इन बातों को पसंद करती है। और कुछ समय तक उसने पसंद किया भी था।

मार्गदर्शक लोकतंत्र का जैसा ढाँचा उन्होंने बनाया था, वह ऐसा लगने लगा था कि लंबे समय तक बना रहेगा। देश में कई लोग उन राजनीतिक समाधानों को स्वीकार करने के लिए तैयार थे, जो श्रीमती गांधी दिया करती थीं। कई लोग, खासतौर पर उच्च वर्ग के लोग, बिना किसी शर्म के कहा करते थे, हमें हमेशा ही एक मालिक की जरूरत पड़ती रही है, जो हमसे काम करवाए। पहले मुगल थे, फिर अंग्रेज आए और अब हमारे पास श्रीमती गांधी हैं। इसमें गलत क्या है?

उनकी कृपादृष्टि से संजय ने अपने राजनीतिक प्रभाव और अपनी ख्याति, दोनों को काफी हद तक बढ़ा लिया था। हर मुख्यमंत्री को यही लगता था कि अगर संजय से मुलाकात नहीं हुई तो दिल्ली का दौरा अधूरा था। उनमें इस बात की होड़ लगी थी कि वे उन्हें अपने राज्य में आने का न्योता दें और सरकार प्रायोजित रैली से दिखाएँ कि वह कितने लोकप्रिय हैं।

श्रीमती गांधी भी सचमुच मानती थीं कि वे लोकप्रिय हैं। एक बार चरणजीत यादव ने उनसे शिकायत करते हुए कहा कि संजय के ज्यादातर स्वागत प्रायोजित होते हैं। यह बात उन्हें अच्छी नहीं लगी थी और उन्होंने कहा था, "कुछ लोग संजय से जलते हैं, क्योंकि वह सच में लोकप्रिय है।" यूनुस उन्हें बार-बार यह कहकर यकीन दिलाते थे

कि वे सच में कमाल के हैं। यहाँ तक कि यूनुस ने एक विशेष लेख भी लिखा, जिसे कई अखबारों ने छापा भी। उसमें लिखा था कि संजय आनेवाले जमाने के नेता हैं। सच यह है कि संजय के स्वागत में जितनी भीड़ आती थी, सब भाड़े की थी।

लेकिन श्रीमती गांधी को कभी-कभी इस बात से शर्म महसूस होती थी कि मुख्यमंत्री संजय को एयरपोर्ट पर लेने आते थे। सिद्धार्थ रे ने यह बात उनके सामने रखी थी। बरुआ के मार्फत उन्होंने यह संदेश भिजवाया कि वे उनके बेटे को एयरपोर्ट या रेलवे स्टेशन पर रिसीव करने न जाएँ।

मुख्यमंत्रियों ने इस निर्देश को गंभीरता से नहीं लिया, क्योंकि जब भी संजय किसी राज्य में जाते, तब गृह मंत्रालय का एक सर्कुलर आता था कि उन्हें रिसीव करने के सामान्य बंदोबस्त किए जाएँ। सब जानते थे कि सामान्य का मतलब क्या है। मंत्रालय ने संजय की सुरक्षा को लेकर भी निर्देश जारी किए थे कि उनकी ओर से संबोधित बैठकों में, लोगों को पिस्तौल की रेंज से दूर रखा जाए और मंच के पीछे बुलेटप्रूफ स्क्रीन होनी चाहिए। बीच की जगह को पुलिस और सुरक्षाबल के जवानों से भरा जाना था। ये इंतजाम उन सुरक्षाकर्मियों के अतिरिक्त थे, जो दिन-रात उनकी सुरक्षा में तैनात रहते थे।

संजय अकसर राज्यों तक भारतीय वायु सेना के विमान से जाया करते थे। आधिकारिक तौर पर यह किसी मंत्री का दौरा होता था, लेकिन असल में यात्री संजय हुआ करते थे। आम तौर पर विमान की अर्जी मंत्री ओम मेहता दिया करते थे। श्रीमती गांधी के कार्यकाल से पहले गृह राज्यमंत्री को कभी वायु सेना के विमान के इस्तेमाल की अनुमति नहीं थी। श्रीमती गांधी ने यह सुविधा उन्हें दी। धवन, और कभी-कभी शेषन यह इंतजाम करते थे कि किस मंत्री के नाम पर विमान लिया जाए। एक या दो बार ऐसा हुआ कि आखिरी समय में मंत्री नहीं गया, और संजय ने अकेले ही यात्रा की।

अधिकांश मुख्यमंत्रियों को अब इतना तजुर्बा हो गया था कि वे समझ चुके थे कि श्रीमती गांधी चाहती हैं कि वे संजय के संपर्क में रहें। राजस्थान के मुख्यमंत्री हरिदेव जोशी की खिंचाई एक बार इस वजह से ही की गई थी, क्योंकि राज्य के एक मामले में वे पहले संजय से मिलने के लिए तैयार नहीं थे। उन्होंने इसकी भरपाई बाद में उनके जयपुर दौरे के लिए उनके स्वागत में 200 तोरण द्वार बनवाकर की। श्रीमती गांधी ने वह दौरा रद्द करवा दिया, क्योंकि उस तरह की तैयारियों पर पैसे की बरबादी से लोग भड़के हुए थे। लेकिन जोशी ने अपनी वफादारी साबित कर दी थी।

हितेंद्र देसाई, जो मोरारजी के बेहद करीब थे, लेकिन अब पाला बदलकर कांग्रेस में आ गए थे, ने श्रीमती गांधी के संकेत को गंभीरता से नहीं लिया था। नतीजा यह हुआ कि उन्हें श्रीमती गांधी से मिलने के लिए कई दिनों तक डेरा डाले रहना पड़ा, और फिर वे संजय से मिलने का इंतजार करते रहे।

ज्ञानी जैल सिंह के लिए धवन भी धवनजी थे, जो सम्मान का सूचक था। एक बार अपने विमान में सवार होते समय संजय का एक सैंडल नीचे गिर गया। जैल सिंह, जो एयरपोर्ट पर मौजूद थे, दूसरे कई लोगों की तरह ही उसे उठाने दौड़ पड़े थे।

श्यामाचरण शुक्ला, जिन्हें सेठी की जगह मध्य प्रदेश का मुख्यमंत्री बनाया गया था, संजय की हर आज्ञा का पालन किया करते थे। श्यामा लंबे समय तक उपेक्षित रहे थे और फिर से अँधेरे में नहीं जाना चाहते थे। अगर श्रीमती गांधी इसके बदले संजय पर खयाल रखवाना चाहती थीं तो श्यामाचरण इस कीमत को सहर्ष चुकाने को तैयार थे।

संजय ने राजनीतिक प्रबंधन अच्छी तरह सीख लिया था। उन्होंने यूथ कांग्रेस के जरिए अपनी राजनीतिक ताकत बढ़ानी शुरू कर दी थी, जिसमें वे 10 दिसंबर को शामिल हुए थे। बरुआ ने ही उन्हें औपचारिक तौर पर कहा था कि यूथ कांग्रेस को सक्रिय बनाएँ। उन्होंने पश्चिम बंगाल के सी.पी.आई.–समर्थक नेता प्रियरंजन दासमुंशी को अध्यक्ष पद से हटाने और पंजाबी लड़की अंबिका सोनी को उस पर बिठाने का प्रयास शुरू कर दिया।

लेकिन संजय की सबसे बड़ी चिंता इमरजेंसी को संस्थागत रूप देने की थी, क्योंकि उनकी माँ अकसर कहा करती थीं कि इसे हमेशा के लिए जारी नहीं रखा जा सकता और इसके बदले किसी सुरक्षित, भरोसेमंद और स्थायी व्यवस्था का निर्माण करना पड़ेगा। संजय ने इसकी शुरुआत एक बार फिर प्रेस से की। शुक्ला ने बताया था कि कमोबेश सारे अखबार और पत्रकार काबू में आ गए हैं और उनसे कोई खतरा नहीं है। वे अब स्वयं ही सेंसर का काम करने लगे हैं।

आजादी से पहले मौजूद आपत्तिजनक सामग्री प्रकाशन निरोध अधिनियम को एक अध्यादेश के जरिए फिर से जिंदा किया गया, जिसने ऐसे शब्दों, संकेतों या दृश्य निरूपण को प्रतिबंधित किया, जो भारत में या किसी भी राज्य में विधि द्वारा स्थापित सरकार के खिलाफ नफरत या तिरस्कार की भावना पैदा करे या असंतोष को भड़काए, जिससे कि सार्वजनिक अव्यवस्था का माहौल बने। इसी कानून के तहत, ब्रिटिश शासन के दौरान, आपत्तिजनक सामग्री लिखने के आरोपी को जज के सामने दोषी बनाकर लाया जाता था और पत्रकारिता या सार्वजनिक मामलों के विशेषज्ञों की एक विशेष जूरी उस पर मुकदमा चलाती थी। लेकिन इस अध्यादेश ने पहली सुनवाई और दंड देने का अधिकार सरकार को दे दिया। उसके बाद ही आरोपी हाई कोर्ट में जा सकता था। सरकार को यह अधिकार भी मिला कि वह प्रिंटरों, प्रकाशकों और संपादकों से कैश बॉण्ड माँगे, जिन पर केवल निर्धारित सामग्री प्रकाशित करने की जिम्मेदारी थी। सरकार उस प्रेस को बंद कर सकती थी, जो भेदभावपूर्ण मानी जानेवाली सामग्री का प्रकाशन करती थी।

उपयुक्त संपादकों के एक समूह ने अखबारों के लिए एक नैतिक संहिता तैयार

की। यह संहिता बड़ी विचित्र थी। 3,000 शब्दों से भी अधिक के उपदेश में एक बार भी प्रेस की आजादी का जिक्र नहीं आया।

सरकार ने भी अखबारों के 40 से भी अधिक संवाददाताओं की मान्यता वापस ले ली। पत्रकारों को अपने अखबारों का प्रतिनिधित्व करने दिया गया, लेकिन किसी बड़ी प्रेस वार्त्ता और संसद् के सत्र में जाने के अधिकार छीन लिये गए। (मुझे उन लोगों में शामिल किया गया, जिन्होंने अगर अर्जी दी तो उन्हें मान्यता देने से इनकार कर दिया जाए।)

पत्रकारों और अखबारों के हितों की रक्षा के साथ ही प्रेस की आजादी को सुरक्षित रखनेवाली 10 वर्ष पुरानी प्रेस काउंसिल ऑफ इंडिया को भंग कर दिया गया। यहाँ किशन कुमार बिड़ला का दबाव काम आया। वे संजय के बहुत करीबी थे, क्योंकि मारुती कार को सड़क पर उतारने के लिए बिड़ला घराने से अकसर मुफ्त में सलाह मिल जाया करती थी। के.के. बिड़ला उस केस में प्रतिवादी थे, जिसमें बिड़ला के अखबार 'द हिंदुस्तान टाइम्स' के संपादक बी.जी. वर्गीज की सेवा समाप्त किए जाने के खिलाफ प्रेस काउंसिल में शिकायत दर्ज कराई गई थी। यह दावा किया गया था कि वर्गीज के खिलाफ काररवाई सत्ताधारी दल के कुछ सदस्यों के इशारे पर की गई थी, जो प्रेस की आजादी के विरुद्ध है।

काउंसिल में होनेवाली चर्चा से के.के. बिड़ला को पता चल गया था कि फैसला उनके खिलाफ आएगा। आया भी, लेकिन इसकी घोषणा कभी नहीं की गई। हालाँकि काउंसिल सदस्यों से चर्चा के आधार पर चेयरमैन द्वारा तैयार किए गए फैसले के मसौदे से संकेत मिल गया था कि बिड़ला और 'हिंदुस्तान टाइम्स' में उनके एक निदेशक को दोषी ठहराया गया है।

फैसले के मसौदे में लिखा गया था कि वर्गीज की सेवा समाप्त करना स्पष्ट रूप से प्रेस की आजादी और संपादकीय स्वतंत्रता के खिलाफ था। प्रेस काउंसिल द्वारा बिड़ला की ओर से उनके और वर्गीज के बीच हुए पत्राचार के प्रकाशन को रोकने के प्रयास की भी निंदा की गई। यह फैसला दिया नहीं जा सका, क्योंकि प्रेस काउंसिल को 31 दिसंबर, 1975 को समाप्त कर दिया गया।

संसदीय काररवाई की खबर देने को लेकर पत्रकारों को दी गई छूट भी समाप्त कर दी गई। संजय को डर था कि प्रेस नागरवाला, आयात लाइसेंस और मारुति घोटाले पर जो कुछ भी संसद् में कहा जाएगा, उसे छाप देगा। वे नहीं चाहते थे कि एक बार फिर बवाल खड़ा हो। विडंबना यह थी कि फिरोज गांधी, संजय गांधी के पिता, एक बिल लेकर आए, जिससे कि संसद् के दोनों सदनों की काररवाई की खबर प्रेस जनता को दे सके। एक बार तो श्रीमती गांधी भी चाहती थीं कि वह बिल लाया जाए, लेकिन संजय राजी नहीं हुए और आखिरकार उनकी बात ही मानी गई। उन्होंने कहा कि प्रशासन में भावनाओं के लिए कोई जगह नहीं होती।

इसके बावजूद कि प्रेस किसी सरकारी गजट की तरह हो चुका था, जो अपने आप ही अपने ऊपर इस हद तक सेंसरशिप लगा रहा था कि जे.पी. का हेल्थ बुलेटिन भी सरकार की मंजूरी के बिना नहीं छापता था, फिर भी श्रीमती गांधी और उनके बेटे खुश नहीं थे। 'द इंडियन एक्सप्रेस' के अखबारों की एक शृंखला थी, जो अब भी बात मानने को तैयार नहीं थी। अब एक ही चारा बचा था कि उसे खरीद लिया जाए। और राम नाथ गोयनका से अपने प्रकाशन के कारोबार को बेचने के लिए कह दिया गया। लेकिन उनके लिए उस व्यवस्था को बेच देना इतना आसान नहीं था जिसे उन्होंने तिनका-तिनका जोड़कर खड़ा किया था। उन्होंने फैसले के लिए कुछ समय की माँग कर इसे रोकने की कोशिश की। उन्हें उम्मीद थी कि सरकार अपना इरादा बदल लेगी। समय मिल गया, लेकिन यह देखते हुए कि सरकार जिद पर अड़ी है, गोयनका झुक गए और एक शर्त पर अपने अखबारों को बेचने पर राजी हुए कि उन्हें उचित कीमत मिलनी चाहिए और कीमत भी सफेद पैसे में मिले। वे जानते थे कि यह संभव नहीं हो पाएगा।

गोयनका से निपटना मुश्किल हो रहा था। वे बेहद खर्चीले भी साबित हो रहे थे। एक विकल्प यह था कि बोर्ड में मौजूद 13 निदेशकों में से कुछ पर अपना नियंत्रण बनाया जाए। संजय को यह ठीक लगा कि बोर्ड ऑफ डायेक्टर्स में तब्दीली की जाए, जिसमें के.के. बिड़ला को चेयरमैन बनाया जाए और संजय के दून स्कूल के दोस्त कमलनाथ को छह सदस्यों में से एक की जगह दी जाए, ताकि उसमें सरकार बहुमत में रहे। नए बोर्ड ने सबसे पहले एडिटर इन चीफ मुलगावकर को रिटायर किया। बहाना यह बनाया गया कि वे सेवानिवृत्ति की उम्र तक आ चुके हैं, जबकि असलियत में सरकार अपने आदमी को संपादक बनाना चाहती थी। दो अन्य सीनियर सदस्यों को भी हटाया जाना था, जिनमें से एक थे अजीत भट्टाचार्जी, लेकिन गोयनका ने टाँग अड़ा दी।

सरकार को अब भी 'द इंडियन एक्सप्रेस' के सुर रास नहीं आ रहे थे। शुक्ला ने सारे विज्ञापन रोक दिए और अपने मंत्रालय से सभी सार्वजनिक उपक्रमों तथा स्वायत्त निकायों को एक गुप्त सर्कुलर जारी किया कि वे एक्सप्रेस समूह के अखबारों में विज्ञापन न दें। हर महीने लगभग 15 लाख रुपए का घाटा होने लगा।

प्रेस पर लगभग पूर्ण नियंत्रण के बावजूद शुक्ला ने पूरे प्रेस उद्योग की पुनर्संरचना का इरादा जताया, ताकि उसे जनता, समाज और देश के प्रति जवाबदेह और उत्तरदायी बनाया जाए। इसका उद्देश्य एक स्थायी व्यवस्था करना था, जो इमरजेंसी के दौरान मिली शक्ति पर निर्भर न हो।

इसके लिए दो प्रमुख समाचार एजेंसियों—'प्रेस ट्रस्ट ऑफ इंडिया' तथा 'यूनाइटेड न्यूज ऑफ इंडिया' और दो हिंदी समाचार एजेंसियों—'हिंदुस्तान समाचार' तथा 'समाचार भारती' का विलय एक में करना अनिवार्य माना गया। इसका मतलब होगा कि नियंत्रण

केवल एक ही बिंदु पर करना होगा। शुक्ला ने अखबार मालिकों और समाचार एजेंसियों के मालिकों पर दबंगई दिखाते हुए उन्हें एक एजेंसी पर राजी किया, जिसे बाद में 'समाचार' नाम से जाना गया। कुछ निदेशकों और अधिकारियों के विरोध को विफल करने के लिए उन्होंने एजेंसियों को आकाशवाणी के सारे सब्सक्रिप्शन बंद कर दिए, ताकि उनकी आमदनी का एक बड़ा स्रोत समाप्त हो जाए और वे घुटने टेक दें।

जनवरी, 1976 में सरकार की जो योजना सामने आई, उसके मुताबिक, राष्ट्रपति एजेंसी की पहली गवर्निंग काउंसिल के लिए चेयरमैन और 15 सदस्यों को नामित करेंगे। हालाँकि राष्ट्रपति को यह अधिकार दिया गया था कि यदि वह इस बात से संतुष्ट नहीं कि एजेंसी प्रभावी ढंग से काम कर रही है तो वे गवर्निंग काउंसिल से उपयुक्त कदम उठाने को कह सकते हैं।

सरकार जानती थी कि इस कदम को प्रेस की आजादी कम करने के तौर पर देखा जाएगा, इसलिए उन लोगों से यह कहना शुरू कर दिया कि जो कुछ वह कर रही है, उससे प्रेस हित साधनेवाले लोगों से सचमुच आजाद हो जाएगा। वह एजेंसी औपचारिक तौर पर 1 फरवरी से अस्तित्व में आ गई।

प्रेस का पुनर्गठन जहाँ लगातार जारी था, वहीं संजय ने अब अपना ध्यान सरकार के पुनर्गठन पर लगाया। उन्होंने हमेशा अपनी माँ से कहा था कि यदि उन पर छोड़ दिया जाए, तो वे पूरी सरकार को बदल देंगे, और उन्होंने यह माँग की थी कि उनके 54 सदस्यीय मंत्रिमंडल में से एक-चौथाई सदस्यों को हटाकर यूथ कांग्रेस के सदस्यों को उनके स्थान पर मंत्री बनाया जाए। केंद्र में सीनियर पदों पर नियुक्ति के फैसले वे पहले से ही ले रहे थे। अधिकारियों को 1, सफदरजंग रोड पर बुलाया जाता था, संजय और धवन उनका इंटरव्यू लेते थे और फिर उन्हें मंजूर करते थे या ड्रॉप कर देते थे। लेकिन यह पर्याप्त नहीं था। संजय कैबिनेट और राज्यों में अपने लोगों को देखना चाहते थे। इससे वे इत्मीनान कर सकते थे कि उनके आदेशों का पूरी तरह से पालन किया जाएगा। उन्होंने अपने प्रति शत प्रतिशत वफादार और समर्पित, बंसी लाल को कैबिनेट में शामिल करा दिया था। कैबिनेट उनका रवैया बेहद सख्त होता था। वे वही करते थे, जो गांधी परिवार चाहता था। यह सब जानते हैं कि बंसी लाल रक्षा मंत्रालय क्यों चाहते थे और उसे उन्हें क्यों दिया गया। हालाँकि, वे अपने गृह राज्य हरियाणा से अलग नहीं होना चाहते थे, और इस कारण उनके उत्तराधिकारी बनारसी दास गुप्ता (बंसी लाल ने स्वयं उन्हें चुना था) से कह दिया गया था कि असली मुख्यमंत्री बंसी लाल ही रहेंगे और उन्हें उनकी बात सुननी पड़ेगी। श्रीमती गांधी को भी संजय की इच्छा के आगे झुकना पड़ा और 80 वर्षीय बुजुर्ग मंत्री दीक्षित को हटाना पड़ा। उनके लिए यह एक बड़ा फैसला था, क्योंकि 1971 से ही पार्टी के कोषाध्यक्ष के तौर पर उन्होंने उनके एवज में लाखों

रुपए इकट्ठा किए थे और बाँटे थे। हाल के दिनों में वे कुछ हद तक उनसे नाखुश थीं, क्योंकि उनकी बहू प्रशासन में दखल देने लगी थी। श्रीमती गांधी ने दीक्षित के नौकरशाह बेटे का तबादला दिल्ली से बाहर कर दिया था, ताकि दखल देनेवाली बहू को दूर रखा जा सके, लेकिन वह दीक्षित की मदद के लिए वहीं मौजूद रही। श्रीमती गांधी के पास बहुओं से निपटने का अच्छा-खासा तजुर्बा था। इससे पहले उन्होंने कमलापति त्रिपाठी की बहूजी के पर कतरे थे, जब उन्हें दिल्ली लाया गया था।

दीक्षित को जल्दी ही कर्नाटक का राज्यपाल बना दिया गया, लेकिन उन्हें कैबिनेट से बाहर किया जाना दूसरे मंत्रियों के लिए हैरान करनेवाला था। उन्होंने सोचा कि अगर यह उनके साथ हो सकता था, तो उनके साथ भी हो सकता था। वे अब और भी दब्बू बन गए।

श्रीमती गांधी ने एक पुराना हिसाब भी चुकता किया। उन्होंने स्वर्ण सिंह को कैबिनेट से बाहर कर दिया। वे इस बात को नहीं भूली थीं कि वे ही थे, जिन्होंने इलाहाबाद के फैसले के बाद विश्वास मत के वक्तव्य पर दस्तखत करने से पहले पूरे एक दिन तक टालमटोल किया था। इससे उन्हें स्पीकर ढिल्लों की जगह बली राम भगत को स्पीकर बनाने का मौका मिला, जिन्होंने विदेश राज्य मंत्री पद से हटाए जाने के बाद भी उनकी अच्छी तरह सेवा की थी। वहीं ढिल्लों, जो एक सिख थे, स्वर्ण सिंह की जगह को अच्छी तरह भर सकते थे।

श्रीमती गांधी ने पी.सी. सेठी को उर्वरक और रसायन मंत्री बनाया। मध्य प्रदेश के मुख्यमंत्री के रूप में वे परिवार के काफी करीब आ गए थे। दीक्षित के बाद यदि कोई पार्टी का कोषाध्यक्ष बनकर उद्योग जगत् से पैसे इकट्ठा कर सकता था तो उसके लिए सेठी सबसे उपयुक्त व्यक्ति थे।

संजय अपने लोगों को केवल केंद्र में मंत्री बनाकर संतुष्ट नहीं थे। वे चाहते थे कि राज्यों में भी उनके अपने लोग मुख्यमंत्री बनें। सबसे पहले उन्होंने उत्तर प्रदेश पर अपना प्रभाव दिखाया और एच.एन. बहुगुणा को मुख्यमंत्री पद से हटाने में कामयाब हुए। इस बदलाव को लेकर माँ और बेटे, दोनों के बीच सहमति थी। बहुगुणा पर कृपा कम हो गई थी, क्योंकि वे महत्त्वाकांक्षी हो रहे थे। उन्हें शक था कि वे अपने आपको एक महान् राष्ट्रीय नेता के तौर पर मजबूत कर रहे हैं, और एक विकल्प के रूप में भी। एक पोस्टर, जो उन्होंने 1974 में यू.पी. विधानसभा के चुनाव में कांग्रेस पार्टी की जीत (425 सदस्यों वाले सदन में 216 सीट) के बाद मतदाताओं का धन्यवाद देने के लिए जारी किया था, उसमें उनकी तसवीर थी। यह अपने आपमें ही उनकी महत्त्वाकांक्षा का प्रमाण था कि वे अपनी छवि को पेश कर रहे हैं और श्रीमती गांधी से अलग होकर बड़े हो रहे हैं, जबकि वे भी उत्तर प्रदेश की ही थीं। वास्तव में, जून 1975 में उन्हें हटाने

का फैसला कर लिया गया था, लेकिन इमरजेंसी के कारण मामला टल गया था। कुछ लोगों का कहना था कि वे पहले ही हटा दिए जाते, लेकिन इलाहाबाद का फैसला आना था और ऐसा सोचा गया था कि वे उसे प्रभावित कर सकते हैं।

उसके बाद उन्हें उससे भी बड़ी वजह मिल गई थी। यशपाल कपूर, जो श्रीमती गांधी की जगह पर यू.पी. के मामले देखा करते थे, को यह पता चला कि बहुगुणा ने चार तांत्रिकों को संजय और उनकी माँ के खात्मे की प्रार्थना के लिए काम पर लगाया था। उनमें से दो ने गुनाह कबूल कर लिया था। मध्य प्रदेश के मुख्यमंत्री पी.सी. सेठी की मदद से कपूर ने उन्हें उसी राज्य में ढूँढ़ निकाला था और मीसा के तहत गिरफ्तार करवाया।

(बहुगुणा ने मुझे बताया कि सारी बातें मनगढ़ंत थीं और जिस तांत्रिक की बात वे लोग कर रहे थे, वह वास्तव में था ही नहीं। शायद एक वैद्य था, एक आयुर्वेदिक चिकित्सक, जिसने कमलापति त्रिपाठी समेत यू.पी. के कई नेताओं का इलाज किया था। उन्हें गलती से तांत्रिक समझ लिया गया था।)

श्रीमती गांधी ने बहुगुणा को इस्तीफा देने के लिए कहा और उन्होंने 29 नवंबर को हुक्म की तामील कर दी। मुख्यमंत्री पद छोड़ने के बाद बहुगुणा ने उनसे मिलने की कोशिश की, लेकिन कामयाब नहीं हुए। उन्हें फिर कभी उनसे मिलने का वक्त नहीं दिया गया, न ही उन्हें अपना पक्ष रखने का मौका दिया गया, क्योंकि उनके सारे बयानों को सेंसरशिप के तहत रोक दिया गया।

संजय ने बहुगुणा की जगह एन.डी. तिवारी को दे दी, जो आगे चलकर नई दिल्ली तिवारी के नाम से जाने गए, क्योंकि वे अकसर राजधानी के चक्कर लगाया करते थे। यू.पी. के सारे कांग्रेस नेता उनके खिलाफ थे, लेकिन संजय अपना ही आदमी रखना चाहते थे, जिसके जरिए वे यू.पी. पर शासन कर सकें। वे जब भी लखनऊ आते और जाते तो पूरी कैबिनेट उनके सामने परेड किया करती थी। राज्य में उनका ही सिक्का चलता था।

श्रीमती गांधी अब तक अपनी सरकार को लेकर नयापन का एहसास दिलाने के लिए जो परिवर्तन किया करती थीं, उससे किसी का भला नहीं होता था। लेकिन इस बार केंद्र और राज्यों में परिवर्तनों का एक मकसद था—वफादारों को इनाम देना और संदिग्धों को सजा। किसी भी सूरत में, यह थोड़े समय के लिए ही कारगर था। स्थायी तौर पर कुछ करना जरूरी था।

उनका दिमाग संविधान में बदलावों पर टिका था, उन प्रावधानों और प्रक्रियाओं पर, जिन्होंने अड़ंगे डालनेवाले छोटे समूहों को मुश्किल खड़ी करने और संकट पैदा करने का व्यापक दायरा दे दिया था। उन्हें ऐसा लगता था कि जहाँ सरकार से यह या

वह करने की उम्मीद की जाती थी, वहीं विपक्ष जो चाहे करने के लिए आजाद था। और उन्होंने नागरिकों के लिए कर्तव्यों का चार्टर बनाने पर जोर दिया, जिसका उल्लंघन दंडनीय होना चाहिए।

उनके लिए यह महत्त्वपूर्ण था, लेकिन ऊपरी तौर पर। उनका ध्यान उससे भी कहीं बड़े मुद्दे पर टिका था। क्या उन्हें राष्ट्रपति प्रणाली की सरकार को अपनाना चाहिए। फ्रांस की तरह ? एक ऐसा देश, जिसकी सराहना वे हमेशा किया करती थीं। संसदीय प्रणाली बहुत धीमी थी और कभी-कभी अनुत्पादक, यह शीर्ष पर बैठे व्यक्ति को कभी खुलकर काम नहीं करने देती है।

संजय और भी मुखर थे। राष्ट्रपति प्रणाली में एक व्यक्ति को सारे अधिकार मिलते थे और संसद् या कैबिनेट की ओर से सत्ता पर लगाम नहीं थी, न ही विश्वासमत जैसी कोई चीज थी। और वे इस बात की तरफदारी कर रहे थे कि संविधान को फिर से लिखा जाए, बड़े पैमाने पर बदलाव किए जाएँ।

समय-समय पर गोखले तथा अन्य लोगों ने कानून की प्रणाली में मौलिक सुधारों पर जोर देने की बात की थी। लेकिन उन्होंने कभी साफ-साफ नहीं बताया था कि उनके दिमाग में क्या है। बेशक, संविधान को बदलने को लेकर एक प्रगतिशील विचार था, ताकि उसे सामाजिक जरूरतों के प्रति और सजग बनाया जाए। यह नहीं चाहता था कि संपत्ति का अधिकार मौलिक अधिकार बना रहे, न ही यह चाहता था कि संविधान की व्याख्या के नाम पर न्यायपालिका संसद् की सर्वोच्चता में टाँग अड़ाए।

लेकिन प्रगतिशील लोगों के बीच भी संविधान में आमूलचूल परिवर्तन को लेकर विरोध था। वे नहीं चाहते थे कि सारी सीमाएँ तोड़ दी जाएँ और संविधान, जो देश की संविधान सभा में सभी प्रकार के विचारों का प्रतिनिधित्व करनेवाला एक सुविचारित दस्तावेज था, को मौलिक रूप से बदल दिया जाए।

और वे श्रीमती गांधी के चारों ओर मौजूद लोगों की उस सलाह के भी पूरी तरह खिलाफ थे कि देश में राष्ट्रपति प्रणाली से बेहतर शासन किया जा सकता है। उन्हें सत्ता के करीब मौजूद लोगों की दलीलों में इस बात पर जोर देना अच्छा नहीं लगता था कि इमरजेंसी के कारण आए अनुशासन और शांति को राष्ट्रपति प्रणाली जैसी किसी चीज से सुदृढ किया जा सकता है।

संविधान पर इस विचार को ठोस रूप दिया श्रीमती गांधी के करीबी रिश्तेदार बी.के. नेहरू ने, जो लंदन में भारत के उच्चायुक्त थे। उन्होंने फ्रांस जैसे संविधान का सुझाव दिया, जिसमें प्रधानमंत्री के स्थान पर राष्ट्रपति के हाथों में शासन की बागडोर होती है। बी.के. नेहरू चाहते थे कि श्रीमती गांधी डी गॉल बनें।

रजनी पटेल ने उस नोट को विस्तृत रूप दिया और उसे किसी भूमिगत दस्तावेज

की तरह हर किसी तक पहुँचाया गया। न कोई उसे अपना बताना चाहता था, न ही किसी को उसकी परवाह थी। लेकिन वह नोट काफी हद तक 1969 के बैंगलोर ए.आई.सी.सी. सत्र में श्रीमती गांधी के इधर-उधर के खयाल के जैसा था। उस सत्र से ही कांग्रेस पार्टी में बँटवारे की शुरुआत हुई।

नोट में लिखा गया था, ''पिछले 25 वर्षों में हमारे देश में लोकतंत्र के कार्य करने के अनुभव को देखते हुए वर्तमान संवैधानिक पद्धति में बदलाव आवश्यक है।'' इस उद्देश्य से, अन्य बातों के अलावा, लोगों के हित में, कार्यपालिका के लिए जनादेश की पूरी अवधि में निर्बाध रूप से कार्य करने की स्वतंत्रता को हर हाल में सुनिश्चित किया जाना चाहिए, जिसे निष्पक्ष और साफ-सुथरे चुनाव के बाद कार्यपालिका को दिया जाता है, ताकि देश का मुख्य कार्यकारी अधिकारी अपेक्षित अधिकार का पूरा प्रयोग बिना किसी बाधा, भय या पक्षपात के अपनी बुद्धि और अंतरात्मा के आधार पर देश के हित में कर सके।

इस उद्देश्य की प्राप्ति के लिए जो विशेष सुझाव दिए गए, उनमें कहा गया कि राष्ट्रपति, जो बेशक मुख्य कार्यकारी होगा, को देशव्यापी चुनाव द्वारा निर्वाचित किया जाएगा, न कि अमेरिका की तरह, जहाँ राष्ट्रपति को एक इलेक्टोरल कॉलेज छह वर्षों के लिए चुनता है। इतनी ही अवधि संसद् की होनी चाहिए। ''चूँकि हमारा राष्ट्रपति प्रत्यक्ष लोकप्रिय जनादेश द्वारा चुना जाएगा, इसलिए उसे किसी भी क्षेत्र में अमेरिकी राष्ट्रपति से अधिक अधिकार और शक्ति मिलनी चाहिए,'' जिसके हाथ काफी हद तक दो सदनों, कांग्रेस और सीनेट, के चलते बँधे हुए थे।

राष्ट्रपति प्रणाली पर राजी करने के लगातार प्रयासों के बावजूद, ज्यादातर कांग्रेसी इस झाँसे में आने को तैयार नहीं थे। भले ही वे इमरजेंसी के खिलाफ मुँह नहीं खोल रहे थे, लेकिन उन्हें इसके कष्ट का एहसास था, और उन्हें आशंका थी कि राष्ट्रपति प्रणाली से उसे स्थायी रूप दिया जाएगा, जैसा कि वे नहीं चाहते थे।

श्रीमती गांधी ने इस बात को वहीं छोड़ दिया और इसकी बजाय वे संविधान को पूरी तरह से बदलने की शक्ति चाहती थीं। संभव हो तो आगे चलकर राष्ट्रपति प्रणाली के विचार को फिर से लाया जा सकता है।

कांग्रेस ने 30 दिसंबर को अपने वार्षिक सत्र में जो प्रण किया, वह यह था कि संविधान को बदला जाए, ताकि इसे जनता की मौजूदा आवश्यकताओं के प्रति अधिक संवेदनशील बनाया जा सके।

श्रीमती गांधी नहीं, तो कम-से-कम संजय इमरजेंसी को लंबा खींचना चाहते थे और मार्च 1976 में होनेवाले चुनाव को भी टालना चाहते थे। कुछ समय तक परिवार यह कहता रहा कि इमरजेंसी के फायदे अब तक पुख्ता नहीं हुए हैं। यूनुस पूछा करते

थे, ''चुनावों की जल्दी क्या है ?'' वह एक खर्चीला मामला था और उसे चार या पाँच साल तक रोका जा सकता था।

संजय का इशारा मिलते ही बंसी लाल ने भी चुनावों को टालने की वकालत शुरू कर दी। वे कांग्रेस सांसदों से कहा करते थे कि लोगों को रोजी-रोटी से मतलब है, चुनावों से नहीं। 'आप उन्हें रोटी दो, और बिना झंझट के उन पर शासन करते रहो। भरत ने भगवान् राम का खड़ाऊँ रखकर देश पर 14 साल तक राज किया।'

सिद्धार्थ की ओर से पेश किए गए प्रस्ताव को कांग्रेस के सत्र ने पारित किया, ''आर्थिक और राजनीतिक स्थिरता लाने की निरंतरता को बनाए रखने के लिए, यह कांग्रेस संसद् में कांग्रेस पार्टी से अपील करती है कि वह मौजूदा लोकसभा की अवधि को बढ़ाने के लिए संविधान के अनुच्छेद 83[1] के तहत उचित कदम उठाए।''

ये वही सिद्धार्थ थे, जिन्होंने इमरजेंसी के विचार को कानूनी रूप दिया था।

उस सत्र ने सरकार को इमरजेंसी बढ़ाने के लिए भी अधिकृत किया। श्रीमती गांधी ने प्रतिनिधियों से कहा कि निकट भविष्य में सरकार इमरजेंसी हटाने नहीं जा रही है। उसे देश की एकता और उसके अस्तित्व को ध्यान में रखना है।

बेशक, श्रीमती गांधी, सारे मुख्यमंत्री, सरकारी अधिकारी सब इमरजेंसी में अपने-अपने हित साधने लगे थे। न कोई आलोचना हुई, न कोई विरोध। वे कानून बनते देखना चाहते थे। उन्हें बस एक शब्द बोलना होता था और इसे लागू किया जाता था, क्योंकि पूरा सरकारी तंत्र अब तत्पर रहता था, जिसे संवेदनशील प्रशासन कहा जाता था।

आगे चलकर कैबिनेट ने कांग्रेस के प्रस्ताव को इस फैसले के साथ पारित कर दिया कि एक साल तक चुनाव नहीं होंगे। किसी भी मंत्री की ओर से कोई विरोध नहीं हुआ। वास्तव में, बंसी लाल ने हँसते हुए कहा था कि इसे कम-से-कम पाँच साल तक टाला जाना चाहिए था।

कांग्रेस के उस सत्र में संजय को औपचारिक तौर पर एक नेता के रूप में पेश किया गया। यह एक छोटा सा कार्यक्रम था, जहाँ बेटे ने अपना जलवा दिखाया, और माँ ने उसे संभव बनाया था। लगभग दो दशक पहले जब श्रीमती गांधी कांग्रेस अध्यक्ष थीं, तब उनके पिता, नेहरू, उनके आगे झुके थे और कहा था, ''हमारी अध्यक्ष।''

कांग्रेस के पंडाल में केवल तीन ही कमरे थे—एक श्रीमती गांधी के लिए, एक पार्टी अध्यक्ष के लिए और एक संजय के लिए। उनके कमरे में सबसे ज्यादा भीड़ रहती थी। उनकी पूछ और उनकी प्रशंसा सबसे ज्यादा होती थी, क्योंकि कांग्रेस में यह लगने लगा था कि वे ही अगले नेता होंगे। वे जहाँ भी जाते, कांग्रेसी उनके पीछे-पीछे चलते थे। श्रीमती गांधी को इसमें संजय की बढ़ती लोकप्रियता का प्रमाण नजर आया। उन्हें

इस बात का जरा भी एहसास नहीं था कि उनकी लोकप्रियता और ताकत उनकी वजह से थी। एक-दूसरे को विश्वास दिलाने का ऐसा माहौल बन गया था कि सच जानने की परवाह किसी को भी नहीं थी। उन्हें वह सब बताने के लिए न कोई अखबार था, न ही कोई मंच। इंटेलिजेंस रिपोर्ट ने बताया कि बुद्धिजीवी खिन्न थे। उन्हें इस बात की शिकायत थी कि प्रेस से खबरें गायब थीं और उन्होंने बी.बी.सी. तथा वॉयस ऑफ अमेरिका सुनना शुरू कर दिया था।

संजय के मन में बुद्धिजीवियों के लिए दुर्भावना थी, अकसर वे यह बात कहते भी थे। उन्होंने काम करने की अपनी तकनीक विकसित कर ली थी, जिसके नतीजे भी मिलते थे। प्रणब मुखर्जी के जरिए वे आयकर, उत्पाद शुल्क और प्रवर्तन निदेशालय के अधिकारियों की रेड का आदेश दिया करते थे या आज्ञा न माननेवाले उद्योगपतियों, दुकानदारों या सरकारी अधिकारियों के 10 साल पुराने टैक्स एसेसमेंट को खुलवा दिया करते थे। साथ ही, ओम मेहता के जरिए वे उन लोगों को परेशान करने के लिए पुलिस या सी.बी.आई. को पीछे लगा देते थे, जो स्वतंत्र रूप से काम करने का इरादा रखते थे। इनकम टैक्स, उत्पाद शुल्क या सी.बी.आई. के महकमे को देखनेवाले अफसर संजय के फरमानों को खुशी-खुशी लागू किया करते थे, क्योंकि वे उनके हितों का खयाल रखते थे—एक्सटेंशन, दर्जा और नौकरी की बेहतर स्थितियाँ।

संजय और श्रीमती गांधी दोनों उस ताकत को पालते-पोसते थे, जिस पर दोनों भरोसा करते थे। वह ताकत थी पुलिस। इमरजेंसी के आधिकारिक ऐलान से पहले, 25 जून की सुबह, गृह सचिव के दफ्तर में हुई बैठक में इस बात पर जोर दिया गया कि पुलिस का मनोबल महत्त्व रखता है और उनका अच्छी तरह खयाल रखा जाना चाहिए। आगे चलकर उनके वेतन-भत्ते बढ़ा दिए गए और फिर प्रशासनिक अधिकारियों को भी फायदा मिला, जिनके लिए रिटायरमेंट की उम्र भी बढ़ा दी गई।

पुलिस और अन्य ने अच्छा काम किया। अब शांति थी। लेकिन परिवार ज्यादा खुश नहीं था। उनका ऐसा मानना था कि यह तूफान से पहले की शांति है। कम-से-कम श्रीमती गांधी के सचिव घर मिलने-जुलने आए तमाम लोगों से एक सवाल जरूर पूछते कि शांति को लेकर आई.बी. की रिपोर्ट सच थी या नहीं, लेकिन कोई जवाब नहीं मिलता था।

भले ही श्रीमती गांधी को अब वही सुनने की आदत पड़ चुकी थी, जो उन्हें अच्छा लगता था, फिर भी कभी-कभी उन्हें यकीन नहीं होता था कि उनके पास आ रही सूचना सही और सच्ची थी या नहीं। अज्ञात का डर हमेशा बना रहता था।

5 जनवरी को सरकार कांग्रेस पार्टी का वह सुझाव संसद् में लेकर आई, जिसके मुताबिक इमरजेंसी को बढ़ाया जाना था और मार्च में होनेवाले चुनाव को टालना था।

अधिकांश विपक्ष ने संसद् सत्र के शुरुआती चरण का बहिष्कार किया, जिसमें राष्ट्रपति का अभिभाषण होता है। अपने अभिभाषण में उन्होंने गरीबों के लिए सहायता के नए कदमों की, परिवार नियोजन के और भी जोरदार कार्यक्रम तथा कारोबार से नियंत्रण कुछ हद तक कम करने का ऐलान किया। इस अभिभाषण के बाद, सरकार विरोधी सदस्यों ने अपना स्थान ग्रहण किया और इमरजेंसी पर हमला बोला। पी.जी. मावलंकर ने कहा कि संसदीय लोकतंत्र को तोड़–मरोड़कर विकृत कर दिया गया है। एक और सदस्य समर मुखर्जी ने कहा, ''संसद् की भूमिका के साथ छेड़छाड़ की गई है और इसे आगे भी नुकसान पहुँचाए जाने की आशंका है।'' कृष्णकांत ने कहा कि हमें अपने आपसे यह मौलिक प्रश्न पूछना है कि क्या इन सारे कठोर और दमनकारी उपायों की अपेक्षित परिणामों के लिए आवश्यकता है। हमने एक लोकतांत्रिक संविधान को अपनाया और तय किया कि लोकतांत्रिक प्रक्रियाओं के माध्यम से राष्ट्रीय लक्ष्यों को प्राप्त करने लिए एक मुक्त और खुला समाज रखेंगे। क्या हमें ट्रेनों को सही समय पर चलाने के लिए मुसोलिनी के दर्शन से सीखने की जरूरत है? क्या दफ्तरों और अर्थव्यवस्था में अनुशासन लाने के लिए हमें हिटलर के तरीके अपनाने पड़ेंगे? क्या हमें वस्तुओं की कीमतें कम करने के लिए अयूब खान और याहया खान से सबक सीखना होगा? क्या हमें वैसे ही तर्क देने होंगे जैसा कि ईदी अमीन युगांडा को और मार्कोस फिलिपींस को देता है या सेना के जनरलों ने ग्रीस के लोगों की नागरिक स्वतंत्रता को छीनते समय दिया था? चर्चिल जैसे लोग जहाँ मुसोलिनी की तात्कालिक उपलब्धियों से प्रभावित थे और कुछ समय तक अपने तानाशाहों की प्रशंसा करते रहे, वहीं जवाहरलाल नेहरू जैसे दूरदर्शी ऐसे दावों के भुलावे में नहीं आए। उन्होंने इन ऊपरी उपायों के पीछे झाँका और राज्य की वास्तविक प्रकृति को देखा। यही कारण है, महोदय कि हमने गांधीजी की प्रेरणा से एक अलग रास्ते को चुना।

मैं जिस मौलिक प्रश्न की बात कर रहा था, वह यह है कि क्या हमें समाजवाद के लक्ष्यों को प्राप्त करने के लिए लोकतंत्र और लोकतांत्रिक तरीकों में विश्वास है या नहीं? क्या इमरजेंसी की उपलब्धियों के दावों से कहीं अधिक ऊँचे स्वर में हम लोकतांत्रिक पद्धतियों की विफलता और उनके प्रति हमारे विश्वास में अभाव को स्वीकार नहीं कर रहे हैं?

क्या हम यह दावा कर रहे हैं कि बुद्ध की तरह ही गांधीजी का इस देश में कोई महत्त्व नहीं है? चीन और जापान तथा अन्य एशियाई देशों में बौद्ध धर्म फला–फूला लेकिन भारत जो बुद्ध का जन्मस्थान था, जहाँ उन्होंने उपदेश दिया, वहाँ ऐसा नहीं हुआ। जब पूरा विश्व गांधीजी से सीखने का प्रयास कर रहा है, जिन्हें आधुनिक युग की सबसे महत्त्वपूर्ण हस्ती माना जाने लगा है, वहीं इस देश में हम लोग उनके बताए रास्तों और तरीकों को छोड़ रहे हैं, जिन्हें उन्होंने इस धरती पर आजमाया था।

हमारे लिए उस बात को याद करना प्रासंगिक होगा, जिसे 1969 में हमारे प्रधानमंत्री ने कहा था कि गरीबी से लड़ने के लिए तानाशाही अनिवार्य नहीं है, न ही तानाशाही से लोगों को ताकत मिलती है। महोदय, भारतीय राजनीति में जो वास्तविक संकट पैदा हुआ है, वह राजनीतिक भ्रष्टाचार का है, जिसके कारण सार्वजनिक जीवन में मूल्यों का ह्रास हुआ है और उसका परिणाम आर्थिक और सामाजिक संकट के रूप में सामने आया है। यह सच है कि इस स्थिति के लिए सारे राजनीतिक दल, चाहे वे सरकार में हों या विपक्ष में, जिम्मेदार हैं। लेकिन शासकों की स्वाभाविक रूप से इसके लिए ज्यादा जिम्मेदारी बनती है। वास्तविक समस्या राजनीतिक दलों और राजनीतिक नेतृत्व के प्रति विश्वास में अभाव की है, जिसे दूर करने के लिए सार्वजनिक और राजनीतिक जीवन में स्वच्छता का सामूहिक निर्णय लेना पड़ेगा।

यह जानी हुई बात थी कि इमरजेंसी को जारी रखने तथा चुनावों को स्थगित करने के लिए संसद् की स्वीकृति मिल जाएगी। कांग्रेसी अब इस बात से खुश नजर आ रहे थे कि उन्हें 'इमरजेंसी, क्यों', के प्रश्न का जवाब देने के लिए मतदाताओं के बीच नहीं जाना होगा।

हालाँकि, उनमें से कुछ ने संविधान सभा की कारग्वाइयों की याद दिलाई। इमरजेंसी से संबंधित मौलिक अनुच्छेद (तब 275) में कहा गया था कि यदि राष्ट्रपति इस बात से संतुष्ट हो जाते हैं कि एक गंभीर इमरजेंसी है, जिसमें भारत की सुरक्षा को खतरा है, चाहे युद्ध से या घरेलू हिंसा से, तो वे एक घोषणा के माध्यम से उसे लागू कर सकते हैं।

उस अनुच्छेद के युद्ध या घरेलू हिंसा के शब्दों को युद्ध या बाहरी आक्रमण या आंतरिक गड़बड़ी से बदल दिया गया, क्योंकि तत्कालीन कानून मंत्री डॉ. अंबेडकर ने कहा, "घरेलू हिंसा में बाहरी आक्रमण भी शामिल हो सकता है।"

संविधान सभा के कुछ सदस्यों ने राष्ट्रपति को इस प्रकार की अतुलनीय शक्ति दिए जाने की कड़ी आलोचना की थी। प्रो. के.टी. शाह ने आंतरिक गड़बड़ी के प्रावधान पर चिंता जताई और दावे के साथ कहा कि यह संशोधन राष्ट्रपति को ऐसे अधिकार और शक्ति प्रदान करता है, जो लोकतांत्रिक रूप से जिम्मेदार सरकार के अनुरूप नहीं है। एच.वी. कामथ को दुनिया के किसी भी लोकतांत्रिक देश के संविधान में ऐसा उदाहरण नहीं मिला। उन्होंने वर्तमान अवधारणा की तुलना हिटलर के उदय से की, जब उसने ऐसे ही प्रावधानों से वीमर (जर्मन) संविधान को ध्वस्त कर दिया था। हालाँकि कृष्णमाचारी के अनुरोध पर इस अनुच्छेद के नए मसौदे को संविधान सभा के द्वारा बिना बदलाव स्वीकार कर लिया गया और जिसे बाद में संविधान के अनुच्छेद 352 के रूप में अपना लिया गया।

कृष्णमाचारी ने कहा था कि इमरजेंसी के इस प्रावधान को केवल एक उद्देश्य को

पूरा करने के लिए शामिल किया जा रहा है, यानी उसके लिए कि संविधान के निर्माण में हमारी इतने दिनों की मेहनत व्यर्थ न जाए और भविष्य में जो लोग सत्ता में होंगे, उनके पास संविधान की रक्षा के लिए पर्याप्त शक्ति हो।

सरकार ने मीसा में संशोधन कर अपने अधिकार और बढ़ा लिये। इस कदम के बाद राजनीतिक बंदियों को किसी को बताए बिना, यहाँ तक कि कोर्ट को बताए बिना, भी हिरासत में रखने की इजाजत मिल गई, और उन लोगों को फिर से गिरफ्तार करने की इजाजत भी मिल गई, जिनकी गिरफ्तारी के आदेश की तारीख पुरानी पड़ गई थी या उसे वापस ले लिया गया था। 22 जनवरी को लोकसभा में इस विधेयक को 27 के मुकाबले 181 वोट से स्वीकृत कर लिया गया।

मॉस्को समर्थक कम्युनिस्ट पार्टी के सदस्य, जो सरकार की आपातकालीन शक्तियों का अब तक समर्थन करते आए थे, पहली बार गिरफ्तारी की शक्तियों के विस्तार के खिलाफ वोट करने के लिए विपक्ष के साथ खड़े हुए। कम्युनिस्टों ने थोड़े समय के लिए एक वॉकआउट भी किया। यह उस विधेयक को पेश किए जाने को लेकर उनका विरोध था, जिसके मुताबिक लाभ कमाने में असमर्थ कंपनियों के लिए 1976 में साल भर में एक महीने के अनिवार्य बोनस को आधा किया गया और 1977 में पूरी तरह समाप्त कर दिया गया।

मीसा को सख्त किए जाने का विरोध कैबिनेट में गोखले ने भी किया था। वे चाहते थे कि न्यायिक समीक्षा का प्रावधान हो। लेकिन उन्होंने अपनी आपत्ति इस कारण वापस ले ली, क्योंकि यह तय किया गया कि समीक्षा के लिए एक बोर्ड का गठन किया जाएगा, जिससे कि कोई बंदी अपना केस कोर्ट तक ले जाए यदि बोर्ड उसकी रिहाई का आदेश नहीं देता है।

ऐसा लगा जैसे मीसा को लेकर यह नया संशोधन तमिलनाडु की स्थिति से निपटने के लिए किया गया था, क्योंकि केंद्र ने 21 जनवरी को मुथुवल करुणानिधि की सरकार को बरखास्त कर दिया था। राज्यपाल की रिपोर्ट गृह मंत्रालय में तैयार की गई थी और राज्यपाल के.के. शाह ने उस पर निष्ठापूर्वक दस्तखत कर दिया था। उस रिपोर्ट में कहा गया कि इमरजेंसी की शक्तियों के दुरुपयोग और व्यापक भ्रष्टाचार की इजाजत देने के साथ ही, समय-समय पर अलग हो जाने की छिपी हुई धमकी भी दी गई। नई दिल्ली ने सुप्रीम कोर्ट के एक जज आर.एस. सरकारिया के नेतृत्व में डी.एम.के. की सरकार और अलग-अलग मंत्रियों पर भ्रष्टाचार, भाई-भतीजावाद, प्रशासनिक और वित्तीय गड़बड़ी तथा सरकारी पद के दुरुपयोग के आरोपों की जाँच के लिए एक आयोग का गठन किया। करुणानिधि को नाफरमानी की सजा मिली थी।

सत्ता पर कब्जा जमाने के बाद लगभग 9,000 लोगों को गिरफ्तार किया गया था। कुछ दिनों बाद यह आँकड़ा घटकर 2,000 हो गया।

तमिलनाडु की तरह ही गुजरात भी केंद्र के इमरजेंसी के नियम-कानूनों का विरोध कर रहा था। हितेंद्र देसाई, जो अब तक राज्य कांग्रेस पार्टी के नेता बन चुके थे, ने फरवरी की एक रिपोर्ट में कहा कि गैर-कांग्रेसी सरकार गुजरात में व्यवस्था बनाए रखने में नाकाम रही है और वहाँ राजनीतिक हिंसा बढ़ रही थी। राष्ट्रपति ने 13 मार्च, 1976 को वहाँ का प्रशासन अपने हाथ में ले लिया।

तमिलनाडु और गुजरात में जिस प्रकार गैर-कांग्रेसी सरकारों को निकाला गया, उससे विपक्षी पहले के मुकाबले अब यह बात कहीं अच्छी तरह समझ गए थे कि उन्हें महज अपने अस्तित्व के लिए एकजुट हो जाना पड़ेगा। इमरजेंसी के दौरान कष्ट ने उन्हें एकजुट कर रखा था। चार दलों कांग्रेस (ओ), जनसंघ, बी.एल.डी., तथा समाजवादी ने 26 मार्च को कांग्रेस पार्टी का विरोध प्रभावी ढंग से करने के लिए अपने विलय का ऐलान किया। जैसा कि एक वक्तव्य में यह समझाया गया, यह एकजुट काररवाई आवश्यक थी, क्योंकि सरकार जानबूझकर हमारे लोकतांत्रिक ढाँचे को नष्ट कर रही है...और अब उसने एक अधिनायकवादी व्यवस्था कायम कर ली है, जिसे बढ़ाना चाहती है। वक्तव्य में कहा गया कि इसके पीछे जे.पी. की सलाह और मार्गदर्शन है।

चरण सिंह ही एकमात्र व्यक्ति थे, जो तत्काल उस विलय को वहीं कर देना चाहते थे। वे इसकी बात लंबे समय से कर रहे थे। वे देख चुके थे कि कैसे एक साझा मोर्चे ने गुजरात में कांग्रेस को सत्ता से बेदखल किया था। जन संघ और समाजवादी इसके लिए तैयार थे, लेकिन उनके आला नेता जेल में थे। उन्हें उनकी मंजूरी चाहिए थी। कांग्रेस (ओ) ने कहा कि अच्छा हो कि अन्य राजनीतिक पार्टियाँ विलय कर लें, क्योंकि 1969 में कांग्रेस से अलग होने के बाद से इसके पास ऐसी संपत्ति थी, जिस पर हर महीने बतौर किराया 1 लाख रुपए मिलते थे, और पार्टी का नाम बदलते ही वह संपत्ति श्रीमती गांधी के कांग्रेस की हो जाएगी।

एक पार्टी के लिए बातचीत लगातार चलती रही, लेकिन कई महीने तक कोई परिणाम नहीं निकला। अनेक बाधाओं को दूर करना जरूरी था।

देश के अंदर विपक्ष में जहाँ एकता की बातें होने लगीं, वहीं लंदन में 24 अप्रैल को 300 प्रवासी भारतीयों का एक अंतरराष्ट्रीय सम्मेलन हुआ, जिसमें भारत में पाबंदी वाले राज के खिलाफ एक मुहिम की योजना तैयार की जानी थी।

कई प्रतिनिधियों ने कहा कि विदेश में भारतीय अधिकारियों के प्रचार और भारत में सेंसरशिप के कारण राजनीतिक बंदियों और उनके साथ हो रहे व्यवहार का मुद्दा अंतरराष्ट्रीय मुद्दा नहीं बन पा रहा था। उनमें से कई ने यह कहा कि 1.75 लाख से अधिक राजनीतिक विरोधी जेलों में बंद हैं और अनेक कैदियों के साथ दुर्व्यवहार किया जा रहा है।

श्रीमती गांधी के शासन पर हमला बोलते हुए वक्ताओं ने कहा, ''कांग्रेस पार्टी में उनके नेतृत्व को सुरक्षित करने का जो प्रयास शुरू हुआ था, उसे एक पार्टी के एकतरफा शक्ति की सुरक्षा तक बढ़ा दिया गया।''

हालाँकि भारत में स्वच्छंदता चाहनेवालों का वक्त बहुत बुरा चल रहा था। सुप्रीम कोर्ट ने 28 अप्रैल को सरकार के उस अधिकार को सही ठहराया, जिसके तहत वह राजनीतिक विरोधियों को बिना सुनवाई जेल भेज सकती थी। 4-1 के उस फैसले ने सरकार के उस दावे का समर्थन किया। 1975 में लागू इमरजेंसी के दौरान राजनीतिक बंदियों के पास बंदी प्रत्यक्षीकरण का अधिकार नहीं था, जिसके तहत वे निचले अधिकरणों में आजादी के लिए अपील कर सकते थे।

सात उच्च न्यायालयों इलाहाबाद, बॉम्बे, दिल्ली, मध्य प्रदेश, पंजाब, हरियाणा और राजस्थान ने 43 बंदियों की याचिकाओं पर बंदी प्रत्यक्षीकरण की इजाजत दे दी थी। अदालतों का कहना था कि भले ही वे मौलिक अधिकारों के आधार पर हिरासत में लिये जाने के आदेशों को रद्द नहीं कर सकते, लेकिन वे यह तय करने का अधिकार रखते हैं कि आदेश नेक नीयत से दिए जाएँ और प्राकृतिक न्याय तथा समान कानून की कसौटी पर खरा उतरें। संविधान का अनुच्छेद 226 इमरजेंसी की शक्तियों के अंतर्गत निरस्त नहीं किया जा सकता, जिसके तहत उच्च न्यायालयों ने बंदी प्रत्यक्षीकरण के आदेश दिए हों और जो मौलिक अधिकारों के अंतर्गत नहीं आता है।

सरकार का प्रतिनिधित्व करनेवाले नीरेन डे ने कहा कि इमरजेंसी के दौरान राज्य का हित व्यक्ति से ऊपर रखा जाना चाहिए, चाहे मौलिक अधिकारों की ही बात क्यों न हो! दूसरी तरफ, शांति भूषण की दलील थी कि व्यक्तिगत स्वच्छंदता जैसे कुछ अधिकार संविधान का उपहार नहीं, बल्कि लोकतंत्र की एक मौलिक अवधारणा हैं, जिन्हें इमरजेंसी से भी निरस्त नहीं किया जा सकता है।

सुप्रीम कोर्ट ने आदेश दिया कि 27 जून, 1975 के राष्ट्रपति के आदेश को देखते हुए किसी भी व्यक्ति का यह अधिकार नहीं बनता कि वह हिरासत में लिये जाने के किसी आदेश की वैधता को चुनाती देने की अर्जी दे, और इस प्रकार मीसा में संशोधन कर हिरासत में लिये जानेवाले व्यक्ति को उसका कारण बताने की बाध्यता को समाप्त करना संवैधानिक रूप से मान्य है।

ए.एन. रे और एम.एच. बेग, वाई.वी. चंद्रचूड़ और पी.एन. भगवती ने बहुमत का साथ दिया, जबकि एच.आर. खन्ना ने विरोध किया।

रे की दलील थी कि व्यक्तिगत स्वच्छंदता समेत सभी मौलिक अधिकार संविधान द्वारा दिए गए हैं और संविधान के अंतर्गत उन्हें निरस्त नहीं किया जा सकता है। बंदी प्रत्यक्षीकरण के उपचार के लिए पहले से कोई समान कानून अस्तित्व में नहीं था, और

समान कानून का कोई अधिकार नहीं था, जो मौलिक अधिकार के जैसा हो और मौलिक अधिकार से अलग अधिकार के रूप में जिसका अस्तित्व हो। कानून के शासन का मतलब मुक्त समाज नहीं होता। मौलिक अधिकार को लागू करने के लिए इस अधिकार को निरस्त किए जाने का मलतब यह था कि इमरजेंसी के प्रावधान इमरजेंसी के दौरान अपने आपमें ही कानून के शासन के समान थे। संवैधानिक नियम के शासन के अलावा अन्य कोई भी कानून का शासन नहीं हो सकता, या इमरजेंसी के दौरान संवैधानिक प्रावधानों को किसी भी कानून से अमान्य नहीं किया जा सकता है।

भगवती ने कहा कि संकट के समय यह उक्ति लागू होनी चाहिए कि सार्वजनिक सुरक्षा ही सर्वोच्च कानून है। यह आवश्यक नहीं था कि इमरजेंसी लगाए जाने को सही ठहराने के लिए कोई बाहरी आक्रमण या आंतरिक गड़बड़ी हो। ऐसे किसी भी खतरे का सिर पर होना ही उस तरह के संकट के लिए पर्याप्त है। बेग ने कहा कि कार्यपालिका द्वारा सत्ता के दुरुपयोग का कोई भी मामला कोर्ट के संज्ञान में नहीं लाया गया है।

अपने अल्पमत आदेश में खन्ना ने कहा कि संविधान किसी भी प्राधिकार को यह अधिकार नहीं देता कि वह हाई कोर्ट की ओर से जारी किए जानेवाले बंदी प्रत्यक्षीकरण के आदेश को रोक सके। यहाँ तक कि इमरजेंसी के दौरान भी राज्य के पास किसी व्यक्ति से उसके जीवन और उसकी स्वतंत्रता को कानून के आदेश के बिना छीनने का अधिकार नहीं है। यही एक अराजक समाज और कानून के आधार पर चलनेवाले समाज के बीच का अंतर होता है। यदि सरकार की दलील को मान लिया गया, तो कोई भी अधिकारी किसी व्यक्ति को कानून के आदेश के बिना अनिश्चित समय तक हिरासत में रख सकता है। ऐसी चीजें वास्तव में हुईं या नहीं, यह प्रश्न नहीं था। ऐसी बातें सरकार की दलील को स्वीकार किए जाने का ही परिणाम थीं।

यह फैसला आश्चर्यजनक था और कई लोग निराश हुए, क्योंकि यह माना गया था कि चंद्रचूड़ और भगवती बंदियों का पक्ष लेंगे और बंदी प्रत्यक्षीकरण की याचिका पर 3–2 से सकारात्मक फैसला आएगा। बहुमत के साथ खड़े एक जज ने यह देखा कि एक के बाद एक वकील यह आशंका जता रहे थे कि इमरजेंसी के दौरान कार्यपालिका कैदियों को मार-पीट कर भूखे तड़पा सकती है, और अदालत का ऐसा ही फैसला आया, तो उन्हें गोली से भी उड़ा सकती है। हालाँकि उन्हें इस बात का भरोसा था कि मुक्त भारत पर कभी ऐसी किसी घटना का धब्बा नहीं लगा था और उन्हें उम्मीद थी कि ऐसा कुछ होनेवाला नहीं है।

यह उम्मीद गलत साबित हुई, जब टॉर्चर की दर्जनों घटनाएँ सामने आने लगीं।

विभिन्न प्रकार की यातनाएँ दी जाती थीं, नंगे बदन को हील वाली काँटेदार बूट से कुचला जाता था। पैरों के तलवे पर छड़ी बरसाई जाती थी। घुटने से लेकर पंजे तक

की हड्डी पर पुलिस की लाठियाँ घुमाई जाती थीं। पीड़ित को घंटों तक छोटी सी जगह में पैर मोड़कर बिठाया जाता था। रीढ़ की हड्डी पर डंडे बरसाए जाते थे। दोनों कानों पर तब तक तमाचे जड़े जाते थे, जब तक कि पीड़ित होश न खो बैठे। राइफल के बट से पिटाई, शरीर के अंदर बिजली के नंगे तारों को घुसाया जाता था। सत्याग्रहियों को नंगे बदन बर्फ की सिल्लियों पर लिटाया जाता था। सिगरेट या मोमबत्तियों से त्वचा को जलाया जाता था। खाना, पानी और नींद के बिना तड़पाया जाता था और पीड़ित को उसी का मूत्र पिलाया जाता था। उसे हवा में किसी हवाई जहाज की तरह कलाई को पीछे की तरफ रखकर बाँध दिया जाता था (पीड़ित के हाथों को पीछे की तरफ कर रस्सी से बाँध दिया जाता था, जिसे पुली से बाँधकर उसे कुछ फीट तक ऊपर उठाया जाता था। इस तरह वह हवा के बीच लहराता रहता था, जबकि वह पीछे की तरफ बँधा होंने से लटका रहता था।)

यह सब पूरे इंतजाम के साथ किया जाता था। किसी बंदी को चारों ओर से 10 से 12 पुलिस के जवान घेर लेते थे और किसी-न-किसी तरीके का टॉर्चर करते थे। यदि उसके शरीर पर कोई निशान दिखता था या पीड़ित की हालत खराब रहती थी, तो पुलिस इस डर से उसे मजिस्ट्रेट के सामने पेश नहीं करती थी कि डाँट पड़ेगी। अगर कोई सर्च वारंट जारी किया जाता था, तो पुलिस पीड़ित को एक जगह से दूसरी जगह शिफ्ट कर दिया करती थी। मीसा अब अधिकारियों के लिए राहत की खबर लेकर आया, क्योंकि इसके तहत गिरफ्तार किए जानेवालों को न्यायिक निदान नहीं मिलता था।

लॉरेंस फर्नांडिस को उनके भाई जॉर्ज फर्नांडिस के बारे में पूछताछ करने के लिए बैंगलोर स्थित उनके घर से उठाया गया था। उनकी कहानी उनके ही शब्दों में इस प्रकार है—

मई 1976 की उस रात मैंने किसी को अपना नाम पुकारते सुना। मुझे लगा कि मेरा कोई दोस्त होगा और मैं गेट की तरफ बढ़ गया। फौरन मैंने घर के बाहर खड़ी पुलिस जीप को देख लिया। नाम पुकारनेवाला एक पुलिस अफसर था, जो सादे कपड़ों में था। उसने मुझे बताया कि पुलिस कोर्ट में दायर माइकल (उनके छोटे भाई, जो भारतीय टेलीफोन उद्योग में इंजीनियर थे, और मीसा के तहत गिरफ्तार किए गए थे) की याचिका के संबंध में मेरा बयान दर्ज करना चाहती है। मुझे लगा कि ज्यादा देर नहीं लगेगी, इस वजह से अपने बुजुर्ग माँ-बाप को बताए बिना ही मैं उनके साथ चला गया।

एक घंटे तक पुलिस ने मेरा बयान दर्ज किया और फिर मुझे जासूसों के एक दल के पास ले गए। वहाँ अचानक किसी ने मुझे थप्पड़ (कई मिनट तक मेरी आँखों के आगे अँधेरा छाया रहा) जड़ दिया। जब मुझे होश आया, तब तक वे मुझे निर्वस्त्र कर चुके थे।

वहाँ करीब 10 लोग (पुलिसवाले) थे और उन्होंने मुझे पीटना शुरू कर दिया। चार

लाठियाँ टूट गईं। वे मेरे शरीर के हर अंग पर वार कर रहे थे। मैं फर्श पर पड़ा दर्द से कराह रहा था। मैंने भीख माँगी, रेंगने लगा और फिर से रहम की भीख माँगी। इस बीच वे मुझे किसी फुटबॉल की तरह लात मारते रहे। फिर न जाने कहाँ से उन्होंने लकड़ी की एक छड़ी निकाली। यह भी टूट गई और मैं दर्द से चीख उठा।

इसके बाद आखिरी हमला किया गया। मैं फर्श पर पेट के बल गिरा पड़ा था और उन सबने मुझे बरगद के पेड़ की जड़ से पीटना शुरू कर दिया। मैं अर्ध-मूर्च्छित और पूर्ण मूर्च्छित अवस्था के बीच झूलने लगा।

सुबह के करीब 3 बजे प्यास से मेरी नींद खुल गई और मैंने पानी माँगा। मैं प्यास से मरा जा रहा था और मैंने जैसे ही पानी के लिए भीख माँगी एक अफसर ने पुलिस के जवानों से कहा कि वे मेरे मुँह पर पेशाब करें। लेकिन उन्होंने ऐसा नहीं किया। मेरा दम जब लगभग घुटनेवाला होता, तब वे चम्मच में पानी भरकर मेरे होंठ भिगो देते थे। वे जानना चाहते थे कि सितंबर 1975 में जॉर्ज और लीला (जॉर्ज की पत्नी) अपने बेटे के साथ बैंगलोर क्यों आए थे। वे यह भी जानना चाहते थे कि क्यों लीला के साथ मैं मद्रास गया था।

मेरी हालत इतनी दयनीय हो चुकी थी कि उन्हें लगने लगा कि मैं किसी भी वक्त मर सकता हूँ। एक अफसर ने पुलिस के जवानों से जीप तैयार करने को कहा। "चलो, इसे किसी चलती ट्रेन के आगे फेंक देते हैं और कहेंगे कि इसने खुदकुशी कर ली," मैंने उस अफसर को अपने लोगों से यह कहते सुना। अब तक मैं लाचार हो चुका था। मेरे शरीर के कई हिस्से टूट चुके थे और मेरी जाँघों में भयंकर दर्द हो रहा था। मेरे पैर और हाथ सूज गए थे।

फिर मुझे एक जीप में डालकर मल्लेश्वरम की ओर ले जाया गया। मुझे लगा कि वह अफसर अपनी धमकी के मुताबिक मुझे ट्रेन के आगे फेंक देगा और मैं उससे रहम की भीख माँगने लगा। निश्चित रूप से उन्होंने अपना इरादा बदल लिया था। मुझे व्यलिकवल पुलिस लॉक अप में ले जाया गया। अगले दिन वे मुझे फिर से सी.ओ.डी. (कोर ऑफ डिटेक्टिव्स) ऑफिस ले आए।

वहाँ, पहली बार, मुझे एक महिला की परिचित आवाज सुनाई पड़ी। यह स्नेहलता रेड्डी की आवाज थी और वह चीख रही थी। पुलिस ने किसी को मेरी मालिश के लिए बुलाया। उसने मेरे हाथ-पैर पर तेल डाला, लेकिन जल्दी ही कह दिया कि वह मेरी हालत नहीं सुधार सकता। उसने अफसरों को सलाह दी कि मुझे अस्पताल ले जाएँ। उन्होंने ऐसा कुछ भी नहीं किया।

अगले दिन मुझे एक होटल में ले जाया गया, जहाँ यह बताना था कि जॉर्ज किस कमरे में ठहरे थे। कुछ समय बाद सी.ओ.डी. लौटने के बाद मैं भूख से तड़प रहा था।

मैं खाना देने की भीख माँग रहा था, बदले में पुलिस के जवान मुझे गालियाँ दे रहे थे। एक डॉक्टर को बुलाया गया। उसने मुझे देखा और कुछ दवाइयाँ लिख दीं। अगले कुछ दिनों तक मैं मल्लेश्वरम पुलिस स्टेशन में रहा।

मुझे अस्पताल भी पुलिस के ही जवान ले जाया करते थे। 9 मई को जबरदस्ती मेरे बाल काट दिए गए, दाढ़ी बनाई गई और नहलाया गया, लेकिन मैंने वही बदबूदार कपड़े फिर से पहन लिये।

कुछ देर बाद सादी वर्दी में दो पुलिसवाले आए और मुझे कार से बाहर ले गए। मैं टूट गया और रोने लगा। उन्होंने मुझसे कहा कि मेरे साथ जो कुछ हुआ, उसके जिम्मेदार वे लोग नहीं हैं और उन्हें यह जिम्मेदारी दी गई थी कि मेरी गिरफ्तारी चित्रदुर्ग (150 किलोमीटर दूर एक छोटा शहर) में दिखाई जाए।

लेकिन मुझे दावणगेरे ले जाया गया। यहाँ मुझे बताया गया कि मुझे एक मजिस्ट्रेट के सामने ले जाया जाएगा और मुझे उसे बताना होगा कि मुझे उसी दिन बस स्टैंड से गिरफ्तार किया गया है। फिर मुझे एक छोटे-से कमरे में डाल दिया गया, जहाँ खटमल और तिलचट्टे थे।

दो स्थानीय इंस्पेक्टर आए और कहा कि अगर मैंने पुलिस के टॉर्चर के बारे में कुछ भी कहा तो मेरे पूरे परिवार को मार डाला जाएगा। वे मुझे मजिस्ट्रेट के घर ले जा रहे थे, लेकिन उन्होंने इरादा बदला और मुझे पुलिस स्टेशन की कोठरी में लाकर डाल दिया।

मुझे बाद में मजिस्ट्रेट के कोर्ट में ले जाया गया और खाली पैर ही चलाया गया। मेरे पैर फूलकर सामान्य से दोगुने आकार के हो गए थे।

मजिस्ट्रेट ने मुझसे पूछा कि मुझे कब गिरफ्तार किया गया था। मैं हकलाने लगा और अफसरों ने जो तारीख और समय बताया था, उसे भूल गया। फिर मजिस्ट्रेट ने खुद ही पूछा कि क्या मुझे कल बस स्टैंड से गिरफ्तार किया गया था। मैं चुप रहा और मजिस्ट्रेट ने मुझे 20 मई तक पुलिस हिरासत में भेज दिया।

फिर मुझे एक बड़े लॉकअप में एक ऐसे आदमी के साथ डाल दिया गया, जो 50,000 रुपए की चोरी का आरोपी था। वह पुलिसवालों पर धौंस जमाता था और जब जी चाहे खाना और सिगरेट मँगवा लिया करता था। उसने मुझे भरोसा दिलाया, और कहा कि मुझे जो कुछ भी चाहिए होगा, वह मँगवा देगा। कांस्टेबल और सब-इंस्पेक्टर उसके इशारे पर काम करते थे। मैं दोबारा उससे जेल में भी मिला, जब उसे दोषी ठहरा दिया गया था।

11 मई को वे मुझे वापस बैंगलोर लेकर आए और मल्लेश्वरम लॉकअप में रखा। बाद में मुझे मल्लेश्वरम अस्पताल ले जाया गया, जहाँ डॉक्टरों ने कहा कि मेरा एक्स-रे किया जाएगा। पुलिस अफसरों ने इसकी इजाजत नहीं दी और मुझे फिर से पुलिस स्टेशन ले आया गया।

अगले दिन एक और अस्पताल ले जाया गया, वह कैंट इलाके का बाउरिंग अस्पताल था, जहाँ डॉक्टरों ने सरसरी तौर पर मुझे देखा और बुरा बरताव किया।

मुझे फिर से मल्लेश्वरम लाया गया, जहाँ उन्होंने मुझे दवा देना शुरू किया। इसका नतीजा पेचिश के तौर पर सामने आया और मैं तीन दिन तक बीमार रहा। उन्होंने मुझे कुछ और दवाइयाँ दीं और मैं ठीक हो गया। पुलिस इस बात को लेकर परेशान थी कि मैं 20 तक ठीक हो जाऊँ, जब मुझे फिर से मजिस्ट्रेट के सामने पेश किया जाना था।

मल्लेश्वरम में पुलिस अफसर मुझ पर बार-बार एक पेय पीने का दबाव डालता था, जबकि एक और कॉन्स्टेबल मुझे इनकार करने को कहता था। अगले दिन एक सीनियर अफसर आया और कहा कि मैंने जितने कष्ट झेले हैं, वह उन सबसे वाकिफ है। उसने मुझे भरोसा दिलाया कि मैं 20 तारीख को छोड़ दिया जाऊँगा। लेकिन अगले दिन जब मुझे मजिस्ट्रेट के कोर्ट ले जाया गया, तो वहाँ मेरी जमानत देनेवाला कोई भी नहीं था। मैंने मजिस्ट्रेट से टॉर्चर किए जाने की शिकायत की। उसने कहा कि उसने मेरी शिकायत लिख ली है।

फिर वे मुझे सीधा सेंट्रल जेल लेकर आ गए और मेरी सारी उम्मीदों पर पानी फिर गया। जीप को उस कोठरी तक ले आया गया। मेरी किस्मत खराब थी कि वहाँ का वार्डन एक मोटा-ताजा, काला और छह फीट लंबा आदमी था। उसे देखते ही मैं गिर पड़ा। उन्होंने मेरे कपड़े उतार दिए, मेरी जेब से बीड़ी निकाल ली और उस मनहूस कोठरी में मुझे डाल दिया। वह कोठरी अँधेरी और बदबूदार थी और बिजली भी चली गई।

फिर मैंने सुना कि कोई बार-बार मुझे बुला रहा है। चारों तरफ से आवाज आ रही थी। मुझे लगा कि मुझे भ्रम हो रहा है, क्योंकि उनमें से एक आवाज जानी-पहचानी थी। यह मधु (दंडवते) की आवाज थी। मैंने अपने आपको घसीटता हुआ कोठरी के गेट तक लाया और सलाखों को पकड़ लिया।

मधु ने कहा, ''लॉरेंस, तुम हो क्या? जवाब दो। तुम्हें टॉर्चर किया गया?''

मैंने धीमे स्वर में कहा हाँ, और बाहर हंगामा मच गया। बंदियों के बीच एक अफवाह फैल गई थी कि बेलगाम जेल से भागे हुए एक कैदी को फिर से पकड़कर यहाँ लाया गया है।

जेलों के इंस्पेक्टर जनरल, जेल सुपरिंटेंडेंट और डॉक्टर जल्दी ही वहाँ मौजूद थे। वे जोर-जोर से चीख रहे थे और मुझे लगा कि वे मुझे पागल बना देना चाहते हैं। हालाँकि साँस लेने में तकलीफ के कारण उन्होंने मुझे बाहर सोने की इजाजत दे दी। फिर दंडवते और मीसा के अन्य बंदियों द्वारा जेल में भूख हड़ताल कर दी गई। उनकी माँग थी कि मुझे उस भयानक कोठरी से निकालकर किसी बेहतर जगह पर रखा जाए।

ऐसा लगता है कि अगले दिन मेरा छोटा भाई रिचर्ड और मेरी माँ मुझसे मिलने आए

थे। मुझे उस मुलाकात की बातें याद नहीं हैं। जेल अपने आपमें ही एक अलग दुनिया होती है। अगर मैं आजार हुआ तो जेलों में सुधार के लिए संघर्ष करूँगा।

जेल अधिकारी मुझे विक्टोरिया अस्पताल ले गए, जहाँ मेरा एक्स-रे किया गया और पलस्तर चढ़ाया गया। 22 मई को मीसा का आदेश थमाया गया। बाद में सुपरिंटेंडेंट ने मुझसे वह माँगा, लेकिन मैंने देने से इनकार कर दिया। मैं जब टॉयलेट में था, तब उसने मेरी कोठरी की तलाशी ली, लेकिन कुछ नहीं मिला।

कुछ दिनों बाद वह अपने दल-बल के साथ वहाँ आया और मुझसे पूछा कि मैं कैसा हूँ। मैं बहुत गुस्से में था और मैंने उससे चले जाने को कहा, क्योंकि उसने अपना वादा नहीं निभाया था। उसने मुझे लॉकअप में डालने की धमकी दी और मैंने उससे फायरिंग स्क्वॉड के सामने डाल देने को कहा। मैंने कहा, "तुम्हारे और मेरे लिए मौत का एक ही मतलब है।"

स्नेहलता रेड्डी की कहानी भी हृदय-विदारक है। एक दुबली-पतली लड़की स्नेहलता रेड्डी को 1 मई, 1976[2] को राजनीतिक संदेह के आधार पर बैंगलोर सेंट्रल जेल में डाल दिया गया था। उसके खिलाफ कोई विशेष आरोप नहीं थे। कोई प्रश्न भी नहीं पूछा गया था।

फिल्म देखनेवालों के लिए स्नेहलता अनेक पुरस्कार जीतनेवाली कन्नड़ फिल्म संस्कार (उनके पति पट्टाभी द्वारा निर्मित और निर्देशित) की नायिका थी। वह बैंगलोर के थिएटर और कला जगत् की भी एक जानी-मानी हस्ती थी।

लेकिन इससे कहीं ज्यादा वह जीवन के हर क्षेत्र, समाजवादी नेताओं और बुद्धिजीवियों, भारत और विदेश के थिएटर के कलाकारों, लेखकों, चित्रकारों, जादूगरों और उन सबसे कहीं अधिक जीवन में अर्थ और उद्देश्य की तलाश करनेवाले अनेक युवाओं के बीच जाना-माना चेहरा थी। दोस्तों के लिए उसके घर के दरवाजे दिन-रात खुले रहते थे।

तमाम तरह के लोगों के साथ उसकी दोस्ती और करीबी ने ही उसे जेल पहुँचा दिया था। लंबे समय तक वह जॉर्ज फर्नांडिस की दोस्त थी। बदले हुए हालातों में, महज उस दोस्ती के चलते ही उसे बड़ी कड़ा सजा को भुगतना पड़ा।

रातोरात उसकी सुंदर सी दुनिया तबाह हो गई और भय तथा अनिश्चितता का दुःस्वप्न शुरू हो गया। उनकी बेटी नंदना को दो बार पूछताछ के लिए पकड़ा गया और परिवार पर नजर रखी जाने लगी।

27 अप्रैल को पट्टाभी को अपनी नई फिल्म की शूटिंग के लिए लाइट्स का इंतजाम करने मद्रास जाना था। शाम 4 बजे नंदना को उसके घर से पूछताछ के लिए तीसरी बार उठाया गया।

वह शाम 7 बजे लौटकर आ सकी। किसी को भी इसकी सूचना नहीं थी और पूरा परिवार चिंता में डूबा था। अचानक उसके गायब हो जाने से उनका प्रोग्राम गड़बड़ हो गया। वे बहुत परेशान थे। आखिरकार वे रात 9 बजे मद्रास के लिए निकले, जबकि बेटे कोणार्क को छोड़ दिया गया।

आधी रात को दरवाजे पर एक दस्तक सुनाई पड़ी और किसी ने ऊँची आवाज में कहा—टेलीग्राम। कोणार्क ने दरवाजा खोला और उसे दोनों तरफ से पकड़ लिया गया, जबकि भारी तादाद में पुलिसवाले घर में घुस गए। जब पता चला कि पूरा परिवार मद्रास रवाना हो चुका है, तो वे उसे खींचकर पुलिस स्टेशन ले आए। ज्यादातर पुलिसवाले घर के सामानों को अस्त-व्यस्त करने, स्नेहा के 84 वर्षीय पिता और नौकरों से पूछताछ करने के लिए रुक गए। अगली सुबह 6 बजे आखिरकार पुलिसवाले चले गए।

मद्रास में रेड्डी परिवार ने पहली खबर यह सुनी कि उनके पुराने दोस्त आपा राव और उनकी बेटी को उसी दिन सुबह गिरफ्तार कर लिया गया था। उन्होंने फौरन बैंगलोर टेलीफोन मिलाया। लेकिन उनका फोन काट दिया गया था। आखिरकार, एक पड़ोसी से पता चला कि उस रात क्या हुआ था। उन्होंने बैंगलोर लौटने का फैसला किया और सामान पैक करने के लिए होटल पहुँचे।

बैंगलोर पहुँचते ही उन्हें सीधे कार्लटन हाउस ले जाया गया, जहाँ स्नेहा और उनके पति को रखा गया था। बाकी सबको घर पहुँचा दिया गया। कोणार्क का कुछ अता-पता नहीं था। स्नेहा और पट्टाभी पूरी रात सड़क के रास्ते मद्रास जाने और अगले दिन वापस आने के कारण थककर चूर थे।

पूरी रात उन्हें एक कमरे में बिठाकर रखा गया। ड्यूटी पर मौजूद गार्ड केवल इतना ही कहता था कि साब अभी आएगा। लेकिन उस रात कोई नहीं आया।

आखिरकार, उन्हें और उनके पति को पूछताछ के लिए अलग-अलग कमरे में ले जाया गया। बेपरवाह रहने की रणनीति, चाहे जानबूझकर अपनाई गई हो या अनजाने में, लेकिन कारगर साबित हुई। इससे पहले कि एक भी शब्द कहा जाता या एक भी प्रश्न पूछा जाता, स्नेहा ने स्वयं कहा कि मेरे बेटे को वापस ले आओ, मेरे पति को छोड़ दो, वादा करो कि मेरी बेटी को तंग नहीं करोगे, तो मैं तुम्हें सबकुछ बता दूँगी जो मैं जानती हूँ।

अब तक रेड्डी दंपती के खिलाफ कुछ भी नहीं मिला था, सिवाय इसके कि उनकी एक भगोड़े राजनेता से दोस्ती थी, वह भी सब जानते थे। लेकिन उस नई दुनिया के लिए स्नेहा बेहद अनाड़ी थीं, जिसमें वे अचानक दाखिल हुई थीं। थकी, नींद से बोझिल और अपने बेटे को लेकर परेशानी की हालत के कारण वे फँसाए जानेवाले बयान की कगार तक पहुँच चुकी थीं।

उनके परिवार को उस कमरे में जुटाया गया, ताकि यह साबित किया जा सके कि

वे सब ठीक हैं। फिर सबको घर भेज दिया गया और उन्हें अकेले ही हिरासत में रखा गया। अगला हफ्ता भरोसा देनेवाला लग रहा था।

स्नेहा से अकसर पूछताछ की जाती थी, लेकिन उनके पास बताने को ज्यादा कुछ नहीं था। परिवार को उनके लिए बिस्तर, कपड़े और खाना लाने की छूट दी गई थी। उनसे किसी राजनीतिक बंदी के जैसा बरताव किया जाता था और परिवारवालों को मिलने की इजाजत थी।

7 मई की शाम जब पट्टाभी रात का खाना लेकर पहुँचे, तो कार्लटन हाउस पर ताला लगा था और वहाँ कोई भी नहीं था। यह मानकर कि उन्हें पूछताछ के लिए कहीं और ले जाया गया होगा, वे वहीं रुककर इंतजार करने लगे। रात 10.30 बजे वे घर लौट गए, लेकिन आधी रात को फिर से लौटे। वहाँ अब भी कोई नहीं था, इसलिए वे घर लौट आए और न जाने कितने फोन घुमाए पर कुछ भी हासिल नहीं हुआ। उस रात कोई भी नहीं सोया। अगली सुबह एक दयालु लेकिन गुमनाम शख्स ने फोन कर उन्हें बताया कि स्नेहा को जेल ले जाया गया था।

झाँसा देकर जैसे उनकी पहली गिरफ्तारी की गई थी, उसी तरह उनके परिवार की जानकारी के बिना ही उन्हें धोखे से जेल में डाल दिया गया। उस दिन देर दोपहर में उन्हें बताया गया कि वे रिहा होनेवाली हैं और अपने सामान पैक कर लें। पहले उन्हें एक मजिस्ट्रेट के कोर्ट ले जाया जाएगा।

काररवाई तब तक सामान्य लग रही थी, जब तक कि उन्हें ये शब्द सुनाई नहीं पड़े—आप हिरासत में ली जाती हैं। मजिस्ट्रेट ने कहा कि जैसे ही उनका परिवार जमानत की रकम जुटा लेता है, वैसे ही उन्हें रिहा कर दिया जाएगा। स्नेहा ने एक पुलिसवाले से कहा कि वह उनके पति को फोन कर बता दे कि वे कहाँ मौजूद हैं। वह एक फोन के पास गया, और फोन करने का अभिनय किया, लेकिन असल में उसने कोई फोन नहीं किया। उनके परिवार को अगली सुबह तक कुछ पता नहीं चला कि वे किस हाल में हैं।

इस बीच, दस्तावेजों पर दस्तखत हो गए, आदेश पारित कर दिया गया और स्नेहा को वापस कार्लटन हाउस ले जाया गया। अब तक शाम हो चुकी थी। मई के उस दिन गोधूली का समय था, जब स्नेहा को उस गंभीर, सर्द और कठोर जेल यानी बैंग्लोर सेंट्रल जेल ले जाया गया, वहाँ पहुँचने पर उनके साथ अपमानजनक व्यवहार की शुरुआत हो गई।

उनके सामान की गहराई से छानबीन की गई, कैदियों के रजिस्टर में उनके दस्तखत और अँगूठे के निशान लिये गए तथा निर्वस्त्र कर उनकी जाँच की गई।

फिर उन्हें एक सर्द हवा के झोंके से ठंडा रहनेवाले कमरे में बंद कर दिया गया। बमुश्किल उसमें किसी तरह एक व्यक्ति को रखा जा सकता था। उसके आखिर में टॉयलेट की जगह पर एक छेद था, दूसरे किनारे पर लोहे की ग्रिल वाला दरवाजा था।

सौभाग्य से उनके पास अब भी अपना बिस्तर मौजूद था। उन्होंने वह रात किसी तरह फर्श पर सोकर गुजारी। उनके डर और डिप्रेशन को उनके परिवार के उपेक्षापूर्ण रवैए ने आक्रोश में बदल दिया, जिसने उन्हें छुड़ाने या उनसे मिलने का भी प्रयास नहीं किया। वे नहीं जानती थीं कि उनका परिवार पूरी रात कितना परेशान रहा, जबकि उस पुलिसवाले ने उन्हें उनका ठिकाना बताने के लिए फोन किया ही नहीं था।

अगली सुबह उन्हें पता चला कि वे जेल में हैं और वे जमानत की अर्जी देने के लिए मजिस्ट्रेट के घर पहुँचे। मजिस्ट्रेट ने आश्वस्त किया कि जमानत मिल जाए, बशर्ते उनका वकील उपयुक्त फॉर्म में उसकी अर्जी दे। वकील को इतना भरोसा नहीं था, लेकिन वह कोशिश करने के लिए साथ चला गया। अकेले में उसे बताया गया कि यह गैर-जमानती केस है। कैद की अग्निपरीक्षा शुरू हो गई थी। मुकदमा खुल गया।

स्नेहा के खिलाफ भारतीय दंड संहिता की धारा 120, 120 लगाई गई थी। आखिरकार, जब कोई आरोप साबित नहीं हो सका, तो सरकार ने उन्हें वापस ले लिया, लेकिन स्नेहा को जेल में डाले रखा। इस बार उन पर मीसा लगा दिया गया। सारी संभावनाएँ समाप्त हो गईं।

धीरे-धीरे स्नेहा को जेल की हकीकत समझ आने लगी। वे शारीरिक रूप से तबाह हो गईं और स्वास्थ्य संबंधी समस्याओं के कारण उन्हें रिहा करना पड़ा।

20 जनवरी, 1977 को, जेल से रिहा किए जाने के कुछ समय बाद ही, हार्ट अटैक से उनकी मृत्यु हो गई।

ऐसे अनेक लॉरेंस और स्नेहलता रेड्डी थे। सबके सब ज्यादतियों और अत्याचार के शिकार थे।

मैंगलोर में, कनारा कॉलेज के एक छात्र नेता, उदय शंकर को उनके घर से बिना वारंट हिरासत में ले लिया गया था। पुलिस ने बुंदरर पुलिस स्टेशन में उन्हें लाठियों और लातों से पीटा। उनका शरीर नीला पड़ गया। उन्हें न तो खाना दिया गया, न ही पानी। हुबली के श्रीकांत देसाई, जो फाइनल ईयर के लॉ स्टूडेंट थे और विद्यार्थी परिषद् के कर्नाटक इकाई के संयुक्त सचिव थे, को बेरहमी से पीटा गया और हवाई जहाज वाली मुद्रा में लटका दिया गया।

राबिन कलीता, जो एक जाने-माने सी.पी.एम. कार्यकर्ता थे, को मीसा के अंतर्गत गिरफ्तार किया गया और गुवाहाटी मेडिकल कॉलेज अस्पाल में भर्ती कराया गया। उनकी हालत गंभीर हो गई। उनके रिश्तेदारों को न तो उनसे मिलने दिया गया, न ही उनकी देखभाल करने दिया गया। यहाँ तक कि जब अस्पताल में उनका इलाज चल रहा था, तब भी उन्हें हथकड़ी लगी थी। उन्होंने उन्हीं हथकड़ियों में अस्पताल में अंतिम साँस भी ली।

हेमंत कुमार विश्नोई को तब गिरफ्तार किया गया, जब वे नई दिल्ली के बुद्ध

जयंती पार्क में पिकनिक मना रहे थे। उन्हें उलटा लटकाकर पीटा गया। उनके तलवों को जलती मोमबत्ती से जलाया गया। उनकी नाक और गुदाद्वार में मिर्च पाउडर डाल दिया गया। इस टॉर्चर के बावजूद उन्होंने प्रधानमंत्री के खिलाफ साजिश को कबूल करने से इनकार कर दिया, जो वास्तव में थी भी नहीं। आखिरकार पुलिस को हार माननी पड़ी।

15 और 13 साल के राजेश और अनिल को कुछ अन्य लड़कों के साथ राष्ट्रपति की ओर से संबोधित किए जानेवाले एक कार्यक्रम के दौरान पर्चे बाँटते पकड़ा गया था। उन्हें बेरहमी से पीटा गया और विशाल पुलिस स्टेशन की पूरी फर्श पर झाड़ू लगवाया गया।

सुनील और मनोज नाम के दो नाबालिगों को हौज खास पुलिस ने जोगीवारा से महज कुछ स्थानीय कांग्रेस कार्यकर्ताओं को उपकृत करने के लिए उठाया। उन्हें तब तक पीटा गया, जब तक कि वे फर्जी बयानों पर दस्तखत करने के लिए राजी नहीं हो गए।

चंडीगढ़ के वकील सी.एल. लखनपाल को जेल में भयंकर दौरा पड़ा। उन्हें हथकड़ियों में ही पी.जी.आई. अस्पताल ले जाया गया, जहाँ कुछ ही घंटों के भीतर उनकी मृत्यु हो गई। अधिकारियों ने उनकी स्वास्थ्य संबंधी देखभाल में भारी कोताही बरती थी।

पुलिस का गुस्सा खासतौर पर बुद्धिजीवियों के खिलाफ देखा जा रहा था। दिल्ली यूनिवर्सिटी के 200 से भी ज्यादा शिक्षकों को 26 जून की सुबह होने से पहले ही गिरफ्तार कर लिया गया था। उनमें से एक ओ.पी. कोहली भी थे, जो दिल्ली यूनिवर्सिटी शिक्षक संघ के अध्यक्ष थे। वे शारीरिक रूप से अक्षम थे। उन्हें पुलिस लॉकअप में 24 घंटे तक खड़ा रखा गया, जबकि पुलिसवाले उन्हें गालियाँ देते रहे और कभी जूते से पीटा तो कभी धक्का दे दिया। वे बार-बार गिर जाते थे और उन्हें बार-बार खड़ा होने पर मजबूर किया जाता था।

क्लास में लेक्चर दे रहे शिक्षकों को उठा लिया जाता था। ऐसे कई शिक्षकों को, जिन्हें कोर्ट के आदेश पर छोड़ दिया जाता था, जेल के गेट पर उसी अपराध के नए आरोप के साथ या बिना आरोप के भी फिर से गिरफ्तार कर लिया जाता था। शैक्षणिक समुदाय के एकजुट विरोध के बाद ही दोबारा गिरफ्तारियों के सिलसिले पर रोक लग सकी।

नक्सलवादियों और चरम वामपंथियों के खिलाफ इमरजेंसी से पहले भी ज्यादतियाँ हो रही थीं। अब उन्हें किसी कारण के बिना भी गिरफ्तार किया जा रहा था। पुलिस और नक्सलियों के बीच तथाकथित मुठभेड़ की कई कहानियाँ सामने आती थीं, और यह मान लेना असंभव था कि पुरानी बंदूकों के साथ कुछ दर्जन भर नक्सलवादी अच्छी तरह हथियारों से लैस हजारों पुलिसवालों के साथ घंटों तक चलनेवाली आमने-सामने की लड़ाई लड़ रहे थे।

मिस मेरी टाइलर, जिन्हें छह साल तक जेल में बंद रखने के बाद छोड़ा गया था, ने 6 जुलाई को रिहा होने के बाद बताया कि कैसे बिहार में गुरिल्ला बेस स्थापित

करने का प्रयास के आरोप मनगढ़ंत थे। उनके मुताबिक, वह समूह गुरिल्ला लड़ाकों का नहीं, बल्कि युवा वामपंथियों का था, जो बिहार और पश्चिम बंगाल के दूरदराज के ग्रामीण इलाकों में लोगों का हौसला बढ़ा रहा था कि वे जमींदारों और साहूकारों का विरोध करें। साथ ही भूमि सुधारों की बात करता था। जेल में मिलने से पहले उनमें से कुछ ही लोग एक-दूसरे को जानते थे। गिरफ्तारी के बाद उन्हें हजारीबाग में एक साल तक अकेले एक कोठरी में रखा गया, और फिर कोर्ट में पेशी के लिए जमशेदपुर जेल ले जाया गया। उन्हें जब रिहा किया गया, तब उन्होंने बताया कि जिस जेल को 137 कैदियों के लिए बनाया गया था, वहाँ इमरजेंसी के ऐलान के बाद भारी तादाद में पकड़े गए करीब 1,200 लोगों को ठूँस दिया गया था।

नक्सलवाद की समस्या कोई नई नहीं थी। यह 1963 से ही चली आ रही थी, जब चरम वामपंथियों ने भारत-चीन सीमा के पास नक्सलबाड़ी (पश्चिम बंगाल) में जमीन के मालिकों को हटाकर उनकी जमीन पर कब्जा जमाने के लिए हिंसक संघर्ष शुरू किया था।

हालाँकि सरकार को भूमिगत हुए नेताओं की चिंता कुछ ज्यादा ही सता रही थी। एक साल बीत चुका था, लेकिन जॉर्ज फर्नांडिस को गिरफ्तार नहीं किया जा सका। श्रीमती गांधी ने आला अधिकारियों की एक बैठक बुलाई और उन्हें गिरफ्तार न कर पाने को लेकर जमकर फटकार लगाई। उनमें से एक ने कहा कि वे उनके नेटवर्क में सेंध लगाने में कामयाब रहे हैं और उनके आदमी अब जॉर्ज के साथ शामिल हो गए हैं। उसने वादा किया कि कुछ ही दिनों में उनकी गिरफ्तारी हो जाएगी। और यह हुआ भी। 10 जून को कलकत्ता में चर्च से सटे एक मकान से जॉर्ज को गिरफ्तार कर लिया गया। उनकी गिरफ्तारी से भूमिगतों को एक बड़ा झटका लगा।

भूमिगत लोग संजय की आँखों की किरकिरी बने हुए थे। उन्होंने परिवार नियोजन को लेकर की गई उनकी ज्यादतियों की कहानियाँ फैलाई थीं।

बेशक, संजय उस कार्यक्रम को निर्दयता के साथ लागू कर रहे थे। उन्होंने मुख्यमंत्रियों के लिए लक्ष्य निर्धारित कर लिये थे, बदले में मुख्यमंत्री नौकरशाहों का कोटा निश्चित कर देते थे। संजय को खुश करने के लिए मुख्यमंत्री एक-दूसरे से परिवार नियोजन को लेकर उनकी इच्छा को पूरा करने की होड़ लगाते थे। न तो संजय, न ही श्रीमती गांधी को इस बात की परवाह थी कि लक्ष्यों को कैसे पूरा किया जाता है या कथित रूप से पूरा माना जाता है।

संजय के लिए साधन मायने नहीं रखते थे। उन्हें बस नतीजे से मतलब होता था। और जबरदस्ती कराई जानेवाली नसबंदी पर कोई लगाम नहीं थी।

दिल्ली में रुक्साना सुल्ताना नाम की एक लड़की, जो संजय को भगवान् समझती

थी, परिवार नियोजन को बढ़ाने के लिए आगे आई। भले ही उसके पास कोई आधिकारिक पद नहीं था, फिर भी वह पुरानी दिल्ली के इलाके में भारी पुलिस सुरक्षा के बीच घूमती थी। एक जीप उसकी गाड़ी के आगे और दूसरी उसके पीछे हुआ करती थी। आगे चलकर उसने एक इंटरव्यू में कहा कि उसे गर्व था कि उसे परिवार नियोजन और संजय के साथ काम करने का अवसर मिला।

उन्हें खुश करने के लिए उत्तर प्रदेश ने सरकार द्वारा जनसंख्या नियंत्रण नीति के तहत नसबंदी के तय लक्ष्य को 4 लाख से बढ़ाकर 15 लाख कर दिया। सभी सरकारी विभागों के लिए विशेष कोटा निर्धारित कर दिए गए। हर जिले का भी अपना कोटा था। अगर व्यक्तिगत लक्ष्य पूरे नहीं होते थे तो शिक्षकों और स्वास्थ्य तथा चिकित्सा विभाग के कर्मचारियों का प्रमोशन तथा वेतनवृद्धि रोक दी जाती थी।

इस अभियान ने जुलाई में जोर पकड़ा और महीने बाद पूरे रफ्तार में था, जिसका नतीजा यह हुआ कि जबरन नसबंदी का विरोध करने के चलते हिंसा की 240 घटनाएँ सामने आईं। जून में औसतन 331 ऑपरेशन किए गए, जो जुलाई में बढ़कर 1,578 हुए और अगस्त में जब विशेष कैंप आयोजित किए गए तो उछलकर 5,644 प्रतिदिन पर पहुँच गए। कई जगहों में लोगों को उठाया जाता था और उनकी उम्र चाहे कुछ भी हो या फिर शादी हुई हो या नहीं, उनकी नसबंदी जबरन कर दी जाती थी।

हिंसा की पहली बड़ी घटना उत्तर प्रदेश के सुल्तानपुर जिले के नरकाडीह गाँव में 27 अगस्त को हुई, जब संभागीय कमिश्नर ने लोगों को प्रेरित करने के लिए इकट्ठा किया। लोग कार्यक्रम के विरोध में खड़े हो गए और अधिकारियों को गाँव से बाहर खदेड़ दिया। पुलिस ने गोली चला दी, जिसमें 13 लोग मारे गए और न जाने कितने लोग गोली लगने से घायल हो गए!

जिले के अधिकारियों के आदेश पर पुलिसवाले बेकाबू हो गए और जबरन नसबंदी के लिए गाँववालों की धर-पकड़ शुरू कर दी। गाँवों में दहशत फैल गई और लोग अपने घर की महिलाओं की इज्जत और अपनी जान बचाने के लिए भागकर खेतों में छिप गए। यहाँ तक कि बीते जमाने में कुख्यात डाकुओं के समय में भी उन्हें कभी घर छोड़कर भागना नहीं पड़ा था, लेकिन अब उन गाँववालों के लिए खेतों में रहना आम बात हो गई थी, जो पुलिस के छापे के चलते घरों में रहने से डरते थे।

नसबंदी की मुहिम जारी रही, जिसमें एक दिन में 6,000 मामलों का रिकॉर्ड बन गया, जिसके चलते 18 अक्तूबर को मुजफ्फरनगर जिले में एक और हिंसक घटना हुई। मुजफ्फरनगर में जिला अधिकारी की ओर से परिवार नियोजन कैंप लगाया गया और लोगों पर दबाव डाला गया कि वे एक बड़ी रकम का योगदान करें। अगर वे इनकार करते थे, तो उन्हें मीसा या डी.आई.आर. की धमकी दी जाती थी। मौके की ताक में

घूम रही पुलिस पार्टियाँ लोगों को बस स्टैंड तथा रेलव स्टेशन से उठा लिया करती थीं और जबरन उनकी नसबंदी कर दी जाती थी।

एक खास इलाके से विवाहित या अविवाहित लोगों को, बच्चेदार या बिना बच्चे वाले, युवा या बुजुर्ग सबको तीन दिनों तक पूरी तैयारी के साथ उठाया गया और उनकी नसबंदी कर दी गई। असंतोष तब और बढ़ गया, जब ऐसे ही 18 लोगों को परिवार नियोजन कैंप ले जाया जा रहा था। उनकी रिहाई की माँग कर रही भीड़ ने पत्थर बरसाना शुरू कर दिया। पहले पुलिस ने आँसू गैस के गोले दागे और जब उससे भगदड़ मची तो गोली चला दी। पच्चीस लोग मारे गए और आठ लापता (अब तक उनका पता नहीं चल सका है) हो गए। इस घटना को मिनी जलियाँवाला बाग का नाम दिया गया। कर्फ्यू लगा दिया गया और एक दूसरे इलाके के चार लोगों को आदेश का उल्लंघन करने पर गोली मार दी गई।

सेंसरशिप के बावजूद इन घटनाओं की जानकारी लोगों तक एक-दूसरे के जरिए पहुँचने लगी और मुजफ्फरनगर से करीब 35 किलोमीटर दूर कैराना में विरोध जुलूस निकाला गया। कुछ सामाजिक कार्यकर्ताओं की अपील पर जब प्रदर्शनकारी इधर-उधर जाने लगे, तब पुलिस ने उन्हें खदेड़ा। वे जब बचने के लिए एक मसजिद में घुस गए, तब पुलिस ने उन पर धावा बोल दिया और गोली चला दी, जिसमें तीन लोग मारे गए।

बस्ती जिले के एक गाँव में उन्मादी भीड़ ने एक प्रखंड विकास पदाधिकारी, एक पंचायत सचिव और ग्रामीण स्तर के एक कार्यकर्ता को काटकर टुकड़े-टुकड़े कर दिया। ये अधिकारी और कर्मचारी लक्षित दंपतियों को लेकर ताजा जानकारी अपने रजिस्टरों में दर्ज करने पहुँचे थे। इससे पुलिसवालों का खून खौल उठा और उन्होंने बदले की काररवाई में लोगों को डराया-धमकाया और टॉर्चर किया।

हरियाणा में भारी तादाद में लोगों ने नसबंदी कराने से इनकार कर दिया और उन अधिकारियों का विरोध किया, जो उन्हें जबरन नसबंदी कैंप में ले जाने का प्रयास करते थे। पुलिस ने जो मिला, उसे ही गिरफ्तार कर लिया और उन पर तरह-तरह के जुल्म किए। गुड़गाँव जिले में एक ऐसे नौजवान को स्थानीय पुलिस ने गिरफ्तार कर एक अँधेरी कोठरी में डाल दिया, जो अपने कुनबे के लोगों को नसबंदी के खिलाफ भड़का रहा था। पूछताछ के दौरान उसके बाल और नाखून नोंच लिये गए तथा एक महीने बाद जब वह छूटा, तब तक उसके सुनने की क्षमता भी समाप्त हो चुकी थी।

महेंद्रगढ़ में एक युवा सरकारी कर्मचारी ने नसबंदी कराने से इनकार कर दिया, क्योंकि उसकी कोई संतान नहीं थी। उसे इतना परेशान किया गया कि वह पागल हो गया।

रोहतक जिले में एक बुजुर्ग विधवा शिक्षिका से कहा गया कि वह नसबंदी के लिए दो लोगों को लेकर आए तभी उसे उसका वेतन मिलेगा। बुजुर्ग विधवा ऐसा नहीं

कर सकी। आखिरकार वह दो पागल भिखारियों को नसबंदी कैंप में लेकर आई और तब जाकर उसे उसका वेतन मिला।

हरियाणा में हरिजनों और पिछड़ी जाति के लोगों पर सबसे ज्यादा अत्याचार हुए। सरकार को इसकी परवाह नहीं थी कि वे युवा हैं, अविवाहित हैं, बूढ़े सधवा, नपुंसक या पहले से ही नसबंदी करा चुके हैं। उन्हें नसबंदी करानी पड़ती थी। लक्ष्य मायने रखता था, न कि लोग या उनकी भावनाएँ।

बिहार में परिवार नियोजन के अभियान ने अधिकारियों को अपनी कर्मठता साबित करने का सबसे आसान मौका दे दिया। आदिवासी संभवत: उस नसबंदी अभियान के सबसे बड़े पीड़ित थे। पहला डिप्टी कमिश्नर, जिसे अच्छे काम के लिए गोल्ड मेडल मिला, सिंहभूम जिले में तैनात था, जो छोटानागपुर जनजातीय क्षेत्र का एक हिस्सा है। एक और जनजातीय जिले राँची का सबसे बड़ा अधिकारी भी ज्यादा पीछे नहीं था। भोजपुर जिले में भी ज्यादतियाँ हुईं, लेकिन वहाँ आदिवासियों को नहीं, बल्कि हर किसी को समान रूप से निशाना बनाया गया।

पूर्वी पटना में बवाल खड़ा हो गया। जबरन नसबंदी से भड़की भीड़ पर पुलिस ने गोली चला दी, जिसमें एक व्यक्ति की मौत हुई और कई घायल हो गए, लेकिन सेंसरों ने आदेश दिया कि केवल सरकारी पक्ष को खबर में शामिल किया जाए, जिसके मुताबिक पुलिस ने उन लोगों पर गोली चलाई, जो फुटपाथ पर रहनेवालों को हटाए जाने का विरोध कर रहे थे। उस घटना के 24 घंटे के भीतर यूथ कांग्रेस की ओर से परिवार नियोजन की खूबियों का बखान करने के लिए लगाए गए सारे टेंट गायब हो गए। बेशक, ये कब्जा जमानेवाले वे लोग नहीं थे, जिन पर गोली चलाई गई थी।

स्वर्ण पदकों की रेस में पटना का स्थान गौरवपूर्ण था। यह तब की बात है, जब दो हफ्ते बाद लोकसभा चुनावों का ऐलान किया गया था। और सरकार की ओर से नसबंदी के लिए निर्धारित 3 लाख के लक्ष्य के मुकाबले, बिहार ने 6.5 लाख की सफलता पाई, जिससे उत्साहित होकर स्वास्थ्य मंत्री बिंदेश्वरी दुबे ने अधिकारियों को 1976-77 के आखिर तक दस लाख का लक्ष्य हासिल करने को कहा।

इस अच्छे काम को देखने के लिए संजय ने चार बार राज्य का दौरा किया। और राज्य के कांग्रेस नेताओं तथा सरकार ने उन्हें खुश करने में कोई कसर बाकी नहीं रखी। चुनाव से पहले, बिहार में अपने आखिरी दौर में, राज्य की कांग्रेस कमेटी के अध्यक्ष सीताराम केसरी ने पटना में हुई एक जनसभा में कहा कि संजय गांधी राजनीति के क्षितिज और कांग्रेस पार्टी नेतृत्व के नए सितारे हैं और देश अगले 50 वर्षों तक सुरक्षित है।

संजय के लिए वी.आई.पी. जैसे इंतजाम करने में दस लाख रुपए का खर्च आया, जिसमें से लगभग आधा राज्य सरकार ने सुरक्षा इंतजामों और आने-जाने तथा भीड़ को

काबू करने के लिए उठाया। बाकी का आधा हिस्सा कथित तौर पर उद्योग और वाणिज्य जगत् के दिग्गजों ने अदा किया।

परिवार नियोजन को लेकर पंजाब का जोश इस बात से दिखा कि राज्य सरकार नसबंदी के लिए आयोजित कैंपों में भारी तादाद में दंपतियों को जुटा लेती थी। इन ऑपरेशनों के दौरान कुछ लोगों की मौत की भी खबरें आईं। कोई भी अखबार परिवार नियोजन की ज्यादती की कोई भी खबर नहीं छाप सकता था, न ही श्रीमती गांधी का परिवार उन पर यकीन करने को तैयार था, हालाँकि उन्हें जानकारी थी कि नसबंदी के लिए बल प्रयोग किया जा रहा है। खुफिया विभाग को कुछ ज्यादतियों की खबर थी और उसने प्रधानमंत्री तथा उनके सचिव को रिपोर्ट भी भेजी। लेकिन उन पर काररवाई शायद ही कभी होती थी। कुछ दबाव तो स्वाभाविक थे, उन्हें सही ठहरा दिया गया। केंद्र में राज्यमंत्री शाह नवाज खान ने श्रीमती गांधी को मुजफ्फरनगर की घटनाओं पर एक रिपोर्ट सौंपी और बताया कि कैसे पुलिस ने जानबूझकर बल प्रयोग किया और ज्यादतियाँ कीं। उनका जवाब था कि बातों को बढ़ा–चढ़ाकर बताया गया है, जबकि फखरुद्दीन अली अहमद, जिन्हें एक कॉपी भेजी गई थी, सन्न रह गए। उन्होंने इसकी शिकायत प्रधानमंत्री से की और रोजाना की तरह ही उस बात को भी अपनी डायरी में भी दर्ज किया।

केवल शारीरिक बल का ही प्रयोग नहीं किया जा रहा था। सरकार सर्कुलर जारी कर उन कर्मचारियों के प्रमोशन और वेतन–वृद्धि को रोक देने का आदेश देती थी, जो या तो स्वयं नसबंदी नहीं कराते थे या दूसरों को उसके लिए लेकर नहीं आते थे। यहाँ तक कि ड्राइविंग लाइसेंस भी तभी रिन्यू किया जाता था, जब कोई न्यूनतम निर्धारित लोगों को नसबंदी के लिए लेकर नहीं आता था।

दिल्ली प्रशासन ने एक सर्कुलर जारी किया कि ऐसे कर्मचारी जो नसबंदी के योग्य हैं, उन्हें नसबंदी कराए जाने संबंधी सर्टिफिकेट पेश करने पर ही वेतन दिया जाएगा। निगमों के प्राथमिक स्कूलों में 10,000 शिक्षकों में से हर एक को पाँच–पाँच लोगों को नसबंदी के लिए राजी करने का मौखिक आदेश दिया गया था। मुख्य अध्यापिकाओं को यह अधिकार दिया गया था कि वे छात्रों को तब तक घर न जाने दें, जब तक कि उनके माता या पिता में से कोई एक नसबंदी न करा ले।

व्यापारियों के कुछ प्रतिनिधियों को दिल्ली के राज निवास में बुलाया गया। लेफ्टिनेंट गवर्नर ने व्यापारियों से कहा कि वे हर महीने के हिसाब से कोटा तय कर लें और अपने कर्मचारियों तथा अन्य को नसबंदी के लिए प्रेरित करें।

दिहाड़ी या ठेके पर मजदूरों को काम पर रखनेवाली कई कंपनियों को अपना धंधा केवल इस कारण बंद कर देना पड़ा, क्योंकि मजदूर नसबंदी के जाल में फँसने की बजाय गाँव लौट जाना बेहतर समझ रहे थे।

सरकार ने भी जनसंख्या पर एक राष्ट्रीय नीति की घोषणा की। संजय का मानना था कि हर परिवार में बच्चों की संख्या दो ही होनी चाहिए, लेकिन श्रीमती गांधी और उनके परिवार के बाकी सदस्यों ने तीन किए जाने का समर्थन किया और उसे स्वीकार कर लिया गया। राष्ट्रीय नीति ने जन्म दर को घटाने प्रति 1,000 पर 35 से घटाकर 1984 तक प्रति 1,000 पर 25 तक करने का लक्ष्य रखा। यह उम्मीद की जा रही थी कि तब तक आबादी की विकास दर 2.4 प्रतिशत से कम होकर 1.4 प्रतिशत हो जाएँगी। लड़कियों की शादी के लिए न्यूनतम उम्र बढ़ाकर 18 और लड़कों की 21 वर्ष कर दी गई। स्त्रियों और पुरुषों को नसबंदी कराने पर पैसे देने का प्रस्ताव भी रखा गया, लेकिन यह फैसला राज्यों पर छोड़ दिया गया कि वे चाहें (उस वक्त देश की आबादी 61.5 करोड़ थी) तो अनिवार्य नसबंदी पर कानून बना सकते हैं।

परिवार नियोजन के अलावा दिल्ली के सौंदर्यीकरण को लेकर भी संजय के अंदर एक धुन थी। वे डी.डी.ए. के प्रमुख जगमोहन को हर दिन बताया करते थे कि क्या करना है और झुग्गियों को हटाने की प्रगति की समीक्षा भी करते थे।

अवैध निर्माण के खिलाफ अभूतपूर्व तोड़फोड़ के बाद कई इलाकों में लंबे समय से रह रहे लोगों का पलायन शुरू हो गया। ऐसा ही एक इलाका था, जिसे मुसलिम आबादी के नाम से जाना जाता था। तुर्कमान गेट के निवासी, जिनमें गैर-मुसलमान भी शामिल थे, 13 अप्रैल को बैसाखी (फसल कटाई का त्योहार) के दिन अपनी बस्ती के बाहर बुलडोजरों को इकट्ठा होते देख रहे थे। उन लोगों के बीच मौजूद पंजाबी बैसाखी को पूरे धूमधाम से मनाया करते थे, जबकि उस दिन उन्हें अनहोनी की चिंता सता रही थी।

16 अप्रैल को वहाँ के निवासी एच.के.एल. भगत से मिले, जिन्होंने उन्हें भरोसा दिया कि कोई भी घर तोड़ा नहीं जाएगा। उन्होंने पूछा भी कि जब पीढ़ियों से लोग वहाँ रह रहे हैं तो उन्हें कैसे गिराया जा सकता है ? उस दिन बुलडोजर लौट गए।

अचानक 19 अप्रैल को बुलडोजर तुर्कमान गेट की ओर बढ़ने लगे। बुलडोजरों को रोकने के लिए कुछ लोग उस दरगाह इलाही के बाहर बैठ गए, जिस पर अभी-अभी सफेदी की गई थी और जो उस इलाके के ठीक बाहर स्थित है। कुछ और निवासी इकट्ठा हो गए और भीड़ की तादाद कई सौ तक पहुँच गई।

दोपहर का वक्त हो चला था, जब ट्रकों में भरकर केंद्रीय रिजर्व पुलिस बल (सी.आर.पी.) के राइफलधारी और दिल्ली पुलिस के जवान मौके पर पहुँचने लगे। कुछ ही मिनटों में धक्का-मुक्की और नारेबाजी शुरू हो गई। पुलिसवाले रास्ता साफ करना और विरोध कर रहे लोगों को हटाना चाहते थे। उस समय पुलिस की तरफ से जबरदस्त पथराव किया गया। उस समय तक प्रदर्शन शोरगुल भरा था, लेकिन शांतिपूर्ण था। भीड़ ने भी जवाब में पुलिसवालों पर पत्थर बरसाए।

दोपहर करीब 1.30 बजे, दरियागंज के सब-डिविजनल मजिस्ट्रेट ने लाठीचार्ज के आदेश दिए, जो किसी भी लिहाज से बेहद बर्बर था। अफरा-तफरी मच गई। लोग इधर-उधर भागने लगे, कुछ जमीन पर गिरे और कई को चोट लगी। सैकड़ों लोगों को गिरफ्तार कर लिया गया, जिनमें घायल भी शामिल थे। फिर उसके बाद पुलिस के साथ लोगों का बराबर का झगड़ा शुरू हो गया। महिलाएँ भी आगे आ गईं और रसोई के सामानों से लैस होकर उन्होंने अपने आदमियों को पुलिस के चंगुल से छुड़ा लिया।

इस विरोध प्रदर्शन ने पुलिस को भड़का दिया, जिसने पहले आँसू गैस के गोले छोड़े और फिर दोपहर में अगले तीन घंटे तक जहाँ-तहाँ फायरिंग की। जब हालात बेकाबू हो गए, तो कर्फ्यू लगा दिया गया। और तभी करीब 14 बुलडोजर अंदर दाखिल हो गए। लगभग 1,000 घरों को गिरा दिया गया, 150 लोग मारे गए और 700 को गिरफ्तार कर लिया गया। लेकिन यह कारररवाई समाप्त नहीं हुई थी। कर्फ्यू अगले 45 दिनों तक जारी रहा। इस दौरान, एक-एक कर धरों में लूट-पाट की गई। नई दुलहनों के गहने छीन लिये गए, यहाँ तक कि बुजुर्गों और अपंगों को भी जानवरों की तरह पीटा गया और उनके पास जो कुछ भी था, सब छीन लिया गया। लोगों को महज इस शक के आधार पर उठाया गया कि उन्होंने पुलिस का विरोध किया था।

सेंसरों ने इस घटना का एक भी शब्द प्रेस में छपने नहीं दिया। लेकिन दिल्ली और फिर पूरे देश ने तुर्कमान गेट में हुई बर्बरता की चर्चा शुरू कर दी। सरकार को कबूल करना पड़ा कि कुछ लोगों की मौत हुई है, लेकिन प्रेस नोट ने कभी सच का खुलासा नहीं किया।

तुर्कमान गेट के निवासियों को उजाड़ते समय डी.डी.ए. नहीं जानती थी कि उस जगह का उसे करना क्या है। तीन महीने बाद वहाँ एक 50 मंजिला व्यावसायिक इमारत खड़ी करने की योजना तैयार की गई।

वहाँ से जबरन हटाए गए लोगों को यमुना के पार एक खाली जमीन पर लाकर पटक दिया गया, जहाँ पीने का पानी तक नहीं था, दूसरी सुविधाओं की तो बात ही छोड़ दीजिए! कई दिनों बाद जब शेख अब्दुल्ला उस कॉलोनी को देखने पहुँचे, तो उन्होंने तुर्कमान गेट की घटना की तुलना कर्बला से की। वे निहायत नाखुश थे और अधिकारियों से अपनी नाराजगी जाहिर भी कर दी। वहाँ के निवासी जब श्रीमती गांधी से मिलने पहुँचे, तो वे मौजूद नहीं थीं और उनकी मुलाकात संजय से हुई। उन्होंने जब बेहतर सुविधाओं की माँग की तो संजय ने कहा, ''तुम लोगों ने शेख से झूठ बोला है, अब तुम्हें उसकी कीमत चुकानी होगी।'' उन्होंने कहा कि पुलिस पर हमला करनेवालों को सजा मिलेगी।

झुग्गियों का सफाया करना संजय के पाँच-सूत्री कार्यक्रम (पहले चार) का हिस्सा नहीं था, जिसका प्रचार श्रीमती गांधी के बीस-सूत्री कार्यक्रम की तरह ही किया गया।

संजय के पाँच सूत्र थे : परिवार नियोजन, वृक्षारोपण, दहेज पर पाबंदी, हर एक कम-से-कम एक को पढ़ाए और जातिवाद का सफाया।

यह कार्यक्रम किसी को नुकसान पहुँचानेवाला नहीं था। लेकिन उन्होंने इसे लागू करने के जो तरीके अपनाए, उसने असंतोष पैदा कर दिया। एक कारण और भी था, उनकी हर काररवाई संविधान से मिले अधिकारों का अतिक्रमण करती थी। लोगों को इस बात पर आपत्ति थी कि उनके पास इतने अधिकार क्यों हैं और इस कारण वे उनके हर कदम को संदेह की नजर से देखते थे। भले ही उनमें से कई उनके खिलाफ थे, लेकिन वे उनकी व्यावहारिक बुद्धिमानी और चतुराई की प्रशंसा करते थे। चूँकि वे सत्ता के स्रोत थे, इस कारण कांग्रेस पार्टी में अपना हित साधनेवालों को लगता था कि उन्हें हर हाल में खुश किया जाना चाहिए।

संजय भी अपनी चलाने में कोर-कसर बाकी नहीं रखते थे। यह बात केवल मारुति, पाँच-सूत्री कार्यक्रम या यूथ कांग्रेस पर ही लागू नहीं होती थी। उन्होंने अपने आलोचकों का मुँह बंद करने और उन्हें सजा देने का भी प्रयास किया। एक ठेकेदार, जिसने मारुति परिसर के अंदर निर्माण के दौरान उन्हें नाराज किया था, को गिरफ्तार कर लिया गया और राजगोपालन, जो दिल्ली के तत्कालीन महानिरीक्षक थे, का तबादला सीमा सुरक्षा पुलिस में कर दिया गया, क्योंकि उन्होंने संजय की इच्छा पूरी नहीं की थी।

संजय का हाथ एयर मार्शल पी.सी. लाल के मामले में भी दिखा, जो भारतीय वायु सेना के पूर्व चीफ थे, और जिन्हें इंडियन एयरलाइंस का चेयरमैन बनाया गया था। इस बार संजय के पायलट भाई राजीव[3] भी शामिल थे। लाल 31 जुलाई, 1976 को रिटायर होनेवाले थे। वे रिटायरमेंट की अर्जी देकर छुट्टी पर जाना चाहते थे। लेकिन वे अपने उत्तराधिकारी को आगे बढ़ाने में दिलचस्पी ले रहे थे। उनके बाद उप-प्रबंध निदेशक वी. सत्यमूर्ति का नंबर था।

लाल ने अपने मंत्री राज बहादुर और प्रधानमंत्री से सितंबर 1975 में बात की और सुझाव दिया कि उनके रिटायर होने के बाद सत्यमूर्ति को प्रबंध निदेशक बना दिया जाए। साथ ही, अगर वे चाहें तो वे अंशकालिक चेयरमैन बने रह सकते हैं। श्रीमती गांधी और राज बहादुर इस बात पर सहमत थे कि सत्यमूर्ति को उनका स्थान लेना चाहिए। राजीव कथित तौर पर उनके खिलाफ थे।

अक्तूबर में राज बहादुर ने लाल से कहा कि प्रधानमंत्री तीन पायलटों को प्रमोट करना चाहती हैं। उन्होंने जवाब दिया कि पायलट प्रमोशन के मानदंडों को पूरा नहीं करते हैं। लाल के इनकार ने प्रधानमंत्री को खिन्न कर दिया। इस बीच राज बहादुर ने सत्यमूर्ति को लेकर अपना इरादा बदल लिया और लाल को बता दिया कि वे प्रबंध निदेशक नहीं बनाए जाएँगे। लाल ने प्रधानमंत्री से मुलाकात की, जो उनके साथ आखिरी

मुलाकात थी, और कहा कि सत्यमूर्ति अच्छे प्रबंध निदेशक साबित होंगे। वे बोलीं कि उनके मुताबिक सत्यमूर्ति ईमानदार नहीं हैं, और कहा कि मैं सब जानती हूँ कि इंडियन एयरलाइंस में क्या चल रहा है।

दिसंबर में लाल ने कई ट्रांसफर किए। लेकिन राज बहादुर ने कहा कि उनकी मंजूरी के बिना कोई भी ट्रांसफर या नियुक्ति नहीं की जानी चाहिए। उन्होंने कहा कि उन्हें धवन से इस बाबत आदेश मिले हैं। हालाँकि, राज बहादुर ने जनवरी 1976 में वादा किया कि बोर्ड ऑफ डायरेक्टर्स में इंडियन एयरलाइंस के अफसरों को बदला नहीं जाएगा।

लेकिन फरवरी में बोर्ड का पुनर्गठन किया गया और सत्यमूर्ति[4] को ड्रॉप कर दिया गया, जबकि एक जूनियर अफसर को उनकी जगह पर बिठा दिया गया। लाल ने राज बहादुर से अपना विरोध जताया, जिन्होंने कहा कि प्रधानमंत्री एयरलाइंस को चलाने के उनके तौर-तरीके से नाराज हैं।

लाल ने अप्रैल में अपना इस्तीफा दे दिया और छुट्टी माँगी। राज बहादुर ने अपने एक संयुक्त सचिव को भेजकर उनसे कहलवाया कि वे छुट्टी पर न जाएँ। लाल ने अपनी छुट्टी की अर्जी वापस ले ली। लेकिन तब तक राज बहादुर को धवन ने बताया कि लाल को छुट्टी पर जाना होगा। लाल ने प्रधानमंत्री से मिलने का समय माँगा, जो नहीं मिल सका।

13 अप्रैल, 1976 को लाल ने पाया कि सादी वर्दी में पुलिसवालों को उनके दफ्तर के बाहर तैनात कर दिया गया है और एक डी.एस.पी. लॉबी में है। लाल 19 अप्रैल से छुट्टी पर जाना चाहते थे, लेकिन नागरिक उड्डयन मंत्री ने पहले ही एक सर्कुलर भेज दिया था कि लाल 12 अप्रैल से छुट्टी पर हैं। बाद में, मंत्रालय ने एक चिट्ठी जारी कर बताया कि लाल की सेवा समाप्त कर दी गई है।

लाल की ओर से किए गए सारे तबादले रद्द कर दिए गए और जिन तीन पायलटों को लाल ने अक्षम पाया था, उन्हें तरक्की मिल गई।

लाल और उनके भाई को आयकर अधिकारियों ने परेशान किया, जो जाना-पहचाना हथकंडा था। लाल ने बाद में बताया कि कैसे श्रीमती गांधी ने उनसे एक बार कहा था कि गायना जैसे देश में अगर प्रधानमंत्री किसी अफसर को पसंद नहीं करता तो उसे उसके दफ्तर में घुसने नहीं दिया जाता। लाल को अब एहसास हुआ कि उस दिन उनका क्या मतलब था।

संजय भी तमाशा खड़ा कर रहे थे। 11 जनवरी, 1976 को वे बंसी लाल के साथ नौसेना के एक कार्यक्रम में बॉम्बे गए। प्रतिष्ठित नूक, जो एम.ई.एस. का बँगला था, को सेना और वायु सेना के प्रमुखों के लिए पहले ही बुक कर लिया गया था। नौसेना के अधिकारियों ने संजय और बंसी लाल के लिए किसी दूसरी जगह ठहरने का इंतजाम

किया था, जहाँ एक सुइट और एक डबल रूम था। बंसी लाल ने सुइट संजय को दे दिया और खुद डबल रूम ले लिया। बंसी लाल ने नौसेना प्रमुख एस.एन. कोहली को बताया कि वे इन इंतजामों से खुश नहीं हैं।

फिर रात के औपचारिक खाने पर बैठने की व्यवस्था को लेकर हंगामा खड़ा हो गया। हेड टेबल पर राष्ट्रपति और उनकी पत्नी, राज्यपाल और उनकी पत्नी, बंसी लाल और उनकी पत्नी तथा दो फ्लैग अफसरों के बैठने की जगह थी। यहाँ तक कि सेना प्रमुखों को भी दूसरी टेबल पर जगह दी गई थी, जिन्हें अंग्रेजी के वर्ण E का आकार दिया गया था।

संजय को काफी नीचे, नौसेना के अधिकारियों के साथ, जगह दी गई थी। बंसी लाल चाहते थे कि संजय को हेड टेबल पर बिठाया जाए। कोहली ने बताया कि यह संभव नहीं है। बंसी लाल नौसेना के अधिकारियों के सामने ही गाली-गलौज पर उतर आए, जैसी कि उनकी आदत थी, जब भी उनकी बात नहीं मानी जाती थी। कोहली के रिटायरमेंट में महज तीन महीने बाकी थे, अचानक उन्होंने वहीं इस्तीफा देने की पेशकश कर दी। बंसी लाल इसके लिए तैयार नहीं थे। उन्होंने अपने सुर बदल लिये। चूँकि उनकी पत्नी रात के खाने में शामिल नहीं हुईं, इसलिए उन्होंने वह जगह संजय को दे दी। इस घटना ने चारों तरफ एक कड़वाहट घोल दी, जिसकी चर्चा देश भर में होने लगी। कड़ी टिप्पणियाँ सुनी जाती रहीं, भले ही उनके स्वर दबे हुए थे।

बंसी लाल को हालातों से निपटने के दौरान अक्खड़ तरीका अपनाने के लिए जाना जाता था। कुछ समय पहले ही उन्होंने दिल्ली में ऑपरेशंस ब्रांच में तैनात कर्नल सुखजीत सिंह को सस्पेंड कर दिया था। मामला यू.पी. के तराई इलाके में जमीन की कीमत से जुड़ा था, जिसे कर्नल ने उसके मालिकों को दिला दी थी। बंसी लाल के विशेष सहायक आर.सी. मेथानी ने सुखजीत सिंह को अपने दफ्तर बुलाया और निकाले गए पक्ष के सामने बेइज्जत किया। बंसी लाल एक कदम और आगे बढ़ गए और उस अफसर को सस्पेंड कर दिया। सुखजीत को मिलिटरी ऑपरेशंस ब्रांच से हटाकर दिल्ली कैंट में एक महत्त्वहीन पद दे दिया गया। न कोई जाँच हुई, न ही दूसरे अफसरों ने विरोध किया। सब बंसी लाल के दबाव में चुप रह गए। बाद में कुछ सुधार किया गया जब सुखजीत सिंह को, जो ब्रिगेडियरों के पैनल में थे, प्रमोट कर पूर्वी भारत में तैनात किया गया।

सत्ता का नशा केवल बंसी लाल पर ही नहीं था। शुक्ला का रवैया भी वैसा ही था। उनकी दिलचस्पी खासतौर पर फिल्म उद्योग में थी और वे सारे हथकंडे अपनाकर यह तय करना चाहते थे कि निर्देशक, निर्माता और सितारे उनके इशारे पर नाचें। किशोर कुमार उनके गुस्से का शिकार हुए थे, क्योंकि उन्होंने दिल्ली में आयोजित यूथ कांग्रेस के एक कार्यक्रम में गाने से इनकार कर दिया था। किशोर के गाने रेडियो और टी.वी. पर

बैन कर दिए गए। कई फिल्मों को सेंसर की मंजूरी का इंतजार करना पड़ता था, क्योंकि शुक्ला चाहते थे कि निर्माता और सितारे उन्हें खुश करें। सूचना और प्रसारण मंत्रालय में एक पुलिस अधिकारी थे ए.के. वर्मा, जो इस क्षेत्र में शुक्ला का कामकाज देखते थे।

परिवार में भी सत्ता का दुरुपयोग करनेवाले कई लोग थे। श्रीमती गांधी की बड़ी बहू सोनिया इटली की नागरिक थीं। उन्होंने अपना इटली का पासपोर्ट बरकरार रखा था, लेकिन विदेशी अधिनियम के अंतर्गत अपना रजिस्ट्रेशन नहीं कराया था, जिसके मुताबिक 90 दिन के भीतर (रजिस्ट्रेशन को नियमित रूप से रिन्यू करना पड़ता था) सभी विदेशियों को पुलिस में रजिस्ट्रेशन कराना अनिवार्य था। वह पहले सरकार के स्वामित्व वाले जीवन बीमा निगम की एक एजेंट थीं, लेकिन अब मारुति के सलाहकार फर्म की सदस्य थीं। श्रीमती गांधी की दूसरी बहू, संजय की पत्नी मेनका ने 'सूर्या' नाम की एक पत्रिका शुरू की थी। इसके लिए विज्ञापन तमाम स्रोतों से, तमाम तरीकों से पैदा किए जाते थे।

फिर यूनुस भी थे, जो हमेशा *पकड़ लो* के अंदाज में बात किया करते थे। विदेशी पत्रकारों के सामने उन्होंने कहा था कि पश्चिमी जर्मनी के लोग हिटलर के दिमाग वाले, ब्रिटिश पागल और अमेरिकी असभ्य होते हैं। वे राष्ट्रपति फोर्ड को फुटबॉल खिलाड़ी कहते थे। हालाँकि, यूनुस चाहते थे कि प्रेस सेंसरशिप को कम किया जाए जैसा कि विदेशी पत्रकारों के लिए किया गया था।

वैसे भी प्रेस सेंसरशिप का इस्तेमाल पार्टी और निजी हितों के लिए किया जा रहा था। सेंसर उन खबरों या फिर कांग्रेस या यूथ कांग्रेस के नेताओं के बयान भी रोक लेते थे, क्योंकि वे शुक्ला के हित में नहीं थे, जो हमेश धवन के और उनके जरिए संजय के संपर्क में रहते थे। शुक्ला जिस राज्य में भी जाते, उस राज्य के सेंसर और पत्रकारों से कहते थे कि कांग्रेस की अंदरूनी लड़ाई की खबरें न छापें। मुख्यमंत्रियों ने अपने और अपने समूह के खिलाफ खबरों को रोकने के लिए सेंसरशिप का इस्तेमाल किया। पंजाब में कांग्रेस अध्यक्ष मोहिंदर सिंह गिल को अपने बयान छपवाने में मुश्किल आई, क्योंकि जैल सिंह ने सेंसर को इसके लिए मना कर दिया था। पश्चिम बंगाल के सूचना मंत्री सुब्रत मुखर्जी ने सेंसर ऑफिस से कह दिया था कि उनके समूह के खिलाफ किसी भी खबर को आगे न जाने दे।

भारत के इमरजेंसी संबंधी नियमों की आलोचना करनेवाली दो अंग्रेजी पत्रिकाओं का प्रकाशन जबरन बंद करा दिया गया। उनमें से एक, द वीकली 'ओपिनियन' को महाराष्ट्र सरकार ने बंद करने का आदेश दिया, क्योंकि उसने आपत्तिजनक सामग्री प्रकाशन अधिनियम और सेंसरशिप के नियमों का उल्लंघन किया था।

एक और पत्रिका, 'मासिक सेमिनार' ने स्वेच्छा से अपना प्रकाशन बंद करने का

फैसला किया। इसने 15 जुलाई के सरकार के सेंसरशिप के आदेश के आगे झुकने से इनकार कर दिया था। साहसी दंपती, रमेश थापर और उनकी पत्नी राज ने, सेमिनार के अंतिम अंक में लिखा कि सेमिनार इस तरीके से अपनी निष्ठा और अभिव्यक्ति की आजादी को नहीं छोड़ सकता। किसी भी अखबार ने सेमिनार और ओपिनियन के बंद होने की खबर नहीं छापी थी।

राजनीतिक उद्‍देश्यों से मीसा का प्रयोग अब एक स्वीकार्य तथ्य था। इसकी धमकी भर से ईमानदारी से आपत्ति जतानेवाले भी काबू में आ जाते थे। उदाहरण के लिए, केरल में कई विपक्षी मुसलिम लीग के नेताओं को इस कारण गिरफ्तार किया गया था, क्योंकि वे सत्ताधारी गठबंधन से अलग हो गए और सरकार के खिलाफ खड़े हो गए। हिरासत के दौरान उन्हें सत्ताधारी गठबंधन में फिर से शामिल होने के लिए कहा गया, जिसके बाद उन्हें रिहा कर दिया जाएगा, लेकिन कोई नतीजा नहीं निकला।

गिरफ्तारी और जेल में डाल दिए जाने की धमकी से ही केरल कांग्रेस के नेताओं को मार्क्सवादी मोर्चे से अलग होकर सत्ताधारी मोर्चे में शामिल किया गया। वास्तव में, केरल कांग्रेस खुलकर इमरजेंसी की आलोचना कर रही थी। लेकिन ओम मेहता के निर्देश पर खुफिया विभाग के लोगों ने केरल कांग्रेस के के.एम. जॉर्ज और उनके साथियों को दिल्ली आने पर मजबूर कर दिया, जहाँ उन्हें साफ-साफ कह दिया गया कि या तो वे सत्ताधारी गठबंधन में शामिल हो जाएँ, जिसके तहत उन्हें मंत्रिपरिषद् में जगह मिलेगी, या फिर वे जेल जाने को तैयार हो जाएँ।

बंसी लाल ने हरियाणा में एक फैक्टरी मालिक के खिलाफ मीसा का इस्तेमाल किया, क्योंकि वह बंसी लाल के उस आदमी से मिला, जिसे गबन के बाद इस्तीफा देने पर मजबूर कर दिया गया था। यहाँ तक कि श्रीमती गांधी के पास शिकायत की गई, लेकिन उन्होंने कुछ नहीं किया। उन सभी को अपने-अपने क्षेत्र में काम करने की पूरी छूट थी।

मीसा के दुरुपयोग के बावजूद लोगों ने यहाँ-वहाँ गिरफ्तारी दी। गुजरात में जनता मोर्चा ने 15 अगस्त, 1976 को अहमदाबाद से दांडी तक एक मार्च का आयोजन किया। दक्षिणी गुजरात में बुलसर जिले के दांडी तक ही महात्मा गांधी ने 1930 में मार्च किया था। यद्यपि सरदार पटेल की बेटी मणिबेन ने इस मार्च का नेतृत्व किया, लेकिन उन्हें गिरफ्तार नहीं किया गया, जबकि उनके सारे साथियों को गिरफ्तार कर लिया गया। दिल्ली से खास निर्देश थे कि उन्हें गिरफ्तार न किया जाए। वे 22 दिनों में दांडी पहुँचीं।

गुजरात के पूर्व मुख्यमंत्री बाबूभाई पटेल को भी मीसा के तहत अगस्त में गिरफ्तार कर लिया गया।

इन गिरफ्तारियों से विदेश में यह उम्मीद जगी कि अब भी कुछ भारतीय हैं, जो लोकतांत्रिक मूल्यों के लिए लड़ सकते हैं। कुछ विदेशी अखबारों ने इनके सहारे श्रीमती

गांधी पर हमले किए। उनकी आलोचना ने उन्हें चोट पहुँचाई। वास्तव में, इमरजेंसी के दौरान कुछ लोग भारत छोड़कर विदेश में बसे लोगों को यह बताने चले गए कि कैसे देश में आजादी को सोच-समझकर खत्म किया जा रहा है।

अमेरिका ने 24 अगस्त को, बार काउंसिल ऑफ इंडिया के चेयरमैन, राम जेठमलानी को शरण दे दी। केरल में सरकार विरोधी भाषण देने के बाद उन पर गिरफ्तारी की तलवार लटक रही थी। जेठमलानी 28 अप्रैल को विमान से कनाडा के मांट्रियल रवाना हुए और मई में अमेरिका पहुँच गए।

जेठमलानी ने वेन स्टेट यूनिवर्सिटी से, जहाँ वे तुलनात्मक संवैधानिक कानून के विजिटिंग प्रोफेसर थे, बार काउंसिल के उपाध्यक्ष को चिट्ठी लिखी : मुझे यकीन नहीं होता कि आपकी अंतरात्मा की आवाज इतनी कमजोर पड़ चुकी है कि आपने अधिनायकवाद और अत्याचार की खूबियाँ ढूँढ़नी शुरू कर दी है। मुझसे यह मत कहिएगा कि आप उन उपलब्धियों से प्रभावित हैं, जिनका दावा श्रीमती गांधी करती हैं। मुसोलिनी और हिटलर, दोनों ही अपने देश को उनसे कहीं ज्यादा अपनी उपलब्धियाँ गिना सकते थे···मैं आपको भरोसा दिलाना चाहता हूँ कि भारत की आजादी के लिए काफी कुछ कर रहा हूँ, जितना मेरे लिए उनकी जेल के अंदर रहकर करना संभव नहीं था। किसी-न-किसी दिन आप सच जान जाएँगे। मुझे कोई शक नहीं कि वह अत्याचार ज्यादा दिन नहीं टिकेगा और जब उसका अंत होगा, तो आपमें से हर एक को अपराधी ठहराया जाएगा, जिन्होंने उस बुरे काम को मौन सहमति दी या खुलकर उसका समर्थन किया। फैसले का वह दिन दूर नहीं है।

राज्यसभा में जनसंघ के सदस्य सुब्रह्मण्यम स्वामी पर भी सरकार विरोधी गतिविधियों में शामिल रहने और देश के कानून से भागने का आरोप लगा। उनके खिलाफ गिरफ्तारी का वारंट जारी किया गया था। दिल्ली में उनके परिवार को परेशान किया गया। राज्यसभा ने 2 सितंबर को उनके मामले की जाँच के लिए एक समिति के गठन पर वोट दिया। यदि छह महीने तक वे सदन में नहीं आए तो उनकी सदस्यता रद्द हो सकती थी। अपनी सदस्यता को बनाए रखने के लिए वे हाजिर हुए, लेकिन जितने रहस्यमयी तरीके से वे हाजिर हुए थे, उसी तरीके से वे फिर से देश छोड़कर चले गए। बाद में, उनकी राज्यसभा की सदस्यता को समाप्त कर दिया गया।

स्वामी के गायब हो जाने से श्रीमती गांधी की सरकार की बदनामी हुई। लेकिन उसने 24 सितंबर को भूमिगत नेता जॉर्ज फर्नांडिस को 24 अन्य समेत नई दिल्ली में मजिस्ट्रेट की अदालत में सरकार के खिलाफ साजिश रचने का आरोपी ठहराकर अपने आपको सही साबित करने का प्रयास किया। आरोपियों पर बड़ौदा (गुजरात) से कई टन डायनामाइट भेजने और रेलवे में बड़े पैमाने पर तोड़फोड़ के जरिए देश भर में तबाही मचाने की साजिश रचने का इलजाम लगाया गया।

वास्तव में ये पूर्व मुख्यमंत्री चिमनभाई ही थे, जिन्होंने श्रीमती गांधी को बड़ौदा डायनामाइट केस से जुड़े लोगों की सूचना दी थी। वे उनके साथ संबंध सुधार लेना चाहते थे, क्योंकि वे ही थीं, जिन्होंने उन्हें 1974 में मुख्यमंत्री पद से इस्तीफा देने पर मजबूर कर दिया था।

श्रीमती गांधी की रिपोर्ट थी कि गुजरात में पूरी सरकारी मशीनरी सुस्त थी और जनता मोर्चा की सरकार के हैंगओवर से पीड़ित थी। उन्होंने पेट्रोलियम और रसायन मंत्री पी.सी. सेठी को स्थिति की जानकारी देने के लिए गुजरात भेजा।

अहमदाबाद पहुँचने पर सेठी ने पूछा कि उनके लिए गार्ड ऑफ ऑनर का इंतजाम क्यों नहीं किया गया? पुलिस कमिश्नर ने आनन–फानन में कुछ पुलिसवालों को दिखावे के लिए गार्ड ऑफ ऑनर के लिए जुटाया। सेठी को यह मंजूर नहीं था और उन्होंने पुलिस कमिश्नर को बरखास्त करने का आदेश दे दिया। उनके चले जाने के बाद राज्य के अधिकारियों ने बरखास्तगी के इस आदेश को लागू नहीं किया, क्योंकि वे जानते थे कि पुलिस कमिश्नर एक बेहतरीन अफसर हैं। लेकिन सेठी के दिल्ली निकलने से पहले यह अनुमान लगाया गया कि अहमदाबाद में कई पुलिस और सरकारी अधिकारियों को बरखास्त कर दिया गया था।

अहमदाबाद में श्रमिकों के एक इलाके में नगर निगम ने एक बैठक का आयोजन किया था। सेठी वहाँ अंग्रेजी में बोलने लगे। उनका भाषण सुन रहा एक मुसलमान मजदूर खड़ा हो गया और कहा कि मंत्री को हिंदी में बोलना चाहिए। सेठी भड़क गए और कहा, ''उस आदमी को आप गिरफ्तार क्यों नहीं करते? क्या मुझे बेइज्जत करने लिए यहाँ बुलाया है?'' यह कहकर वे मंच से उतर गए, जबकि हितेंद्र देसाई और मेयर वाडीलाल कामदार देखते रह गए। मेयर ने सेठी को समझाया कि उनके अपमान का कोई इरादा नहीं था। लेकिन किसी हुड़दंगी की तरह सेठी ने मेयर को धक्का दे दिया। प्रदेश कांग्रेस अध्यक्ष हितेंद्र देसाई अभी सेठी की कार में बैठ ही रहे थे कि वे चिल्लाने लगे, ''मेरे साथ आने के लिए किसने कहा तुमसे? चले जाओ यहाँ से।''

दिल्ली लौटने पर सेठी ने श्रीमती गांधी को बताया कि गुजरात में कोई इमरजेंसी नहीं है। ओम मेहता को अहमदाबाद भेजा गया और कई गिरफ्तारियाँ की गईं, जिन्हें राष्ट्रपति के सलाहकारों ने गैर–जरूरी माना।

गुजरात में नए सिरे से की गई गिरफ्तारियों से ऐसा लगा जैसे इमरजेंसी एक अंतहीन सुरंग है। कई लोग असहाय थे और चुपचाप अत्याचार को सहते रहे। लेकिन सर्वोदय आंदोलन के कार्यकर्ता और विनोबा भावे के सहयोगी 65 वर्षीय प्रभाकर शर्मा ने 11 अक्तूबर को श्रीमती गांधी के तानाशाही भरे रवैए के खिलाफ महाराष्ट्र के वर्धा से सटे सुरगाँव में आत्मदाह कर लिया।

आत्मदाह से पहले शर्मा ने श्रीमती गांधी को एक चिट्ठी लिखी और अपनी ओर से उठाए जानेवाले कदम के कारणों को विस्तार से बताया। चिट्ठी में लिखा था, ''भगवान् तथा इनसानियत को भूलकर और अपने आपको व्यापक, बर्बर शक्तियों से लैस कर सरकार ने पिछले साल अखबारों को अभिव्यक्ति की आजादी से वंचित कर दिया और भारतीय जीवनशैली के उन सारे गुणों पर हमला किया, जो सभ्य, नेक और महान् हो सकते हैं। इस साल इसने देश की बौद्धिक तथा अहिंसक सभ्यता पर हमला किया है।

''आपके मीसा के शासन ने नौकरशाहों को शैतान और लोगों को कायर बना दिया है। वह जो अपना कर्तव्य निर्भीकता से निभाता है, उसे अनंत समय तक जेल में डाल दिया जाएगा। उसके साथ न्याय नहीं होगा। जज आपके चमचे हैं। इन परिस्थितियों में जेल जाना दमन को स्वीकार करने के बराबर होगा। मैं हरगिज बरदाश्त नहीं करूँगा कि आप मुझे किसी पशु की तरह डराएँ।'' गांधी के 'यंग इंडिया' को उद्धृत करते हुए उस चिट्ठी ने कहा, ''यदि हम आजाद पुरुषों और स्त्रियों की तरह नहीं जी सकते तो हमें मरकर संतुष्ट हो जाना चाहिए।'' शर्मा ने आगे कहा, ''मैं जानता हूँ कि इस तरह की चिट्ठी लिखना भी एक प्रकार का अपराध है। इसलिए, मैं आपके पापी शासन में जीवित नहीं रहना चाहता हूँ।''

विनोबा ने शर्मा को मिलने के लिए बुलाया, लेकिन इसका कोई नतीजा नहीं निकला। विनोबा भले ही श्रीमती गांधी के प्रति सहानुभूति रखते थे, लेकिन वे स्वयं भी अवसाद में थे। 9 जून को पुलिस और खुफिया विभाग ने उनके आश्रम पर छापा मारा और उनकी हिंदी पत्रिका 'मैत्र' की 4,200 प्रतियाँ जब्त कर लीं, जिसमें यह ऐलान किया गया था कि यदि गो-हत्या पर प्रतिबंध नहीं लगाया गया (आगे चलकर सरकार ने प्रतिबंध लगा दिया) तो वे 11 सितंबर से उपवास पर बैठ जाएँगे।

अत्याचार की कहानियों के साथ ही इस एहसास ने कि इस उथल-पुथल का अंत न जाने कब होगा, उन लोगों को भी इमरजेंसी के खिलाफ कर दिया, जो एक समय पर इसमें कुछ फायदे देखा करते थे। उन्हें न तो निरंकुश शासन से और न ही एक गुट द्वारा चलाए जा रहे सनकी प्रशासन से राहत मिलती दिख रही थी।

दो चीजों ने लोगों में विरोध को और भी बढ़ा दिया, एक संविधान में संशोधन और दूसरा चुनावों को एक बार फिर स्थगित किया जाना। 27 फरवरी, 1976 को स्वर्ण सिंह की अध्यक्षता में गठित एक उच्च स्तरीय समिति ने अपनी रिपोर्ट सौंपी, जिसे सरकार ने कमोबेश उसी रूप में अपना लिया। स्वर्ण सिंह ने मुझसे कहा था, ''अगर मैं नहीं होता तो और भी बुरा होता।'' उन्होंने कहा, ''हमने राष्ट्रपति प्रणाली को हमेशा के लिए दफन कर दिया।''

प्रस्तावित संविधान के संशोधनों से व्यापक जनाक्रोश पैदा हुआ। श्रीमती गांधी ने

भरोसा दिया कि संसदीय प्रणाली को नष्ट नहीं किया जाएगा और संविधान में केवल कुछ छोटे बदलाव किए जाएँगे। लेकिन इससे आशंका दूर नहीं हुई और एक माँग की गई, विशेष रूप से बुद्धिजीवियों द्वारा कि चुनावों से पहले संविधान में किसी भी प्रकार का संशोधन नहीं किया जाना चाहिए। सुप्रीम कोर्ट बार एसोसिएशन ने भी ऐसी ही माँग की।

लगभग 300 शिक्षाविदों, कलाकारों और लेखकों ने श्रीमती गांधी को हस्ताक्षर के साथ भेजी गई अर्जी में कहा कि वर्तमान संसद् के पास न तो राजनीतिक और न ही नैतिक अधिकार है कि वह संविधान में मौलिक बदलाव करे। गैर-कम्युनिस्ट विपक्ष तथा सी.पी.आई. (एम) ने संविधान संशोधनों पर कांग्रेस पार्टी की कमेटी से किसी भी प्रकार की चर्चा करने से इनकार कर दिया और उस आवश्यक विधेयक को पारित करने के लिए 25 अक्तूबर को बुलाए गए संसद् के विशेष सत्र का बहिष्कार किया।

संसद् ने 2 नवंबर को 59 क्लॉज संविधान (42वाँ संशोधन) विधेयक को 4 के मुकाबले 366 मतों से पास कर दिया। यह विधेयक, जो आधे राज्यों की विधानसभाओं द्वारा अनुमोदन और राष्ट्रपति की सहमति के बाद 18 दिसंबर को अधिनियम बन गया, उसने संविधान में दर्ज मौलिक अधिकारों के ऊपर निर्देशक सिद्धांतों को रखा, जिसमें नागरिकों के लिए 10 मौलिक कर्तव्यों को बताया गया है। उनमें अनिवार्य रूप से राष्ट्र की सेवा शामिल है। साथ ही, लोकसभा तथा राज्य विधानसभाओं की अवधि को पाँच साल से बढ़ाकर छह साल कर दिया गया। किसी भी राज्य में कानून-व्यवस्था की गंभीर स्थिति उत्पन्न होने पर केंद्र केंद्रीय सुरक्षा बलों को तैनात कर सकेगा, राष्ट्रपति को मंत्रिपरिषद् की सलाह माननी ही पड़ेगी, राष्ट्र-विरोधी गतिविधियों पर पाबंदी लगा दी गई और राष्ट्रपति को ये अधिकार दिए गए कि वे दो वर्षों के भीतर इन संशोधनों के रास्ते में आनेवाली किसी भी बाधा को पार करने के आदेश दे सकते हैं। यह भी तय किया गया कि किसी भी अदालत में संविधान के किसी भी संशोधन को चुनौती नहीं दी जा सकेगी तथा अब के बाद किसी भी केंद्रीय या राज्य कानून को तब तक संवैधानिक घोषित नहीं किया जा सकेगा, जब तक कि सात जजों में से दो-तिहाई ने ऐसा न कहा हो। संविधान की प्रस्तावना में परिवर्तन किया गया। संप्रभु लोकतांत्रिक गणराज्य के स्थान पर संप्रभु समाजवादी गणराज्य लिखा गया और राष्ट्र की एकता की बजाय राष्ट्र की एकता और अखंडता लिखा गया।

बरुआ ने कहा कि अभिव्यक्ति की आजादी के मौलिक अधिकार के दुरुपयोग को दंडनीय बनाया जाना चाहिए, जिसकी सजा सरकार द्वारा तय की जाए। कुछ प्रस्तावित संविधान संशोधनों को अंतिम समय में हटा दिया गया। सिद्धार्थ चाहते थे कि राष्ट्रपति को सलाह देने के लिए प्रधानमंत्री को मंत्रिमंडल की सलाह लेना आवश्यक नहीं होना चाहिए।

उन सारे लोगों को इन संशोधनों को सही ठहराने की मुहिम में लगा दिया गया, जिन्हें श्रीमती गांधी के शासन से फायदा मिला था। यह काम वे अकसर मुसीबत आने पर किया करती थीं।

भारत के पूर्व मुख्य न्यायाधीश और विधि आयोग के अध्यक्ष गजेंद्र गडकर ने बचाव में कहा, "भारतीय लोकतंत्र जब अपने नागरिकों के वैध, किंतु व्यापक उम्मीदों और आकांक्षाओं को पूरा करने तथा सामाजिक समानता और आर्थिक न्याय पर आधारित एक नई सामाजिक व्यवस्था के निर्माण की दिशा में आगे बढ़ेगा, तो उसे उस लक्ष्य को पाने के लिए समय-समय पर उपयुक्त कानून बनाने पड़ेंगे।"

विपक्षी नेता अशोक मेहता ने निंदा करते हुए कहा कि सरकार इमरजेंसी (जून 1975 में लगाई गई थी) को संहिताबद्ध कर रही है, गांधी (प्रधानमंत्री इंदिरा) के हाथों में सत्ता को केंद्रित करने हेतु कानून की शक्ति दे रही है।

25 जून को जब संविधान में परिवर्तनों पर विचार के लिए संसद् का सत्र शुरू हुआ, तब विपक्ष के अधिकांश सदस्य इससे दूर रहे। चार विपक्षी दलों की ओर से जारी साझा बयान में कहा गया कि इन संशोधनों से संविधान में रोक और संतुलनों की पूरी प्रणाली ही समाप्त हो जाएगी और शासक के पास मनमाने अधिकार आ जाएँगे, जिसका नुकसान नागरिकों को उठाना पड़ेगा।

श्रीमती गांधी इस बिल का विरोध करनेवालों पर यह कहते हुए बरसीं कि जो संविधान को जड़ और अपरिवर्तनीय बना देना चाहते हैं, वे नए भारत की भावना से पूरी तरह अलग राग अलाप रहे हैं।

इस बात को लेकर आलोचना की जा रही थी कि सरकार ने संविधान के मौलिक ढाँचे को प्रभावित किया है, जो ऐसा था, जिसे सुप्रीम कोर्ट के एक बहुमत से दिए गए फैसले के अनुसार नहीं किया जा सकता था। श्रीमती गांधी ने कहा कि हम मौलिक ढाँचे के ढोंग को नहीं मानते, जिसे जजों ने ईजाद किया है। सरकार समर्थक संविधान विशेषज्ञों ने कभी इसकी व्याख्या नहीं की है कि मौलिक ढाँचा क्या है।

संविधान की मौलिक विशेषताओं को बताना सचमुच इतना कठिन नहीं था। कुछ तो बुनियादी थे—मुक्त और निष्पक्ष चुनाव, लोगों के प्रति सरकार की जवाबदेही, स्वतंत्र न्यायपालिका द्वारा न्यायिक समीक्षा का प्रयोग, कानून का शासन, जिसका मतलब था कि किसी भी व्यक्ति से उसका जीवन, स्वच्छंदता या संपत्ति को कानून की विधिवत् प्रक्रिया के बिना छीना नहीं जा सकता तथा धर्म के आधार पर भेदभाव का अभाव तथा सामाजिक न्याय।

श्रीमती गांधी या उनके करीबियों को संविधान के मौलिक ढाँचे से परेशानी नहीं थी। उन्हें चिंता इस बात की थी कि जहाँ कमोबेश हर कोई उनके आगे झुक गया था,

लेकिन न्यायपालिका के लिए ऐसा नहीं कहा जा सकता था। कुछ जज अब भी स्वतंत्र थे, और उनके फैसले जो सरकार के खिलाफ गए, अकसर प्रशासन के लिए एक समस्या खड़ा कर देते थे। उनसे फजीहत होती थी। उनका ट्रांसफर जरूरी था और ये दूसरों के लिए भी एक सबक होगा।

सोलह जजों का ट्रांसफर किया गया : एस. ओबल रेड्डी को आंध्र प्रदेश से गुजरात, सी. कोंडैया को आंध्र प्रदेश से मध्य प्रदेश, ओ. चिनप्पा रेड्डी को आंध्र प्रदेश से पंजाब, ए.पी. सेन को मध्य प्रदेश से राजस्थान, सी.एम. लोढा को राजस्थान से मध्य प्रदेश, ए.डी. कोशल को पंजाब से मद्रास, डी.एस. तेवतिया को पंजाब से कर्नाटक, डी.बी. लाल को हिमाचल प्रदेश से कर्नाटक, बी.जे. दीवान को गुजरात से आंध्र प्रदेश, जे.एम. सेठ को गुजरात से आंध्र प्रदेश, टी.वी. मेहता को गुजरात से हिमाचल प्रदेश, डी.एम. चंद्रशेखर को कर्नाटक से इलाहाबाद, एम. सदानंद स्वामी को कर्नाटक से गुवाहाटी, जे.एल. वृंदालाल को महाराष्ट्र से आंध्र प्रदेश (रिटायर्ड), जी.आई. रंगराजन को दिल्ली से गुवाहाटी, आर. सच्चर को दिल्ली से राजस्थान भेजा गया। श्रीमती गांधी ने तबादलों की फाइल खुद देखी।

कानूनी तौर पर इन जजों का तबादला किया जा सकता था, लेकिन 1974 में वार्षिक सम्मेलन में स्वयं मुख्य न्यायाधीशों ने सिफारिश की थी कि किसी जज का तबादला उसकी सहमति लेकर किया जाना चाहिए। लेकिन ट्रांसफर एक सजा के तौर पर किए गए थे और इस कारण जजों से पूछने का मतलब ही नहीं था।

मेरी गिरफ्तारी के मामले में सरकार के खिलाफ फैसला सुनानेवाले दिल्ली हाई कोर्ट के एडिशनल जज एल.एल. अग्रवाल को फिर से सत्र न्यायाधीश बना दिया गया। कानून मंत्री गोखले और चीफ जस्टिस रे ने सुझाया था कि अग्रवाल को स्थायी कर दिया जाए। लेकिन श्रीमती गांधी ने उस सुझाव को खारिज कर दिया। ओम मेहता ने श्रीमती गांधी को बताया था कि ट्रांसफर किए गए जजों की तरह ही अग्रवाल को भी सजा दी जानी थी।

गोखले ने मुझे बताया कि गृह मंत्रालय में आते ही मेहता ने जजों के मामले में दखल देना शुरू कर दिया। चूँकि गृह सचिव न्याय विभाग के भी सचिव थे, उन्हें कानून मंत्रालय में लाया गया और फिर ओम मेहता बड़ी आसानी से फैसलों को प्रभावित कर सकते थे।

जजों के तबादले का न्यायपालिका पर कुछ असर पड़ा। फैसले ज्यादा-से-ज्यादा सरकार के पक्ष में आने लगे। गुजरात हाई कोर्ट के एक जज ने अपने तबादले को चुनौती दी, और उसने 44 और जजों के तबादलों को रोक दिया।

प्रेस और न्यायपालिका को अनुशासित करने के बाद संजय का दिमाग चुनाव

टालने पर भिड़ गया था। उन्होंने संविधान सभा का सत्र बुलाने का प्रस्ताव पेश किया। मौजूदा संसद् को उसका रूप दिया जा सकता था। इससे चुनावों को दो या तीन साल तक टाले जाने को सही ठहराया जा सकेगा।

श्रीमती गांधी ने अपनी मौखिक सहमति दे दी। पंजाब, हरियाणा और यू.पी. की कांग्रेस कमेटियों ने यह प्रस्ताव पास किया कि संविधान के हर पहलू पर गहन चर्चा के लिए संविधान सभा की आवश्यकता थी।

श्रीमती गांधी ने गोखले से पूछा तो वे इसके खिलाफ थे। उन्होंने कहा कि इससे कई सवाल उठ खड़े होंगे, जैसे—आधिकारिक भाषा, राज्य के विषय आदि, और उस संघीय ढाँचे पर भी सवाल उठेंगे, जिसने संसद् को संविधान में संशोधन का अधिकार दिया।

देश में इसके विरोध में चर्चा शुरू हो गई। यहाँ तक कि सरकार समर्थक सी.पी.आई. ने भी इसका विरोध किया। ऐसे विपक्ष दल, जो एक संविधान सभा के पक्ष में थे, चाहते थे कि इसके सदस्य वयस्क मताधिकार से सीधे चुने जाएँ। उनकी दलील यह थी कि मौजूदा संसद् और राज्य विधानसभाओं का कार्यकाल पूरा हो चुका है और वे अब मतदाताओं के प्रतिनिधि नहीं थे। संविधान सभा की बात को आगे नहीं बढ़ाया गया।

लोकसभा ने अपने पाँच साल के कार्यकाल को 5 नवंबर को एक साल और बढ़ा लिया। नतीजा यह हुआ कि जो आम चुनाव मार्च 1976 में होनेवाले थे, वे अब 1978 में होते।

इस बार मधु लिमये या शरद यादव नहीं थे, जो इस्तीफा देते, क्योंकि दोनों ने पिछली बार कार्यकाल बढ़ाने पर इस्तीफा दे दिया था। मधु ने स्पीकर को लिखा, "मेरा विचार है कि मौजूदा लोकसभा के कार्यकाल को बढ़ाना पूरी तरह से अनैतिक और बेईमानी भरा कदम है। मैं पूरी तरह से जानता हूँ कि इस सरकार को 18 मार्च, 1976 के बाद, फिर से जनादेश लिए बिना सत्ता में रहने का कोई अधिकार नहीं है।" श्रीमती गांधी को एक चिट्ठी में उन्होंने लिखा था, "मैं कहता हूँ, हिरासत में लेने तक हुए क्यों रुक गए? इसे अंजाम तक क्यों नहीं पहुँचाते? सारे गणतांत्रिक ढोंग को छोड़ क्यों नहीं देते और एक राजतंत्रीय या राजशाही संविधान क्यों नहीं लागू कर देते, ताकि राजवंशीय उत्तराधिकार बड़ी आसानी से हो जाए, जिसको लेकर आपका इरादा एकदम स्पष्ट दिखता है? संभवतः पश्चिमी लोगों के बीच मौजूद फासीवादियों का लंबे समय से जो पक्षपातपूर्ण विचार है कि हम एशिया और अफ्रीका के लोग हीन नस्ल के हैं और नागरिक स्वच्छंदता और लोकतंत्र की अच्छाई के लायक नहीं, वह भी पुष्ट हो जाएगा।"

सरकार ने लोकसभा के विस्तार का बचाव इस आधार पर किया कि इमरजेंसी से मिले फायदों को पुख्ता करना बाकी है। दूसरे विस्तार विधेयक का विरोध लगभग सारे विपक्ष ने किया, लेकिन इसे 34 के मुकाबले 180 वोटों से पास कर दिया गया। श्रीमती गांधी

ने इस दलील के साथ चुनावों के स्थगन का बचाव किया कि हमें सारे विवादों या ऐसी किसी भी चीज से ऊपर उठना होगा, जो उथल-पुथल के हालात पैदा कर सकती हैं।

चुनावों के टल जाने के बाद श्रीमती गांधी अब यह सोच रही थीं कि संजय ने जिन बड़ी भूमिकाओं को अपना लिया है, उन्हें उसके काबिल कैसे बनाया जाए। संजय ने कैबिनेट के दस्तावेजों को कब का देखना शुरू कर दिया था। अधिकारी उनसे चर्चा के लिए भीड़ लगाए रहते थे। इंटेलिजेंस की रिपोर्ट प्रधानमंत्री तक उनके माध्यम से (वे अकसर शुक्ला की गतिविधियों से जुड़ी सूचनाएँ दबा दिया करते थे, क्योंकि श्रीमती गांधी ने उस मंत्री को चेतावनी दी थी) पहुँचती थी। अधिकांश केंद्रीय मंत्री संजय से सलाह लिया करते थे या उसके लिए अपने सचिवों को भेजते थे। एक बार शिक्षा मंत्री नूरूल हसन ने अपने सचिव से कहा कि वे एक खास प्रस्ताव पर संजय की राय जानें। राज्यों के मुख्यमंत्री और यहाँ तक कि मुख्य सचिव भी उनका मन जानने के लिए प्रतीक्षा किया करते थे।

लेकिन यह सब गैर-सरकारी और खतरनाक था। श्रीमती गांधी के लिए आवश्यक था कि वे इन सारी चीजों को वैधता दें। यह सुझाव दिया गया था कि उन्हें राज्यसभा के जरिए संसद् में लाया जाए। लेकिन वे इसके लिए राजी नहीं हुईं। यह साफ-साफ पक्षपात जैसा दिखता।

संभवत: सबसे अच्छा तरीका यह था कि यूथ कांग्रेस को मजबूत किया जाए और संजय का बचाव किया जाए, जिनकी अब कांग्रेस के भीतर भी खुलकर आलोचना हो रही थी। श्रीमती गांधी का पहला हमला सी.पी.आई. पर हुआ, जिसने संजय की आलोचना की थी।

कम्युनिस्टों और उनकी नीतियों के प्रति संजय की नफरत कोई छिपी हुई बात नहीं थी। उन्होंने कई बार कहा कि उन्होंने दूसरे विश्वयुद्ध के दौरान अगस्त 1942 में सोवियत संघ, ब्रिटिश सरकार और अन्य मित्र राष्ट्रों का साथ देकर राष्ट्रीय आंदोलन से गद्दारी की थी। इस आलोचना से भड़के सी.पी.आई. महासचिव सी. राजेश्वर राव ने कहा कि कांग्रेस पार्टी में एक प्रतिक्रियावादी गुट बन गया है।

किसी राजा के प्रति जैसी स्वामिभक्ति दिखाई जाती है, वैसी स्वामिभक्ति अपने नेता के प्रति दिखानेवाली कांग्रेस पार्टी ने भी उतनी ही कड़ी प्रतिक्रिया दी और कहा कि यह बयान कांग्रेस के आंतरिक मामलों में हस्तक्षेप है। श्रीमती गांधी ने भी यह दलील दी।

बरसों बाद पहली बार 23 दिसंबर को उन्होंने सी.पी.आई. का नाम लेकर हमला बोला। उन्होंने कहा, ''कम्युनिस्ट कहते हैं कि वे मेरा समर्थन करते हैं, लेकिन इससे बड़ा अपमान और क्या होगा कि वे यह मान लें कि मैं प्रतिक्रियावादियों या किसी अन्य के प्रभाव में काम करती हूँ।'' अपने बेटे का बचाव करते हुए, उन्होंने कहा, ''वह एक

मामूली चीज या आदमी है, क्योंकि वह न तो प्रधानमंत्री बनने जा रहा है, न ही राष्ट्रपति या कुछ और। वह महज एक कांग्रेस कार्यकर्ता है। इसलिए, मैं समझती हूँ कि यह हमला निश्चित रूप से मुझ पर किया गया है।''

श्रीमती गांधी ने 20 नवंबर को गुवाहाटी में कांग्रेस के वार्षिक सत्र में भी संजय और उनकी यूथ कांग्रेस का बचाव जारी रखा। उन्होंने कहा कि संजय की ओर से विकसित पाँच-सूत्री कार्यक्रम सरकार के बीस-सूत्री कार्यक्रम का पूरक है और वह देश की आर्थिक तसवीर को बदलने में सहायक होगा। उन्होंने यह विश्वास जताया कि भारत का भविष्य युवाओं के हाथों में सुरक्षित है, जिन्होंने अपनी जिम्मेदारियों को एक नई सोच के साथ स्वीकार किया है।

गुवाहाटी का सत्र सचमुच संजय का शो था। एक के बाद एक प्रतिनिधियों ने उनकी प्रशंसा की। बरुआ ने उनकी तुलना भारत के संत विवेकानंद से की। केवल युवा नेता और केरल कांग्रेस के अध्यक्ष ए.के. एंटनी ने अलग सुर अपनाया और कहा कि कांग्रेसियों को अपने आपमें सुधार लाना चाहिए और दलगत राजनीति से ऊपर उठने के साथ ही बेदाग रहना चाहिए।

अपने बेटे और अपने लिए प्रशंसा के शब्दों को सुनने के बावजूद, गुवाहाटी के सत्र ने श्रीमती गांधी को परेशान कर दिया। यह एक मौन असहयोग था। उन्होंने कांग्रेस प्रतिनिधियों में बेचैनी पर गौर किया। वे लोग, जिन्होंने चंडीगढ़ में एक साल पहले इमरजेंसी को चुपचाप स्वीकार कर लिया था, वे ही अब उदास थे। श्रीमती गांधी उदासीन समर्थकों पर भरोसा नहीं करना चाहती थीं। इसकी बजाय वे नए समर्थक जुटा लेंगी। उन्हें लगा कि देश उनके साथ है।

युवाओं को साथ लाने की उनकी इच्छा का एक और कारण था। वे चाहती थीं की कि संजय अपने पैरों पर खड़े हो जाएँ। केवल नए और युवा लोग ही उन्हें सिर माथे पर उठा सकते थे।

किसी दिन, जब वे प्रधानमंत्री पद को छोड़कर संभवत: कांग्रेस अध्यक्ष बनेंगी, उस दिन पार्टी में संजय की इतनी ताकत होनी चाहिए कि वे उनकी जगह ले सकें। अधिकांश मुख्यमंत्री पहले से ही उनके समर्थक थे। बिहार में मिश्रा, यू.पी. में तिवारी, पंजाब में जैल सिंह, हरियाणा में बनारसी दास गुप्ता, राजस्थान में जोशी, मध्य प्रदेश में शुक्ला, आंध्र प्रदेश में वेंगल राव, महाराष्ट्र में एस.बी. चह्वाण और गुजरात में माधव सिंह सोलंकी।

तीन मुख्यमंत्री जो संजय के प्रति वफादार नहीं थे, उनमें शामिल थीं उड़ीसा की नंदिनी सत्पथी, पश्चिम बंगाल के सिद्धार्थ शंकर रे और कर्नाटक के देवराज उर्स। वास्तव में पहले दो को तो बागी कहा जा सकता है। संजय भी उन्हें पसंद नहीं करते थे, क्योंकि वे उन्हें कम्युनिस्ट मानते थे।

गुवाहाटी में श्रीमती गांधी ने उन्हें ध्यान में रखते हुए ही कहा था, ''जिस प्रकार हर केंद्रीय मंत्री का अपना एक साम्राज्य होता है, हम देखते हैं कि मुख्यमंत्रियों के भी अपने साम्राज्य हैं और उन्हें इस बात की परवाह नहीं है कि कहीं दूसरों के साथ उनके साम्राज्य का भी अंत न हो जाए।''

उनसे उनका साम्राज्य छीनकर सही जगह पर लाना जरूरी था। लिस्ट में पहला नाम नंदिनी का था। राज्य के राज्यपाल अकबर अली को जे.पी. की प्रशंसा के चलते जाना पड़ा था और उन्होंने श्रीमती गांधी को कई चिट्ठियाँ लिखकर मुख्यमंत्री पर भ्रष्टाचार और कुशासन के आरोप लगाए थे। उन्होंने प्रधानमंत्री का ध्यान भुवनेश्वर में 7 लाख रुपए खर्च कर बनाए गए नंदिनी के मकान की ओर खींचा। अकबर अली ने आरोप लगाया कि पी.डब्ल्यू.डी. के इंजीनियरों ने निर्माण की देखरेख की और उसमें बड़ी मात्रा में सरकारी सामग्री का इस्तेमाल किया गया था।

नंदिनी की कैबिनेट के एक मंत्री विनायक आचार्य के जरिए संजय ने उन्हें हटाने का आधार पहले ही तैयार कर लिया था। इस बात की शिकायत थी कि नंदिनी का बेटा प्रशासन पर दबंगई दिखा रहा है और संजय उसे पसंद नहीं करते थे। इसके साथ ही, ऐसी खबरें भी बढ़ गईं कि नंदिनी प्रशासन और सूखे से उत्पन्न स्थिति पर ध्यान नहीं दे रही थीं।

कुछ लोगों ने नंदिनी से कहा कि श्रीमती गांधी उनके खिलाफ हैं, लेकिन इन बातों पर उन्होंने ध्यान नहीं दिया। वह चाहती भी नहीं थीं, क्योंकि वे श्रीमती गांधी के प्रति वफादार थीं।

ए.आई.सी.सी. के महासचिव ए.आर. अंतुले को नंदिनी का इस्तीफा दिलाने के लिए उड़ीसा भेजा गया। उन्होंने कहा, ''यह सर्वोच्च नेता श्रीमती गांधी का सुरक्षित लोकतांत्रिक अधिकार है कि वे तय करें कि कौन वफादार है या कौन नहीं? वफादारी बँटी हुई नहीं हो सकती है।''

और श्रीमती गांधी में इतना साहस नहीं था कि जब नंदिनी राज्य के हालात की जानकारी देने दिल्ली पहुँचीं तो उनसे इस्तीफा देने को कहें। नंदिनी जिस क्षण राज्य की राजधानी पहुँचीं और कुछ दिनों की छुट्टी पर गईं तो उन्हें टेलीग्राम के जरिए इस्तीफा देने को कहा गया। और नंदिनी को सदन में बहुमत के बावजूद 16 दिसंबर को इस्तीफा देना पड़ा था।

संजय के प्रति पश्चिम बंगाल के सिद्धार्थ शंकर रे की वफादारी संदेह के घेरे में थी। इसके बावजूद कि कुछ दिनों पहले बिजनेस चैंबर के एक कार्यक्रम में उन्होंने संजय से मिलकर अपनी वफादारी भी जताई थी और कहा था कि वे परिवार के मित्र हैं। वे कांग्रेस के एक गुट को दूसरे से लड़ाकर अपनी कुरसी बचाते आए थे, जो पहले ही दिन

से राज्य के मुख्यमंत्री पद पर अपने लिए ताकत जुटाने का आधार था। श्रीमती गांधी और संजय, दोनों की ही लिस्ट में उनका नाम उन लोगों में शामिल था, जिन्हें हटाया जाना था। लेकिन सिद्धार्थ एक बार फिर एक गुट को दूसरे से लड़ाने में कामयाब रहे। उन्होंने पश्चिम बंगाल में अपनी स्थिति को नई दिल्ली को धता बताने की क्षमता दिखाकर मजबूत कर लिया। यह ऐसा गुण था, जिसकी सराहना बंगाली भी किया करते थे।

रे के गुट ने खुलकर आरोप लगाया कि नेहरू परिवार ने कभी बंगाली नेताओं को अपने दम पर आगे नहीं बढ़ने दिया। रे विरोधी गुट ने रे पर पश्चिम बंगाल को एक और बांग्लादेश बनाने का आरोप लगाया।

रे ने निजी तौर पर कहा कि केंद्र राज्य में सांप्रदायिक दंगे भड़काकर या किसी दूसरे तरीके का उपद्रव फैलाकर उन्हें नाकारा साबित कर सकता है। उनकी दलील थी कि हितेंद्र देसाई को हटाने के लिए 1969 में अहमदाबाद में सांप्रदायिक दंगे कराए गए। त्रिपाठी को हटाने के लिए यू.पी. में पुलिस विद्रोह कराया गया और अब अगला नंबर उनका था।

श्रीमती गांधी रे को नहीं हटाना चाहती थीं, न ही वे देवराज उर्स पर हाथ डालना चाहती थीं। अब तक उनका दिमाग दूसरी तरफ काम करने लगा था।

यदि संजय को एक दिन प्रधानमंत्री पद का दावेदार बनाना था और उसके लिए तैयार करना था, तो मुख्यमंत्रियों की वफादारी ही काफी नहीं थी। श्रीमती गांधी सांसदों के बारे में सोच रही थीं, जिन्हें इमरजेंसी को लेकर कोई शिकायत नहीं होनी चाहिए और जो उनके और संजय के बीच अंतर न करें।

इंटेलिजेंस ब्यूरो और रॉ दोनों ने ही यह आकलन किया था कि यदि वे तत्काल चुनाव में उतरें तो उन्हें 350 से अधिक सीटें मिलेंगी। केवल सी.बी.आई. निदेशक डी. सेन जिनका इस्तेमाल उन्होंने आलोचकों पर छापे डालने के लिए किया था, का अलग मत था। उन्होंने कहा कि बंदियों को छोड़े जाने और चुनावों के बीच कम-से-कम छह महीने का अंतर होना चाहिए, ताकि उनके आसपास की आभा समाप्त हो जाए।

श्रीमती गांधी के सचिव धर भी चुनाव चाहते थे, क्योंकि इमरजेंसी के नुकसान को पूरा करने का वही एक रास्ता था। किसी बाघ की सवारी करना आसान है, लेकिन उससे उतरना असंभव होता है। आखिर कोई ऐसा करे भी तो कैसे! धर को यकीन हो चला था कि इमरजेंसी अब नुकसान पहुँचाने लगी है और आर्थिक समस्याएँ फिर से खड़ी होनेवाली हैं।

बीस-सूत्री कार्यक्रम के कुछ फायदे सामने आए थे। जुलाई 1975 और दिसंबर 1975 के बीच 45 लाख कार्य दिवस का नुकसान हुआ था, जबकि 1974 में 4 करोड़ 3 लाख दिनों का। सार्वजनिक क्षेत्र में, इमरजेंसी से पहले 16.2 लाख कार्य दिवस का

नुकसान हुआ था और इमरजेंसी के दौरान 12 लाख का। 1975-76 में महँगाई दर 3.3 प्रतिशत थी, जबकि 1974-75 में 23.4 प्रतिशत।

हालाँकि सर्दियों में बारिश न होने से कृषि के क्षेत्र की हालत बहुत खराब थी, जिसने अर्थव्यवस्था (इस समय सरकार ने 42 लाख टन अनाज आयात करने का फैसला किया, जिसका एक हिस्सा यूरोपीय आर्थिक समुदाय और अमेरिकी फूड फॉर पीस ने मुहैया कराया था) को नुकसान पहुँचाया। मजदूर बेचैन थे और उत्पादन का पुराना जोश ठंडा पड़ रहा था।

इस तरह की रिपोर्ट थी कि इमरजेंसी और संजय के अतिरिक्त संवैधानिक अधिकार पर सैनिकों, विशेषकर युवा अधिकारियों के बीच खुलकर चर्चा हो रही थी। जवानों के बीच परिवार नियोजन के दौरान की जानेवाली ज्यादतियों की चर्चा होती थी।

भुट्टो की चर्चा सराहना के साथ की जाती थी, जिन्होंने पाकिस्तान में चुनावों[5] की घोषणा कर दी थी। और श्रीमती गांधी इस तरह का ऐलान नहीं करतीं, तो उन पर अलोकतांत्रिक होने को लेकर हमला होता।

उस पर इस प्रकार के भय का माहौल था कि वोटर अपने मताधिकार का प्रयोग करने पोलिंग बूथ तक जाने से भी कतराएँगे। इमरजेंसी में केवल ढील दी जाएगी, उसे हटाया नहीं जाएगा, और वे सुनिश्चित करेंगी कि विपक्षी दलों के कैडर को सबसे आखिर में छोड़ा जाए।

विपक्षी दलों में भी एकजुटता नहीं थी। बेशक, 16-17 दिसंबर को वे भारतीय जनता कांग्रेस नाम की एक पार्टी बनाने पर सहमत हुए थे, और एक साझा चुनाव चिह्न अपना लिया था, जिसमें पहिया, हल और चरखा था। लेकिन नेतृत्व कौन करे, यह सवाल बरकरार था। श्रीमती गांधी को लगता था कि यह समस्या कभी हल नहीं होगी।

वास्तव में, विपक्षी दल श्रीमती गांधी से बातचीत करना चाहते थे। उन्होंने 15 दिसंबर को दिए गए करुणानिधि के सुझाव का पालन किया कि उन्हें प्रधानमंत्री से बातचीत की शुरुआत कर देश के राजनीतिक माहौल को सामान्य बनाने का रास्ता निकालना चाहिए। जे.पी. ने भी आम राय से किए गए इस फैसला का स्वागत किया। विपक्षी दलों ने 'दिस वी बिलीव' (हमारा यह मानना है) शीर्षक से एक वक्तव्य जारी किया, जिसमें अहिंसा, धर्मनिरपेक्षता और लोकतांत्रिक तरीके के प्रति आस्था जताई गई।

दूसरी तरफ, विदेशी आलोचना ने श्रीमती गांधी को भड़का दिया। पश्चिम का मानना था कि वे एक अवैध शासक हैं। उन्हें उसका जवाब देना था। उन्होंने इसके लिए फ्रांस को चुना और मई में वहाँ का दौरा करने की तैयारी की, ताकि एक पश्चिमी देश से ही वे पश्चिम से बात करेंगी। तब तक वे साबित कर चुकी होंगी कि कुछ लोग उनके पीछे पड़े थे और उन्होंने क्या किया। यह वैधानिकता का प्रश्न नहीं था। उन्हें हर हाल में साबित करना था कि लोगों पर उनकी पकड़ जबरदस्त है।

कागजों पर यह दलील अच्छी लग सकती थी, लेकिन संजय और बंसी लाल की नजर में इसमें व्यावहारिकता नहीं थी। वे चुनावों के सख्त खिलाफ थे। संजय को लगा कि यह हवा हवाई बात थी, जिसे कम्युनिस्टों ने उनकी माँ के दिमाग में भर दिया है। वे कुछ हद तक सही थे, क्योंकि बरुआ चुनाव के पक्ष में थे।

श्रीमती गांधी को लगा कि संजय, बंसी लाल और अन्य अनावश्यक रूप से परेशान थे। संविधान में संशोधन इस प्रकार कर दिया गया था कि इमरजेंसी को कमोबेश संस्थागत रूप दे दिया गया था। कुछ महीने पहले 2 फरवरी को संसद् ने इमरजेंसी हटाए जाने के बाद स्थायी प्रेस सेंसरशिप को स्वीकार कर लिया था। कुछ जजों के तबादले के बाद न्यायपालिका को हकीकत समझ आ गई थी। और किसी भी सूरत में गोखले संविधान के संशोधन पर काम कर रहे थे, जिससे कि सरकार को किसी जज को बरखास्त करने का अधिकार मिल जाए, न कि संसद् के दोनों सदनों के दो-तिहाई बहुमत से महाभियोग लाना पड़े।

संजय के विरोध के चलते श्रीमती गांधी ने इस विषय में फिर से विचार किया। उन्होंने मिलने के लिए आनेवाले मुख्यमंत्रियों से भी बात की, जो यह कहने की हिम्मत नहीं करते थे कि वे चुनाव नहीं जीत सकते। अगर अभी और एक साल बाद में से किसी एक को चुनना था, तो उन्हें लगा कि अभी ही चुनाव कराना बेहतर होगा। बाद में उन्हें अनुशासन बनाए रखने में और मशक्कत करनी पड़ती।

वे अच्छी तरह जानती थीं कि भूमिगतों का प्रभाव भी बढ़ गया है। उनके नेता लगभग हर दिन टेलीफोन से, और कभी-कभी अंतरराष्ट्रीय लाइनों पर कोड तथा फर्जी नाम से बातचीत किया करते थे। जब खतरनाक शहरी प्रेस के उपकरणों को जब्त कर लिया जाता, तो गुपचुप तरीके से अखबारों के डुप्लिकेट छप जाते थे।

उन्होंने खुफिया विभाग के लोगों से देश के लोगों का मन जानने के लिए फिर से आकलन करने का मन बनाया और उन्होंने एक बार फिर यही बताया कि वे आसानी से जीत जाएँगी। इस बार उन्हें 320 सीट दी गई, जो पहले की तुलना में 30 कम थी। संजय अब भी चुनावों के खिलाफ थे, लेकिन वे अपना मन बना चुकी थीं।

उन्होंने कई सांसदों से भी बात की, लेकिन कोई भी अपने क्षेत्र में जाने के लिए तैयार नहीं था। इमरजेंसी ने उनकी साख पर बट्टा लगा दिया था। सबसे महत्त्वपूर्ण था नई दिल्ली स्थित इंस्टीट्यूट ऑफ पॉलिसी रिसर्च का एक अध्ययन, जिसकी ओर धर ने श्रीमती गांधी का ध्यान खींचा था। अध्ययन ने बताया कि श्रीमती गांधी के पक्ष में जनमत अपने चरमोत्कर्ष पर पहुँच चुका था। ऐसा लगा कि यही उनके लिए सबसे अच्छा मौका होगा।

यह अंदाजा कितना गलत निकला! इससे पहले हर बार उनकी टाइमिंग जबरदस्त

रहती थी, लेकिन अब उनका अंदाजा गलत होने लगा था, क्योंकि वे लोगों से दूर चली गई थीं। जानकारी के लिए उनके पास कोई था तो वे खुफिया रिपोर्ट थे, जिन्हें उनकी इच्छा के मुताबिक तोड़-मरोड़ दिया जाता था। उनके आसपास के चमचे उनसे कहते थे कि इमरजेंसी ने कमाल कर दिया और लोग इतने खुश कभी नहीं थे। उन्होंने पहले खुफिया विभाग के लोगों से कहा कि वे मार्च के आखिर में या अप्रैल की शुरुआत में चुनाव कराएँ, जिसके लिए उन्हें तैयार रहना चाहिए। वे सोच रही थीं कि वह कोई जोखिम नहीं उठा रही हैं, क्योंकि वह जानती थीं कि जीत उनकी ही होगी।

चुनावों में जाने का फैसला करने के पीछे श्रीमती गांधी की चाहे जो भी मजबूरियाँ रही हों, लेकिन उन्होंने यह स्वीकार किया कि कोई भी व्यवस्था लोगों की सहमति और इच्छा के बिना नहीं चल सकती। एक तरीके से उन्होंने लोगों के कष्ट और उनके धैर्य के प्रति आभार जताया। वैसे भी आखिर में जीत उनकी ही हुई वे जो अनपढ़, गरीब और पिछड़े थे, वे ही जीत गए।

संदर्भ

1. अनुच्छेद 83 के अनुसार, जब एक घोषणा या इमरजेंसी लागू है, तो संसद् कानून के जरिए, लोकसभा की अवधि बढ़ा सकती है, जो एक बार में एक वर्ष से अधिक नहीं होगी।
2. स्नेहलता की जेल डायरी से लिये गए उद्धरणों पर आधारित।
3. सितंबर 1976 में लाहौर जा रहा इंडियन एयरलाइंस का बोइंग 737 हाइजैक कर लिया गया था। इसमें शामिल कश्मीरियों को लगा कि इसे राजीव उड़ा रहे थे। जबकि वे एव्रो उड़ाया करते थे, हालाँकि उसका रूट वही था।
4. एयर इंडिया के उप-प्रबंध निदेशक, पी.के.जी. अप्पूस्वामी को भी ड्रॉप कर दिया गया था। शायद यह दिखाने के लिए कि दोनों प्रबंध निदेशकों को ड्रॉप कर दिया गया है।
5. नई दिल्ली ने जब चुनावों का ऐलान किया, तब भुट्टो ने कहा था कि भारत को उनका शुक्रिया अदा करना चाहिए।

❑

फैसला

18 जनवरी, 1977 को मोरारजी आदतन सुबह उठ गए। वे सुबह टहलने निकल गए, जैसा कि पिछले कई महीनों से एक रूटीन बन गया था। वह दिन भी और दिनों की ही तरह था।

रूटीन भले ही नीरस था, लेकिन उससे तो बेहतर ही था, जब उन्हें पहली बार हिरासत में रखा गया था। तब उन्हें एक छोटे, अँधेरे कमरे में रखा गया था, जिसकी खिड़कियाँ तक बंद थीं। विरोध जताने पर उन्हें परिसर में अँधेरा ढल जाने पर टहलने दिया जाता था। परिसर में साँपों और बिच्छुओं के चलते वे व्यायाम के लिए अपनी चारपाई के चारों ओर ही टहल लिया करते थे। उन्हें सचमुच अँधेरे में रखा गया था और जरा भी अंदाजा नहीं था कि बाहर क्या चल रहा है। उन्हें अखबार भी नहीं दिया जाता था।

उन्हें जब एक शहर के गेस्ट हाउस में ले जाया गया, तब अखबार मिलने लगे और मिलनेवालों को भी आने दिया गया। उस दिन, 18 जनवरी को, 'द इंडियन एक्सप्रेस' में उन्होंने खबर पढ़ी थी कि लोकसभा के चुनाव मार्च के अंत में हो सकते हैं। उन्हें इस पर यकीन नहीं हुआ। उनके मन में अपनी ही कुछ शंका थी।

उनके थोड़े-बहुत फर्नीचर वाले कमरे में जब कुछ वरिष्ठ पुलिस अधिकारी दाखिल हुए तो उन्होंने बिना किसी दिलचस्पी के ऊपर की तरफ देखा। उन्होंने बताया कि उन्हें बिना शर्त रिहा किया जा रहा है और वे उन्हें उनके डुप्लेक्स रोड स्थित मकान तक ले जाने आए हैं। वे अपने साथ एक कार भी लेकर आए थे।

अब तक विपक्षी नेता समेत तमाम लोगों को रिहा किया जा चुका था। कैद किए गए लोगों की जो संख्या कभी 1 लाख से अधिक थी, वह घटकर लगभग 10,000 पर आ गई थी।

अपने घर पर पहुँचने के बाद मोरारजी ने सुना कि श्रीमती गांधी ने लोकसभा भंग करने और चुनाव कराने का फैसला किया है। उन्हें आश्चर्य नहीं हुआ। उन्होंने बाद में मुझसे कहा था, ''मैं जानता था कि वह मुझे तभी रिहा करेगी जब वह चुनावों में उतरना चाहेगी।''

लेकिन कुछ और लोग थे, जो आश्चर्यचकित हुए। उनमें कई कैबिनेट मंत्री भी थे। उन्हें यह बात तब पता चली, जब उन्हें आनन-फानन में बुलाया गया और इस बात की जानकारी दी गई। श्रीमती गांधी ने उनसे कहा कि एक लोकतांत्रिक सरकार को समय-समय पर मतदाताओं के सामने जाना पड़ता है। उन्होंने माना कि वे एक जोखिम उठा रही हैं।

किसी भी मंत्री ने कुछ भी नहीं कहा। बंसी लाल को यह बात पहले ही पता चल चुकी थी। वे परेशान दिख रहे थे। जगजीवन राम और चह्वाण चुप रहे। उनसे चुनावों के बारे में सलाह नहीं ली गई थी। वैसे ही जैसे इमरजेंसी लगाते समय भी पूछा नहीं गया था। लेकिन दूसरे मंत्रियों की तरह ही उन्हें भी कुछ अंदाजा हो गया था, क्योंकि दो दिन पहले बॉम्बे में एक सार्वजनिक सभा में संजय ने कहा था कि चुनाव जल्द हो सकते हैं। कुछ समय से उन्हें यह अहसास हो गया था कि संजय सबकुछ जानते हैं।

उन्हें यह पता नहीं था कि उनमें से कई को नाकारा समझ लिया गया था। श्रीमती गांधी के परिवार में हर कोई यही कहता था कि चुनावों के बाद जगजीवन राम को मंत्री नहीं बनाया जाना चाहिए। संजय की अपनी ही राय थी कि किसे संसद् में जाना चाहिए और किसे नहीं। अब तक उनके पास एक लिस्ट भी तैयार थी कि किसे कांग्रेस का टिकट मिलना चाहिए, और संसद् के अधिकांश मौजूदा सदस्यों के नाम उनमें नहीं थे। उनके लिए बगावत करना और निर्दलीय चुनाव लड़ने का कोई फायदा नहीं था।

भले ही कांग्रेस हाई कमान ने प्रस्तावों को महत्त्व दिया और अपनी राज्य इकाइयों से उम्मीदवारों की सूची तैयार करने को कहा, लेकिन अधिकांश लोग जानते थे कि यह सब धूल झोंकने जैसा है। संजय ने ज्यादातर नाम पहले ही तय कर लिये थे और हमेशा की तरह श्रीमती गांधी उनके तय किए गए नामों को मंजूर कर चुकी थीं।

विपक्षी दल चुनावों को लेकर खुश थे, लेकिन वे जानते थे कि वे भयंकर नुकसान की स्थिति में हैं। उनके सारे नेता कुछ दिन पहले तक जेल में थे और लोगों से उनका संपर्क नहीं था। उनके कई कार्यकर्ताओं को रिहा नहीं किया गया था। उनके पास समय बेहद कम था।

लेकिन वे और समय गँवाना नहीं चाहते थे। कांग्रेस (ओ), जनसंघ, बी.एल.डी. और समाजवादी पार्टी के नेताओं ने मोरारजी से उनके घर पर उसी दिन मुलाकात की, जिस दिन उन्हें रिहा किया गया था। अगले दिन फिर उन्होंने बैठक की, तब तक श्रीमती गांधी ने रेडियो के जरिए देश को बता दिया था कि चुनाव होंगे और जनता की ताकत की पुष्टि फिर से करने का अवसर मिलेगा।

विपक्षी नेताओं के सामने जे.पी. की एक चिट्ठी थी, जिसे समाजवादी नेता, एस.एम. जोशी पटना से लेकर आए थे। जे.पी. ने कहा था कि अगर वे एक पार्टी नहीं बनाते तो वे चुनावों से अपने आपको अलग कर लेंगे। यही संदेश उन्होंने पहले टेलीफोन पर दिया था।

विपक्षी दलों के सामने समस्या विलय को लेकर नहीं थी, उनके नेताओं ने जेल में इसकी बार-बार चर्चा की थी और इस नतीजे पर पहुँचे थे कि एक पार्टी बनाकर ही कांग्रेस के रथ को रोका जा सकता है। विपक्षी नेताओं ने एक साथ और अलग-अलग भी चर्चाओं में यही माना था। असल में, चरण सिंह विलय को लेकर इतने चिढ़े हुए थे कि उन्होंने 14 जुलाई, 1976 को, कांग्रेस (ओ) के अध्यक्ष, अशोक मेहता को लिखा था कि बी.एल.डी. अब तंग आ चुकी है। यहाँ तक कि उसकी मंशा पर भी शक जताया जा रहा है। इसलिए, उसने अकेले ही चुनाव में उतरने का फैसला किया है और इस संबंध में किसी भी कर्तव्य से खुद को मुक्त मानती है, सिवाय एक को छोड़कर, और वह यह कि अगर तीनों दलों का विलय होता है या वे राष्ट्रपिता के बताए कार्यक्रमों को लागू करने के लिए विलय कर एक संगठन बनाने का फैसला करते हैं, तो बी.एल.डी. उसमें शामिल होने में देरी नहीं करेगी।

इस विलय में एक सवाल पर अड़ंगा लगा था : नेता कौन होगा? 16 दिंसबर को विपक्षी नेताओं की बैठक में, जब मोरारजी जेल में ही थे, ऐसा लगा जैसे चरण सिंह उस पार्टी का नेतृत्व कर रहे हैं। मोरारजी ने अपने हिरासत के स्थान से लिखा था कि वे विलय में दिलचस्पी रखते हैं, नेतृत्व में नहीं।

हालाँकि चुनावों की घोषणा के बाद अब मोरारजी ने विपक्षी नेताओं की बैठक में जैसे तेवर दिखाए, उससे शक नहीं रह गया कि नेता कौन है। सभी दलों ने उन्हें अध्यक्ष और चरण सिंह को उपाध्यक्ष बनाने पर सहमति जताई।

महज अपना अस्तित्व बनाए रखने के लिए चारों दल साथ आने और एक चुनावी पार्टी, एक संयुक्त मोर्चा 'जनता पार्टी' बनाने और एक चुनाव चिह्न और झंडे के साथ चुनाव लड़ने का फैसला किया। उन दलों की अलग बैठक आयोजित किए बिना उनकी व्यक्तिगत हस्तियों का विलय करना संभव नहीं था। इसके लिए काफी समय चाहिए था और वे समय गँवाना नहीं चाहते थे। वे जानते थे कि अगर वे बुरी तरह हारे, तो श्रीमती गांधी और उनके पुत्र इसे तानाशाही के लिए जनादेश मान लेंगे। लेकिन वे अपने लोगों को अच्छी-खासी संख्या में संसद् में भेज सके और एक ताकतवर समूह बना सके, तो श्रीमती गांधी व्यापक जनादेश का दावा नहीं कर सकेंगी।

आपस में हाथ मिलाकर वे यह सुनिश्चित कर सकते हैं कि विपक्ष के वोट नहीं बँटेंगे। पहले, इसी बँटवारे की वजह से कांग्रेस जीत रही थी, जबकि उसे 50 फीसदी से कम वोट मिलते थे, और जब उसने 1971 में जीत हासिल की, तब भी वोट का प्रतिशत 46.2 ही था।

जे.पी. ने इस विलय को आशीर्वाद दिया और लोगों के सामने आसान शब्दों में इस विकल्प को रखा। यह लोकतंत्र बनाम तानाशाही था, आजादी बनाम गुलामी था।

उन्होंने कहा कि श्रीमती गांधी की जीत का मतलब होगा—तानाशाही की जीत। और इसी मुद्दे पर संयुक्त मोर्चा ने जोर दिया, न कि आर्थिक समस्याओं पर।

श्रीमती गांधी ने लोगों से कहा कि चुनाव कराने के उनके फैसले ने इस आरोप को खारिज कर दिया कि वे एक तानाशाह हैं। ये तो विपक्षी दल थे, जिन्होंने प्रगति विरोधी ताकतों की एक पार्टी का गठन कर लिया है, जो चुनावों को स्थगित किए जाने की पहली वजह थे। उन्होंने ही उथल-पुथल भरे हालात पैदा किए थे, जिसके चलते वह चुनाव को स्थगित करने पर मजबूर हुईं।

विपक्षी दलों ने इस बात का जवाब नहीं दिया। उन्होंने 23 जनवरी को जनता पार्टी की औपचारिक शुरुआत कर दी। एक 27 सदस्यीय राष्ट्रीय कमेटी का गठन किया गया, जो निर्णय लेनेवाली सर्वोच्च निकाय थी। जे.पी. को विरोधाभासी हितों और विचारधाराओं वाले अनेक[1] दलों को साथ लाने में कड़ी मशक्कत करनी पड़ी थी।

विपक्षी दलों को अपना संदेश लोगों तक ले जाने के लिए कार्यकर्ताओं की जरूरत थी। लेकिन उनमें से अधिकांश सक्रिय कार्यकर्ता अब भी जेल में थे। नेताओं ने पहले ओम मेहता से और बाद में श्रीमती गांधी से मिलकर बंदियों को जल्द रिहा करने की अपील की। दोनों ने वादा किया कि वे छोड़ दिए जाएँगे, लेकिन राज्यों को जारी निर्देश में साफ कहा गया कि उन्हें जल्दबाजी करने की जरूरत नहीं है। कोई आम माफी नहीं दी गई थी और हर मामले को अलग समझा जाए। फैसलों पर कारवाई से पहले उन्हें केंद्र को भेजा जाना चाहिए। मकसद यह था कि ज्यादा-से-ज्यादा समय तक अधिकांश विपक्षी कार्यकर्ताओं को जेल में रखा जाए और ऐसा भी न दिखे कि वे चुनाव में गलत तरीका अपना रहे हैं।

इमरजेंसी तथा प्रेस सेंसरशिप में ढील आधे-अधूरे मन से दी गई थी। सिर पर लटकी तलवार भले ही हट गई हो, लेकिन सरकार साफ कर देना चाहती थी कि वह अभी म्यान में नहीं गई है। भय के माहौल से यह जाहिर भी था। और उस समय तक यह दिख भी रहा था और डर भी था। उस समय तक इतना आतंक था कि जन संघ ने यहाँ तक कह दिया था कि अगर इमरजेंसी वापस नहीं ली गई, कैद लोगों को छोड़ा नहीं गया और प्रेस सेंसरशिप पूरी तरह से हटाई नहीं गई तो वह चुनाव का बहिष्कार कर सकता है।

श्रीमती गांधी के घर पर इमरजेंसी और प्रेस सेंसरशिप पर चर्चाओं का अंतहीन दौर जारी था। हर कोई सहमत था कि इसे हटाने की कोई जरूरत नहीं थी। चुनावों के दौरान उसके कारण ज्यादा लोग बाहर नहीं निकलेंगे, जो कांग्रेस के लिए अच्छा रहेगा। और चुनाव के बाद, जिसमें कांग्रेस को जीत का भरोसा था, उन्हें फिर से तुरंत लागू किया जा सकता था। अभी उन्हें हटा देने का मतलब होगा कि एक बार फिर संसद् के दोनों

सदनों में बेसिर-पैर की बातें होंगी और वोटिंग के बाद राष्ट्रपति की मंजूरी लेने तक की प्रक्रिया को झेलना होगा, तब जाकर उन्हें फिर से लागू किया जा सकेगा।

प्रेस सेंसरशिप को ढील देने का मतलब यह नहीं था कि अखबार जो चाहें, उसे छापने के लिए स्वतंत्र हो जाएँगे। उन पर आपत्तिजनक सामग्री प्रकाशन अधिनियम की तलवार हमेशा लटकी रहेगी। शुक्ला ने सेंसरशिप के ढाँचे को खत्म नहीं किया। संबंधित अफसरों को देश के दौरे पर जाने और संपादकों से मिलकर उन्हें अपने हद में रहने की चेतावनी देने को कहा गया। अधिकांश अखबार 'हद' में ही थे।

पटना से मोरारजी के घर पर पहुँचने के बाद, जे.पी. ने अपनी पहली प्रेस कॉन्फ्रेंस में कहा कि कांग्रेस की जीत तय है, लेकिन इस कारण नहीं क्योंकि वह लोकप्रिय थी, बल्कि इस कारण क्योंकि विपक्ष को अपने कैडर को इकट्ठा करने, पैसा जुटाने और लोगों को यह बताने के लिए बहुत कम समय मिला कि दाँव पर क्या लगा है। बेशक, जे.पी. का यह सपना सच हो गया था कि देश में कांग्रेस के विकल्प के तौर पर एक पार्टी बने। लेकिन इसकी शुरुआत के समय उन्हें इसकी सफलता का भरोसा नहीं था।

जनता पार्टी ने पंजाब में अकालियों को संदेश भिजवाया और पाया कि वे हाथ मिलाने को तैयार हैं। सी.पी.आई. (एम) ने कहा कि वे नई पार्टी में शामिल नहीं होंगे, लेकिन चुनावी गठबंधन करेंगे, क्योंकि नागरिक स्वतंत्रता के बिना आर्थिक कार्यक्रम संभव नहीं था।

चंद्रशेखर ने भी इसी तर्ज पर बात की जब उन्होंने कांग्रेस के सदस्यों से, जो कभी उनके सहयोगी थे, और मार्क्सवादियों तथा अन्य लोगों से संपर्क साधा। एक चिट्ठी में उन्होंने कहा कि विकल्प बहुत सीमित हैं, फायदे की स्थिति (कांग्रेस) के साथ रहें और छोटे निजी हितों पर दावा करें और अपनी काल्पनिक दुनिया में खोए रहें, समाज में जो कुछ हो रहा है उसके मूकदर्शक बने रहें, या उन ताकतों के साथ लड़ने का विकल्प चुनें, जिन्होंने मौलिक आजादी और नागरिक अधिकारों को भरोसे का एक विषय बना लिया है।

डी.एम.के. ने तमिलनाडु में कांग्रेस (ओ) के साथ तालमेल की इच्छा जताई। लेकिन सभी दल अपने-अपने चुनाव चिह्न पर चुनाव लड़ना चाहते थे, न कि बी.एल.डी. के, जिसका चुनाव चिह्न पहिए के अंदर कंधे पर हल उठाए एक आदमी का था, जिसे जनता पार्टी ने अपना लिया था, क्योंकि चुनाव आयोग ने उसे नया चुनाव चिह्न देने से इनकार कर दिया था।

कांग्रेस ने भी सहयोगियों की तलाश शुरू की और सी.पी.आई. तथा तमिलनाडु में ए.डी.एम.के. को अपने साथ लेने की कोशिश की। संजय सी.पी.आई. को साथ नहीं रखना चाहते थे, जिसके खिलाफ उन्होंने कुछ दिनों पहले ही अखबारों में समाचार के जरिए एक मुहिम चला रखी थी, जिसके निर्देशक यूनुस थे। लेकिन श्रीमती गांधी ने उन्हें आश्वस्त किया कि यह गठबंधन केवल कांग्रेस की शर्तों पर होगा।

सी.पी.आई. कैडर से कुछ मदद मिलेगी, हालाँकि मदद की जरूरत नहीं थी क्योंकि कांग्रेस पार्टी को अपनी जीत का भरोसा था। जो डर 20 महीने से भी अधिक समय में लोगों के मन में बैठा था, उसे दो या तीन महीने में निकाला नहीं जा सकता था। उन्हें जैसा कहा जाएगा वे वैसे ही वोट करेंगे, क्योंकि पलटनेवालों से बदला लेते पार्टी को देर नहीं लगेगी, क्योंकि उसका तमाम सरकारी तंत्र पर नियंत्रण था।

जल्द ही ऐसी रिपोर्ट सामने आई, जो कांग्रेस को परेशान करनेवाली थी। लोग डर से बाहर आ रहे थे, वे इमरजेंसी के खिलाफ बातें कर रहे थे और उन्हें पहचाने जाने का डर भी नहीं था। जनता का मन कांग्रेस के खिलाफ था और यह बात 30 जनवरी को, महात्मा गांधी की शहादत के दिन, जनता पार्टी के प्रचार अभियान की शुरुआत को मिली प्रतिक्रिया से साफ हो गई थी। दिल्ली, पटना, जयपुर, कानपुर और अन्य जगहों पर होनेवाली रैलियों में जबरदस्त जन-सैलाब उमड़ रहा था, जिसकी उम्मीद जनता पार्टी के नेताओं को भी नहीं थी। सरकार भी इस प्रतिक्रिया पर उतनी ही हैरान थी।

दिल्ली की रैली में जहाँ अधिकारियों ने अनुमान लगाया था कि रैली में महज 10,000 या ज्यादा-से-ज्यादा 20,000 लोग जुटेंगे, वहाँ 1 लाख लोग जुटे। इसे मोरारजी ने संबोधित किया। यह रैली उसी रामलीला मैदान में थी, जहाँ 25 जून 1975 को जे.पी. ने एक और बड़ी जनसभा को संबोधित किया था। तब गरमियाँ थीं, अब जनवरी की ठिठुरा देनेवाली शाम को लोगों ने जनता पार्टी के नेताओं को बिल्कुल खामोश होकर सुना और बाद में पार्टी के चुनाव फंड में दान देने के लिए लाइनों में भी लग गए।

पटना में जे.पी. ने एक विशाल जनसमूह को एक शपथ दिलाई कि मौलिक अधिकारों और नागरिकों की स्वतंत्रता की रक्षा के लिए चाहे कितना ही बड़ा त्याग क्यों न करना पड़े, वे करेंगे। जून में, दिल्ली में हुई बैठक के बाद यह उनकी पहली जनसभा थी, और जब उन्होंने हजारों हाथों को शपथ लेने के लिए उठते देखा तो भावुक हो गए।

चरण सिंह ने कानपुर में और चंद्रशेखर ने जयपुर में जनता पार्टी का प्रचार शुरू किया। लोग असाधारण रूप से उमड़े। अगली सुबह श्रीमती गांधी के पास जो इंटेलिजेंस रिपोर्ट पहुँची, वह अच्छी नहीं थी। वे परेशान हो गईं, हालाँकि रिपोर्ट ने विशाल जनसमूह के महत्त्व को कम करने का प्रयास किया। यह स्वाभाविक ही था कि इमरजेंसी के उस भयंकर दौर के बाद, जब केवल उन्हीं बड़ी सभाओं को अनुमति दी जाती थी, जिन्हें संजय गांधी के स्वागत के लिए आयोजित किया जाता था, लोग इस तरह बाहर निकले। उन्होंने कहा कि इनके जवाब में रैलियाँ होनी चाहिए।

यह भी महसूस कर रही थीं कि उनकी पार्टी के पुराने झक्की अपने क्षेत्रों पर काबू खोते जा रहे हैं। समय आ गया था कि उन्हें बाहर किया जाए। वे जानती थीं कि ज्यादातर सांसद उनके साथ वफादारी की वजह से नहीं, बल्कि डर के कारण थे। इससे संजय को

राजनीति में फायदा मिलेगा, लेकिन इससे अच्छा तो वे अपने ही भरोसेमंद लोगों को रख लें। यूथ ने खुलेआम कहा कि उसे उम्मीद है कि उसके सदस्यों को 150 से 200 सीटें दिए जाने की उम्मीद है। अंबिका सोनी ने कहा कि यूथ कांग्रेस की असली कांग्रेस है।

श्रीमती गांधी ने संकेत दिया कि उन्हें उम्मीदवारों के चयन में आजादी मिलनी चाहिए। एक के बाद एक राज्य कांग्रेस कमेटियों तथा उनके संसदीय बोर्ड ने एकमत से प्रस्ताव पास किया कि उनकी ओर से प्रधानमंत्री को उम्मीदवारों के चयन के लिए अधिकृत किया जाता है।

संजय ने लिस्ट तैयार करना शुरू कर दिया। प्रधानमंत्री के दरवाजे से कहीं ज्यादा उम्मीदवार उनके दरवाजे के सामने खड़े होने लगे या ऐसे लोग जुटने लगे, जिनकी उन तक पहुँच थी। वे हर उम्मीदवार को अपने क्षेत्र में पकड़ पर खुफिया विभाग से बात करते थे। इससे उन्हें इतनी जानकारी मिल जाती थी कि वे उन लोगों पर अपनी पकड़ मजबूत बना सकें। औसत रूप से, 542 सीटों के लिए हर सीट पर 200 उम्मीदवार थे।

संजय ने हरियाणा की लिस्ट को आगे बढ़ा दिया, जिसे बंसी लाल ने तैयार किया था। महाराष्ट्र की लिस्ट भी जारी कर दी गई। सबकुछ संजय की योजना के अनुसार चल रहा था।

और तभी इस बड़ी तैयारी को एक बड़ा झटका लगा। एक राजनीतिक विस्फोट हुआ। जगजीवन राम ने कांग्रेस और सरकार से 2 फरवरी को इस्तीफा दे दिया। कांग्रेस में किसी को भी इसका अंदाजा नहीं था।

तीन दिन पहले इंटेलिजेंस ब्यूरो ने इस अफवाह को ए.एम. मेहता तक पहुँचाया था कि जगजीवन राम बगावत करने की योजना बना रहे हैं। लेकिन इसे गंभीरता से नहीं लिया गया। जगजीवन राम खुद भी एक दिन पहले श्रीमती गांधी से मिले थे, लेकिन उन्होंने ऐसा कुछ भी नहीं कहा था। उन्होंने बस इतना कहा था कि वे इमरजेंसी को जारी रखने के खिलाफ हैं। बाद में उन्होंने अपने दोस्तों से कहा कि अगर वे पार्टी छोड़ने को लेकर कुछ भी कह देते तो उन्हें गिरफ्तार कर लिया जाता।

अपने आवास के लंबे-चौड़े लॉन में, अपना इस्तीफा देने के दिन, जगजीवन राम ने एक भीड़-भाड़ वाली प्रेस कॉन्फ्रेंस में कहा कि वे चाहते हैं कि सारे कांग्रेस उनके साथ आएँ और इमरजेंसी तथा अन्य अधिनायकवादी और सत्तावादी प्रवृत्तियों को समाप्त करने की माँग करें, जो कुछ दिनों पहले राष्ट्रीय राजनीति में घुस आई हैं। उन्होंने कहा कि कांग्रेस संगठन के सभी स्तरों ने लोकतंत्र को न केवल संकुचित, बल्कि लगभग समाप्त कर दिया गया है। 'कांग्रेस के भीतर, संगठनात्मक और संसदीय हिस्से में, अनुशासनहीनता को न केवल सहा गया है, बल्कि उसे ऊपर से उकसाया और बढ़ावा दिया गया है।'

यू.पी. के मुख्यमंत्री पद से हटाए गए एच.एन. बहुगुणा तथा उड़ीसा के मुख्यमंत्री पद से हटाई गईं नंदिनी, जगजीवन राम के अगल-बगल बैठे थे। उन्होंने भी घोषित किया कि वे कांग्रेस पार्टी छोड़ चुके हैं, साथ ही पूर्व कैबिनेट मंत्री के. आर. गणेश ने भी यही ऐलान किया। उन सभी ने कहा, "हम नई कांग्रेस नहीं हैं। हम पुरानी कांग्रेस पार्टी ही हैं।" कुल मिलाकर वे ये ही शब्द थे, जिनका इस्तेमाल श्रीमती गांधी और उनके समर्थकों ने दिसंबर 1967 में किया था जब उन्होंने एक अलग कांग्रेस पार्टी का गठन किया था।

जगजीवन राम से जब पूछा गया कि उन्होंने इस्तीफा क्यों दिया, तो उन्होंने कहा कि यह उन बातों का नतीजा था, जो पिछले कुछ महीने में घटी थीं। उन सभी का एक मिला-जुला नतीजा था। उन्होंने कहा कि मैं तनाव में था। लंबे समय से श्रीमती गांधी और उनके बेटे ने वह सबकुछ किया, जो उन्हें पसंद नहीं था और वे अब और उनके साथ नहीं रह सकते थे।

शायद यह सही था, लेकिन चंद्रशेखर और बहुगुणा कई दिनों से उन्हें इसके लिए समझाकर थक चुके थे। ऐसा लगा कि दिल्ली में जनता पार्टी की पहली रैली ने उनके विचार की पुष्टि कर दी थी कि लोग कई राज्यों से कांग्रेस को उखाड़ फेंकेंगे।

अखबारों ने जहाँ इस खबर पर स्पेशल सप्लीमेंट निकाले (समर्पित अखबारों ने ऐसा नहीं किया), वहीं कांग्रेसियों ने जगजीवन राम और उनके साथ जानेवालों की लानत-मलामत शुरू कर दी।

कांग्रेस पार्टी की वर्किंग कमेटी ने एकमत से एक प्रस्ताव पारित किया और जगजीवन राम के पार्टी छोड़ने की निंदा की। बरुआ ने इसे एक व्यक्ति का भागना करार दिया। श्रीमती गांधी ने कहा कि यह विचित्र है कि इतने महीनों तक वे चुप रहे। समाचार समेत सरकारी सूचना मीडिया ने इस्तीफे को दलबदल बताया।

कांग्रेस नेता डटे रहे। श्रीमती गांधी बहुत परेशान थीं। बरसों से वे अपने सहयोगियों को हैरत में डालती चली आई थीं। इस बार जगजीवन राम ने उन्हें सबसे बड़ा झटका दे दिया था। चुनावों का ऐलान करते समय वे जानती थीं कि गैर-कम्युनिस्ट पार्टियाँ गठबंधन कर सकती हैं, लेकिन उनके पाले से जगजीवन राम का जाना एक जबरदस्त झटका था। उनकी कांग्रेस फॉर डिमोक्रेसी (सी.एफ.डी.) उनकी पार्टी से सारे असंतुष्टों को ले जा सकती थी, और वे जानती थीं कि ऐसे कई लोग थे।

उन्हें खबर मिली थी कि उनकी पार्टी के कई सदस्य इमरजेंसी के नाम पर जो कुछ हुआ, उससे और उनके बेटे तथा उनके यूथ कांग्रेस की दबंगई से नाखुश थे। भय और एक वैकल्पिक मंच के अभाव ने उन्हें पार्टी में बनाए रखा था। वे डर रही थीं कि कई लोग जगजीवन राम के साथ चले जाएँगे। किसी भी मौजूदा सदस्य को चुनाव में टिकट नहीं मिला तो उसके पास वही बहाना पर्याप्त होगा।

वे बूढ़े झक्कियों को छोड़ने का नुकसान नहीं उठा सकती थीं। उन्हें जाने-पहचाने और आजमाए लोगों पर भरोसा था। जगजीवन राम के जाने का पहला नुकसान यूथ कांग्रेस को हुआ। कांग्रेस पार्टी के अधिकांश मौजूदा सदस्यों को पार्टी का टिकट मिल गया। 'पुराने के साथ बने रहो', एक नारा बन गया। और यह चुटकुला मशहूर हो गया कि उन सभी ने जगजीवन राम को पूरे मन से आभार जताने के लिए उनकी एक तसवीर लगा रखी थी।

अब उन प्रभावशाली लोगों को मनाने के प्रयास साफ तौर पर किए गए, ताकि वे कहीं पार्टी न छोड़ दें। सिद्धार्थ, जो दरकिनार कर दिए गए थे, की वापसी हो गई। राज्य की कैबिनेट में उनके सहयोगियों को या राज्य कांग्रेस को उनकी ओर से बनाई गई उम्मीदवारों की लिस्ट मंजूर नहीं थी। फिर भी उन्होंने यह धमकी देकर अपनी बात मनवा ली कि अगर वे उम्मीदवारों पर फैसला नहीं कर सकते तो अच्छा होगा कि वे मुख्यमंत्री पद भी छोड़ दें।

पार्टी में साहबी पर जगजीवन राम के हमले ने कांग्रेस हाई कमान को नाराज कर दिया। अब हर तरह के प्रयास किए गए, जिससे कि उस आरोप को गलत साबित कर दिया जाए। एक बार फिर पार्टी में कम-से-कम दिखावे के लिए ही चर्चा और विचार-विमर्श होने लगा। चह्वाण, सुब्रह्मण्यम और स्वर्ण सिंह जैसे लोगों की पूछ फिर से बढ़ गई।

उम्मीदवारों की लिस्ट जब भी जारी की जाती, तब कांग्रेस प्रवक्ता खासतौर पर यह कहता था कि उम्मीदवारों का चयन केंद्रीय चुनाव समिति ने किया है। एक दिन ए.आई.सी.सी. सचिवालय ने आनन-फानन में स्थानीय पत्रकारों को यह बताने के लिए बुलाया कि यह कहना सही नहीं है कि उम्मीदवारों का चयन प्रधानमंत्री पर छोड़ दिया गया था जैसा कि राज्यों से आ रही खबरें बता रही थीं।

जगजीवन राम के जाने से कांग्रेस के फंड में योगदान पर भी असर पड़ा। अचानक सत्ताधारी दल को यह बात चुभ गई कि जिन लोगों से संपर्क किया जाता वे मौजूद नहीं थे और यह कहा जाता था कि वे विदेश चले गए हैं।

एक लिहाज से कांग्रेस निश्चिंत थी। पार्टी की स्मारिका से 30 करोड़ रुपए जुटा लिये गए थे। उनमें सभी बड़े उद्योगपतियों और कारोबारियों ने विज्ञापन दिए थे। 20 करोड़ और निजी कंपनियों और कारोबारियों से आए थे, जिनका कोई हिसाब-किताब नहीं था। विज्ञापनों के लिए चेक और कैश या तो पी.सी. सेठी को दिए जाते थे या श्रीमती गांधी के 1, सफदरजंग रोड पर आते थे।

विज्ञापनों के बदले पैसे जुटाने में एक सर्कुलर से भी मदद मिली, जिसे केंद्रीय प्रत्यक्ष कर बोर्ड के सचिव टी.पी. झुनझुनवाला ने 16 जुलाई, 1976 (सं. 203) को आयकर विभाग के सभी कमिश्नरों को भेजा था, जिसकी कॉपी चैंबर्स ऑफ कॉमर्स

को भी दी गई थी। उस सर्कुलर में कहा गया, ''एक प्रश्न पूछा गया है कि क्या एक करदाता एक ही संस्थान/संगठन की ओर प्रकाशित एक से अधिक स्मारिका में प्रचार कर सकते हैं या नहीं। एक व्यापारी एक से अधिक अखबार या पत्रिका में तथा उसी अखबार या पत्रिका के एक से अधिक अंक में भी विज्ञापन दे सकता है। इस प्रकार के विज्ञापनों पर किए गए खर्च पर छूट मिलेगी…''

पहली बार, 1973 में, कांग्रेस पार्टी ने स्मारिकाओं में ऊँचे दाम पर विज्ञापनों के जरिए पैसा जुटाने के तरीके का इस्तेमाल बड़े पैमाने पर किया। इसने उस कानून का भी तोड़ निकाल लिया, जो कंपनियों से मिलनेवाले राजनीतिक योगदानों पर रोक लगाता है। यह तरीका यशपाल कपूर और धवन ने ईजाद किया था। स्मारिकाओं के विषय में एक दिलचस्प बात यह थी कि विज्ञापनदाताओं के सिवाय और कोई उन्हें देख भी नहीं पाता था, जिन विज्ञापनदाताओं को वाउचर की प्रतियाँ कानून से बचाव के लिए भेजी जाती थीं।

कांग्रेस ने सोचा कि लोकप्रियता में कमी की भरपाई उसके संसाधनों से हो जाएगी। पार्टी ने भी देखा था कि कैसे श्रीमती गांधी के 'गरीबी हटाओ' के नारे ने दौलतमंदों को 1971 में उखाड़ फेंका था। अब कांग्रेस के पास लोगों को पैसे से जीतने के सिवाय और कोई चारा नहीं था। पार्टी के कोषाध्यक्ष सेठी ने 2 कुषक रोड, नई दिल्ली में अपना दफ्तर खोल लिया, जहाँ सरकार द्वारा गुवाहाटी ट्रांसफर किए जाने से पहले जस्टिस रंगराजन रहा करते थे। सेठी ने दो जीपों के साथ ही हर उम्मीदवार को 1 लाख रुपए दिए।

दूसरी तरफ, पार्टी की ओर से जारी कूपनों के भरोसे रहनेवाली जनता पार्टी ने पैसे की कमी की परवाह किए बिना ही अपना चुनावी अभियान शुरू कर दिया। सी.एफ.डी. ने भी समर्थन में आवाज बुलंद की। जे.पी. उन सभी को एक झंडे और एक चुनाव चिह्न पर लड़ने के लिए एकजुट कर चुके थे।

जामा मसजिद के शाही इमाम मौलाना सैयद अब्दुल बुखारी, जो मुसलमानों के बीच खासे लोकप्रिय थे, ने अपना समर्थन विपक्ष को दे दिया।

हालाँकि जनता-सी.एफ.डी. के मनोबल को सबसे बड़ी ताकत 12 फरवरी को श्रीमती विजयालक्ष्मी पंडित से मिली। नेहरू की बहन और श्रीमती गांधी की बुआ उनके ही खिलाफ खड़ी हो गई थीं। उन्होंने कहा, ''आजादी के दौरान लोकतांत्रिक संगठनों को खड़ा करने में हमें बरसों लग गए थे, लेकिन उन्हें एक के बाद एक कुचला और नष्ट कर दिया गया। कानून के शासन को महत्त्वहीन बना दिया गया और न्यायपालिका की निष्पक्षता समाप्त कर दी गई। प्रेस सेंसरशिप लगा दी गई।'' उन्होंने इस बात पर जोर दिया कि समय की बड़ी माँग यह है कि लोकतंत्र को फिर से पटरी पर लाया जाए। ''हमारे महत्त्वपूर्ण मूल्यों में ह्रास को रोका जाना चाहिए और हमें उन आदर्शों की ओर लौटना चाहिए, जिनकी हमने शपथ ली थी।''

बेशक, कुछ समय तक श्रीमती गांधी और श्रीमती पंडित तथा उनके परिवार के बीच तल्खी बढ़ती जा रही थी। श्रीमती पंडित को एक बार विदेश यात्रा पर जाने की इजाजत लेने के लिए श्रीमती गांधी के पास जाना पड़ा था। श्रीमती पंडित की बेटी तारा ने कुछ समय पहले ही मुझे बताया था कि एक समय था, जब हमारे कुत्ते का भी मामू (मामा नेहरू) के घर पर स्वागत होता था, अब तो वहाँ हम भी नहीं जा सकते।

श्रीमती गांधी इन घटनाओं से खिन्न थीं। इंटेलिजेंस रिपोर्ट कह रही थी कि कांग्रेस पार्टी जीत जाएगी, लेकिन उसे जितनी सीटें मिलने का अनुमान था, उनकी संख्या बहुत कम हो चुकी थी। उन रपटों में यह भी कहा गया कि जस्टिस एच.एल. खन्ना को सताए जाने से बुद्धिजीवी और भी नाखुश हो गए हैं। उनके जूनियर, एम.एच. बेग को प्रमोट कर भारत का मुख्य न्यायाधीश बना दिया गया था। गोखले ने मुझे बताया कि उन्होंने श्रीमती गांधी को मनाने की कोशिश की कि खन्ना की अनदेखी नहीं करनी चाहए, लेकिन उन्होंने बात नहीं मानी। मीसा के केस में विरोधी फैसला सुनानेवाले खन्ना को उसकी कीमत चुकानी पड़ी।

चूँकि चीजें कांग्रेस के हक में नहीं जा रही थीं, इसलिए ऐसी अफवाहें फैलने लगीं कि चुनाव स्थगित कर दिए जाएँगे। यह अफवाह इतनी जबरदस्त थी कि उसे समाप्त नहीं किया जा सका, और तब चुनावों की तारीख का ऐलान करने के लिए अधिसूचना जारी की गई। चुनाव 16 से 20 मार्च के बीच कराए जानेवाले थे।

श्रीमती गांधी को अब भी लग रहा था कि 280 सीटें लाकर कांग्रेस किसी तरह सत्ता में आ जाएगी। यही बात खुफिया विभाग भी सोच रहे थे। लेकिन श्रीमती गांधी को खतरा नजर आने लगा था। अपने भाषणों में वे बार-बार देश पर आंतरिक और बाहरी खतरे की बात करती थीं। वे कहती थीं कि विपक्षी समूह एक बार फिर अस्थिरता पैदा करने की कोशिश कर रहा है। यह ऐसा मामला था, जिसमें एक अशुभ संकेत भी था। उन्होंने इमरजेंसी का बचाव किया। उन्होंने कहा कि उसके कारण ही सारे क्षेत्रों में तरक्की हुई, लेकिन जनता के बुझे मन और सभाओं में गिनती के लोगों को देखकर वे बचाव की मुद्रा में आ जाती थीं, ''बेशक कभी-कभी गलतियाँ हुई हैं और उसके चलते हमने जिम्मेदार अधिकारियों को सस्पेंड कर काररवाई भी की है।''

कोई एक गलती नहीं हुई थी, उनका एक सिलसिला था। लोगों का भरोसा उनसे उठ गया था। इस हद तक कि जब 11 फरवरी को हार्ट अटैक से फखरुद्दीन अली अहमद की मौत हो गई, तो यह अफवाह फैली कि श्रीमती गांधी रात के 2 बजे उनके घर गई थीं, और उन पर दबाव बनाया कि उस अध्यादेश पर दस्तखत कर दें, जिसके तहत मीसा के बंदियों को चुनाव लड़ने से रोका जा सकेगा, और यही उस जानलेवा हार्ट अटैक के लिए जिम्मेदार था। मैंने श्रीमती अहमद से पूछा तो उनका कहना था कि उस

रात श्रीमती गांधी कतई नहीं आई थीं। प्रधानमंत्री की सुरक्षा में तैनात लोगों ने भी इसकी पुष्टि की। हालाँकि, उस रात श्रीमती गांधी ने श्री अहमद को फोन जरूर किया था। उन्होंने बिना पूछे यह भी बताया कि उनके और राष्ट्रपति के बीच कोई मतभेद नहीं थे।

उन पर विश्वास की कमी बहुत बुरी थी, लेकिन उससे भी बुरा यह अनुमान था कि वे संजय को प्रधानमंत्री बनाना चाहती हैं। इसके बावजूद वे बोल चुकी थीं कि उनकी कोई राजनीतिक महत्त्वाकांक्षा नहीं है, लोगों की सोच उलट थी और संदेहों की तब पुष्टि हो गई, जब उन्होंने संजय को अपने क्षेत्र रायबरेली से सटे अमेठी लोकसभा क्षेत्र से कांग्रेस का उम्मीदवार बना दिया। इस तरह उनके खिलाफ बने नारे तानाशाही बनाम लोकशाही के बाद एक और नारा बनाया गया—'राजवंश बनाम लोकतंत्र'।

वास्तव में, पूरे चुनाव प्रचार के दौरान श्रीमती गांधी को तानाशाही के आरोपों को झेलना पड़ा। पहले तो उन्होंने इस आरोप को अनदेखा कर दिया, लेकिन जब बार-बार यह आरोप लगाया गया तब वे बोलीं, "कांग्रेस कभी एक व्यक्ति की पार्टी नहीं रही है। मैं अपने आपको लोगों की सबसे पहली सेविका के सिवाय और कुछ नहीं मानती हूँ।" लेकिन तानाशाही का आरोप चिपक गया और विपक्ष ने उसे बार-बार उठाया। वे कहती थीं कि विपक्ष का एक-सूत्री कार्यक्रम है, और वह है—उन्हें हटाना। यही बात उन्होंने 1971 के मध्यावधि चुनावों में कही थी और लोकसभा में दो-तिहाई बहुमत से जीतकर आई थीं। लेकिन अब उनकी विश्वसनीयता पूरी तरह खत्म हो चुकी थी और आर्थिक क्षेत्र में उनका प्रदर्शन भी खराब था।

500 शब्दों वाले घोषणा-पत्र को स्वयं श्रीमती गांधी ने जारी किया। उन्होंने कहा कि पार्टी का लक्ष्य समाजवाद है और वह गरीबी, असमानता के खिलाफ और सामाजिक न्याय के लिए अपनी जंग को और तेज करेगी।

जनता पार्टी के घोषणा-पत्र का जोर गांधीवादी सिद्धांतों और नीतियों के इस्तेमाल से अर्थव्यवस्था की नए सिरे से संरचना पर था, जिससे कि खेती, बेरोजगारी और आर्थिक तथा राजनीतिक शक्ति के विकेंद्रीकरण पर ध्यान दिया जा सके। सी.एफ.डी. के घोषणा-पत्र ने कहा कि पार्टी आर्थिक विकास के लिए स्थिर हालात पैदा करने के लिए लोकतंत्र का बचाव और विस्तार करेगी। सी.एफ.डी. ने कहा कि वह सार्वजनिक क्षेत्र की उल्लेखनीय उपलब्धियों और एकाधिकार रखनेवाले कारोबारी घरानों पर लगाम की पक्षधर है, जिससे कि आम आदमी तक सभी अनिवार्य वस्तुओं की आपूर्ति निश्चित और स्थिर कीमतों पर की जाए, उद्योग के सभी चरणों में श्रमिकों की पूरी भागीदारी हो, भूमि सुधारों को कम-से-कम समय में पूरा किया जाए, वगैरह-वगैरह।

लेकिन घोषणा-पत्रों की चर्चा चुनावी रैलियों में कभी नहीं हुई। पार्टियों ने शायद ही कभी उनका जिक्र किया। केवल दो ही नारे गूँज रहे थे। विपक्ष कहता था कि

विकल्प तानाशाही और लोकशाही के बीच है, जबकि कांग्रेस कहती थी कि लोकतंत्र बनाम अराजकता।

दोनों पक्षों ने एक-दूसरे पर निजी हमले भी किए। श्रीमती गांधी ने कहा कि विपक्ष मुझे घेरकर छुरा घोंप देना चाहता है। मोरारजी ने जवाब दिया, "हमें भी छुरा घोंपा गया है।" जगजीवन राम ने कहा कि सरकार और कांग्रेस की लोकतांत्रिक गतिविधि में कटौती कर दी गई है। चह्वाण ने जवाब दिया कि कुछ नेता हैं, जो सबके साथ चलने में नाकाम रहे। ऐसे लोगों को नजरअंदाज कर देना चाहिए।

परस्पर दोषारोपण के माहौल में आर्थिक मुद्दे या कहें तो अन्य सारे मुद्दे पीछे छूट गए। चुनाव प्रचार चाहे जिस प्रकार का भी हो, ऐसा लग रहा था मानो देश में पहली बार चुनाव हो रहे थे। अधिकांश सीटों पर दो उम्मीदवार थे : कांग्रेस के और विपक्ष के। कांग्रेस ने 492 सीटों पर अपने उम्मीदवार उतारे और 50 अपने समर्थकों केरल, तमिलनाडु और पश्चिम बंगाल में सी.पी.आई. के लिए और तमिलनाडु में ए.डी.एम.के. के लिए। जनता पार्टी ने 391 उम्मीदवार उतारे और 147 सीट सी.एफ.डी., सी.पी.आई. (एम), पंजाब में अकाली दल और तमिलनाडु में डी.एम.के. के लिए छोड़ दिया।

1967 के चुनाव में कांग्रेस पार्टी को 40.7 फीसदी वोट मिले और उसने 283 सीटें जीतीं। 1971 में 3 प्रतिशत की बढ़ोतरी हुई, 43.6 प्रतिशत वोट के साथ उसे 350 सीटें यानी लोकसभा में दो-तिहाई बहुमत मिला। इस बार यही वोट हासिल कर विपक्ष कांग्रेस को पराजित करना चाहता था।

ऊपर से इस बार इंदिरा की कोई लहर नहीं थी। वास्तव में मामला उलट था। जून 1975 में इमरजेंसी लगाए जाने के बाद से यातना देनेवाले शासन ने सरकार को बदनाम कर दिया था। यह सच है कि गाँवों में लोगों को रोटी और स्वच्छंदता तथा स्वच्छंदता से पहले रोटी के बीच सूक्ष्म अंतर समझ नहीं आता था, लेकिन जिस तरीके से कुछ सरकारी योजनाओं, खासकर परिवार नियोजन, को लागू किया गया, उससे वे नाराज थे। पुलिसवालों ने गाँवों में डंडे उठा लिये थे और अकसर उनका इस्तेमाल कुछ ज्यादा ही मनमाने तरीके से करने लगे थे।

गृह मंत्रालय को मिली इंटेलिजेंस रिपोर्ट ने बताया कि छोटे पुलिस अधिकारी गाँववालों से इस बात की धमकी देकर पैसे वसूल रहे थे कि अगर उन्होंने पैसे नहीं दिए तो मीसा के तहत उन्हें बंद कर दिया जाएगा। परिवार नियोजन की टीमों से बचने के लिए खेतों और जंगलों में रात बितानेवाले सैकड़ों गाँवों के निवासियों ने भी पकड़े जाने के डर से पुलिस को खरीदा।

दिल्ली में चुनाव अभियान की शुरुआत के साथ ही श्रीमती गांधी ने इस छवि को सुधारने का प्रयास किया। उन्होंने माना कि उनकी सरकार ने परिवार नियोजन को लागू

करने में और झुग्गीवालों को नए इलाकों में फिर से बसाने में गलतियाँ की हैं। इसके जवाब में भीड़ ठहाके लगाती थी और उन्हें हूट करती थी।

उनकी बातों को सम्मान दिए जाने की बात बीते जमाने की बात हो गई थी। बेशक, एक महीने तक उन्होंने हर दिन 20 बैठकों को संबोधित किया और एक वे ही थीं, जो कुछ हद तक भीड़ जुटा लेती थीं, लेकिन उसका खास असर नहीं था, जबकि चरण सिंह जैसे नेताओं की सभा में आए लोगों को उँगलियों पर गिना जा सकता था।

मैंने इलाहाबाद के फूलपुर में उनके प्रचार को कवर किया था। प्रधानमंत्री जनसभा को संबोधित करने के लिए हेलीकॉप्टर से पहुँचीं, जहाँ 1974 के यू.पी. विधानसभा चुनावों की तुलना में, जिसे उन्होंने संबोधित किया था, काफी कम लोग मौजूद थे। साफ तौर पर आयोजकों ने भी ज्यादा लोगों के जुटने की उम्मीद की थी और उन्होंने इलाहाबाद से 40 किलोमीटर दूर स्थित इस जगह तक भीड़ को लाने के लिए गाड़ियों का इंतजाम किया था, लेकिन बैरिकेड से बनाए गए स्थान खाली थे और 15 मीटर की ऊँचाई पर बने मंच से लगाए जा रहे नारों का जवाब भी बड़ी कमजोर आवाज में दिया जा रहा था।

श्रीमती गांधी के 15 मिनट लंबे भाषण में निजी बातों का जिक्र बार-बार किया गया, ''हम, नेहरू परिवार के लोगों के बलिदान का एक लंबा इतिहास रहा है,'' उन्होंने कहा। ''मेरे दादा ने स्वराज भवन नाम का एक मकान बनाया, जिसे मेरे पिता ने देश को दान कर दिया। फिर हमने एक और मकान बनाया, आनंद भवन, जिसे मैंने जनता को समर्पित कर दिया। हमें अपने लिए कुछ नहीं चाहिए। हम देश की सेवा करना चाहते हैं, लेकिन कुछ लोग हमारे खिलाफ हैं। भविष्य में भी मेरा परिवार देश की सेवा करता रहेगा।''

एक बार फिर उन्होंने निजी संबंधों का जिक्र किया और कहा, ''संसद् में उन लोगों को भेजिए, जो मेरा समर्थन करें, उन्हें नहीं जो मेरी पीठ में छुरा घोंपें।''

प्रधानमंत्री ने कहा कि उन पर तानाशाह होने का आरोप लगाना दुर्भावनापूर्ण है, क्योंकि अगर वे सचमुच होतीं तो कभी चुनाव नहीं होते, न ही विपक्ष को यह सब कहने दिया जाता, जो वह आज कह रहा है।

श्रीमती गांधी का भाषण खत्म हो जाने के बाद उनके हेलीकॉप्टर के उड़ने तक लोग वहीं जमे रहे। भारत के उस हिस्से में हेलीकॉप्टर को लेकर अजब आकर्षण था।

इसकी तुलना में जनता या सी.एफ.डी. के स्थानीय नेताओं की सभा में कहीं ज्यादा भीड़ जुटती थी। लोग घंटों तक, यहाँ तक कि आधी रात के बाद भी, उन्हें सुनने का इंतजार करते थे। लोग इस बात का बुरा नहीं मानते थे कि नेता देरी से आते हैं, क्योंकि दूसरी बैठकों और कार या ट्रेन से आने में देरी हो ही जाती थी। विपक्ष का समर्थन करनेवाले संगठन रातोरात सामने आ गए। स्वयंसेवकों और पैसे की अपील पर तत्काल प्रतिक्रिया मिल

जाती थी। कम-से-कम गंगा के मैदानी क्षेत्रों में जो मूड था, वह आजादी से पहले के दिनों की याद दिलाता था। उस समय कांग्रेस जो कुछ भी कहती थी, उसे पूरे उत्साह के साथ पूरा किया जाता था। अब लोग जनता पार्टी के आह्वान का पालन कर रहे थे।

जनता पार्टी ने कम-से-कम यू.पी., बिहार, पंजाब, हरियाणा, राजस्थान और मध्य प्रदेश में जितने भी उम्मीदवार खड़े किए, वे लगभग निर्वाचित मान लिये गए थे। मजाक में कहा जाता था कि बिजली के खंभे को जनता पार्टी का टिकट मिल जाए तो वह भी जीत जाएगा। किसी उम्मीदवार की प्रतिभा या लोकप्रियता मायने नहीं रखती थी। मायने यह रखता था कि वह जनता पार्टी या उसके सहयोगियों का नुमाइंदा है या नहीं।

जनता पार्टी की लहर जल्द ही तेज हो गई। 19 महीने की तानाशाही के खिलाफ गुस्से ने लोगों को दृढसंकल्प कर दिया था। यहाँ तक कि सरकार के नेताओं द्वारा बार-बार स्वीकार किए जाने का भी लोगों पर कोई असर नहीं हुआ कि गलतियाँ हुई हैं। ऐसा लगा जैसे चुनावों के ऐलान से पहले ही उन्होंने तय कर लिया था कि वोट देकर किसे सत्ता में लाना है।

विपक्षी नेताओं ने यह बताकर कि इमरजेंसी के दौरान जेल में उनके साथ और बाहर पूरे देश के साथ क्या हुआ, लोगों के गुस्से को भड़काया। हर दिन जबरन नसबंदी, झुग्गियाँ हटाने और यातना के किस्से सामने आने लगे। वे ही अखबार जो काफी हद तक सरकार के समर्थन में आ गए थे, उनमें अब इमरजेंसी की खौफनाक बातों को सामने लाने की होड़ मच गई। लोग यह सुनिश्चित करना चाहते थे कि डरावने दिन फिर न लौट सकें और वे ऐसा केवल कांग्रेस को हराकर कर सकते थे।

खुफिया विभाग और नौकरशाह, जो पहले विपक्ष को कुचलने में जुटे थे, क्योंकि वह एक विकल्प नहीं बन सकता था, अब पूरी तौर पर कांग्रेस का विरोध कर रहे थे। इस दलील से दाल नहीं गल रही थी कि विपक्ष एक बहुरंगी भीड़ है। यहाँ तक कि सत्ताधारी दल जो स्थिरता दे रहा था, उसकी तुलना में अस्थिरता भी स्वीकार्य थी। उस घुटन और स्वतंत्रता से वंचित किए जाने से केवल रोबोट ही बनाए जा सकते थे। और वे मशीनी मानव नहीं बनना चाहते थे।

बेशक, कांग्रेस के लिए चीजें अच्छी नहीं दिख रही थीं। राज़महल ने मुख्यमंत्रियों को यह संदेश भिजवाया कि वे लोगों का मन जीतने के लिए रियायतों का ऐलान करें। मुख्यमंत्री भी खजाना खाली करने को तैयार थे। वैसे भी उनमें से कई रिजर्व बैंक के ओवरड्राफ्ट से अपनी सरकार चला रहे थे। राज्यों ने विभिन्न रूपों में 2,500 मिलियन रुपए बाँटे, भूराजस्व तथा कृषि पर आयकर को कम किया गया, सिंचाई शुल्क, बिजली की दरों में कटौती, मकान के किराए में छूट तथा अतिरिक्त महँगाई भत्ता और किराया तथा चिकित्सा सुविधाएँ दी गईं।

स्पष्ट रूप से इन रियायतों का कोई असर नहीं पड़ा। इंटेलिजेंस रिपोर्ट ने बताया कि विपक्ष के पास सबसे अच्छा मुद्दा इमरजेंसी के बारे में बातें करने का था। चुनाव के कुछ दिन पहले श्रीमती गांधी ने इमरजेंसी हटाने के अच्छे और बुरे पहलुओं पर चर्चा के लिए कैबिनेट की बैठक बुलाई। ज्यादातर लोग इसके खिलाफ थे। इसे हटाने का गलत मतलब निकाला जाएगा और जीत का सेहरा विपक्ष के सिर सजेगा। वैसे भी, इतनी देर हो चुकी थी कि इसे हटा भी लिया जाए तो इसका फायदा नहीं मिल सकेगा।

लोगों में केवल इमरजेंसी को लेकर ही नफरत नहीं थी, सबसे ज्यादा गुस्सा उनमें संजय को लेकर था। बंसी लाल और कई वजहों से श्रीमती गांधी से भी नफरत थी। वे हताश महसूस कर रही थीं, लेकिन हार अब भी नहीं मानी थी।

अधिकांश लोगों को यह लग रहा था, और पत्रकार कोई अपवाद नहीं थे, कि यह चुनाव बेहद करीबी मामला होगा, जिसमें श्रीमती गांधी की पार्टी को विपक्ष पर मामूली बढ़त थी। किसी के लिए यह सोच लेना मुश्किल था कि नेहरू की बेटी या फिर कांग्रेस, जो आजादी के बाद से ही सत्ता में थी, को हराया जा सकता था।

बेशक यही सोच पश्चिम की भी थी। छोटे स्कैंडिनेवियाई देशों को अब भी भारतीयों पर भरोसा था कि वे लोकतंत्र के प्रति अपना विश्वास जताएँगे, लेकिन बड़े देश श्रीमती गांधी के साथ खड़े थे। एक बार पश्चिमी जर्मनी ने भारत को चेतावनी दी थी कि अगर किसी जर्मन संवाददाता को नई दिल्ली से निकाला गया, तो वह मदद रोक देगा। अब पश्चिमी जर्मनी का रुख बदल गया था। नई दिल्ली में उसके राजदूत को भरोसा था कि श्रीमती गांधी भारत के लिए आदर्श नेता हैं। निजी तौर पर, वे इस दलील को इस आधार पर सही ठहराते थे कि अगर सारे पश्चिमी देश उनके खिलाफ हो गए, तो सोवियत संघ के साथ चली ज़ाएँगी।

ब्रिटिश उच्चायुक्त माइकल वाकर ने लंदन को बताया कि अच्छा होगा वे श्रीमती गांधी को स्वीकार करें और लोकतंत्र को भूल जाएँ। उनके उत्तराधिकारी, एल.ए. थॉमसन की राय भी ज्यादा अलग नहीं थी। उन्होंने अपना अंदाजा लंदन को बताया कि श्रीमती गांधी जीत सकती हैं, लेकिन निजी तौर पर वे ऐसा नहीं चाहते।

अमेरिकी राजदूत विलियम बी. सैक्सबी तो उस दिन से ही श्रीमती गांधी के पक्ष में थे, जिस दिन उन्होंने निजी डिनर पार्टी के उनके निमंत्रण को स्वीकार कर लिया था। उन्होंने वॉशिंगटन को बताया कि केवल वे ही थीं, जो भारत और अराजकता के बीच खड़ी थीं। उनकी संजय से भी दोस्ती थी, जिन्होंने खुलकर मुक्त व्यापार का समर्थन किया था। सैक्सबी ने मारुति और अमेरिकी फर्म इंटरनेशनल हारवेस्टर के बीच सहयोग का इंतजाम किया था।

सारे बड़े देशों में से सोवियत संघ ऐसा था, जिसे श्रीमती गांधी की जीत की उम्मीद

नहीं थी। रूसी अधिकारियों ने मॉस्को स्थित भारतीय दूतावास को बताया कि चीज़ें उनके हक में नहीं दिख रही हैं और वे चिंतित थे।

कुल मिलाकर चुनाव प्रचार बिना किसी घटना के चल रहा था, सिवाय उसके जिस समाचार ने रात के उस वक्त जारी किया, जब अखबारों के पास उसकी पुष्टि का समय नहीं था। खबर थी कि संजय पर उनके क्षेत्र अमेठी में गोली चलाई गई, लेकिन वे बच गए। जे.पी. समेत सभी नेताओं ने उस घटना की निंदा की, हालाँकि कुछ लोग सोच रहे थे कि कहीं यह वोटरों की सहानुभूति हासिल करने का कोई स्टंट तो नहीं था।

श्रीमती गांधी 18 मार्च को नई दिल्ली लौट आईं। तब तक ज्यादातर वोटिंग हो चुकी थी। संकेत अशुभ थे। उनके घर पर दो बैठकें हुईं, एक 18 को और दूसरी 19 को। संजय, धवन, बंसी लाल और ओम मेहता मौजूद थे। वरिष्ठ अधिकारियों में गृह सचिव तथा दिल्ली पुलिस के महानिरीक्षक शामिल थे। उनसे कहा गया कि पी.एम. के घर की रक्षा हर कीमत पर की जानी चाहिए।

उन्हें बताया गया कि उनके आवास को वहाँ तक आनेवाली सड़कों पर बैरिकेड लगाकर सुरक्षित किया जाएगा और सीमा सुरक्षा बल उसकी रक्षा और काररवाई के लिए मौजूद रहेगा। पहले ही 10 बटालियनों (6,000 जवानों) को विभिन्न केंद्रों से उसी रूसी परिवहन विमान एएन 12 से लाया जा चुका था, जो रॉ के पास था।

वहाँ से जाने के बाद महानिरीक्षक ने इस आदेश की जानकारी देने के लिए स्थानीय पुलिस अधिकारियों की बैठक बुलाई। एक डी.आई.जी. ने पूछा कि किसी भी कीमत पर सुरक्षा से क्या मतलब है। आई.जी. ने कहा कि इसका मतलब है हर कीमत पर, यहाँ तक कि लोगों को गोली मार दी जाए। उस डी.आई.जी. ने आशंका जताई कि अगर जरूरत पड़ी तो भी उनके जवान शायद लोगों पर गोली नहीं चलाएँगे।

यह अफवाह जोरों पर थी कि अगर जनादेश उनके खिलाफ गया, तो श्रीमती गांधी मार्शल लॉ लगा देंगी। पहले बी.एस.एफ. की मदद से, क्योंकि कानून मंत्रालय ने कहा कि सेना को बुलाए बिना भी मार्शल लॉ लगाया जा सकता था। और बाद में, तीनों सेनाओं के प्रमुख की मदद से। इसकी पुष्टि नहीं की जा सकी। शायद इसकी पुष्टि अब कभी नहीं की जा सकेगी।

हालाँकि यह सच है कि मार्च की शुरुआत में दिल्ली में सेना के कमांडरों और चोटी के नौसैना अधिकारियों की एक कॉन्फ्रेंस हुई थी। साथ ही, टॉप मिलिटरी इंटेलिजेंस ऑफिसर, मणि मिश्रा की जगह हरदयाल कौल को लाया गया, जो टी.एन. कौल के भाई थे।

सेना प्रमुख जनरल टी.एन. रैना[2] के इस बयान ने उस अफवाह को थोड़ी सच्चाई दे दी कि सेना राजनीति से परे है और श्रीमती गांधी ने उनसे कहा था कि वे शासन करने में उनकी मदद करें और उन्होंने ऐसा करने से इनकार कर दिया था।

श्रीमती गांधी केवल इस बात को लेकर चिंतित नहीं थीं कि नतीजों के ऐलान के बाद कोई गड़बड़ी हो जाएगी या दंगा भड़क जाएगा, न ही उन्हें इस बात का डर था कि कांग्रेस पार्टी हारी तो लोग उनके घर के बाहर प्रदर्शन करेंगे। उनके दिमाग में कुछ और ही चल रहा था।

वे सोच रही थीं कि 542 सदस्यों वाले सदन में उन्हें 200 से 220 सीटें मिल जाएँगी और बाकी वे खरीद लेंगी।

वे सोच रही थीं कि कार्यकारी राष्ट्रपति बी.डी. जत्ती की मदद से उनके लिए सरकार बनाना संभव होगा, क्योंकि वे खुलेआम उनके राजनीतिक ऋण का आभार जताते थे। वे सत्ता में बनी रहना चाहती थीं और अगर सरकार बनाने की उनकी योजना का विरोध हुआ तो बल प्रयोग अनिवार्य हो सकता था।

उनकी योजना चाहे कुछ भी हो, सब धरी-की-धरी रह गई, जब उनके पुराने प्रतिद्वंद्वी राज नारायण ने उन्हें यू.पी. की रायबरेली संसदीय सीट से हरा दिया, जो पिछले सारे चुनावों में उनका गढ़ रही थी।

अखबारों के बोर्ड पर जब उनके और संजय की हार की खबरें दिखाई गईं, तब हजारों की तादाद में लोग, जिनमें महिलाएँ भी शामिल थीं, ढोल-नगाड़ों की थाप पर नाचने लगे। एक जगह पर एक व्यक्ति ने सबको मुफ्त में तंदूरी चिकन खिलाने का ऑफर दे दिया। पूरा देश देख रहा था कि एक ऐसा व्यक्ति जो कभी ऐश्वर्य की चोटी पर था, उसे अनपढ़ जनता ने दीन-हीन बना दिया था।

श्रीमती गांधी की विदाई के साथ ही एक ऐसे युग का अंत हुआ, जो न केवल पूरी तरह स्याह था और न ही सफेद।

देश को धर्मनिरपेक्ष और एकजुट रखने की दिशा में किए गए उनके प्रयास कोई कम महत्त्व नहीं रखते। उन्होंने रूढ़िवादिता से लड़ने का हौसला दिखाया। राजनीतिक मामले में भी उस रास्ते को चुना, जिस पर चलने से ज्यादातर लोग डरते थे।

लेकिन साहस अच्छे कर्मों या उन्हें हासिल करने के तरीकों का विकल्प नहीं हो सकता था। प्रधानमंत्री के रूप में श्रीमती गांधी के 11 वर्ष के कार्यकाल के दौरान यही सबसे कमजोर कड़ी थी। उनके लिए तरीके नहीं, नतीजे महत्त्व रखते थे।

चाहे 1969 में कांग्रेस पार्टी में फूट हो या जून 1975 में आंतरिक इमरजेंसी लागू करने का मामला, यह साफ हो गया कि वे जीतने के लिए हर मुमकिन हथियार का इस्तेमाल कर सकती थीं। उनके लिए सफलता मायने रखती थी, यह नहीं कि वे उसे कैसे हासिल करती हैं।

यह सच है कि वे केंद्रीय कार्यक्रमों को वामपंथ के नजरिए से देखती थीं, लेकिन यह विचारधारा चीजों को हासिल करने का जरिया भर थी। उन्होंने 1969 में बैंकों का जो राष्ट्रीयकरण किया, वह सराहनीय कदम था, लेकिन इसका मकसद अपने प्रतिद्वंद्वी

मोरारजी को बाहर करना था। विचारधारा ने उन्हें एक प्रगतिशील छवि दी, जिसे लोगों ने पसंद किया। लेकिन उनके समय में, और 16 करोड़ लोग गरीबी रेखा के नीचे चले गए, जो भारत की आबादी का कुल 68 प्रतिशत था।

और जैसे-जैसे दिन बीतने लगे, उन्होंने अपने आपको संतुष्ट कर लिया और केवल वे ही जानती थीं कि देश के लिए क्या सही है और क्या गलत। इसने उनके अंदर बेहद महत्त्वपूर्ण होने की भावना पैदा कर दी और उन्होंने एक शक्तिशाली सचिवालय बनाया, जिसने सरकार के हर स्तर को नियंत्रित किया और जासूसों का एक जाल बुना गया, जो वास्तविक और काल्पनिक विरोधियों पर नजर रखता था।

इसने उन्हें सभी प्रकार की सलाहों से भी दूर कर दिया। उन्हें बताई जानेवाली बातें उनकी इस धारणा के अनुकूल होनी चाहिए थीं कि वे अपरिहार्य हैं। वे लोग जो दूसरे तरह का विचार रखते थे, उनके बारे में उनकी सोच यह थी कि वे उन्हें बेदखल करना चाहते हैं।

कैबिनेट की बैठकों में वे स्कूल टीचर के जैसा सलूक करती थीं और ज्यादातर मंत्री, उनके नाराज होने के डर से, मुँह तक नहीं खोलते थे। वे ही सरकार थीं और किसी को भी शक की नजर से देखती थीं।

उन्हें इसकी परवाह नहीं थी कि सत्ता अपने हाथों में केंद्रित करने से उन पर तानाशाही का आरोप लगेगा। वे जानती थीं कि उनके पास ताकत है और वे उसका इस्तेमाल करने के लिए तैयार रहती थीं। विपक्ष के लिए उन्होंने बलि के बकरे वाली भूमिका तय रखी थी। उनकी सरकार की नीतियों या कार्यक्रमों में कुछ भी गलत होता तो उसका ठीकरा विपक्ष पर फोड़ती थीं। वे हर क्षेत्र पर स्पष्ट या गुप्त रूप से अपना नियंत्रण चाहती थीं।

किसी भी काम के लिए वे उसे चुनती थीं, जिसे अंदरूनी जानकारी रहती थी। लेकिन बाद में उसे बाहर कर दिया जाता था। उनका कोई भी सलाहकार स्थायी नहीं था। वे किसी पर भरोसा नहीं करती थीं।

इस माहौल में केवल वे ही लोग बचे रह सकते थे, जिन्हें कोई शर्म नहीं थी, चाहे बंसी लाल हों या उनके सबसे भरोसेमंद संजय गांधी, जो उनके बेटे थे। वे कोई गलती नहीं कर सकते थे, क्योंकि उन पर वे भरोसा करती थीं। यह एक त्रासदी थी कि इतनी साहसी शख्सियत ने ऐसे अभागों को बैसाखी बना रखा था। लेकिन वह आश्वस्त थीं कि जरूरत पड़ने पर वे उनसे भी पीछा छुड़ा सकती थीं। दुर्भाग्य से ऐसा हो न सका।

और जब उन्होंने उन चुनावों का आदेश दिया, जो उनका वाटरलू साबित हुआ, तब उन्हें लगा कि उन्हें सही अंदाजा है न कि उनके बेटे को और न ही बंसी लाल को। दोनों ही चाहते थे कि आनेवाले कई वर्षों तक चुनाव को टाल दिया जाए। उन्हें लग रहा था कि वे जीत जाएँगी और उन सभी को दिखा देंगी कि चाहे वे कुछ भी करें, लोग

उनका साथ देंगे। यह एक बार फिर साबित कर देगा कि वह जनता के संपर्क में हैं और वे आज भी हौसला रखती हैं।

उन्हें इस बात का एहसास नहीं हुआ कि वे इतना कट चुकी हैं कि जनता से उनका संपर्क टूट गया है। लेकिन उन्हें एक बात का इत्मीनान था कि वे उन लोगों को गलत साबित कर देंगी, जो उनकी तुलना हिटलर या मुसोलिनी से करते हैं। उन्होंने कभी साफ-सुथरा चुनाव नहीं कराया, जबकि वे करा रही थीं।

श्रीमती गांधी सोच भी नहीं सकती थीं कि वे हार जाएँगी। रायबरेली के रिटर्निंग अफसर विनोद मल्होत्रा पर काफी दबाव बनाया गया। ओम मेहता ने दो बार और धवन ने तीन बार दिल्ली से उन्हें फोन कर आदेश दिया कि दोबारा चुनाव हों या कम-से-कम दोबारा गिनती हो, क्योंकि वे चाहती थीं कि उनकी हार की घोषणा जितनी देरी से संभव हो, उतनी देरी से की जाए। वे शायद सोच रही थीं कि अगर कांग्रेस पर्याप्त सीटें जीत जाएगी तो वे उप-चुनाव में वापसी कर लेंगी।

लेकिन सारे उत्तर भारतीय राज्यों में लोगों ने कांग्रेस का सूपड़ा साफ कर दिया था। उन्होंने अपनी व्यक्तिगत स्वतंत्रता और इमरजेंसी के 19 महीने के दौरान जो कुछ खोया था, उसे हासिल करने के लिए अपना दम दिखाया। उनका विद्रोह केवल जबरन नसबंदी के खिलाफ नहीं था, बल्कि उस व्यवस्था के खिलाफ था, जिसने उनके लिए कोई रास्ता नहीं छोड़ा था, बल्कि न्याय का कोई साधन नहीं दिया था। पुलिस रिपोर्ट नहीं लिखती थी, अखबार उनकी शिकायत नहीं छापते थे, कोर्ट उनकी अर्जी स्वीकार नहीं करते थे, और डर से पड़ोसी भी उनकी मदद के लिए नहीं आते थे।

कांग्रेस की हार बहुत बुरी थी। वह केवल 153 सीटें जुटा सकी, जबकि 1973 में उसे 350 सीटें मिली थीं। जनता पार्टी और उसकी सहयोगी सी.एफ.डी. 298 सीटें जीत गई। कांग्रेस को यू.पी. की 84, बिहार की 54, पंजाब की 13, हरियाणा की 11 और दिल्ली की 6 में से एक भी सीट नहीं मिली। मध्य प्रदेश में उसे 1, राजस्थान में 1, पश्चिम बंगाल में 3, उड़ीसा में 4 और असम तथा गुजरात में 10-10 सीटें मिलीं।

विभिन्न राज्यों में कांग्रेस को मिले वोटों (1971 का प्रतिशत ब्रैकेट में) का प्रतिशत था : पश्चिम बंगाल 29.39 (28.23), उत्तर प्रदेश 25.04 (48.56), तमिलनाडु 22.28 (12. 51), राजस्थान 30.56 (45.96), पंजाब 35.87 (45.96), उड़ीसा 38.18 (38.46), मणिपुर 45.71 (30.02), महाराष्ट्र 46.93 (63.18), मध्य प्रदेश 32.5 (45.6), केरल 29.12 (19.75), कर्नाटक 56.74 (70.87), हिमाचल प्रदेश 38.3 (75.79), हरियाणा 17.95 (52.56), गुजरात 46.92 (44.85), बिहार 22.90 (40.06), असम 50.56 (56.98), और आंध्र प्रदेश 57.36 (55.73)।

जनता पार्टी ने जहाँ उत्तर पर कब्जा जमा लिया, वहीं दक्षिण भारत में इसका प्रदर्शन

खराब रहा। इसने आंध्र प्रदेश, तमिलनाडु और कर्नाटक में एक-एक सीट जीती। स्पष्ट रूप से, जनता लहर विंध्य पर्वत के पार नहीं जा सकी। यह भी साफ था कि दक्षिण भारत में ज्यादती कम हुई थी और टॉर्चर की कहानियाँ अब तक बाहर नहीं आई थीं।

लोकतंत्र और स्वतंत्रता के लिए संघर्ष करनेवाली जनता पार्टी और सी.एफ.डी. की धमाकेदार जीत ने भारत में बुद्धिजीवियों को और पश्चिम के लोगों को हैरत में डाल दिया। दोनों ही लोगों से कटे हुए थे। उन्हें इस बात का थोड़ा भी एहसास नहीं था कि गरीबों को भी किसी अन्य की तरह अपनी स्वच्छंदता से उतना ही प्रेम होता है। उनकी सोच परिष्कृत या वैचारिक रूप से शुद्ध भले ही न हो, लेकिन वे जिसे लोकतंत्र मानते थे, उसके प्रति उनकी आस्था अडिग थी। एक वोट ने उन्हें वह ताकत दी, जिससे वे जिसे चाहते थे उसे चुन सकते थे और उन्होंने इसका इस्तेमाल यह साबित करने के लिए किया कि वे ही सच्चे मालिक हैं। श्रीमती गांधी और उनकी पार्टी ने उस अधिकार को छीन लिया था। उस मनमानी के खिलाफ उनका यह फैसला था।

उन दिनों एक मजाक हर तरफ हो रहा था कि जहाँ कहीं संजय गए थे, वहाँ कांग्रेस हार गई थी। लेकिन श्रीमती गांधी ऐसा नहीं मानती थीं। प्रेस को दिए एक इंटरव्यू में उन्होंने कहा कि चुनाव में पार्टी की हार के लिए संजय को दोषी ठहराना मूर्खता होगी। उन्होंने कहा कि संजय का पाँच-सूत्री कार्यक्रम सरकार का कार्यक्रम था, और उसकी शुरुआत उनके पिता के समय में 1950 के दशक में हो गई थी। 22 मार्च को कांग्रेस वर्किंग कमेटी की बैठक में भी वे उनका बचाव करती रहीं। इस बैठक से वे दूर थीं और जानना चाहती थीं कि उनकी जरूरत है भी या नहीं, लेकिन बाद में उन्हें इसमें शामिल होने के लिए मना लिया गया। सिद्धार्थ ने जब बंसी लाल को कांग्रेस से छह साल के लिए निकालने और संजय के गुट के अन्य लोगों के खिलाफ काररवाई की माँग की तो वे चीख-चीखकर कहने लगीं, ''मुझे निकाल दो। मुझे निकाल दो।''

श्रीमती गांधी में उस तरीके से बात करने की हिम्मत थी। वे जानती थीं कि 5, राजेंद्र प्रसाद रोड पर उनके चारों ओर बैठे लोग उनका कुछ नहीं बिगाड़ सकते। उन लोगों में न साहस था, न हिम्मत थी। 11 वर्षों से चूँ तक किए बिना वे उनका हुक्म बजा रहे थे और उनकी तारीफ के गीत गा रहे थे। आश्चर्य नहीं कि कांग्रेस वर्किंग कमेटी ने उनके नेतृत्व में अपनी आस्था जताई और 12 अप्रैल तक विस्तृत चर्चा को टाल दिया। इससे उन्हें अपने अगले कदम के लिए समय मिल गया, जो उनका मुख्य उद्देश्य था, पार्टी पर अपनी पकड़ बनाए रखना और अपने समर्थकों को बचाना।

अगले कुछ हफ्तों तक पार्टी पर कब्जा जमाने के लिए जबरदस्त संघर्ष चला, जिसमें एक तरफ श्रीमती गांधी और उनके लोग थे, जबकि दूसरी तरफ उनके सी.पी.आई.-समर्थक[3] आलोचक थे, जिनके साथ देवकांत बरुआ और अन्य लोग थे। चह्वाण और

उनके समर्थक दूर खड़े थे, जैसा कि वे संकट की घड़ी में अकसर कर लिया करते थे और अंतिम नतीजे का इंतजार कर रहे थे तथा जब देखते कि हालात बिगड़कर बँटवारे तक जा सकते थे, तब बीच-बचाव करते थे।

श्रीमती गांधी और उनके साथियों पर हमले से ध्यान हटाने के लिए, उनके समर्थकों ने बरुआ के इस्तीफे की माँग शुरू कर दी। उनके खिलाफ यह आरोप था कि उन्होंने पार्टी को लोकसभा चुनाव लड़ने के लिए तैयार नहीं किया। इसके जवाब में पूर्व सांसदों और राज्यों से कुछ विधायकों का समूह चरणजीत यादव के घर पर जुटा और संजय, बंसी लाल, विद्याचरण शुक्ला तथा ओम मेहता का इस्तीफा माँगा।

वार-पलटवार के माहौल में रे, यादव और उनके दोस्तों ने बरुआ को इस बात के लिए मनाया कि वे कांग्रेस वर्किंग कमेटी और संसदीय बोर्ड से बंसी लाल का इस्तीफा माँगें। इससे श्रीमती गांधी आग बबूला हो गईं, जिन्होंने साफ कर दिया था कि वे पार्टी की हार के लिए अपने किसी भी करीबी को शिकार बनाने नहीं देंगी। उनके गुट ने बरुआ के इस्तीफे की माँग को तेज कर पलटवार किया। उन्होंने वर्किंग कमेटी की बैठक को स्थगित करने की भी माँग की और नए अध्यक्ष के चुनाव के लिए वे ए.आई.सी.सी. की बैठक भी बुलाना चाहते थे। संकट गहरा गया। पार्टी अब बँटवारे की ओर बढ़ रही थी।

एक शाम श्रीमती गांधी के घर पर बैठक चल रही थी। श्रीमती गांधी ने अपने बैग से बंसी लाल का इस्तीफा निकाला और उसे बरुआ की बजाय चह्वाण को थमा दिया, लेकिन उससे पहले वे सबको इस बात के लिए सहमत कर चुकी थीं कि पूरी वर्किंग कमेटी को पार्टी की हार की जिम्मेदारी लेते हुए सामूहिक तौर पर इस्तीफा दे देना चाहिए।

यह पार्टी पर फिर से कब्जा जमाने की चाल थी। चंद्रजीत यादव ने सबसे पहले कह दिया कि वे सामूहिक इस्तीफे के फैसले के साथ नहीं हैं। व्यालार रवि ने बरुआ को चिट्ठी लिखकर अपना हस्ताक्षर यह कहते हुए वापस ले लिया कि यह वर्किंग कमेटी को चुनाव के नतीजों के विश्लेषण से रोकने की चाल है। सिद्धार्थ ने कलकत्ता से संदेश भिजवाया कि सामूहिक इस्तीफे का कदम मान्य नहीं था। बरुआ ने कहा कि केरल प्रदेश कांग्रेस के अध्यक्ष एंटनी ने त्रिवेंद्रम से फोन कर उनसे पूछा कि पार्टी चुनाव में क्यों हारी, इसकी जाँच करने की जिम्मेदारी से वर्किंग कमेटी कैसे भाग सकती है? बरुआ ने पत्रकारों को अपने घर पर यह कहने के लिए बुलाया कि सारी घटनाओं को देखते हुए इस मुद्दे पर उनका विचार बदला है। वर्किंग कमेटी की बैठक निर्धारित तारीख को होगी, जिसमें पार्टी की हार का पोस्टमार्टम किया जाएगा।

श्रीमती गांधी ने धमकी दी कि वे वर्किंग कमेटी की बैठक में हिस्सा नहीं लेंगी, जिससे यह संदेह पैदा हो गया कि क्या पार्टी इस बँटवारे को रोक सकेगी। इस बीच, बरुआ ने मुख्यमंत्रियों और प्रदेश कांग्रेस अध्यक्षों को चर्चाओं में शामिल होने का न्योता

भेजकर वर्किंग कमेटी का दायरा बढ़ा दिया। कांग्रेस वर्किंग कमेटी की बैठक से ठीक पहले श्रीमती गांधी ने एक और चतुराई भरी चाल चलते हुए कांग्रेस अध्यक्ष तथा वर्किंग कमेटी के अन्य सभी सदस्यों को एक चिट्ठी लिखकर पार्टी की हार की सारी जिम्मेदारी अपने ऊपर ले ली।

"सरकार का नेतृत्व करने के नाते, मैं बेहिचक इस हार की पूरी जिम्मेदारी अपने ऊपर लेती हूँ," उन्होंने अपनी चिट्ठी में लिखा। "मेरी दिलचस्पी बहाने ढूँढ़ने में या अपने आपको बचाने में नहीं है, न ही मैं किसी और का बचाव करने में दिलचस्पी रखती हूँ। मेरा कोई गुट नहीं, जिसका मैं बचाव करूँ या कोई समूह नहीं, जिसके खिलाफ लड़ूँ। मैं कभी एक समूह की नेता नहीं रही हूँ।"

12 अप्रैल को वर्किंग कमेटी की बैठक हुई। मुख्यमंत्रियों और कांग्रेस अध्यक्षों की मीटिंग में आने से यह बेआबरू हो चुके लोगों का एक बहुत बड़ा जमावड़ा बन गया, जो यह पता करने आया था कि क्या गड़बड़ हुई। श्रीमती गांधी का कोई अता-पता नहीं था।

सीताराम केसरी, जो बिहार से आनेवाले उनके साथियों में से एक थे, ने पूछा, "उनके बिना हम बैठक कैसे कर सकते हैं?" कुछ और लोगों ने भी यही सवाल उठाया। कुछ और लोगों ने कहा, "हम सब 1, सफदरजंग रोड चलते हैं और इंदिराजी को बैठक में आने के लिए मनाते हैं।" कुछ समय तक बैठक में ऊहापोह की स्थिति रही। आखिरकार बरुआ, चह्वाण और कमलापति त्रिपाठी बैठक से बाहर आए, तेजी से एक कार की तरफ बढ़े, श्रीमती गांधी के घर पहुँचे और उन्हें अपने साथ बैठक में लेकर आए। सभी ने हाथ जोड़कर उनका स्वागत किया। वे जानती थीं कि उनका करिश्मा अभी खत्म नहीं हुआ है।

वर्किंग कमेटी की चर्चा शांत स्वर में शुरू हुई, लेकिन अचानक सबकी भौं ऊपर चढ़ गई, जब शांत-स्वभाव वाले हरियाणा के मुख्यमंत्री बनारसी दास गुप्ता ने अपने पूर्व गुरु बंसी लाल के खिलाफ आरोपों की झड़ी लगाकर अपना बोझ हलका कर लिया। बनारसी दास ने कहा कि बंसी लाल के द्वारा दिल्ली से राज्य को चलाया जा रहा था। उनका काम पूर्व रक्षा मंत्री के लिए रैलियों का आयोजन करना था। उनका आदेश आता था कि ट्रक, बस या किसी भी साधन से बंसी लाल की हर रैली के लिए 100,000 लोगों को जुटाया जाए। तभी किसी ने पूछा, "आपने पहले क्यों नहीं बताया, गुप्ताजी?" गुप्ता ने कहा, "मैं कायर था।"

उस बैठक में श्रीमती गांधी ने बंसी लाल का बचाव नहीं किया, लेकिन शाम को जब रे ने बंसी लाल को हटाने का प्रस्ताव पेश किया, तब उन्होंने उसका विरोध किया। वर्किंग कमेटी में उनके एक दोस्त ने सुझाव दिया कि बंसी लाल को 24 घंटे के भीतर इस्तीफा देने का अवसर देना चाहिए। वे इसके लिए तैयार नहीं थे। अगले दिन वर्किंग

कमेटी मिली और बंसी लाल को पार्टी की प्राथमिक सदस्यता से छह साल के लिए निकालने का फैसला किया। श्रीमती गांधी ने उस बैठक में हिस्सा नहीं लिया।

दूसरों को लगभग छोड़ दिया गया। विद्या चरण शुक्ला को हलकी फटकार के साथ छोड़ दिया गया और ओम मेहता पर एक शब्द नहीं कहा गया, जो पूरे दिन दया की भीख माँगते हुए लॉबिंग करते रहे। संजय के खिलाफ काररवाई का कोई सवाल ही नहीं था। वे कांग्रेस के सदस्य (ऐसा कहा जाता है कि श्रीमती गांधी एक दिन सुबह में बरुआ के घर पहुँचीं और अपने बेटे की पैरवी की। बाद में बरुआ ने एक मित्र के सामने कबूल किया, आखिर मैं भी एक इनसान हूँ) तक नहीं थे।

श्रीमती गांधी खुद भी बच गईं। न केवल वर्किंग कमेटी ने उन्हें हमारी सम्मानित नेता कहा, बल्कि किसी ने भी उन पर उँगली उठाने की हिम्मत नहीं की।

वर्किंग कमेटी ने बरुआ का इस्तीफा स्वीकार कर लिया, जैसा इंतजाम पहले किया गया था, और स्वर्ण सिंह को पार्टी का अंतरिम अध्यक्ष चुन लिया, जबकि इंदिरा इसके सख्त खिलाफ थीं। वे ब्रह्मांनद रेड्डी को पार्टी अध्यक्ष बनाना चाहती थीं। लेकिन इसमें वे मई में सफल हुईं, और वह भी बिना किसी कड़े मुकाबले के। रेड्डी को 317 वोट मिले और रे को 160 वोट। एक पूर्व मंत्री करण सिंह भी रेस में थे, और उन्हें भी थोड़े-बहुत वोट मिले। मध्य प्रदेश के एक दिग्गज कांग्रेस नेता डी.पी. मिश्रा ने श्रीमती गांधी को जीत दिलाने में मदद की, जैसा कि उन्होंने सिंडिकेट के खिलाफ 1969 में किया था।

जनता पार्टी के सामने ऐसा कोई संकट नहीं था, लेकिन यह चार पार्टियों का एक समूह था, इस कारण तनाव के कुछ संकेत दिखने लगे थे। उन्हें अगला प्रधानमंत्री चुनना था। इसके तीन दावेदार थे मोरारजी, जगजीवन राम और चरण सिंह, लेकिन खास तो पहले दो ही थे।

जनसंघ और कांग्रेस (ओ) देसाई के पक्ष में थे, जबकि समाजवादी और युवा तुर्क काफी हद तक जगजीवन राम को पसंद करते थे। भारतीय लोक दल अपने नेता चरण सिंह को प्रधानमंत्री पद पर देखना चाहती थी।

हालाँकि यह मामला जे.पी. पर छोड़ दिया गया, जो चुनावों के बाद सबसे बड़े नेता के तौर पर उभरे थे। कई लोगों की सनक के बावजूद, लोकतंत्र में उनका भरोसा और तानाशाही के अत्याचारों के खिलाफ उनकी आवाज कारगर रही। संपूर्ण क्रांति की उनकी अवधारणा फलीभूत हो रही थी। निजी तौर पर वे नेतृत्व के चुनाव से अलग रहना चाहते थे और अपनी इच्छा अशोक मेहता तथा मधु लिमये के सामने स्पष्ट कर चुके थे। लेकिन उन्हें आम सहमति बनाने के लिए तथा नतीजे का ऐलान करने के लिए राजी कर लिया गया। आचार्य कृपलानी से कहा गया कि वे उनकी मदद करें।

नवनिर्वाचित सांसदों को, जिनमें जनता पार्टी (271), कांग्रेस फॉर डेमोक्रेसी

(28), मार्क्सवादी (22), अकाली (8), किसान और मजदूर पार्टी (5), रिपब्लिकन पार्टी (2) और दर्जन भर अन्य सदस्य शामिल थे, 24 मार्च को गांधी पीस फाउंडेशन बिल्डिंग में इकट्ठा होने के लिए कहा गया। लेकिन इस मीटिंग से पहले, बी.एल.डी. नेता, राज नारायण ने चरण सिंह की एक चिट्ठी सौंपी, जो अस्पताल में थे। चिट्ठी में लिखा था कि बी.एल.डी. प्रधानमंत्री पद के लिए मोरारजी का समर्थन करती है। यह सोचा गया था कि चरण सिंह दावेदारी पेश करेंगे, लेकिन फिलहाल वे किसी के रास्ते में नहीं थे।

सी.पी.एम. इस आकलन की प्रक्रिया में शामिल नहीं हुई कि मोरारजी और जगजीवन राम में किसे ज्यादा समर्थन हासिल है। व्यक्तिगत तौर पर पार्टी के कुछ सदस्यों ने कहा कि चूँकि वे 20 महीने की इमरजेंसी के दौरान पिछली सरकार की ज्यादतियों का पर्दाफाश करेंगे, इस कारण यदि जगजीवन राम सरकार का नेतृत्व करते हैं तो यह उनके लिए शर्मनाक होगा, क्योंकि वे उस दौरान श्रीमती गांधी की सरकार का हिस्सा रह चुके थे। हालाँकि, पार्टी की आधिकारिक सोच यही थी कि वह मोरारजी से कहीं बेहतर जगजीवन राम को समझती है।

सांसद जब उस महत्त्वपूर्ण बैठक के लिए इकट्ठा हो रहे थे, उस समय छपे हुए बैलट पेपर हॉल में लाए गए। लेकिन इससे पहले कि आम राय की प्रक्रिया शुरू की जाती, राज नारायण ने सुझाव दिया कि फैसला जे.पी. पर छोड़ दिया जाए और इस प्रस्ताव का समर्थन मधु लिमये ने किया। जगजीवन राम और बहुगुणा हॉल के बाहर इंतजार कर रहे थे। दोनों को जब पता चला कि कोई आम सहमति नहीं बन पाएगी, तो वे वहाँ से चले गए। उनकी प्रतिक्रिया यह थी कि आम सहमति के प्रस्ताव पर सब तैयार थे, लेकिन उसे आजमाने से पहले ही छोड़ दिया गया।

जे.पी. अब भी आम सहमति के पक्ष में थे, जबकि कृपलानी का कहना था कि इसमें कोई शक नहीं कि मोरारजी के पास बहुमत था। इसलिए आम सहमति को छोड़ दिया गया और जे.पी. ने घोषित किया कि मोरारजी ही नेता हैं।

मोरारजी को 24 मार्च को भारत के चौथे प्रधानमंत्री के तौर पर शपथ दिलाई गई। यह ऐसा पद था, जो उनके पास आते-आते पहले भी दो बार रह गया था। लंबे समय से उनके मन में पल रहा सपना अब सच हो गया था।

कई दिन बीत जाने पर भी वे कैबिनेट की घोषणा नहीं कर पा रहे थे, क्योंकि उन्हें सी.एफ.डी. के जनता पार्टी में विलय का इंतजार था। जगजीवन राम ऐसा करने को तैयार थे, बशर्ते उन्हें उप-प्रधानमंत्री बना दिया जाए। लेकिन मोरारजी ने वह पद चरण सिंह को देने का वादा किया था। दो-दो उप-प्रधानमंत्री बनाना बड़ा अजीब लगता। मोरारजी मुश्किल में पड़ गए थे। मोरारजी को इस बंधन से चरण सिंह ने आजाद कर दिया और जगजीवन राम के लिए रास्ता छोड़ दिया। जिस तरीके से नेतृत्व के मुद्दे पर

फैसला लिया गया था, जगजीवन राम उसे पचा नहीं पाए थे। उन्होंने ऐलान किया कि उनकी पार्टी सरकार में शामिल नहीं होगी।

मैंने जब उनसे पूछा कि वे सरकार में शामिल क्यों नहीं होना चाहते थे, तो उन्होंने महज इतना कहा कि उन्होंने कांग्रेस पार्टी को उस मंत्री पद के लिए नहीं छोड़ा था। उन्होंने कहा, "मंत्रालय से मुझे कोई भी निकाल नहीं रहा था।" हालाँकि उन्होंने यह साफ किया कि उनकी पार्टी सरकार को समर्थन देती रहेगी लेकिन संसद् के बाहर अपनी अलग पहचान बनाए रखेगी।

जे.पी. ने जगजीवन राम को कैबिनेट में शामिल होने के लिए मनाने के अपने प्रयास को छोड़ा नहीं था। वास्तव में, जे.पी. ने जहाँ से बात को छोड़ा था, वहीं से एक छोटी सी कमेटी ने उसे आगे बढ़ाया और एक समझौता कराया।

इस पर सहमति बनी कि सत्ताधारी गठबंधन की बड़ी पार्टियों के दो-दो सदस्य कैबिनेट में होंगे। बी.एल.डी. का प्रतिनिधित्व चरण सिंह और राज नारायण करेंगे, जिन्हें शामिल किए जाने को चरण सिंह ने मुद्दा बना लिया था। जन संघ की ओर से अटल बिहारी वाजपेयी और एल.के. अडवाणी। सी.एफ.डी. से जगजीवन राम और बहुगुणा। कांग्रेस (ओ) की तरफ से रामचंद्रन और सिकंदर बख्त, समाजवादियों की ओर से जॉर्ज फर्नांडिस और मधु दंडवते प्रतिनिधित्व कर रहे थे, जबकि युवा तुर्कों तथा अन्य लोगों की ओर से मोहन धारिया और पुरुषोत्तम लाल कौशिक थे। साथ ही अकालियों का नेतृत्व प्रकाश सिंह बादल कर रहे थे। कुल मिलाकर ये 13 नाम थे, जो अशुभ संख्या थी।

सी.एफ.डी. सरकार में शामिल हो जाती, लेकिन मंत्रियों की सूची देखकर जगजीवन राम भड़क गए। घोषणा में 19 नाम थे, जबकि उस दिन सुबह में 13 पर सहमति बनी थी। छह अतिरिक्त नाम एच.एम. पटेल, बीजू पटनायक, प्रताप चंद्र चंदर, रविंद्र वर्मा, शांति भूषण और नानाजी देशमुख के थे। 25 मार्च की आधी रात को जगजीवन राम ने मोरारजी को फोन पर बताया कि वह कैबिनेट में शामिल नहीं हो सकेंगे।

जगजीवन राम नए लोगों के खिलाफ नहीं थे, लेकिन उन्हें लगा कि उनसे सलाह न लेकर उन्हें नीचा दिखाया गया है। वे और बहुगुणा शपथग्रहण समारोह में नहीं गए।

जगजीवन राम को साथ लाने में महत्त्वपूर्ण भूमिका निभानेवाले फर्नांडिस को भी लगा कि उन्हें भी दूर रहना चाहिए। संभवत: उन्हें ऐसा लगा कि बाहर रहकर वे जगजीवन राम को अपना विचार बदलने के लिए आसानी से मना सकेंगे। नानाजी देशमुख, जो जगजीवन राम के उतने ही करीब थे, ने भी यही रुख अपनाया और अपनी जगह पर ब्रिज लाल वर्मा का नाम सुझाया।

एक बार फिर जे.पी. ने ही हालात को सँभाला। उनके संदेश ने कमाल कर दिखाया।

उन्होंने जगजीवन राम से कहा कि वे महज एक व्यक्ति नहीं, बल्कि एक ताकत हैं, जिसके बिना नए भारत का निर्माण संभव नहीं होगा। आखिरकार, जगजीवन राम और बहुगुणा कैबिनेट में शामिल हुए और कोई पद या विभाग भी नहीं माँगा। एक खास मकसद से बाहर बैठनेवाले फर्नांडिस ने भी पद की शपथ ले ली।

मंत्रिमंडल को लेकर चल रहे ड्रामे का अंत हो गया, लेकिन परदा अभी गिरा नहीं था। सी.एफ.डी. का मानना था कि हर तरह से उसके साथ धोखा हुआ है। जनता पार्टी का मानना था कि दूसरा पक्ष उस पर धौंस जमा रहा है। समय बीतने के साथ ही दोनों के बीच की दरार बढ़ती चली गई।

इस खटास ने सरकार की कार्यप्रणाली में खलल नहीं डाला। सच कहें तो कुछ चुनावी वादे तुरंत पूरे कर दिए गए, नागरिक स्वच्छंदता वापस लौट आई, 1971 में हुए बांग्लादेश युद्ध के दौरान लगाई गई बाहरी इमरजेंसी समाप्त (आंतरिक इमरजेंसी को कांग्रेस ने ही 21 मार्च को हटा दिया था, जब विपक्ष को लोकसभा में पूर्ण बहुमत मिल गया था) कर दी गई थी। आकाशवाणी और टी.वी. के लिए स्वायत्त निगमों की स्थापना की घोषणा कर दी गई। मीसा के जो बंदी अब तक जेल में थे, उन्हें रिहा कर दिया गया। इसी प्रकार आर्थिक अपराधियों को भी छोड़ दिया गया। केवल नक्सलवादियों को आजादी नहीं मिली (बाद में उन्होंने जे.पी. से दखल की अपील की, जिसमें थोड़ी सी ही सफलता मिली)।

फर्नांडिस, जो बड़ौदा डायनामाइट केस के मुख्य आरोपी थे, को पहले जमानत पर रिहा किया गया और फिर बाद में केस को वापस ले लिया गया। सी.बी.आई. निदेशक, डी. सेन ने मोरारजी से कहा कि केस में ज्यादा कुछ नहीं है। अन्य 24 आरोपियों को भी रिहा कर दिया गया।

लेकिन केस वापस लिये जाने से पहले फर्नांडिस को अपनी बात कहने का मौका मिल गया। उन्होंने मजिस्ट्रेट से कहा कि जब सरकारी नियंत्रण वाले रेडियो और सेंसर किए गए प्रेस की ओर से दुनिया को यह बताया जा रहा था कि कैसे भारत के लोगों ने श्रीमती गांधी की तानाशाही और उनके खानदानी शासन को स्वीकार किया, तब मैं उनकी फासीवादी व्यवस्था के खिलाफ भूमिगत संघर्ष को खड़ा करने में जुटा था। मेरे साथ इस गतिविधि में शामिल होनेवाले स्त्री और पुरुष वे लोग थे, जिनके अंदर स्वतंत्रता और स्वच्छंदता की एक आग थी, जो तानाशाही के साथ किसी प्रकार का समझौता नहीं करना चाहते थे, जो मानवाधिकारों की रक्षा के लिए अपना सबकुछ दाँव पर लगाने को तैयार थे, जो अपने आपको आरोपी बनाए जाने की कीमत चुकाने के लिए भी तैयार थे।

पहले दिन से ही यह मालूम था कि केस में दम नहीं है और यह फर्जी है।

दस साल में पहली बार अभिव्यक्ति की स्वतंत्रता थी, जब प्रेस से सारे प्रतिबंध

हटा लिये गए थे। सच कहूँ तो इमरजेंसी से पहले भी प्रेस कुछ ज्यादा ही नेक, ज्यादा ही अच्छा और शर्मसार करनेवाली खबरों को छोड़कर सरकार को खुश करने में जुटा था।

न्यायपालिका से भी दबाव हट गया था। यह भी घोषित किया गया कि उन सारे जजों को अपनी पुरानी स्थिति में ले आया जाएगा, जिन्हें इमरजेंसी के दौरान तबादले या पदावनत का शिकार बनाया गया था। संसद् के संयुक्त सत्र को 28 मार्च को दिए अपने पहले अभिभाषण में कार्यकारी राष्ट्रपति ने ऐलान किया कि जनता सरकार मौलिक स्वतंत्रता और नागरिक अधिकारों पर लगे बाकी बचे रोक भी हटा देगी, कानून का शासन वापस लाएगी और प्रेस को अभिव्यक्ति की आजादी मिलेगी और यह कानून लाएगी कि किसी भी राजनीतिक या सामाजिक संगठन को स्वतंत्र न्यायिक जाँच के बिना अवैध घोषित किया जाए।

सरकार ने आर.एस.एस. जमात-ए-इसलामी और आनंद मार्ग से प्रतिबंध हटा लिया।

इसने मीसा, आपत्तिजनक सामग्री प्रकाशन निषेध अधिनियम को हटाने, और जनप्रतिनिधित्व अधिनियम में संशोधन कर कुछ लोगों को चुनावी अपराध से मिली सुरक्षा को हटाने का भी वादा किया। 30 वर्षों में पहली बार कांग्रेस पार्टी को विपक्ष की सीटों पर उदास और बुझे मन से बैठना पड़ा, जिसने लगातार देश पर शासन किया था।

प्रधानमंत्री के सचिवालय को काट-छाँट दिया गया और उसे ऑफिस नाम दिया गया। रॉ को भी छोटा कर दिया गया और परिवार नियोजन कार्यक्रम एक कल्याणकारी कार्यक्रम बन गया। उन सभी अधिकारियों का तबादला दिल्ली से बाहर कर दिया गया, जिन्होंने खुलकर संजय का साथ दिया था।

दूसरी तरफ, इमरजेंसी के गुनहगारों की मुश्किलें बढ़ गईं। लेकिन उन्हें अफसोस नहीं था। श्रीमती गांधी ने कहा कि वे इस कारण हारीं, क्योंकि उन्होंने चुनाव गलत समय पर कराए। एक बार फिर उन्होंने प्रेस की आलोचना की और पत्रकारों पर ज्यादतियों को बहुत बढ़ा-चढ़ाकर बताने का आरोप लगाया। संजय ने कहा कि वे राजनीति से संन्यास ले लेंगे, लेकिन अंदर-ही-अंदर यह मानते थे कि वे और उनका गुट साल भर में वापसी कर लेगा। उन्होंने कहा कि जनता पार्टी को शुक्र मनाना चाहिए कि मोरारजी उनके प्रधानमंत्री हैं। अगर जगजीवन राम उस कुरसी पर होते तो हालात बदतर हो जाते। अंबिका सोनी ने यूथ कांग्रेस के अध्यक्ष पद से इस्तीफा दे दिया और संजय की खुलकर आलोचना की।

धवन ने तभी अपना इस्तीफा श्रीमती गांधी को सौंप दिया था, जब वे कार्यवाहक प्रधानमंत्री थीं। उनका कहना था कि उन्होंने कुछ भी गलत नहीं किया और जाँच भी हो तो कोई दिक्कत नहीं। यूनुस ने कहा कि ज्यादा वक्त नहीं लगेगा और वे वापसी कर लेंगे। उन्होंने वेलिंगडन क्रेसेंट का घर खाली कर दिया, जिसे बाद में श्रीमती गांधी को

दे दिया गया, और दिल्ली के एक प्राइवेट अपार्टमेंट में रहने लगे। बंसी लाल होश खो बैठे, लेकिन कुछ समय बाद सामान्य हुए और कहा कि कांग्रेस से उन्हें बाहर किया जाना उन लोगों की चाल थी। ओम मेहता का रुख ऐसा था जैसे उनका इमरजेंसी से कोई लेना-देना ही नहीं था। उन्होंने कहा, ''मुझे एक भी आदेश दिखाइए, जिसका इमरजेंसी के दौरान जो कुछ हुआ, उससे कोई लेना-देना था।'' शुक्ला का घमंडी रवैया बरकरार रहा और उन्होंने कहा कि सारी बातों के लिए प्रेस और सूचना देनेवाली मीडिया जिम्मेदार है। उन्होंने अपनी मर्जी से ऐसी चीजें कीं, जिन्हें वे भी नहीं चाहते थे। सिद्धार्थ को पछतावा नहीं था, लेकिन उन्होंने यह ठीक समझा कि श्रीमती गांधी के कैंप को छोड़कर यह साबित किया जाए कि वे इमरजेंसी में और उन 19 महीनों में जो कुछ हुआ, उसमें शामिल नहीं थे।

ऐसे अफसर जो संजय, धवन तथा अन्य के साथ मिलीभगत के साथ काम कर रहे थे, उन्होंने अपना हाथ होने से इनकार किया। और सारे कांग्रेसी भी अपवाद नहीं थे, उन्होंने भी कहा कि उन्हें इमरजेंसी के दौरान होनेवाली वीभत्स चीजों की कोई जानकारी नहीं थी।

श्रीमती गांधी और धवन के सिवाय एक भी ऐसा आदमी नहीं था, जिसने संजय को जिम्मेदार न ठहराया हो। यहाँ तक कि जो श्रीमती गांधी के सबसे करीब थे, उन्होंने भी कहा, ''उस दौर का विलेन वही था।'' सी.पी.आई. ने भी संजय और उनके गुट पर दोष मढ़ा, जिसने लोकसभा में केवल सात सीटें जीतीं और जिसने इमरजेंसी का समर्थन किया था।

हालाँकि यह बीते समय की बात थी। फिजा में अब आजादी थी, जोश था, जश्न था। यह अँधेरे से उजाले में आने जैसा था। एक अलग तरह की खुशी दिख रही थी, जैसी खुशी तब भी नहीं दिखी थी, जब देश को 1947 में ब्रिटिश शासन से आजादी मिली थी। लोग कड़ी मेहनत करने और देश का भविष्य सँवारने के लिए बलिदान देने को तैयार थे।

जनता-सी.एफ.डी. सरकार इस माहौल का लाभ उठाना चाहती थी और उन राज्यों में फिर से चुनाव कराना चाहती थी, जहाँ इसने मार्च के चुनाव में जबरदस्त जीत हासिल की थी। इसका मतलब था यू.पी., पंजाब, हरियाणा, राजस्थान, मध्य प्रदेश, हिमाचल प्रदेश और बिहार तथा उड़ीसा और बंगाल में भी चुनाव। चह्वाण जो इस बार जीत गए थे, उन्हें विपक्षी कांग्रेस संसदीय दल का नेता चुना गया। उनसे सहयोग माँगा गया। यह आवश्यक था, क्योंकि राज्यसभा में कांग्रेस बहुमत में थी और वह संविधान में विधानसभाओं का कार्यकाल फिर से पाँच साल करने के लिए लाए जानेवाले संशोधन (किसी भी संशोधन के लिए दोनों सदनों में दो-तिहाई सदस्यों की स्वीकृति आवश्यक थी) को विफल कर सकती थी। चह्वाण ने सहयोग पर सहमति जता दी। 7 अप्रैल को संसद् में संविधान का

संशोधन (43वाँ) लाया गया, जिससे कि विधानसभाओं का कार्यकाल छह की बजाय पाँच वर्षों का किया जाए जो 42वें संशोधन से पहले की स्थिति थी। सरकार इसे उसी सत्र में पास करा लेना चाहती थी। इसका मतलब था कि गुजरात, केरल, उड़ीसा, उत्तर प्रदेश, मणिपुर और सिक्किम को छोड़कर सभी राज्यों में चुनाव।

चह्वाण को पहले इसके नतीजे का एहसास नहीं हुआ था, न ही उन्होंने अपनी पार्टी के सदस्यों से बात की थी। कांग्रेस के मुख्यमंत्रियों ने लंबे समय से इसका विरोध किया था। चह्वाण ने कहा कि उन्होंने केवल विधेयक को लाने पर सहमति जताई है, उसकी मंजूरी पर नहीं। वे बिहार में विधानसभा भंग करने पर राजी थे, जहाँ जे.पी. के आंदोलन का प्रभाव सबसे अधिक था। और कहीं भी नहीं।

जनता पार्टी अब ऊहापोह में थी। वह नहीं चाहती थी कि जिस लहर पर सवार होकर उसने जीत हासिल की, वह बेकार चली जाए। इसके साथ ही, 12 अगस्त से पहले एक नए राष्ट्रपति का चुनाव भी पूरा कर लिया जाना था। राष्ट्रपति चुनाव के लिए निर्वाचक मंडल में लोकसभा, राज्यसभा और राज्यों की विधानसभाओं के सभी निर्वाचित सदस्य आते थे। विधानसभा में काफी वोट थे, जो निर्णायक भूमिका निभा सकते थे। कैबिनेट ने विडंबनात्मक रूप से संविधान में आपातकालीन प्रावधानों के अध्याय के अंतर्गत निर्धारित राष्ट्रपति की शक्तियों[4] के प्रयोग से विधानसभाओं को भंग कर नए चुनाव कराने का फैसला किया, बशर्ते कांग्रेस सहयोग नहीं करती। इस विषय पर कैबिनेट में जोरदार बहस हुई और कुछ मंत्रियों ने हैरानी जताई कि इस कठोर कदम पर नैतिक दृष्टिकोण से आम लोग न जाने कैसी प्रतिक्रिया देंगे। वे जनता सरकार पर वही करने का आरोप लगाएँगे, जो कांग्रेस ने किया—एक सरकार की जगह वैसी ही दूसरी सरकार आ गई।

बेशक, संसदीय चुनावों के आधार पर राज्य सरकारों को बरखास्त करने से एक गलत परंपरा कायम हो जाएगी। वैसे भी भारत में एक संघीय ढाँचा है, और इससे राज्यों की स्वायत्तता पर बुरा प्रभाव पड़ेगा।

विधानसभाओं को भंग करने के कैबिनेट के फैसले की घोषणा चरण सिंह ने 18 अप्रैल को एक प्रेस कॉन्फ्रेंस में की। उन्होंने कहा कि नौ राज्यों बिहार, हरियाणा, हिमाचल प्रदेश, मध्य प्रदेश, उड़ीसा, पंजाब, राजस्थान, यू.पी. और पश्चिम बंगाल के मुख्यमंत्रियों को उन्होंने अपनी विधानसभाओं को भंग करने की सलाह दी है।

चरण सिंह ने इस कदम को इस आधार पर सही ठहराया कि लोगों ने लोकसभा चुनाव में कांग्रेस को पूरी तरह से खारिज कर दिया है, और राज्यों में उसकी सरकारों को बने रहने का हक नहीं है। उन्होंने अपने विचार के समर्थन में किसी ब्रिटिश संविधान विशेषज्ञ का हवाला दिया।

इसके अलावा, यह एक नैतिक चुनौती भी थी। जिन सरकारों ने अपने आलोचकों

को बिना मुकदमा चलाए बंद किया, बेहिसाब अत्याचार किए और विपक्ष के सदस्यों के पीछे पड़े रहे, उन्हें रहने का अधिकार नहीं है। मुख्यमंत्री अपने आपमें ही कानून बन गए थे और उन्होंने विरोधियों का मुँह बंद करने के लिए हर संभव उपाय किए थे। आखिर जो मुख्यमंत्री इमरजेंसी के दौरान बेकाबू हो गए थे, उन्हें कुरसी पर कैसे बने रहने दिया, जो उसका दुरुपयोग फिर से कर सकते थे?

लेकिन गृहमंत्री चरण सिंह ने गलत रास्ता अख्तियार कर लिया। उन्होंने अपने आपको संवैधानिक झंझट में फँसा लिया। यह असंभव दिख रहा था और कांग्रेस ने जनता सरकार की छवि को तार-तार करने का कोई मौका नहीं गँवाया।

जे.पी. का मत था कि जिन राज्यों ने पाँच साल का कार्यकाल पूरा नहीं किया है, उन्हें भंग नहीं किया जाना चाहिए। उनके दिमाग में यू.पी. और उड़ीसा विधानसभा थी। जनता सरकार में वरिष्ठ मंत्री वाजपेयी (जो विदेश मंत्री थे) ने मोरारजी को चिट्ठी लिखकर विधानसभाओं को भंग करने के मुद्दे पर हो रही आलोचना पर चिंता जताई। वे भी नौ में से केवल सात विधानसभाओं को भंग किए जाने के पक्ष में थे।

कुछ कांग्रेस राज्य सरकारों ने सुप्रीम कोर्ट को इस काररवाई को चुनौती दी, जिसने एकमत से 24 अप्रैल को उनकी अपील को रोक और अंतरिम आदेश के आधार पर खारिज कर दिया। लेकिन इससे स्थिति स्पष्ट नहीं हुई। श्रीमती गांधी की नजर भी इस ड्रामे पर थी, और इस बीच जत्ती ने भंग करने के आदेश पर हस्ताक्षर करने से इनकार कर दिया। उन्हें कई दिन पहले ही इसके लिए मनाया गया था कि वे ऐसा नहीं करें और वास्तव में उन्होंने ऐसा ही किया। यह दिमागी उपज यशपाल कपूर की ही थी, जिन्हें यह खयाल आया था कि कार्यकारी राष्ट्रपति विधानसभाओं को भंग करने की प्रक्रिया को रोक सकते हैं। श्रीमती गांधी से बात की जानी थी और कपूर ने धवन के जरिए उन तक पहुँच बनाई, क्योंकि उन्हें (कपूर) श्रीमती गांधी के घर जाने से रोक दिया गया था। कुछ दिनों से वे एक बोझ बन गए थे। हर कोई हरकत में आ गया—श्रीमती गांधी और उनके साथ-साथ चह्वाण। दोनों ने जत्ती से फोन पर बात की। कार्यकारी राष्ट्रपति ने गोखले से मुलाकात की और इसके कानूनी पहलुओं को समझा। इस मुलाकात के लिए यह बहाना बनाया गया कि गोखले अपने बेटे की शादी का न्योता देने आए थे।

जत्ती जिद पर उतर आए। वे कोई भी तर्क सुनने को तैयार नहीं थे। चरण सिंह, शांति भूषण और अन्य कई मंत्रियों की बात का कोई असर नहीं हुआ। यहाँ तक कि अगले राष्ट्रपति चुने जाने का प्रलोभन भी उन्हें हिला नहीं सका। मोरारजी और जगजीवन राम को लगा कि उनके पास फिर से लोगों के पास जाने के सिवाय कोई रास्ता नहीं बचा था। वे चाहते थे कि इस मुद्दे पर फिर से लोकसभा के चुनाव कराए जाएँ।

उन्हें यह मालूम ही नहीं था कि जत्ती उस संभावना पर पहले ही विचार कर चुके

थे। अगर जनता-सी.एफ.डी. सरकार इस्तीफा देती है तो वह चह्वाण को सरकार बनाने का न्योता देने का फैसला कर चुके थे। कार्यकारी राष्ट्रपति का कोई इरादा नहीं था कि वे संसद् को भंग करने की सलाह को स्वीकार कर लें।

फर्नांडिस को उनकी योजना की भनक लग गई और उन्होंने सरकार के इस्तीफे के विचार का पुरजोर विरोध किया। उन्होंने खुलकर कहा, "उन्हें (कांग्रेस) बहुमत साबित करने के लिए बस इतना करना है कि वे हममें से कुछ को गिरफ्तार कर लें।" धीरे-धीरे सबको समझ आ गया कि जत्ती आखिर उस प्रस्ताव पर दस्तखत क्यों नहीं कर रहे। हर कोई नाराज था। यहाँ तक कि लोगों की प्रतिक्रिया तीखी थी और उन्होंने उनके घर के बाहर नारेबाजी भी की।

कैबिनेट की बैठक हुई और एक पत्र के मसौदे को स्वीकृति दी गई, जिसमें लिखा था कि यदि कार्यकारी राष्ट्रपति प्रधानमंत्री और उनके मंत्रिमंडल की सिफारिश को स्वीकार नहीं करना चाहते, तो उन्हें इस्तीफा दे देना चाहिए। इसके लिए उस आपत्तिजनक 42वें संशोधन को उद्धृत किया गया। यह पूरी तरह स्पष्ट हो गया कि प्रधानमंत्री और उनके मंत्रिमंडल की सलाह राष्ट्रपति को माननी ही होगी। जत्ती अब बुरी तरह फँस गए थे। कैबिनेट सचिव ने वह चिट्ठी उन्हें सौंप दी। जत्ती घिर गए थे। वे जानते थे कि अंजाम बहुत भयंकर होगा और बिना देरी किए उन्होंने उस प्रस्ताव पर हस्ताक्षर कर दिए। एक और संकट टल गया था और हर किसी ने राहत महसूस की।

30 अप्रैल को उद्घोषणा जारी कर दी गई। नौ विधानसभाओं को भंग कर दिया गया और चुनाव आयुक्त से जल्द-से-जल्द, यानी मानसून से पहले, चुनाव कराने को कहा गया। जनता, सी.एफ.डी. और उनके सहयोगियों ने उद्घोषणा का स्वागत किया, जबकि कांग्रेस ने इसे तानाशाही की कारवाई और देश के संघीय लोकतांत्रिक ढाँचे पर प्रहार करार दिया।

जत्ती की ओर से हस्ताक्षर करने में की गई देरी ने जगजीवन राम को यह बता दिया कि जनता और सी.एफ.डी. के नेताओं को एकजुट रहना चाहिए और उन्होंने मोरारजी से कहा कि सी.एफ.डी. जनता पार्टी में शामिल होगी। यह सी.एफ.डी. की ओर से अपना भविष्य तय करने के लिए होनेवाली बैठक से लगभग एक हफ्ते पहले की बात है। जगजीवन राम इतने चतुर राजनेता थे, कि वे जानते थे कि सी.एफ.डी. और जनता पार्टी साथ नहीं आए तो यू.पी. और बिहार में समस्या हो सकती है। हालाँकि, जनता पार्टी में शामिल होने के पीछे जगजीवन राम का एक और मकसद भी था। वे उसके अध्यक्ष के चुनाव को प्रभावित कर सकते थे। वे नहीं चाहते थे कि बी.एल.डी. का कोई जनता पार्टी का अध्यक्ष बने। वामपंथी झुकाव और स्वच्छ छवि वाले चंद्रशेखर को एकमत से पार्टी का अध्यक्ष चुन लिया गया।

जनता पार्टी और सी.एफ.डी. अब एक संगठित ताकत थे। हालाँकि इस प्रक्रिया में एक महीने से ज्यादा का वक्त लग गया था, लेकिन हर तरफ एक अच्छा शकुन मानते हुए इसका स्वागत किया गया। इससे इतर भी कुछ प्रतिक्रिया आई, क्योंकि लोगों को वही खरीद-फरोख्त और सौदेबाजी अच्छी नहीं लगी, जिसके कारण उन्हें कांग्रेस से नफरत थी और जो नई सरकार में दिखने लगे थे।

विधानसभा चुनाव के लिए टिकटों का बँटवारा भी उनकी इच्छा के अनुरूप नहीं था। दलबदलुओं के लिए दरवाजे खोलना बुरा था, लेकिन इससे भी बुरा यह था कि कालाबाजारी करनेवाले, शराब के तस्कर, चमचे, मौकापरस्त और कम्युनिस्ट जनता सरकार में प्रभावशाली पदों पर बैठ गए। लोगों को ऐसी खबरें सुनकर निराशा हुई कि बड़े कारोबारियों और उद्योगपतियों से उसी तरह पैसे इकट्ठा किए जा रहे थे, जैसा कि कांग्रेस के नेता करते थे। नौकरशाही भी अपने पुराने, आरामतलबी तौर-तरीकों में लौट रही थी। आखिर यह क्या हो रहा है ? लोग हैरान थे।

लेकिन जे.पी. ने उनसे वादा किया था कि गाँवों से लेकर नई दिल्ली तक निगरानी रखनेवाली जन समितियाँ बनेंगी। क्या कोई भी सरकार इतनी पैनी निगरानी की इजाजत दे सकती है ?

जनता पार्टी ने देश में नैतिकता को बुलंद किया था। कई वर्षों बाद उन मूल्यों की बात हो रही थी, जिन्हें श्रीमती गांधी के शासन ने सोच-समझकर ध्वस्त कर दिया था। ऐसा नहीं कि जनता सरकार ने जो किया, उसकी लोगों ने सराहना नहीं की। बात यह है कि वे उन नैतिक मानदंडों को सुरक्षित रखने को लेकर चिंतित थे, जिन्हें पहले जनता पार्टी ने तय किए थे।

वे खुश थे कि चारों तरफ व्याप्त भय समाप्त हो गया था—पुलिस का भय, चप्पे-चप्पे पर मौजूद खुफिया लोगों का भय, अधिकारी वर्ग से भय, अत्याचारी कानूनों का भय, बिना मुकदमे के कैद किए जाने का भय। वे इस बात से भी खुश थे कि देश का सर्वोच्च व्यक्ति भी बख्शा नहीं जाएगा। श्रीमती गांधी के बैंक खाते की जाँच हो रही थी और दोषियों को सजा दिलाने के लिए जाँच आयोगों का गठन किया गया था।

लेकिन उनमें यह चिंता भी थी कि कहीं वही सब दोबारा न हो। वैसी स्थिति दोबारा न हो, इसके लिए सबक सीखना चाहिए। इसका एक तरीका यह था कि लोकतंत्र को आर्थिक तत्त्व दिया जाए। एक समतावादी समाज संभव है और शायद भारत पूरी दुनिया को रास्ता दिखा सकता था।

वे यह भी नहीं चाहते थे कि जनता सरकार कांग्रेस जैसी हो जाए या उसके नेता अपने पिछले लोगों द्वारा खाली की गई कुरसियों में धँस जाएँ और उनके जैसे ही हो जाएँ। लोगों के मन में मूल्यों को लेकर दुविधा रहती है। वे जानते हैं कि आदर्शों के

पीछे पागलों की तरह भागने के मुकाबले समझौते बेहतर होते हैं और उनसे ज्यादा लाभ भी मिलता है। लेकिन जनता सरकार के साथ कुछ खूबियाँ जुड़ गई थीं, और लोग नहीं चाहते थे कि उन पर कोई दाग लगे।

किसी को भी यह उम्मीद नहीं थी कि बरसों से की गई गलतियों को दो या तीन महीने में ही सुधार दिया जाए। लेकिन जनता सरकार ने जिस तरीके और गति के साथ कुछ चीजों को करना शुरू कर दिया था, उससे लोगों का मोहभंग तो नहीं हुआ, लेकिन मन में निराशा घर करने लगी थी। लोगों ने कांग्रेस को खारिज कर दिया था, जो अब भी उसी पुरानी मंडली में फँसी थी। यदि जनता पार्टी ने निराश किया तो लोग क्या करेंगे?

वे इंतजार करने को तैयार हैं। वे सोच रहे हैं कि उम्मीद छोड़ना जल्दी होगी और अपना फैसला सुनाना और भी जल्दबाजी होगी।

संदर्भ

1. क्षेत्रीय दलों को मिलाकर एक चुनावी पार्टी बनाने का मौलिक विचार राजेंद्र पुरी का था, जो एक जाने-माने कार्टूनिस्ट थे, और जो शुरुआत में जनता पार्टी के एक महासचिव बने।
2. एक अमेरिकी पत्रिका, 'द नेशन' ने अपने मई के अंक में कहा था कि 5 से 7 मार्च के बीच गोखले ने अपने मंत्रालय में संविधान के इस्तेमाल से चुनावों को रोकने की कानूनी रणनीति तैयार करने के लिए कवायद की थी। उसी समय, 'द नेशन' के अनुसार, श्रीमती गांधी रैना से कुछ क्षेत्रों में अपने सैनिकों को इस आधार पर तैनात करने को कह रही थीं कि कानून व्यवस्था के लिए सशस्त्र बलों की आवश्यकता है। बताया जाता है की रैना ने इनकार कर दिया, जिसके बाद कैबिनेट ने रैना से अनुरोध के अनुसार सैनिकों को तैनात करने को कहा। रैना ने ऐसा दिखाया जैसे वे आदेश का पालन कर रहे हैं, लेकिन उन्होंने जो किया, उससे श्रीमती गांधी का मकसद हल नहीं हुआ। मैंने 27 मई को गोखले से चुनाव टालने के लिए किए गए कवायदों का सच जानना चाहा, तो उन्होंने कहा उसमें कोई सच्चाई नहीं है।
3. जब सी.पी.आई.-समर्थक सांसद, सुभद्रा जोशी, श्रीमती गांधी से मिलने पहुँचीं तो उनके साथ बड़ा रूखा व्यवहार किया गया। श्रीमती गांधी ने कहा कि कुछ कपटी दोस्तों के चलते उन्हें नीचा देखना पड़ा है।
4. अनुच्छेद 356 राज्यपाल की सिफारिश पर राष्ट्रपति को राज्य विधानसभाओं को भंग करने का अधिकार देता है।

❑

अनुबंध-1

मारुति

कम कीमत वाली लोगों की कार देश में ही बनाने का प्रस्ताव सबसे पहले 1950 के दशक में सामने आया था। शुरुआत में इसकी अवधारणा मनुभाई शाह ने तैयार की थी, उसके बाद से ही यह छोटी कार परियोजना का सफर उतार-चढ़ाव भरा रहा। एक बार सरकार ने फ्रांस के रेनॉल्ट से करार लगभग कर ही लिया था। इसके लिए पांडे कमेटी ने सुझाव दिया था, जिसके मुताबिक यह कार आवश्यकताओं को सबसे अच्छी तरह पूरा कर सकती थी। आखिरकार वह करार कृष्णमाचारी के कड़े विरोध के कारण खत्म कर दिया गया। उसके बाद कई वर्षों तक परियोजना का प्रस्ताव इधर-उधर की ठोकरें खाता रहा, लेकिन कोई फैसला नहीं लिया जा सका।

अनेक निजी और सार्वजनिक क्षेत्र के उपक्रमों ने प्रस्तावित कार के टेंडर और नमूने जमा किए। मैसूर राज्य औद्योगिक विकास निगम की ओर से आई एक अर्जी ने यह अनुमान लगाया कि वाणिज्यिक स्तर पर उनके नमूने को तैयार करने में 5,000 रुपए से 6,000 रुपए तक का खर्च आएगा।

सरकार में चल रही चर्चाओं में दो प्रकार की विचारधाराओं का प्रभाव था। एक के मुताबिक कार को स्थानीय स्तर पर देसी संसाधनों से बनाया जाना चाहिए, जबकि दूसरे का विचार था कि इसे विदेशी कार कंपनियों के सहयोग से बनाया जाना चाहिए। उस समय, वोल्क्सवैगन, टोयोटा, रेनॉल्ट, सिट्रन और मॉरिस जैसी कंपनियाँ इस परियोजना में सहयोग के लिए उत्सुक थीं।

जब यह चर्चा अपने चरम पर थी, तब संजय गांधी यू.के. के क्रेव स्थित रॉल्स रॉयस फैक्टरी में जारी ट्रेनिंग को बीच में ही छोड़कर भारत लौट आए। यह कहना गलत नहीं होगा कि एक बार संजय इस बहस में शामिल हो गए तो फिर मामला कमोबेश अपने आप ही सुलझ गया।

पहले ही दिन से यह पता चल गया था कि संजय को लाइसेंस मिल जाएगा। औपचारिकताओं को पूरा करने में देरी इस कारण हुई, क्योंकि संजय चाहते थे कि वे

एक नमूना तैयार कर लोगों को दिखाएँ, जिससे कि वे अपनी क्षमता साबित कर सकें। यह काम उन्होंने दिल्ली में एक गैरेज के पीछे किया। एक बार वह पूरा हुआ, तो आशय का पत्र मिलना वक्त की ही बात थी। अंत में, नवंबर 1970 में, उस नमूने की भयंकर आलोचना को पूरी तरह से अनदेखा करते हुए, मारुति लिमिटेड को हर साल 50,000 कारों के उत्पादन का लाइसेंस मिल गया। मारुति को संजय ने ही खड़ा किया था और वे ही उसके मैनेजिंग डायरेक्टर थे, इसके बावजूद कि कंपनी में संजय की कुल हिस्सेदारी 100 रुपए के एक शेयर की थी। आशय के पत्र में जो दो प्रमुख शर्तें लगाई गई थीं, वे थीं : कार का निर्माण पूरी तरह से स्थानीय संसाधनों से किया जाए और उसकी कीमत कम हो। जैसा कि स्पष्ट था, इन दोनों में से कोई भी शर्त कभी पूरी नहीं होनेवाली थी या उन परिस्थितियों में पूरी नहीं हो सकती थीं, जिनमें मारुति लिमिटेड को काम करना था।

जहाँ तक संजय की बात है तो वे पहली बड़ी बाधा पार कर चुके थे। आशय के पत्र के साथ संजय जमीन के अधिग्रहण और पैसे जुटाने के लिए निकल पड़े। दोनों ही समस्याएँ उत्सुक कारोबारियों और महत्त्वाकांक्षी तथा ईमानदार राजनेताओं के सहयोग से हल हो गईं।

अपनी चिरपरिचित दबंगई से बंसी लाल ने दिल्ली–गुड़गाँव हाइवे पर 445 एकड़ उपजाऊ जमीन का अधिग्रहण किया और इस प्रक्रिया में तीन गाँवों महालड़ा, ढूँढ़ेरा और खेतरपुर के निवासियों को बेदखल किया। गाँववालों को प्रति एकड़ 10,000 रुपए की दर से महज 45 लाख रुपए का मुआवजा दिया गया, जबकि पास की जमीन की कीमत उस समय 35,000 रुपए प्रति एकड़ के लगभग थी। यही नहीं, जो जगह चुनी गई उसने उस नियम का भी उल्लंघन किया, जिसके मुताबिक किसी रक्षा प्रतिष्ठान के 1,000 मीटर के दायरे में कोई फैक्टरी नहीं होनी चाहिए। यह फैक्टरी सेना के गोला–बारूद के डंप के ठीक बगल में थी।

जमीन के अधिग्रहण के बाद संजय ने पूँजी का इंतजाम शुरू किया। शुरुआती पूँजी का इंतजाम उन कारोबारियों से किया गया, जिनकी नजर इस पर थी कि वे किस तरह के फायदे उठा सकते थे। सितंबर 1974 तक मारुति लिमिटेड का कुल पेड–अप शेयर कैपिटल 1,84,60,700 रुपए था। इसके 2.2 प्रतिशत पर यू.पी. ट्रेडिंग कंपनी का हक था। 1.6 प्रतिशत पर दरभंगा मार्केटिंग कंपनी और 1.1 प्रतिशत पर सरन ट्रेडिंग कंपनी का। इसके अतिरिक्त, मारुति लिमिटेड ने वित्त वर्ष 1973–74 में डीलरशिप की बिक्री से कुल 2,18,91,042 रुपए जुटा लिये। प्रत्येक डीलरशिप 3 से 5 लाख रुपए की फीस पर बेची गई और ज्यादातर उन कारोबारियों को जिनका ऑटोमोबाइल से पहले कोई संबंध नहीं था, फिर भी निवेश करने में समझदारी दिखी या ऐसा करने के लिए उन पर दबाव बनाया गया।

शुरुआत से ही यह परियोजना निरंतर विफलता का सामना करती रही। पहला नमूना कबाड़ की तरह फेंक दिया गया। दूसरा अपने टेस्ट रन में सिर के बल गिर गया, और उनके बाद बने नमूनों में स्टीयरिंग और सस्पेंशन से लेकर ज्यादा गरम होने जैसी

तमाम खामियाँ थीं। एक समय ऐसा आया, जब संजय ने आशय के पत्र की शर्तों को किनारे कर दिया और आयात किए गए उपकरणों का इस्तेमाल किया, इसके बावजूद मारुति लिमिटेड सड़क पर चलने लायक मॉडल नहीं बना सकी। इस बीच, मारुति जब डगमगाती हुई बढ़ रही थी, तब जनता के सामने संजय आत्मविश्वास का प्रदर्शन कर रहे थे। दिसंबर 1973 में हुई एक प्रेस कॉन्फ्रेंस में उन्होंने कहा कि यह कार 6 महीने में तैयार हो जाएगी। इस बयान को उन्होंने 18 महीने बाद भी दोहराया और कहा कि 1977 तक फैक्टरी अपनी पूरी क्षमता के साथ काम करने लग जाएगी, जहाँ से हर दिन 200 कार निकलेगी। यहाँ तक कि जनवरी 1976 तक, कांग्रेस के चंडीगढ़ सत्र में, संजय ने कहा था कि 'मार्च के अंत तक यह कार कुछ चुनिंदा शोरूमों में उपलब्ध हो जाएगी।'

एक के बाद एक नमूनों के फेल होने से मारुति लिमिटेड कर्ज में इस हद तक डूब गई कि संजय के दोस्तों में कुछ चाटुकार भी उसे उबारने के लिए संसाधन नहीं जुटा सके। और तभी संजय ने सार्वजनिक वित्तीय संस्थानों का रुख किया। उनकी माँ के समर्थन से राष्ट्रीयकृत बैंकों पर धौंस जमाते हुए मारुति लिमिटेड को असुरक्षित लोन दिए गए। सेंट्रल बैंक ऑफ इंडिया तथा पंजाब नेशनल बैंक ने मारुति को लगभग 75-75 लाख रुपए का कर्ज दिया।

आखिरकार, रिजर्व बैंक ऑफ इंडिया (आर.बी.आई.) को दखल देना पड़ा। सारे राष्ट्रीयकृत बैंकों को जारी एक सर्कुलर में आर.बी.आई. ने चेतावनी दी कि आगे कोई भी कर्ज दिया गया तो वह देश की मुद्रा नीति के आधार को ठेस पहुँचाएगा। आर.बी.आई. और संजय के बीच निश्चित टकराव परिस्थितियों में अचानक आए परिवर्तन से टल गया।

इलाहाबाद हाई कोर्ट के फैसले के कुछ ही दिनों के भीतर इमरजेंसी घोषित कर दी गई और श्रीमती गांधी के हाथों में जबरदस्त ताकत आ गई। नतीजा यह हुआ कि अचानक संजय राजनीतिक सुर्खियों में आ गए।

संजय ने शुरुआती राजनीतिक कदम उन अफसरों के खिलाफ उठाए, जिन्होंने उस वक्त कदम पीछे खींच लिये थे, जब मारुति लिमिटेड को पैसों की सख्त जरूरत थी। सेंट्रल बैंक के चेयरमैन डॉ. तनेजा को बरखास्त कर दिया गया। उनके बाद आर.बी.आई. के डिप्टी गवर्नर हजारी पर गाज गिरी, जिनकी जगह आयकर विभाग के एक जूनियर अफसर जे.सी. लुथर को बिठा दिया गया। आर.बी.आई. गवर्नर एस. जगन्नाथन को रिटायर कर दिया गया और उनकी जगह जीवन बीमा निगम (एल.आई.सी.) के पूर्व अध्यक्ष, के. आर. पुरी ने ली।

मारुति लिमिटेड की शुरुआत के आठ महीने पहले, संजय ने मारुति टेक्निकल सर्विस प्राइवेट लिमिटेड (एम.टी.एस.) की स्थापना की। 2.15 लाख रुपए के चुकता पूँजी में से संजय का हिस्सा 1.15 लाख रुपए था। बाकी का पैसा राजीव और उनके परिवार की तरफ से आया। इस प्रकार एम.टी.एस. पूरी तरह परिवार की कंपनी थी।

जून 1972 में एम.टी.एस. को मारुति लिमिटेड का सलाहकार नियुक्त किया गया। करार में यह शर्त थी कि शुरुआत में मारुति लिमिटेड 5 लाख रुपए अदा करेगी, जिसके बाद एम.टी.एस. मारुति लिमिटेड की बिक्री की कुल कीमत का 2 प्रतिशत प्राप्त करेगी, जो कम-से-कम 2.5 लाख रुपए प्रति वर्ष होगा। इस प्रकार एम.टी.एस. को शुरुआती निवेश में शत प्रतिशत कमाई की गारंटी दी गई। यह अनुमान लगाया गया कि जनवरी 1975 तक एम.टी.एस. ने कुल 1.02 लाख रुपए कमा लिये थे।

मारुति लिमिटेड की एक और सहायक कंपनी थी मारुति हेवी वर्क लिमिटेड (एम.एच.डब्ल्यू.)। इसकी अधिकांश शेयर हिस्सेदारी (59 प्रतिशत) एम.टी.एस. के पास थी। बाकी के शेयर ओ.पी. मोदी (20 प्रतिशत), के.एल. जालान (13 प्रतिशत) और गांधी परिवार (8 प्रतिशत) के बीच बँटी थी। एम.एच.डब्ल्यू. को रोड रोलर बनाने के लिए लघु उद्योग कंपनी के तौर पर रजिस्टर किया गया था। एम.टी.एस. को इसका भी सलाहकार बनाया गया था। सामान्य तौर पर, इनमें से किसी भी कंपनी ने मुनाफा नहीं कमाया होगा। उनके पास साधन नहीं थे और कर्मचारियों में अनाड़ी भरे थे। लेकिन तब वक्त सामान्य नहीं था। श्रीमती गांधी के जबरदस्त राजनीतिक वर्चस्व की मदद से संजय ने मारुति की कंपनियों में ऑर्डर की कमी नहीं होने दी। जिन लोगों ने हिचक दिखाई या इन फैक्टरियों की क्षमता पर सवाल उठाए, उन्हें झिड़क दिया जाता था। और जिन लोगों ने वैधानिकता पर सवाल उठाए थे, उन्हें दबाया और सताया गया। उदाहरण के लिए, जब अप्रैल 1975 में मारुति के उपकरणों को लेकर सवाल उठाए गए, तो औद्योगिक विकास मंत्रालय के निदेशक कृष्णास्वामी ने एस.टी.सी. और पूर्वी यूरोपीय देशों की एजेंट बाटलीबॉय की सहायक कंपनी पी.ई.सी. से आवश्यक सूचना देने को कहा। इन दोनों एजेंसियों के जरिए ही मारुति लिमिटेड कारों के निर्माण के लिए मशीन मँगवाती थी। इससे पहले कि कोई भी सूचना दी जाती, पी.एम. ऑफिस ने पी.ई.सी. और एस.टी.सी. के निदेशकों को तलब कर लिया। उनसे जाँच रोक देने को कहा गया। इस जाँच में शामिल पी.ई.सी. के दो अधिकारियों, कावले और भटनागर, का पहले ट्रांसफर किया गया और बाद में दोनों को सस्पेंड कर दिया गया। कृष्णास्वामी के घर पर छापेमारी की गई और शराब की दो बोतलें मिलने के बाद, उन्हें उत्पाद शुल्क के नियमों का उल्लंघन करने के लिए सस्पेंड कर दिया गया।

आधिकारिक दखल का एक और उदाहरण तेल और प्राकृतिक गैस कमीशन (ओ.एन.जी.सी.) केस से सामने आता है। जनवरी 1975 में, ओ.एन.जी.सी. ने छह रोड रॉलरों के लिए टेंडर मँगवाए। गार्डन रीच वर्कशॉप (जी.आर.डब्ल्यू.), जो एक सार्वजनिक क्षेत्र की कंपनी थी, तथा दो अन्य कंपनियों ने टेंडर भरा। एम.एच.डब्ल्यू. ने भी एक निजी कंपनी के जरिए टेंडर भरा। जी.आर.डब्ल्यू. ने पहले 1.46 लाख की कीमत दी, जबकि मारुति ने 1.6 लाख रुपए की। बाद में मारुति ने कोटेशन में कीमत घटाकर 1.41 लाख रुपए कर दिया, लेकिन इस आदेश के बावजूद सरकारी कंपनी

को ऑर्डर दे दिया गया। फैसला लेते समय दो बातों पर गौर किया गया। पहला, जी.आर.डब्ल्यू. एक सरकारी उपक्रम था और इस कारण उसे 10 प्रतिशत की कीमत की तरजीह का हक था, और दूसरा, इसकी छवि अच्छी थी।

हालाँकि करार पर दस्तखत से पहले ही ऑर्डर रद्द कर दिया गया। सामग्रियों के लिए सदस्य, लाहिड़ी ने संशोधित अनुमान मँगवाया। मारुति ने अपनी कीमत कम कर 1.25 लाख रुपए कर दी, जबकि जी.आर.डब्ल्यू. अपने पहले की कीमत पर स्थिर रही। नतीजा यह हुआ कि करार मारुति को दे दिया गया। संशोधित कोटेशन मँगवाकर, लाहिड़ी ने न केवल अपने अधिकार का अतिक्रमण किया, बल्कि इस शर्त को नजरअंदाज कर एक गलती की, जिसके मुताबिक ठेका देने से पहले किसी कंपनी की फैक्टरी का निरीक्षण करना अनिवार्य था। यही नहीं, ऑर्डर को इतने ऊँचे स्तर से मंजूरी मिली कि ओ.एन.जी.सी. के वरिष्ठ कर्मचारियों को भी आपत्ति जताने का मौका नहीं मिला।

इमरजेंसी लागू किए जाने के बाद बची-खुची कानूनी शर्तों को भी समाप्त कर दिया गया। अब प्रतिस्पर्धात्मक टेंडरों की कोई जरूरत नहीं थी। संजय को बस कहना था और कई लोग हुक्म बजाने के लिए तैयार रहते थे। 10 नवंबर, 1076 के अपने अंक में *वॉशिंगटन पोस्ट* ने लिखा, लोगों को लगता है कि बहुत बड़ी ठगी चल रही है। नौकरशाह कहते हैं कि वे कुछ भी नहीं कर सकते। संजय फोन लगाकर सचिवों से कहते हैं, यह ठेका फलाँ को दे दो।

इस प्रवृत्ति की ठोस अभिव्यक्ति तब और स्पष्ट हो गई, जब अचानक राज्यों तथा अन्य सार्वजनिक क्षेत्र के उपक्रमों में रोड रोलरों की माँग बढ़ गई। इमरजेंसी के छोटे से दौर में, सीमा सड़क संगठन (बी.आर.ओ.) ने 100 रोड रोलरों, हरियाणा ने 50, पंजाब ने 40 और यू.पी. तथा एन.डी.एम.सी. ने भी अज्ञात संख्या में उनकी माँग की।

सही मायने में नए रोलर्स बनाने के लिए आवश्यक साजो-सामान या तकनीकी दक्षता के बिना, एम.एच.वी. ने फिर से पेंट किए गए कबाड़ को रोलर के रूप में बेच दिया, जिसमें सेकंडहैंड फोर्ड और पर्किन इंजन लगाए गए, जिन्हें महज 2,000 रुपए में खरीदा गया था। उन्होंने जो कीमत (रुपए 1.4 लाख) वसूली, वह बाजार में अन्य रोलरों की तुलना में 40 प्रतिशत अधिक थी। कहना न होगा कि उनमें से अधिकांश को जिस मकसद से खरीदा गया था, वे उस काम के लायक नहीं थे। सीमा सड़क संगठन को यह एहसास हो गया था कि उन्हें जितने रोलर दिए गए थे, उनमें से अधिकांश ऊँचाई पर काम नहीं करेंगे, लेकिन वे चुप रहे। इस कारण उन्हें बी.आर.ओ. के पठानकोट डिपो में खड़ा कर दिया गया।

एम.एच.वी. की एक और गतिविधि बसों की बॉडी बनाने को लेकर थी और इसमें भी उन्होंने हाल ही में अपने कदम बढ़ाए थे। इस तथ्य के बावजूद कि अधिकांश राज्य बसों की बॉडी की माँग को पूरा करने में सक्षम थे, एम.एच.वी. के पास राज्य सरकारों से ऑर्डर की बाढ़ आ गई। उदाहरण के लिए, मध्य प्रदेश ने न केवल एम.एच.वी. को

बस की 100 बॉडी के ऑर्डर दिए, बल्कि उसे प्रति बॉडी रुपए 39,000 की बेहिसाब रूप से बढ़ी हुई कीमत भी अदा की। अपने निगम को वे महज रुपए 27,813 अदा कर रहे थे। इसी प्रकार, यू.पी. ने जितना खर्च करना चाहिए था, उससे 5 लाख रुपए अधिक किए, ताकि वह अपने आपको संजय के गुट के साथ जोड़ सके। इमरजेंसी की समाप्ति तक यह अनुमान लगाया जाता है कि अकेले यू.पी. ने 499 बस बॉडी, एम.पी. ने 180, हरियाणा ने 307, राजस्थान ने 152 और दिल्ली ने 52 के ऑर्डर दिए थे। ऐसा अनुमान है कि एम.एच.वी. ने 1 करोड़ रुपए का शुद्ध मुनाफा कमाया।

लेकिन भ्रष्टाचार और भाई भतीजावाद का जो संभवत: सबसे निंदनीय उदाहरण था, वह मारुति का विदेशी मल्टीनेशनल कॉरपोरेशनों (एम.एन.सी.) के साथ साँठगाँठ से जुड़ा था। इमरजेंसी के फौरन बाद (उनमें से कुछ पहले के भी होंगे) मारुति अनेक एम.एन.सी. की एजेंट बन गई विशेष रूप से अमेरिका की इंटरनेशनल हारवेस्टर ऐंड पाइपर कंपनी, और पश्चिमी जर्मनी की मैन कंपनी और डिमैग कंपनी तथा इटली की शान प्रोगेट्टी कंपनी की। इन कंपनियों के उत्पादों के अतिरिक्त मारुति केमिकल्स, पंपिंग इंजन, बुलडोजरों और टेलीफोन केबल की भी एजेंट थी।

1976 के मध्य में संजय गांधी ने दिल्ली वाटर सप्लाई और सीवेज डिस्पोजल अंडरटेकिंग को इस बात के लिए राजी कर लिया कि वे पारंपरिक तौर पर इस्तेमाल की जा रही फिटकरी की बजाय शहर के पानी और सीवेज की सप्लाई को साफ करने के लिए क्विक फ्लॉक पॉलिमिक्स नाम का एक वाटर प्यूरिफायर को अपनाएँ।

इस उत्पाद का निर्माण एम.टी.एस. द्वारा संजय गांधी के एक दोस्त, आर.सी. सिंह के साथ मिलकर किया जा रहा था, जो आई.आई.टी. दिल्ली से अध्ययन प्रोत्साहन अवकाश पर आए थे।

उस उपक्रम के कुछ केमिस्ट्स ने जब उस केमिकल के इस्तेमाल को लेकर आपत्ति जताई, तो उन्हें सस्पेंड कर दिया गया। आर.सी. सिंह को म्यूनिसिपल कमिश्नर बी.आर. टमटा का तकनीकी सलाहकार बना दिया गया और इस हैसियत से उन्होंने उस उत्पाद के इस्तेमाल को मंजूरी दे दी। जलापूर्ति प्रतिष्ठान ने प्रतिदिन 10,000 रुपए की कीमत के उस केमिकल का इस्तेमाल करना शुरू कर दिया। प्रतिष्ठान द्वारा पॉलिमिक्स का इस्तेमाल हुए जब काफी समय बीत गया, तब जाकर उस उत्पाद के लिए टेंडर मँगाए गए, ताकि अनुबंध को कागजी काररवाई से ढक दिया जाए।

उस उत्पाद का परीक्षण एक बार भी राष्ट्रीय पर्यावरण अभियांत्रिकी अनुसंधान संस्थान, कानपुर द्वारा नहीं किया गया, जो किसी भी शहर की जलापूर्ति से पहले की पूर्व शर्त होती है। केमिस्ट्स के अनुसार, उस उत्पाद के एकल अवशेष खतरनाक स्तर तक जमा हो सकते हैं, जिससे त्वचा और आँख में इनफेक्शन हो सकता है। पॉलिमिक्स के एकल अवशेष का स्तर अमेरिकी खाद्य एवं मादक पदार्थों की लत अधिनियम की ओर

से निर्धारित सीमा से काफी ज्यादा होता है। विदेश में इसका इस्तेमाल केवल सीवेज ट्रीटमेंट के लिए किया जाता है, न कि पीने के पानी के लिए।

बतौर एजेंट, मारुति को पूरे होनेवाले सभी लेन-देन की एवज में 20 से 25 प्रतिशत तक का कमीशन मिलता था। एकदम स्पष्ट जोखिम के बेनकाब होने के डर से सरकारी और निजी उपक्रमों पर इस बात का दबाव बनाया जाता था कि वे उन्हीं कंपनियों को ऑर्डर दें, जिनकी एजेंट मारुति थी। इस प्रक्रिया में, कई चालू करारों को रद्द कर दिया गया। उदाहरण के लिए, एक सार्वजनिक क्षेत्र की कंपनी, इंडियन ट्यूब कंपनी और ओ.एन.जी.सी. के बीच ब्रिटिश स्टील द्वारा निर्मित बड़े व्यास के पाइपों का करार था। लेकिन इस करार को तब रद्द कर दिया गया, जब मारुति के प्रतिनिधि झुनझुनवाला, ब्रिटिश स्टील के प्रतिनिधि, चार्ल्स गॉर्डन से मिले और उन्हें इस बात के लिए राजी किया कि वे मारुति को अपना एजेंट बनाएँ, क्योंकि यह ब्रिटिश स्टील के हित में होगा। इसी प्रकार, पोलैंड के साथ फसल काटनेवाली मशीन का करार निलंबित कर दिया गया, जब मारुति ने इंटरनेशनल हारवेस्टर की ओर से दखल दिया।

एक और घटना में ओ.एन.जी.सी. को मारुति के जरिए 24 भारी ट्रकों की खरीद के लिए मजबूर कर दिया गया। इनमें से बारह इंटरनेशनल हारवेस्टर की ओर से आना था, जबकि बाकी की सप्लाई जर्मन कंपनी मैन द्वारा की जानी थी। मारुति का टेंडर 50 लाख रुपए का था, उसके करीबी दावेदार से दोगुना। जब ओ.एन.जी.सी. की ओर से 40 से 45 टन के मोबाइल क्रेनों से लैस आठ ट्रकों के लिए टेंडर मँगाए गए, तब जो सबसे कम टेंडर आया था, वह नई दिल्ली स्थित अर्थ मूविंग ऐंड मशीनरी कॉरपोरेशन का था। वे फहरानेवाले अमेरिकी क्रेन 1.58 करोड़ में बेचने का प्रस्ताव दे रहे थे। मारुति की कोटेशन पहले 1.76 करोड़ की थी, लेकिन बाद में उसे घटाकर 1.7 करोड़ कर दिया गया। यह ठेका पहली कंपनी को ही दिया जाना था, लेकिन के.डी. मालवीय के निजी दखल के बाद मारुति को दे दिया गया। एक और मौके पर ट्रॉम्बे फूलपुर संयंत्र के विस्तार का टेंडर इटली की शान प्रोगेट्टी को दिया गया, जिसके फलस्वरूप मारुति को 2.5 करोड़ की विदेशी मुद्रा का कुल मुनाफा हुआ।

मारुति ने इनसोव ऑटो लिमिटेड की तबाही को भी अंजाम दिया। यह कंपनी सोवियत संघ के साथ मिलकर ऑटो बनाना चाहती थी। दोनों देशों के बीच हुआ करार कहता था कि प्रोमैश एक्सपोर्ट, मॉस्को लिमिटेड यू.पी. के संदिलिया स्थिति संयंत्र में तैयार किए जानेवाले 400 वाहनों के लिए आयातित पुर्जों का इंतजाम करेगी। हालाँकि, इमरजेंसी के तुरंत बाद, उद्योग मंत्रालय ने सोवियत सरकार को लिखा कि चूँकि मारुति लिमिटेड के पास छोटे वाणिज्यिक वाहनों के निर्माण की सारी सुविधाएँ मौजूद हैं, इसलिए भारत में एक और संयंत्र लगाने की कोई आवश्यकता नहीं है। इसकी बजाय, आयातित उपकरणों की आपूर्ति मारुति लिमिटेड को की जाए, जो स्वयं प्रस्तावित वाहन

का निर्माण करेगी। इसके बाद एक और पत्र भेजा गया, जिसने साफ कर दिया कि सरकार नए संयंत्र को लगाने की मंजूरी नहीं देगी। नतीजा यह हुआ कि उस परियोजना को चुपचाप खत्म कर दिया गया।

संभवतः जो सबसे अच्छी तरह दस्तावेजों में कैद घोटाला विमानों से जुड़ा है। पाइपर एयरक्राफ्ट के एजेंट के रूप में, संजय ने 19 पाइपर विमानों के लिए ऑर्डर हासिल किए। हर विमान के लिए संजय को 5 लाख रुपए का कमीशन विदेशी मुद्रा में प्राप्त हुआ। पाइपर से, संजय ने अमेरिकियों द्वारा बनाए जानेवाले मौल विमान की एजेंसी हासिल कर ली। जब इस बात का एहसास हुआ कि भारत सीमित संख्या में ही मौल विमान खरीद सकता है, तो संजय ने कृषि मंत्रालय पर यह दबाव डाला कि वह बसंत फसल छिड़काव विमान के उत्पादन को छोड़कर मौल विमान खरीद ले। सौभाग्य से, इमरजेंसी की समाप्ति के कारण अंतिम फैसले पर रोक लग गई।

विमानों में अपनी दिलचस्पी बढ़ाने के साथ ही, संजय ने एक और कंपनी बनाई—द मारुतु एविएशन कंपनी। संभवतः यह उनका इरादा था कि एक तीसरी फीडर एयरलाइन खड़ी की जाए, जिसे इंडियन एयरलाइंस और अन्य सरकारी एजेंसियों के सहयोग से निजी ऑपरेटर चला सकें। अब यह पता चला है कि उन्होंने इंडियन एयरलाइंस को इस प्रस्ताव की व्यावहारिकता का अध्ययन करने के लिए राजी किया था। उड्डयन में अपनी दिलचस्पी के विस्तार के संबंध में, संजय ने सफदरजंग एयरपोर्ट के परिसर के अधिग्रहण का प्रयास किया था। उन्होंने इंडियन एयरलाइंस को आदेश दिया था कि वह सारे हैंगरों को खाली कर दे और अपनी बसों, स्टेशन वैगन तथा कारों को इंद्रप्रस्थ स्टेट में डी.टी.सी. डिपो में पार्क करे। वे मारुति एविएशन के वर्कशॉप को सफदरजंग एयरपोर्ट ले जाना चाहते थे। किस्मत से, इमरजेंसी की समाप्ति ने इस बकवास योजना को भी समाप्त कर दिया।

संजय और उनका कॉकस जैसे-जैसे और मुनाफे वाले क्षेत्रों में दाखिल हुआ, लोगों की कार के वाणिज्यिक उत्पादन को चुपचाप ठंडे बस्ते में डाल दिया गया। मारुति लिमिटेड के कर्मचारियों को काम पर लगाए रखने के लिए, उनसे पेन के ढक्कन, नेमप्लेट, ताले के पुर्जे और अन्य पुर्जे बनवाए गए। कभी-कभी कंपनी के पास कुछ अलग ही तरह के ऑर्डर आते थे, जैसे रक्षा मंत्रालय से बम के कैप चैंबर बनाने का ऑर्डर मिला था। कभी-कभार मिलनेवाले इन ठेकों के बावजूद, मारुति लिमिटेड कर्ज में डूबती जा रही थी। 1976 के अंत तक, इस पर 2.3 करोड़ का कर्ज हो गया था, जो उसके शुरुआती 2.64 करोड़ की चुकता पूँजी के बराबर था। इसमें कोई आश्चर्य की बात नहीं कि लोगों ने मारुति को *मारुति* (बड़ा संकट) कहना शुरू कर दिया था, जो सही ही था।

❑

अनुबंध-2

सेंसरशिप के दिशानिर्देश प्रकाशन के लिए नहीं (गोपनीय)

सेंसरशिप का मकसद प्रेस को यह बताना और सलाह देना है कि वे अनधिकारिक, गैर-जिम्मेदार या मनोबल गिरानेवाली खबरों, रिपोर्ट, अनुमानों या अफवाहों का प्रकाशन न करें। इसके लिए, इस प्रकार के निर्देश इस मंशा से दिए जा रहे हैं कि कानून व्यवस्था, स्थिरता और देश के आर्थिक विकास के लिए बेहतर माहौल बनाए रखने में प्रेस के सभी वर्गों का स्वैच्छिक सहयोग मिल सकेगा।

1. सेंसरशिप के अंतर्गत किसी प्रकार की खबर, रिपोर्ट, टिप्पणी, वक्तव्य, दृश्य निरूपण, फोटो, तसवीर और कार्टून आते हैं।

2. सेंसरशिप ऐसी खबरों, टिप्पणियों या रिपोर्ट पर लागू होती है, जिनका संबंध संसद्, किसी विधानसभा या अदालत से होता है। इनकी कारखाइयों के प्रकाशन की दृष्टि से निम्नलिखित को ध्यान में रखा जाना चाहिए—

(क) संसद् और विधानसभा

(i) सरकार की ओर से जारी बयानों को या तो पूरे या संक्षिप्त रूप में प्रकाशित करना चाहिए, लेकिन उसकी सामग्री से सेंसरशिप का उल्लंघन नहीं होना चाहिए।

(ii) किसी विषय पर बोलनेवाले सदस्यों के नाम और उनकी पार्टी तथा उस विषय पर उनका समर्थन या विरोध बताया जाना चाहिए।

(iii) किसी विधेयक, प्रस्ताव को तथ्यात्मक रूप से बताया जाना चाहिए, और वोटिंग की स्थिति में समर्थन और विरोध में डाले गए मतों की संख्या बताई जानी चाहिए।

(iv) संसद् की गतिविधियों से इतर या संसद्/विधानसभा की कारखाई से हटाई गई बातों का प्रकाशन नहीं होना चाहिए।

(ख) अदालत

(i) जजों और वकीलों का नाम बताया जाना चाहिए।

(ii) कोर्ट के आदेश के ऑपरेटिव हिस्से का प्रकाशन हो सकता है, लेकिन भाषा उचित होनी चाहिए।

(iii) ऐसा कुछ भी प्रकाशित न हो, जो सेंसरशिप का उल्लंघन करता है।

3. खबरों, टिप्पणियों या रिपोर्ट का प्रकाशन करने में निम्नलिखित का ध्यान रखा जाना चाहिए—

(क) सभी खबरों और रिपोर्ट की तथ्यात्मक सटीकता को सुनिश्चित किया जाना चाहिए तथा कुछ भी ऐसा प्रकाशित नहीं होना चाहिए, जो सुनी-सुनाई बातों या अफवाहों पर आधारित हो।

(ख) किसी भी आपत्तिजनक सामग्री का प्रकाशन वर्जित है, जो पहले ही प्रकाशित हो चुका है।

(ग) संचार के महत्त्वपूर्ण साधनों के संबंध में कोई भी अनधिकारिक खबर या विज्ञापन या चित्र प्रकाशित नहीं किया जाना चाहिए।

(घ) परिवहन या संचार, आवश्यक वस्तुओं की आपूर्ति और वितरण, उद्योगों आदि की सुरक्षा व्यवस्था से जुड़ी कोई भी बात प्रकाशित नहीं की जानी चाहिए।

(ङ) ऐसा कुछ भी प्रकाशित न किया जाए, जो आंदोलनों और हिंसक घटनाओं से संबंधित हो।

(च) ऐसी उक्तियाँ, जिन्हें परिप्रेक्ष्य से अलग किया गया है और जो गुमराह करने या गलत छवि पेश करने की मंशा रखते हैं, उन्हें प्रकाशित नहीं किया जाना चाहिए।

(छ) प्रकाशित सामग्री में ऐसा कोई संकेत नहीं होना चाहिए कि इसे सेंसर किया गया है।

(ज) बंदी बनाए गए राजनीतिक हस्तियों के नाम और हिरासत में रखे जाने की जगह का जिक्र नहीं होना चाहिए।

(झ) ऐसा कुछ भी प्रकाशित न हो जिससे—

(i) दूसरे देशों के साथ भारत के संबंध प्रभावित हों;

(ii) लोकतांत्रिक संस्थानों की कार्यप्रणाली अस्त-व्यस्त हो;

(iii) प्रधानमंत्री, राष्ट्रपति, राज्यपालों और सुप्रीम कोर्ट तथा हाई कोर्ट के जजों के संस्थानों का अपमान हो;

(iv) आंतरिक सुरक्षा और आर्थिक स्थिरता के लिए खतरा पैदा करे;

(v) सैन्य बलों या सरकारी कर्मचारियों के बीच असंतोष को जन्म दे;

(vi) सरकार में स्थापित सरकार के प्रति घृणा या अपमान की भावना पैदा करे;

(vii) भारत में विभिन्न वर्गों के नागरिकों के बीच दुश्मनी और नफरत को बढ़ावा दे;

(viii) देश के भीतर काम की किसी भी जगह पर बंदी या धीमी रफ्तार को प्रत्यक्ष या अप्रत्यक्ष रूप से जन्म दे या उसका कारण बने या उसे भड़काए;

(ix) राष्ट्रीय क्रेडिट या किंसी भी सरकारी ऋण के प्रति जनता के विश्वास को कमजोर करे;

(x) करों की अदायगी से इनकार करने या उसे टालने के लिए किसी भी व्यक्ति या व्यक्तियों के वर्ग को बढ़ावा या उकसावा दे;

(xi) सरकारी कर्मचारियों के खिलाफ आपराधिक ताकत के इस्तेमाल को भड़काए;

(xii) लोगों को निषेधाज्ञा के उल्लंघन के लिए बढ़ावा दे;

4. आकाशवाणी के प्रसारण, समाचार एजेंसी की रिपोर्ट और आधिकारिक रूप से सरकार की ओर से जारी उद्धरणों की अनुमति थी, बशर्ते वे उद्धरण न बातों का सही और विश्वासी ढंग से वर्णन करते हों, जो कहे गए हैं और कुछ भी संदर्भ से अलग या किसी भी प्रकार से विकृत रूप में नहीं होना चाहिए।

5. संवाददाताओं द्वारा किसी स्रोत से ली गई ऐसी खबर, जो आधिकारिक या पुष्ट हो, की पुष्टि प्रेस सूचना अधिकारी से की जा सकती है।

6. संपादकीय टिप्पणी के सिवाय कोई भी रिपोर्ट, टिप्पणी या अन्य सामग्री किसी अखबार, पत्रिका, सामयिक या अन्य दस्तावेज में छपती है, जो इन दिशानिर्देशों की तत्त्व और भावना के खिलाफ है, और यह स्पष्ट है कि वह केवल स्थानीय संवाददाता की ओर से उपलब्ध कराई गई सामग्री पर आधारित हो सकता है, तो उसकी जिम्मेदारी स्थानीय संवाददाता पर डाली जाएगी, बशर्ते वह अन्यथा साबित कर सके।

7. प्रेस की सभी खबरों की उन प्रतियों को चीफ सेंसर के पास उनकी सूचना के लिए भेजा जाना चाहिए, जिन्हें पूर्व-सेंसरशिप के तहत नहीं रखा गया है।

8. किसी भी खबर, रिपोर्ट या टिप्पणी के प्रकाशन पर शंका होने की स्थिति में चीफ सेंसर से विचार-विमर्श किया जाना चाहिए।

प्रकाशन हेतु नहीं

स्पष्टीकरण—1. किसी भी कानून, सरकार की किसी भी नीति या प्रशासनिक काररवाई पर नापसंदगी व्यक्त करनेवाली टिप्पणियाँ या आचोलना इस मकसद से की जाए, ताकि उसे बदला जाए या कानूनी साधनों से दूर किया जाए, और ऐसे शब्दों का इस्तेमाल हो, जिनका उद्‌देश्य उसे कानूनी साधनों से हटाना हो, ऐसे मामले जो बढ़ रहे हैं, या भाषा अथवा क्षेत्रीय समूहों या जातियों या समुदायों के बीच वैमनस्य को बढ़ाने की प्रवृत्ति हो, उसे इस खंड के अर्थ के दायरे में आपत्तिजनक सामग्री नहीं माना जाएगा।

स्पष्टीकरण—2. इस पर विचार करते हुए कि कोई विषय इस अधिनियम के अंतर्गत आपत्तिजनक है या नहीं, तो प्रेस के संरक्षक या प्रकाशक या अखबार या समाचार लेख के संपादक की नीयत पर नहीं बल्कि शब्दों, संकेतों या चित्रों के प्रभाव को संज्ञान में लिया जाएगा।

1. पूर्व में कही गई बातों की व्याख्या के लिए यह सलाह दी जाती है कि कोई भी खबर, रिपोर्ट और टिप्पणी जिनका संबंध निम्नलिखित से हो, उसे प्रकाशित नहीं किया जाएगा—

(क) सामग्री जो मोटे तौर पर अश्लील या अपमानजनक या ब्लैकमेल करने की नीयत रखती है;

(ख) कारखाइयों की असंसदीय गतिविधियाँ, उदाहरण के लिए—धरने, हड़ताल, मंच की ओर बढ़ना, चिल्लाना, अध्यक्ष की अवमानना जो कारखाइयों का हिस्सा नहीं हैं;

(ग) विभिन्न समूहों (क्षेत्रीय, धार्मिक, नस्ली, भाषायी या जाति) के बीच शत्रुता, नफरत या दुर्भावना पैदा करनेवाली सामग्री;

(घ) अखबारों, पत्रिकाओं, प्रकाशनों, किताबों से लिये गए उद्धरण, जो सेंसरशिप नियमों का उल्लंघन करते हैं;

(ङ) पीठासीन अधिकारी द्वारा कारखाई से हटाए गए मामले;

(च) दूसरे देशों के साथ दोस्ताना संबंधों को बिगाड़नेवाले मामले;

(छ) देश की सुरक्षा और अखंडता की आवश्यकताओं में दखल देनेवाले मामले;

(ज) लोकतांत्रिक संस्थानों की कार्यप्रणाली को नुकसान पहुँचानेवाले मामले।

प्रकाशन हेतु नहीं

8 मार्च, 1976 से शुरू हो रही संसद् की कारखाइयों पर खबर देने संबंधी दिशानिर्देश

संसद् एक संप्रभु संस्था है और इस कारण उसके विचार-विमर्श की अपनी ही पतित्रता होती है। किसी भी स्थिति में संसद् की जनता की आवाज या एक संप्रभु संस्था के रूप में छवि को ठेस पहुँचने नहीं दिया जाना चाहिए। इसलिए, संसद् की कारखाइयों की पवित्रता पर कलंक लगानेवाली या कारखाइयों को गलत या विकृत रूप में पेश करने का प्रयास करनेवाली खबरों, रिपोर्ट या टिप्पणी को प्रकाशित नहीं किया जाना चाहिए।

1. संसद् की कारखाइयों से जुड़ी खबरों, रिपोर्ट या टिप्पणियाँ 1971 के डी.आई.एस.आई.आर. के नियम 48 और उसके अंतर्गत बनाए गए वैधानिक आदेशों से शासित होते हैं। 26 जून, 1975 के वैधानिक आदेश 275(e), और 12 अगस्त, 1975 तथा 2 फरवरी, 1976 को डी.आई.एस.आई.आर. के नियम 48 के अंतर्गत किए गए संशोधन प्रासंगिक हैं। उनके अंतर्गत खबर, टिप्पणी, अफवाह या अन्य रिपोर्ट आते हैं, जिनका संबंध—

(क) कथित नियमों के भाग III के किसी भी प्रावधान, भाग IV के नियम 31 और 33, भाग V के नियम 33, 37 और 52, भाग VIII और IX के अंतर्गत किसी भी आदेश के उल्लंघन से हो, या

(ख) इस प्रकार के उल्लंघन के संबंध की गई कोई काररवाई, या

(ग) आंतरिक सुरक्षा व्यवस्था अधिनियम, 1971 (1971 के 26) के प्रावधान के तहत की गई कोई काररवाई, या

(घ) राष्ट्रपति द्वारा 25 जून, 1975 को संविधान के अनुच्छेद 352 के अंतर्गत इमरजेंसी की घोषणा, या

(ङ) राष्ट्रपति द्वारा 27 जून, 1975 को संविधान के अनुच्छेद 359 के अंतर्गत जारी आदेश, या

(च) भारत का सुरक्षा अधिनियम, 1971 (1971 के 42) के प्रावधानों या इस अधिनियम के प्रावधानों के अंतर्गत की गई किसी भी काररवाई का, जिसमें भारत का सुरक्षा (संशोधन) अधिनियम, 1975 (1975 के 32) से संशोधन किया गया, उसके नियमों का आदेशों के तहत की गई काररवाई, या

(छ) किसी भी 'प्रतिकूल रिपोर्ट' के रूप में, जिसे 1971 के भारत की रक्षा और आंतरिक सुरक्षा नियमों के नियम 36 की धारा 7 में परिभाषित किया गया है।

(ज) तमिलनाडु के संबंध में उद्घोषणा, जिसे 31 जनवरी, 1976 को संविधान के अनुच्छेद 356 के अंतर्गत राष्ट्रपति द्वारा जारी किया गया था।

2. संसद् की काररवाई पर खबर देते समय आपत्तिजनक सामग्री प्रकाशन निषेध अधिनियम, 1976 को भी ध्यान में रखा जाना चाहिए जैसा कि नीचे उद्धृत किया गया है—

आपत्तिजनक सामग्री शब्द का अर्थ है कोई भी शब्द, संकेत या चित्र :

(क) जिनसे—

(i) कानून द्वारा भारत में स्थापित सरकार के या उसके किसी राज्य के खिलाफ नफरत या अपमान पैदा करे या असंतोष भड़के और इस प्रकार कानून व्यवस्था भंग होने का खतरा हो; या

(ii) किसी भी व्यक्ति को भोजन या अन्य आवश्यक सामग्रियों या आवश्यक सेवाओं के उत्पादन, आपूर्ति या वितरण में दखल के लिए उकसाए; या

(iii) सैन्य बल या बलों के किसी भी सदस्य को उसकी निष्ठा या कर्तव्य से भटकाए, जिस पर कानून व्यवस्था बनाए रखने का दायित्व है, या ऐसे सुरक्षा बल में व्यक्तियों की भर्ती में गड़बड़ी पैदा करे, या किसी भी ऐसे बल के अनुशासन को भंग करे।

(iv) विभिन्न धार्मिक, नस्ली, भाषायी या क्षेत्रीय समूहों या जातियों या समुदायों में वैमनस्य या नफरत या दुर्भावना पैदा करे; या

(v) जनता या जनता के किसी वर्ग में भय या आतंक पैदा करे, जिससे कि कोई भी व्यक्ति राज्य या जनता की शांति के विरुद्ध किसी अपराध को करने के लिए उत्तेजित हो जाए; या

(vi) किसी व्यक्ति या वर्ग या व्यक्तियों के समुदाय को हत्या, शरारत या अन्य कोई अपराध के लिए भड़काए;

(ख) जो—

(i) भारत के राष्ट्रपति, उप-राष्ट्रपति, प्रधानमंत्री, लोकसभा के स्पीकर या राज्य के राज्यपाल के लिए अपमानजनक हो;

(ii) पूरी तरह अभद्र या कलंकित करनेवाला या अश्लील हो या ब्लैकमेल करने की नीयत रखता हो।

एनडीएस 12. मीरचंदानी की ओर से सभी यूएनआई केंद्रों और सभी ग्राहकों के लिए

सेंसर ऑफिस की तरफ से देर रात हमें निम्नलिखित दिशा-निर्देश मौखिक रूप से बताए गए थे। ये आपकी जानकारी के लिए हैं, और इन्हें प्रकाशित नहीं किया जाना चाहिए—

इन तीनों मामलों पर कोई भी खबर नहीं जारी की जानी चाहिए—

1. आगामी संसद् सत्र का एजेंडा,
2. सुप्रीम कोर्ट में प्रधानमंत्री के चुनाव का मामला, और
3. प्रतिबंधित दलों के प्रतिनिधियों का कोई भी बयान।

PRIO

DEL 65 GEN

संपादकों को सलाह : सिर्फ आपकी जानकारी के लिए और प्रकाशन के लिए नहीं। आज सुबह DEL 4 के अंतर्गत जारी एडवाइजरी के बाद जारी।

संसद् की काररवाई पर खबर देने के लिए निम्नलिखित दिशानिर्देश चीफ सेंसर द्वारा दिया गया है :

(क) मंत्रियों के बयान या तो पूरी तरह या संक्षिप्त रूप में प्रकाशित किए जा सकते हैं, लेकिन इसकी सामग्री सेंसरशिप का उल्लंघन न करे।

(ख) किसी बहस में शामिल होनेवाले संसद् सदस्यों के भाषण किसी भी रूप में प्रकाशित नहीं होंगे, लेकिन उनके नाम और उनकी पार्टी बताई जा सकती है। किसी बहस में शामिल होनेवाले सदस्यों के नाम का प्रकाशन करते समय, यह तथ्य बताया जाना चाहिए कि उन्होंने प्रस्ताव का समर्थन किया या विरोध।

(ग) किसी विधेयक, प्रस्ताव, निर्णय आदि के परिणाम तथ्यात्मक रूप से बताए जा सकते हैं। वोटिंग की स्थिति में, पक्ष और विपक्ष में डाले गए वोट की संख्या भी बताई जानी चाहिए।

संपादकों : हमें मुख्य प्रेस सलाहकार की ओर से निम्नलिखित दिशानिर्देश जारी करने के लिए कहा गया है, जो आपकी जानकारी के लिए है (प्रकाशन के लिए नहीं)

वर्तमान इमरजेंसी में प्रेस के लिए दिशानिर्देश

भारत की सुरक्षा और स्थिरता को आंतरिक गड़बड़ियों से उत्पन्न खतरे से बचाने के लिए राष्ट्रीय आपातकाल की घोषणा यह दिखाती है कि खबरों और टिप्पणियों को जुटाने और देश के सामने रखने में अत्यधिक सावधानी और सोच-विचार की आवश्यकता है। यह आवश्यक है कि प्रेस को अवैध, गैर-जिम्मेदार या मनोबल तोड़नेवाली खबरों, अटकलों और अफवाहों के प्रकाशन से बचना चाहिए, लेकिन इसके साथ ही प्रेस को जनता के प्रति अपनी जिम्मेदारी निभाने के काबिल भी बनाया जाना चाहिए। इमरजेंसी के हालात में सरकार और जनता के लिए सबसे सशक्त साधन यदि कोई है तो वह प्रेस है। जिस तरीके से सूचना को प्रिंट, प्रकाशित और लोगों तक ले जाया जाता है, उसमें उन शक्तियों की ताकत कई गुना बढ़ सकती है, जो आंतरिक सुरक्षा के लिए खतरा उत्पन्न कर रहे हैं।

आंतरिक खतरे से निपटने के लिए घोषित एक इमरजेंसी में, सरकार की प्रमुख चिंता देश के भीतर मौजूद गुमराह और विघटनकारी तत्त्वों से है, जो अपने कृत्यों से देश की शांति और स्थिरता को भंग कर सकते हैं। यह एक लोकतांत्रिक देश है, जिसके नागरिकों को देश के प्रति अपने कर्तव्यों और जिम्मेदारियों का बखूबी एहसास है। सरकार का उद्देश्य हर मामले में अपने हाथों में मौजूद असाधारण शक्ति का प्रयोग करना है, बल्कि जहाँ तक संभव है, सभी वर्गों के सहयोग से देश में एक ऐसा माहौल बनाना है, जिसमें देश को उन कारणों से छुटकारा दिलाने का पहला कार्य पूरा हो, जिनके चलते देश में इमरजेंसी लगानी पड़ी।

सामान्य मार्गदर्शन

1. जहाँ खबर साफ तौर पर खतरनाक हो, वहाँ अखबार मुख्य प्रेस सलाहकार की मदद इसे दबाकर करेंगे। जहाँ भी संदेह हो, वहाँ सबसे करीबी प्रेस सलाहकार के साथ बातचीत की जानी चाहिए।
2. जहाँ भी प्रकाशन से पूर्व सामग्री को जाँच के लिए जमा किया गया है, वहाँ प्रेस सलाहकार की सलाह को अपनाया जाना चाहिए।
3. जब मार्गदर्शन किया जा रहा हो कि किसी विशेष विषय से संबंधित खबरों या टिप्पणियों को प्रकाशित न किया जाए, तो उस विषय की कोई भी चर्चा बिना नए सिरे से मंजूरी हासिल किए नहीं की जानी चाहिए, क्योंकि संयम सदैव बरता जाना चाहिए और सनसनी फैलाने से हमेशा बचना चाहिए। इसे पोस्टरों और सुर्खियों के वर्णन के दौरान खासतौर पर अपनाया जाना चाहिए।

4. अफवाहों का प्रचार नहीं होना चाहिए।
5. जब कोई दस्तावेज या फोटा आधिकारिक रूप से जारी किया जाता है, तो इस बात का ध्यान रखा जाना चाहिए कि उसके साथ दी गई चेतावनी या प्रेस के लिए सुझाव को उसमें बनाए रखा जाए।
6. किसी भी भारतीय या विदेशी अखबार में प्रकाशित आपत्तिजनक सामग्री का फिर से प्रकाशन नहीं होना चाहिए।
7. कोई भी खबर या विज्ञापन या चित्र प्रकाशित नहीं किया जाना चाहिए।
8. अनिवार्य सामग्रियों आदि से जुड़े परिवहन या संचार, आपूर्ति और वितरण की सुरक्षा से संबंधित कोई भी जानकारी प्रकाशित नहीं की जानी चाहिए।
9. ऐसी कोई भी चीज प्रकाशित न हो, जिससे सैन्य बलों या सरकारी कर्मचारियों में विद्रोह भड़के।
10. ऐसा कुछ भी प्रकाशित न हो, जिससे भारत में विधि द्वारा स्थापित सरकार के खिलाफ नफरत या अपमान या असंतोष भड़के।
11. ऐसा कुछ भी प्रकाशित न हो, जिससे भारत में विभिन्न वर्गों के लोगों के बीच शत्रुता और नफरत की भावना पैदा हो।
12. ऐसा कुछ भी प्रकाशित न हो, जिससे कोई ऐसी बात पैदा हो या पनपे या उससे प्रत्यक्ष या अप्रत्यक्ष रूप से ऐसी भावना पैदा हो, जिससे किसी भी स्थान पर काम बंद होने या धीमा होने की नौबत आ जाए।
13. ऐसा कुछ भी प्रकाशित न हो, जिससे राष्ट्रीय क्रेडिट या किसी भी सरकारी ऋण के प्रति जनता का विश्वास कमजोर हो।
14. ऐसा कुछ भी प्रकाशित न हो, जो किसी भी व्यक्ति या व्यक्तियों के वर्ग को कर चुकाने से इनकार या टालने के लिए उकसाए।
15. ऐसा कुछ भी प्रकाशित न हो, जो सरकारी कर्मचारियों के खिलाफ आपराधिक ताकत के इस्तेमाल को भड़काए।
16. एक खतरनाक रिपोर्ट का अर्थ है वह रिपोर्ट, बयान या दृश्य रिपोर्ट या प्रकाशन, चाहे सही या गलत, जो ऊपर वर्णित किसी भी गलत काररवाई को किए जाने को उकसाए।

प्रेस के लिए सामान्य दिशानिर्देश

संदेशों, खबरों, घटनाओं और टिप्पणियों आदि को भेजते समय प्रेस को निम्नलिखित मुख्य बातों को ध्यान में रखने की सलाह दी जाती है—

1. लोकतांत्रिक संस्थानों की काररवाई को कमजोर करने का कोई भी प्रयास।
2. सदस्यों को इस्तीफा देने पर मजबूर करने का कोई भी प्रयास।

3. कुछ भी जो आंदोलनों और हिंसक घटनाओं से संबंधित हो।
4. सैन्य बलों और पुलिस को भड़काने का कोई प्रयास।
5. देश की एकता को खतरे में डालने के लिए विखंडन और सांप्रदायिक उन्माद को भड़काने का कोई भी प्रयास।
6. नेताओं के खिलाफ गलत आरोप लगानेवाली रिपोर्ट।
7. प्रधानमंत्री की संस्था को नीचा दिखाने का कोई प्रयास।
8. सामान्य व्यवस्था में खलल डालने के लिए कानून-व्यस्था बिगाड़ने का कोई प्रयास।
9. आंतरिक स्थिरता, उत्पादन और आर्थिक विकास की संभावनाओं को खतरे में डालने का कोई भी प्रयास।

सेंसर का फोन

अरब छात्रों द्वारा सीरियाई दूतावास पर कब्जा जमाने को लेकर केवल समाचार के विवरण प्रकाशित करना है। कोई भी तसवीर प्रकाशित नहीं की जाएगी।

5.6.76

सेंसर से श्री राघवन

आंध्र हाई कोर्ट के जजों के तबादले से जुड़ी कोई भी खबर प्रकाशित नहीं की जाएगी।

8.6.76
शाम 5.30 बजे

सेंसर के ऑफिस से

सेंसर से श्री मेहर सिंह ने यह बताने के लिए फोन किया—माना जा रहा है कि श्री जयप्रकाश नारायण ने प्रधानमंत्री को प्रधानमंत्री कोष से अपने (जे.पी.) इलाज के लिए डायलिसिस खरीदने के लिए पैसे जारी करने के संबंध में लिखी चिट्ठी जारी की हैं। आपसे अनुरोध है कि इस खबर का इस्तेमाल न करें।

सेंसर रूम से आर्या

इस संबंध में (जे.पी. की चिट्ठी) समाचार एक खबर जारी करेगा। उसे प्रकाशन की मंजूरी मिल गई है।

ह.

16.6.76 न्यूज एडिटर

सेंसर के ऑफिस (जे.एन. सिन्हा) से फोन

दिल्ली में आज मिजो प्रतिनिधिमंडल के साथ एक समझौते पर दस्तखत हुए हैं। इस समझौते पर पी.आई.बी. ने पृष्ठभूमि के साथ एक खबर जारी की है। सभी प्रतिकूल टिप्पणियों को नजरअंदाज किया जाए।

1.7.76

सेंसर से संदेश

यदि एम.एन.एफ. नेता, लालडेंगा, कोई बयान जारी करते हैं तो उसे सेंसर को भेजा जाए।

ह.

2.7.76 न्यूज एडिटर

सेंसर का फोन

अखबार में अंतरराष्ट्रीय ठग चार्ल्स शोभराज, जिसे दिल्ली में ठगी के साथ ही जहरखुरानी के मामले में गिरफ्तार किया गया है, उससे जुड़ा कुछ भी प्रकाशित नहीं होना चाहिए। यह कॉल श्री भट्टाचार्जी ने रिसिव की थी।

6.7.76

डिप्टी चीफ सेंसर आर्या का फोन

14 जुलाई तक यूगांडा पर इजरायली रेड से जुड़ी कोई भी खबर, टिप्पणी या चित्र प्रकाशित नहीं की जाएगी। विशेष रूप से, इजरायली काररवाई की प्रशंसा या उसे सही ठहराने जैसी कोई बात नहीं होगी।

8.7.76

सेंसर का फोन (राघवन)

यदि गुटनिरपेक्ष पूल सम्मेलन में किसी भी संवाददाता की कोई खबर है, तो यह पूर्व–सेंसरशिप के अधीन है।

ह.

10.7.76 न्यूज एडिटर

सेंसर का संदेश

वॉशिंगटन से आ रही कोई भी खबर कि अमेरिका के दौलतमंद कारोबारी श्री कुमार

पोद्दार का पासपोर्ट रद्द कर दिया गया है, प्रकाशित नहीं होना चाहिए।

ह.

14.7.76 न्यूज एडिटर

सी.सी. : एडिटर

सेंसर का फोन

देश में कीमतों की स्थिति पर खबर, रिपोर्ट, टिप्पणी या संपादकीय कृपया पूर्व-सेंसरशिप के लिए भेजें।

ह.

17.7.76 न्यूज एडिटर

इसमें कीमतों में गिरावट की खबरें शामिल नहीं हैं (सेंसर से श्री ठुकराल)

सेंसर का संदेश

जे.पी. की कोई खबर प्रकाशित न की जाए।

20.7.76

सेंसर का फोन (श्री राघवन)

कृपया यू.पी. में परिवार नियोजन और शिक्षा उपकर के विषय में कोई भी प्रतिकूल खबर या टिप्पणी या संपादकीय प्रकाशित न करें।

ह.

28.7.76 न्यूज एडिटर

सेंसर से निर्देश

1. दिल्ली हाई कोर्ट में चीफ सेंसर के निर्देश के खिलाफ दायर 'द स्टेट्समैन' की याचिका के विषय में कुछ भी प्रकाशित न करें।

2. जम्मू-कश्मीर में जारी अध्यादेशों की वैधता के संबंध में कोई भी खबर या टिप्पणी प्रकाशित न करें।

ह.

29.7.76 न्यूज एडिटर

सर्विस नंबर 218/7/2/1 (बी.जी.आर./वी.आई.जे./एम.डी.एस./बी.एम.वाई./डी.ई.एल.एच.) हैदराबाद

30 जुलाई

हैदराबाद से श्री आर. श्रीनिवासनन द्वारा श्री टी.आर. को, बैंगलोर और सभी न्यूज एडिटर्स (सभी स्थानों) को कॉपी

सेंसरों से श्री टी. नागी रेड्डी के अंतिम संस्कार के संबंध में खबरों के प्रकाशन को लेकर निम्नलिखित निर्देश प्राप्त हुए हैं—

आपको बताते हुए खेद है कि स्वर्गीय श्री टी. नागी रेड्डी के अंतिम संस्कार की रिपोर्ट पोस्टमार्टम, उनके भूमिगत जीवन, अंतिम संस्कार में शामिल लोगों की संख्या आदि की चर्चा के बिना प्रकाशित करें।

सेंसर का फोन (राघवन)

विनोबा भावे पर कोई भी रिपोर्ट पूर्व-सेंसरशिप के अधीन है।

9.8.76

सेंसर ऑफिस से श्री ठुकराल

श्री सुब्रह्मण्यम स्वामी, सदस्य, राज्यसभा द्वारा सदन में आज व्यवस्था का प्रश्न उठाए जाने के संबंध में कोई भी खबर या टिप्पणी या संसद् में उनसे जुड़ी कोई अन्य रिपोर्ट प्रकाशित न करें।

10.8.76

सेंसर का फोन पार्थी

लोकसभा में जेल सुधारों को लेकर उठे प्रश्न पर कुछ भी प्रकाशित न करें।

ह.

11.8.76 डिप्टी न्यूज एडिटर

सेंसर का फोन

जमायत-उल-उलेमा-ए-हिंद ने कोई प्रस्ताव पास किया है। एक प्रस्ताव लेबनान में सीरिया के दखल का है। यह प्रस्ताव पूर्व-सेंसरशिप के अधीन है।

ह.

24.8.76 डिप्टी न्यूज एडिटर

श्री राघवन, सेंसर

संसद् में आज की काररवाई पूर्व- सेंसरशिप के अधीन है।

ह.

1.9.76 न्यूज एडिटर

सेंसर से

बार काउंसिल ऑफ इंडिया के चेयरमैन राम जेठमलानी, जो अमेरिका में हैं, से जुड़ी सारी खबरें पूर्व-सेंसरशिप के अधीन हैं।

ह.

6.9.76 न्यूज एडिटर

सेंसर का फोन

पंजाब के परिवहन मंत्री श्री बिलबाग सिंह दलेके ने विधानसभा में पंजाब-हरियाणा परिवहन विवाद पर दिए एक बयान में अंबाला और चंडीगढ़ कॉरिडोर का जिक्र किया है। कॉरिडोर से जुड़ी सारी बातें हटा दी जाएँ।

ह.

9.9.76 न्यूज एडिटर

सी.सी. : एडिटर

सेंसर का संदेश (श्री राघवन)

विमान को अगवा करनेवालों की पहचान, राष्ट्रीयता और नीयत संबंधी कोई भी अनुमान लगानेवाली खबर प्रकाशित न की जाए।

ह.

11.9.76 गिरीश सक्सेना

सी.सी. : एडिटर

सेंसर से श्री लक्ष्मी चंद्र

अमेरिका की फिलिप्स पेट्रोलियम कंपनी से संबंधित सारी खबरें सेंसरशिप के लिए भेजी जाएँगी।

ह.

15.9.76 ए. पी. सक्सेना

न्यूज एडिटर

सेंसर के ऑफिस से श्री ठुकराल का फोन

आंध्र प्रदेश के पूर्व विधायक स्वर्गीय श्री नागी रेड्डी द्वारा आंध्र प्रदेश के मुख्यमंत्री के खिलाफ अदालत की अवमानना के संबंध दायर याचिका पर सुप्रीम कोर्ट की काररवाई का प्रकाशन नहीं होना चाहिए।

20.9.76 ह.

सी.सी. : एडिटर
नई दिल्ली ब्यूरो डेस्क

आर.डी. जोशी,
चीफ सब

सेंसर का फोन (ए.पी. सिंह)

'न्यूयॉर्क टाइम्स' के संवाददाता विलियम बॉर्डर्स ने केवल सिंह का इंटरव्यू किया था। वह इंटरव्यू या उससे जुड़ी कोई भी खबर प्रकाशित नहीं होगी।

ह.
त्रिपाठी
सब-एडिटर

20.9.76

सेंसर से फोन (ए.पी. सिंह)

जयगढ़ के किले में खजाने की खोज से जुड़ी खबरें सेंसर के पास भेजे बिना प्रकाशित न की जाएँ।

सी.सी. : एडिटर
ब्यूरो
चीफ-सब
21.9.76

ह.
त्रिपाठी
सब-एडिटर

श्री लक्ष्मी चंद्र, सेंसर

डकैत सुंदर सिंह से संबंधित कोई भी अटकल पर आधारित या सनसनीखेज खबर प्रकाशित न करें, क्योंकि इससे जाँच की प्रक्रिया बाधित होगी। इस विषय पर आपसे अनुरोध है कि केवल आधिकारिक जानकारी ही प्रकाशित करें।

ह.
एस.के. वर्मा
डिप्टी न्यूज एडिटर

29.9.76

सेंसर से संदेश

विदेश मंत्रालय भारत-पाक बातचीत पर एक बयान जारी कर रहा है। आपसे अनुरोध है कि बिना टिप्पणी या संपादकीय केवल आधिकारिक जानकारी प्रकाशित करें।

ह.
ए.पी. सक्सेना
न्यूज एडिटर

7.10.76

के.बी. शर्मा, सेंसर का फोन

कृपया पंजाब में धारीवाल मिल्स में हड़ताल से जुड़ी कोई खबर न लें।

एस.के. वर्मा

6.10.76 डिप्टी न्यूज एडिटर

श्री रतन, सेंसर का फोन

केंद्रीय मंत्री एल.बी. पटनायक समेत 6 कांग्रेस नेताओं ने उड़ीसा के पुरी में पार्टी के मामलों पर बयान दिया है। यह सेंसरशिप से होकर जाएगी।

शिवदास

12.10.76 चीफ-सब

सेंसर का फोन

शेख अब्दुल्लाह की प्रेस कॉन्फ्रेंस पर रिपोर्ट पूर्व-सेंसरशिप के लिए अवश्य भेजी जाए।

ह.

12.10.76 ए.पी. सक्सेना

न्यूज एडिटर

सेंसर ठुकराल का संदेश

लुसाका, जहाँ रक्षा मंत्री श्री बंसी लाल रुके हुए थे, वहाँ कथित बम को लेकर कोई भी खबर प्रकाशित न की जाए।

ह.

14.10.76 शिवदास

चीफ-सब

लक्ष्मी चंद्र, सेंसर

अमेरिका की ओर से ईरान को हथियारों की बिक्री के संबंध में सभी खबरें और टिप्पणियाँ पूर्व-सेंसरशिप के लिए भेजी जाएँ।

ह.

16.10.76 न्यूज एडिटर

सेंसर का फोन

भारत सरकार की ओर से कुछ सीमावर्ती इलाकों में नेपाली नागरिकों पर लगाई

गई पाबंदियों, और इस विषय पर नेपाली सरकार और भारतीय दूतावास के बयानों को पूर्व-सेंसरशिप के लिए भेजा जाए।

ह.

16.10.76

ए.पी. सक्सेना

न्यूज एडिटर

सेंसर का फोन

फिजो को देखने के लिए नागा पीस काउंसिल शिष्टमंडल के यू.के. दौरे की खबर प्रकाशित न की जाए।

ह.

20.10.76

ए.सी. सक्सेना

पिल्लई, डिप्टी चीफ सेंसर

हैदराबाद में 29 अक्तूबर से 7 नवंबर तक चौथा एशियाई बैडमिंटन टूर्नामेंट होना है। चीनी टीम की भागीदारी पर प्रकाश डालने (वर्णन या विशेष तसवीरों के जरिए) की आवश्यकता नहीं है।

ह.

21.10.76

ए.पी. सक्सेना

न्यूज एडिटर

सेंसर से जे.एन. सिन्हा

जम्मू-कश्मीर के नए मंत्रियों के शपथग्रहण के संबंध में, जो आज के लिए निर्धारित थी, केवल जम्मू-कश्मीर सरकार के प्रेस नोट और मुख्यमंत्री का बयान प्रकाशित किया जाए। टिप्पणी करनेवाली कोई रिपोर्ट न हो।

25.10.76

सेंसर रूम से श्री राघवन

जजों के तबादले पर गुजरात हाई कोर्ट की कारवाई की कोई भी खबर पूर्व-सेंसरशिप के लिए सौंपी जानी चाहिए।

ह.

4.11.76

ए.पी. सक्सेना

न्यूज एडिटर

सेंसर से संदेश (लक्ष्मी शंकर)

ए.आई.सी.सी. सत्र में अंबिका सोनी और महेश जोशी के भाषणों का प्रयोग नहीं करना है।

साथ ही, प्रधानमंत्री के भाषण के लिए, कृपया समाचार की कॉपी का नमूने के तौर पर इस्तेमाल करें।

ह.

21.11.76 शिवदास

सेंसर ऑफिस के राघव का फोन

मध्य प्रदेश में आज पहला अनुपूरक बजट पेश किया गया। 'नेशनल हेराल्ड' के सब्सक्रिप्शन को लेकर किसी प्रकार की जानकारी हटा दी जाए।

ह.

30.11.76 एस. बनर्जी

जे.एन. सिन्हा (सेंसर)

दिल्ली में वजीरपुर जैसी कॉलोनियों में युवा उद्यमियों द्वारा कर न चुकाए जाने पर केवल आधिकारिक हैंडआउट का प्रयोग किया जाना चाहिए।

ह.

4.12.76 ए.पी. सक्सेना

न्यूज एडिटर

जे.एन. सिन्हा (सेंसर)

नई दिल्ली में भारत-यू.के. वायु सेवा पर जारी बातचीत पर कोई भी रिपोर्ट या टिप्पणी इस समय प्रकाशित नहीं की जानी चाहिए।

ह.

4.12.76 ए.पी. सक्सेना

न्यूज एडिटर

सेंसर का संदेश (पार्थी)

14 दिसंबर को श्री संजय गांधी के जन्मदिन समारोह के संबंध में मुख्यमंत्रियों और कांग्रेस नेताओं के किसी भी बयान का इस्तेमाल न करें।

ह.

9.12.76 शिवदास

जे.एन. सिन्हा (सेंसर का ऑफिस)

कृपया भारत को अमेरिकी जेट फाइटर सी हॉक की आपूर्ति से जुड़ी कोई खबर प्रकाशित न करें। केवल आधिकारिक घोषणा का इस्तेमाल किया जाए।

सी.सी. एडिटर

10.12.76

लक्ष्मीकांत (सेंसर) की ओर से

श्री एम. मूला, अध्यक्ष, दक्षिण अफ्रीकी भारतीय परिषद् की ओर से रंगभेद पर दिया गया कोई बयान या भाषण आपके प्रतिष्ठित अखबार में प्रकाशित नहीं होना चाहिए।

ह.

16.12.76

न्यूज एडिटर

सेंसर से श्री रतन

कांग्रेस बनाम यूथ कांग्रेस की अंदरूनी प्रतिद्वंद्विता और विवादों की खबरें प्रकाशित नहीं की जानी चाहिए।

ह.

19.12.76

ए.सी. सक्सेना

सेंसर ऑफिस से आनंद पार्धी का फोन

जिन्ना की जन्मशताब्दी पर पाकिस्तान दूतावास ने कोई कार्यक्रम आयोजित किया है। उनमें से एक कार्यक्रम आज इंडिया इंटरनेशनल सेंटर में है। दूसरा 25 दिसंबर को राष्ट्रपति भवन में हमारे राष्ट्रपति को जिन्ना मेडल दिए जाने का होगा। कुछ और कार्यक्रम भी हो सकते हैं। इन कार्यक्रमों को ज्यादा महत्त्व न दिया जाए।

ह.

23.12.76

ए.पी. सक्सेना

न्यूज एडिटर

मेहर सिंगली (सेंसर) का फोन

पूर्वोत्तर क्षेत्र में उग्रवाद से जुड़ी खबरें और लेख सेंसर की अनुमति के बिना प्रकाशित नहीं की जानी चाहिए।

ह.

23.12.76

न्यूज एडिटर

सेंसर से पार्थी

डायनामाइट केस में मेट्रोपोलिटन मजिस्ट्रेट की अदालत में डॉ. मिस हुलगोल का बयान प्रकाशित नहीं किया जना चाहिए।

ह.

23.12.76 न्यूज एडिटर

श्री आर.एन.जी. चाहते हैं कि हम तुली (पी.एन.बी.) केस के विषय में कुछ भी प्रकाशित न करें।

ह.

26.12.76 न्यूज एडिटर

श्री के.बी. शर्मा (सेंसर) की ओर से

रायपुर में निर्माणाधीन टी.वी. टावर के गिरने के संबंध में कृपया कुछ भी प्रकाशित न करें।

ह.

28.12.76 एच.डी. जोशी

चीफ सेंसर के ऑफिस से

अफ्रीकी राष्ट्रीय कांग्रेस के श्री एम. मूला के बयान, जो अफ्रीकी लोगों की उम्मीदों का प्रतिनिधित्व करते हैं, पूरी तरह से प्रकाशित किया जाए। कल उन्होंने भोपाल में एक बयान दिया था और जल्दी ही एक और दे सकते हैं।

श्री एम. मूला, अध्यक्ष, दक्षिण अफ्रीकी भारतीय परिषद्, जो दक्षिण अफ्रीकी सरकार की चाटुकार है, के संबंध में पहली सलाह यथावत् है।

ह.

4.1.77 न्यूज एडिटर

श्री आर्या की ओर से (डिप्टी चीफ सेंसर)

कांग्रेस और यूथ कांग्रेस के नेताओं की बैठक समेत अंदरूनी मामलों की सारी खबरें कृपया प्रेस सेंसरशिप के लिए भेजी जाएँ।

ह.

8.1.77 एस.के. वर्मा

डिप्टी न्यूज एडिटर

❑❑❑